阳明学研究

第五辑

郭齐勇 主编

武汉大学阳明学研究中心
贵阳孔学堂文化传播中心 编

人民出版社

目　录

阳明心学探寻

阳明后学研究

[珞珈山空中杏坛讲座] 实录选登

中国心性哲学论纲

蔡方鹿

内容提要：中国哲学心性论博大精深，涵盖了儒佛道三教。一方面各家各派的心性论具有鲜明的学派性：先秦儒家的心性之学以伦理道德为核心；佛教发展了儒学心性论，把心性论上升为本体论；道家以自然为宗，倡自然人性论，反对儒家的心性论；理学心性论以儒家心性伦理为本位，吸取道家的自然人性论和佛教的心性本体论，集心性伦理与心性哲理于一体。另一方面，各家各派心性论在体现中国哲学心性论的总体特征上，具有共同性。概而言之，中国哲学心性论具有注重道德理性，突出主体思维，重视哲学思辨，强调内省修养，培养理想人格的基本特征，是合本体论、伦理学、认识论、人性论和修养论为一体的思辨性的道德哲学体系。

关键词：心性论；儒家；佛教；道家；特征

心性之学是整个中国哲学的核心内容之一，在很大程度上体现了中国哲学的特点。理学思潮的形成，不仅是新儒学最终确立的标志，弘扬了儒家文化的基本精神，而且是中国哲学发展史上的重要里程碑，大大提高了中国哲学的理论思辨水平，对促进中国哲学和中国文化的发展，具有划时代的意义。

一、心性哲学简论

心性论内涵丰富、博大精深，包括了孔孟荀儒家、佛教、道家道教及理学各派的心性学说。各家各派心性论在体现中国哲学心性论的总体特征上，具有共同性，然而又各自具有自己鲜明的学派性，并非完全一致。

先秦是儒家以伦理道德为核心的心性之学的创立时期。孔子对心性问题论述不多，然而其思想却启发了孟子。孔子称："七十而从心所欲，不逾矩。"①其心指人的主观意志。孔子提出"性

---

① （宋）朱熹：《四书章句集注·论语集注》，中华书局 2012 年版，第 54 页。

相近也，习相远也"①的观点，认为人的本性是接近的，承认有统一的人性。孔子虽没有把心、性联系起来论述，但他提出"为仁由己"②的命题，强调仁的实现在于人的主观意志的追求与把握。这启发了孟子的尽心知性说。

在中国哲学史上，孟子最早给心以高度重视，他提出"心之官则思"③的著名命题，认为心是思维器官，具有认识事物的功能。并赋予心以道德属性，指出："仁，人心也。"④认为心具有先验的道德本性。孟子首倡性善论，认为人性无有不善，指出性的内涵是仁义礼智四德。孟子并把心、性联系起来加以论述，确立了儒家心性之学。不仅仁为人心，而且认为把恻隐、羞恶、辞让、是非等心之四端"扩而充之"，便是仁、义、礼、智性之四德。可见心性有密切联系。进而孟子提出尽心知性知天的思想。他说："尽其心者，知其性也。知其性，则知天矣。存其心，养其性，所以事天也。"⑤认为尽心即是存心，保持心的完美无缺，这便可以知性。知性即保持善性，由于善的道德本性是天赋的，所以做到了尽心、知性，也就知天了。因而孟子强调，存心、养性的目的，是为了事天。孟子的心性学说对后世包括对佛教产生了重要影响，成为儒家心性哲学的理论基础和根据。

荀子进一步阐发了心的认知功能，指出了心与耳目感官的区别，心的认识功能是进行思维，对耳目感官起统率支配作用。他说："心居中虚以治五官，夫是之谓天君。"⑥认为心的思维活动必须以感觉为基础，并由此区别事物的同异。与孟子主张相对，荀子首倡性恶论，指出："人之性恶，其善者伪也。"⑦认为人性是自然的，它天生为恶，圣人"化性而起伪"，明礼义以教化之，用法治刑罚来治理，使人性合于善。旨在说明善是后天人为形成的，无人为则性不能自美。荀子虽分别论述了心、性，却未注意把二者联系起来论述，尽管他提出"以仁心说，以学心听，以公心辨"⑧的观点，把心与仁、公等道德原则结合起来，但由于这些道德原则均不是性本身的内涵，故心与性在伦理意义上没有直接的联系。由此，儒家心性之学以孟子的心性论影响较大，而荀子的思想，尤其是他的性恶论，不为理学家所看重。

此外，儒家经典《中庸》提出"天命之谓性"⑨，《易·说卦》提出"穷理尽性以至于命"⑩，董仲舒提出性三品说，扬雄提出性善恶混论，韩愈提出性情三品说，这些都对宋明理学心性论以及佛教心性论产生了一定的影响。

自佛教传入中国以来，先是受到儒家心性之学特别是孟子思想的影响，大讲"尽心知性"及

① （宋）朱熹：《四书章句集注·论语集注》，中华书局2012年版，第176页。
② （宋）朱熹：《四书章句集注·论语集注》，中华书局2012年版，第132页。
③ （宋）朱熹：《四书章句集注·孟子集注》，中华书局2012年版，第341页。
④ （宋）朱熹：《四书章句集注·孟子集注》，中华书局2012年版，第340页。
⑤ （宋）朱熹：《四书章句集注·孟子集注》，中华书局2012年版，第356页。
⑥ （清）王先谦撰，沈啸寰、王星贤点校：《荀子集解》，中华书局1988年版，第309页。
⑦ （清）王先谦撰，沈啸寰、王星贤点校：《荀子集解》，中华书局1988年版，第434页。
⑧ （清）王先谦撰，沈啸寰、王星贤点校：《荀子集解》，中华书局1988年版，第424页。
⑨ （宋）朱熹：《四书章句集注·中庸章句》，中华书局2012年版，第17页。
⑩ （宋）朱熹撰，廖名春点校：《周易本义》，中华书局2009年版，第261页。

"穷理尽性"。后来佛教发展了儒学心性论，主要是以本体论心性，其哲学理论的思辨性明显高于先秦儒家心性论。但却抛弃了儒家心性论中的伦理道德内涵，这又遭到了宋明理学家的抨击。

佛教把心性论上升为本体论，这是对先秦儒学心性论的发展。在隋唐佛学各派看来，心与性，主体和本体原是一体。因此，主体对本体的体认和证悟，并且与本体合而为一，乃是本觉即心体，亦是性体。理学心性论中的心学一派对此观念吸取甚多，然而却遭到了张载、朱熹等人的批判。这表明此观念在理学心性论中引起反响。

隋唐佛教以心为一切精神现象的总称，认为心是宇宙的本原，万事万物产生于心，这在天台宗和唯识宗的教义里得到反映。天台宗的创立人智颙认为世界万有都是一念之心的产物。他说："此三千在一念心，若无心而已。介尔有心，即具三千。"① 把变化万千、丰富多样的客观世界归结为一心的意念活动。唯识宗倡"心法"说，认为"心法"是精神活动的根本主体，把"心法"分为八识，第八识阿赖耶识亦称心识，唯识宗最重此识，认为它是一切现象产生的根源，前七识亦由第八识产生，把宇宙间千差万别的事物和现象说成是"心法"的产物。佛教以心为宇宙本体，以"心法"产生现象世界的思想在隋唐时期广为流传，成为中国哲学心性论发展史上的一个阶段。虽然张载对佛教"以心法起灭天地"的心本论提出了批评，但佛教的心本论哲学形式却被理学心性论中的心学一派所接受，从而把儒家伦理提升为心本体，从本体论意义上发展了先秦儒家心性之学。

虽然宋明理学心性论中的心性二元说表明，朱熹一派不接受佛教以心为宇宙本体的思想，并对此提出批评，但却吸取了佛教以性为宇宙本体的思想。

佛教以性为佛性，指出："性名自有，不待因缘。若待因缘，则是作法，不名为性。"② 认为性是宇宙的本体，一切世间法依真如佛性而起。除张载气学一派外，宋明理学心性论的程朱陆王等均接受了佛教的性本论哲学，从而把儒家道德理性上升为性本体。哲学本体论与儒家伦理学的结合，提高了儒家哲学的理论思辨水平，这既是对佛教心性论的吸取，同时又是对佛教心性论不讲儒家伦理的性空思想提出的批评。

道家以自然为宗，倡自然人性论，反对儒家以伦理道德为核心的心性论。老子提出"道法自然"③ 的思想，这对道家自然人性论的形成影响甚大。老子从"道法自然"出发，对儒家的伦理道德观念持反对态度。指出："大道废，有仁义；慧智出，有大伪；六亲不和，有孝慈；国家昏乱，有忠臣。"④ 认为道与仁义不并存，以仁义为代表的儒家伦理的产生是不自然的，违背了道的自然本性。这是对儒家道德人性论的否定。

庄子提出"性者，生之质也"⑤ 的思想，认为性就是人物自然生存和存在的本质，也就是说，

---

① 《摩诃止观》卷5，见《大正藏》第46册，第54页。
② 《大智度论》卷31，见《大正藏》第25册，第292页。
③ （魏）王弼注，楼宇烈校释：《老子道德经注校释》，中华书局2008年版，第64页。
④ （魏）王弼注，楼宇烈校释：《老子道德经注校释》，中华书局2008年版，第43页。
⑤ （清）郭庆藩撰，王孝鱼点校：《庄子集释》，中华书局1961年版，第810页。

性建立在生的基础上，人物的自然生长和化育，是天性的来源，无生则无性。虽然生是性的基础，但光有生还不是性，生之质才是性。庄子提出的以生之质为性的自然人性论，对宋明理学心性论中的气学一派影响甚大，王廷相在庄子思想的基础上，提出"夫性，生之理也"的观点，就是对庄子思想的继承。与此相关，庄子把生物的形体作为性的物质载体，性不是凭空产生，它依据生物的形体而有。即"物成生理谓之形，形体保神，各有仪则谓之性"①。指出物的自然生理结构，构成了生物的形体，而形体中寄寓着精神，它的各种表现即称之为性，可见性不离生物之形体而存在。进而，庄子把人之生看做气的产物，人之生死以气的聚散为前提。指出："人之生，气之聚也。聚则为生，散则为死。……故曰：通天下一气耳。"②庄子自然人性论的逻辑是，气是人物生命现象的本源，有气则有生，有生之质以及生物的形体才有性。这一思想成为气学心性论的理论来源。

与庄子大约同时的告子提出"生之谓性"③的思想，与庄子思想类似，可视为道家自然人性论的同调。告子认为，不能脱离生，即饮食和生殖来论性。他说："食色，性也。"④把饮食男女视为性的内涵，认为这是人的自然本性。这一思想对后世人性论影响很大。告子并提出性无善恶论，与孟子宣扬的天赋道德的性善论相对立。告子与庄子的思想，均是以人的自然本性立论，反对儒家的道德人性论。

受道家自然人性论的影响，玄学家王弼提出"道不违自然，乃得其性"⑤的思想，认为自然是道的本质，也是人之性。人以自然为性，"万物以自然为性，故可因而不可为也"⑥。人与万物均以自然为性，自然之性只能顺应，而不能人为地改变。所以"圣人达自然之性，畅万物之情，故因而不为，顺而不施"⑦。即使圣人也只能顺应，而不得违背自然之性。可见自然的权威在圣人之上。嵇康作为玄学代表人物，以老庄为师，蔑视礼法名教，提出"越名教而任自然"⑧的思想，认为儒家名教违背了人的自然本性，要求从名教的束缚中解放出来，恢复人的自然本性。他说："六经以抑引为主，人性以从欲为欢。抑引则违其愿，从欲则得自然。然则自然之得，不由抑引之六经；全性之本，不须犯情之礼律。故仁义务于理伪，非养性之要术；廉让生于争夺，非自然之所出也。"⑨指出儒家经典所记载的礼法名教是压抑人性的，要使人性得到自然满足，就必须不为名教所拘，而仁义道德是人为的伦理约束，它违背了人的自然本性，因而是需要抛弃的。嵇康主张超越名教，任性自然，使人性得到自由发展，求得精神上的自由。这是对道家自然人性论的发挥，体现了道家、玄学人性论的实质。亦对宋明理学心性论产生了某些影响。

---

① （清）郭庆藩撰，王孝鱼点校：《庄子集释》，中华书局1961年版，第424页。
② （清）郭庆藩撰，王孝鱼点校：《庄子集释》，中华书局1961年版，第733页。
③ （宋）朱熹：《四书章句集注·孟子集注》，中华书局2012年版，第332页。
④ （宋）朱熹：《四书章句集注·孟子集注》，中华书局2012年版，第332页。
⑤ （魏）王弼注，楼宇烈校释：《老子道德经注校释》，中华书局2008年版，第64页。
⑥ （魏）王弼注，楼宇烈校释：《老子道德经注校释》，中华书局2008年版，第76页。
⑦ （魏）王弼注，楼宇烈校释：《老子道德经注校释》，中华书局2008年版，第77页。
⑧ 戴明扬校注：《嵇康集校注》，人民文学出版社1962年版，第234页。
⑨ 戴明扬校注：《嵇康集校注》，人民文学出版社1962年版，第261页。

心性问题是宋明理学讨论的核心问题，理学之所以又被称为心性之学，是因为心性论在宋明理学的范畴和理论体系中占有十分重要的地位，它充分体现了新儒学乃至整个中国哲学的特征。在中国哲学心性论发展史上，理学心性论以儒家心性伦理为本位，吸取道家的自然人性论和佛教的心性本体论，集心性伦理与心性哲理于一体，并结合时代的要求，给予批判性的总结和创造性的发展，完成了世俗化的伦理与思辨性的哲学相结合的历史使命，使中国哲学及其心性论的发展走上了一条注重道德理性，突出主体思维，重视哲学思辨，强调内省修养，培养理想人格，合本体论、认识论、伦理学、人性论、修养论为一体的发展道路，形成了与西方哲学迥然相异的特点，并影响了宋以后中国哲学及中国文化发展的方向。

二、中国哲学心性论的基本特征

概括起来说，中国哲学心性论具有以下基本特征。

1. 心性哲理与心性伦理相结合，提高了中国哲学心性论乃至整个中国哲学的理论思辨水平和理性思维能力。宋明理学心性论是对先秦儒家心性论的继承和创造性发展，它批判、吸取并改造了道家、玄学的自然人性论，尤其是批判、吸取、借鉴了佛教心性本体论的理论和思维形式，以儒家心性伦理为本位，扬弃玄学"万物以自然为性"的理论，批判佛教脱离儒家伦理而论心性的思想，又吸取佛教抽象思辨哲学的成果，并结合时代的发展加以改造创新，建立起富于时代特征的新儒学的心性哲学体系，体现出与前代迥然不同的特点，亦提高了儒家哲学的理论思辨水平。

2. 重视道德理性的价值，把道德理性凌驾于自然界之上。这使作为中国古代社会立国之本的儒家伦理纲常理性化、秩序化，排除宗教的干扰和感性的影响（亦不离感性）。宋明理学心性论除张载气学一派外，均把道德理性提升为宇宙本体，把道德理性凌驾于自然界之上，其结果使自然界成为理性的产物，而不是把理性看作自然界的一部分。

3. 强调发挥主体思维的能动性，以认识内在的道德理性，相对忽视对客观自然规律的认识。中国古代哲学的主体性原则以道德的主体性为主，同时也涉及认识的主体性，是认识论与道德论的结合。宋明理学心性论体现了这个特点。理学各派均重视和宣扬人的主观能动性的发挥对于认识和保持道德理性的重要性。在这个意义上，理学被称为"治心之学"。尽管认识的主要对象是道德原则，而不是自然规律，但认识仍包括了认识客观事物之理的内容，并且理学中有重视内外结合，知识积累的倾向。所以不能把宋明理学心性论单纯归于道德论和价值论，并以此否认其有认识论的因素。

4. 重视和强调人的道德属性，相对忽视人的自然属性。理学心性论对人的自然属性不完全抹杀，尤其是张载气学一派将此作为性的内涵之一。但理学强调和重视的则是人的道德属性，并把它作为先验的、天赋的人的本质。玄学则是以自然为性，认为儒家名教违背了人的自然本性，要求从名教的压抑下解放出来，恢复人的自然本性，从而提出"越名教而任自然"的主张。这遭到后世儒家及理学的批评。但道家、玄学以自然为性的思想对理学也产生了一定的影响。二者的区别在于是偏重于人的道德属性，还是偏重于人的自然本性。即强调伦理，还是崇尚自然。

5. 重视道德理想和价值目标的实现，相对轻视物质利益和欲望的满足。与前一个特征相关，在价值取向上，理学心性论重视和宣扬"复性"说，主张通过存理去欲或存心去欲，恢复天赋的、先验的良心善性，以成就理想人格。把人的存在价值、人的道德品质、自我意志和内在性格统一到价值目标的实现上，达到成圣的目的。因而对人的感情欲望和物质利益不予过多的重视，甚至有压抑的倾向，表现为崇性抑情、重义轻利、贵理贱欲的价值观。其道德理性虽不离感性欲望，但把感性欲望置于从属的地位，须服从道德理性的主导和人心的统摄。这使得宋明理学心性论偏重于道德精神，相对忽视感情欲望和物质利益，而缺乏客观的基础。

6. 重视心性修养，相对忽视改造社会、改造自然的实践和功利行为。宋明理学心性论以内圣为主，以外王为辅，重视内心的自我修养，相对忽视改造自然、改造社会的实践活动。即使有外王的倾向和事功行为，也以贯彻理学的政治伦理原则和道德践履为主。强调洒扫应对、事亲从兄等个人的道德活动，忽视征服自然和功利行为。叶适曾指出："专以心性为宗主，致虚意多，实力少。"① 这个批评便是对理学心性修养论流弊的针砭。后来现代新儒家把外王与现代科学民主联系起来，这实际上是对宋明理学心性论的改造和创新发展。

如上所述，中国哲学心性论涵盖了儒佛道三教，是合本体论、伦理学、认识论、人性论和修养论为一体的思辨性的道德哲学体系。这既是心性论的特征，又在一定程度上体现了不同于西方哲学的中国哲学的特征。

作者简介：蔡方鹿，四川师范大学首席教授、四川师范大学杰出教授、博士生导师、校学术委员会副主任。历任四川省社会科学院研究员、哲学研究所所长、四川省中国哲学史研究会会长、四川省朱熹研究会会长。2013 年担任国家社会科学基金学科规划评审组专家。2011 年入选"第三届中国杰出人文社会科学家"。享受国务院政府特殊津贴（1997 年），为四川省学术和技术带头人（2002 年）、四川省专家评议委员会委员（2005 年）、四川省社会科学研究高级职务评审委员会委员兼哲学学科组组长（2002 年起）。兼任中国朱子学会副会长（2016 年起）、国际儒学联合会理事（2004 年起）、中国哲学史学会理事（1999 年起）、中国人民大学孔子研究院学术委员会委员。

---

① （南宋）叶适：《习学记言序目·孟子》，中华书局 1977 年版，第 207 页。

论中国近代的阳明学研究

魏义霞

内容提要：在王阳明生前，弟子遍布大半个中国。从明代中后期到现在，阳明学研究已经走过了五百年的历程，近代阳明学在其中占有重要一席。近代哲学家基于各自的哲学理念、政治诉求和价值旨趣审视王阳明的思想，以不同范式解读、诠释阳明学，为阳明学研究提供了多种样式和选择。与此同时，近代阳明学研究带有与生俱来的时代烙印和鲜明特征，反思近代哲学家的阳明学研究，既有助于直观感受阳明学在近代的传播，又可以得到诸多启示和启迪。

关键词：王阳明；阳明学；近代哲学

近年来，阳明学研究持续升温，研究成果也层出不穷。这些成果反映了学术界对王阳明思想研究的深化和细化，对于推动阳明学研究的深入和完备发挥了重要作用。大致说来，对于阳明学传播的现有研究成果主要集中在两个领域：一是阳明学在国内的传承，其中包括王门后学即明清之际和现代新儒家的阳明学研究；一是阳明学在国外的传播，以日本为主。前者主要侧重阳明学对明清之际和现代哲学的影响，后者则侧重阳明学对日本文化的影响。一目了然，在对阳明学从明代到现代的传播历史的研究中，近代一段最为薄弱，有些研究尚处于空白状态。这种情况的出现是有原因的，其中的一个主要原因是，学术界对于近代哲学家的阳明学研究很少问津，即使有关注也将阳明学作为孟子陆王心学的一部分笼统论及，鲜有将阳明学作为独立对象予以审视、梳理和研究的论作。问题的关键是，在近代的传播轨迹是阳明学传播史的有机组成部分，只有将近代纳入其中，才能全面展示阳明学在历史上的沿革和影响。有鉴于此，探究近代哲学家视界中的阳明学无论对于阳明学研究还是近代哲学研究都是不可或缺的。本文借助近代哲学家对阳明学的研究，在还原阳明学对中国近代哲学史、思想史和文化史的影响的同时，概括和归纳出不同的研究路径和范式，进而对之进行宏观透视和反思。这无论对于阳明学研究还是对于中国近代哲学史研究都是必要的，也是意义非凡的。

一、近代阳明学研究的意义和特点

作为传统文化热的一部分，哲学、国学和政治学等不同领域对于中国近代哲学史、思想史和文化史倍加关注，以康有为为代表的维新派的思想更是成为各个学科共同关注的"显学"。在对中国近代哲学和思想的理论来源的挖掘中，近代哲学家对传统文化的传承、解读和诠释被纳入了研究视野。在此过程中，先秦诸子和儒道墨法各家与近代哲学的关系以及在近代哲学中的命运备受关注。有些学者将之称为近代的诸子学复兴，并将近代的诸子学复兴视为乾嘉学在近代的延续。尽管宋元明清哲学以及陆王心学也被纳入视野，然而，由于种种原因，宋明理学家的思想并没有像先秦诸子那样成为近代哲学研究的焦点或重镇。在这个前提下应该看到，与包括朱熹在内的其他宋明理学家相比，王阳明在近代受到极高礼遇。从康有为、谭嗣同、梁启超到章炳麟、孙中山都对王阳明推崇有加，乃至情有独钟。王阳明在近代哲学中的际遇是周敦颐、邵雍、张载、二程、朱熹和陆九渊等宋明理学家无法比拟的。

近代哲学家对王阳明的关注和解读共同汇成了阳明学研究，也使近代阳明学研究之研究变得至关重要起来：第一，对于阳明学来说，近代哲学家的王阳明研究是阳明学传播史中不可缺少且至关重要的一环。只有将这一阶段的阳明学研究充实起来，才能使从明清到当代的阳明学研究史完整而完备。第二，对于近代哲学来说，探究近代哲学家的阳明学研究，既有助于直观把握近代哲学的理论来源，又有助于深刻理解近代哲学的内容构成。

中国近代哲学与文化是古今中外各种思想学说的和合，最大特点便是"不中不西即中即西"。心学在近代哲学中占有绝对优势，是近代哲学、文化的主流和归宿。近代心学的理论来源和内容构成包括三大部分，即中学、西学和佛学，中学则以孟子、陆九渊和王阳明的思想为代表。这表明，尽管恪守心学不是近代哲学家推崇王阳明的唯一原因，至少是主要原因之一。综观近代哲学可以发现，除了严复之外，近代哲学家大多都在心学的维度上对王阳明顶礼膜拜。作为中国古代心学的集大成者，王阳明的思想与孟子、陆九渊一脉相承，又与后者不尽相同。这从三人哲学思想的基本命题、逻辑构架和致思方向等各个方面具体而直观地展示出来，三人在近代哲学中的不同命运和近代哲学家对三人思想的不同解读、评价也印证了这一点。正如都秉持心学的致思方向和价值旨趣一样，近代哲学家都对阳明学高度关注，并且沿着心学的逻辑和意趣审视、解读、评价王阳明的思想。在这方面，即使是对王阳明思想含有微词的严复也不例外。这使阳明学成为近代哲学特别是近代心学与文化的主要来源和内容构成，对近代中国哲学史、思想史都产生了广泛而深远的影响。

中国近代哲学和文化处于由古代向现代转型的过渡时期，带有与其他时期不同的鲜明特质和阶段特征，对于中国哲学史、文化史研究不可或缺，并且至关重要。与古代国学指与私学相对应的官方之学即国家之学不同，近代国学指与外入之学相对应的中国固有之学、本土之学。当下的国学思潮发端于近代，现代意义上的国学概念是西学大量东渐之后才出现的，旨在以西学这个

"他者"凸显中学这个"我者"。正因为如此，国学一词成为学术界的热点话题始于 20 世纪初，其酝酿却开始于鸦片战争，形成于戊戌维新时期。这至少说明，国学是近代哲学家以中国传统文化应对全球化的产物，他们的国学概念与对中国传统文化的基本评价和内容转换息息相关，也与中国近代的哲学重建和文化形态密不可分。

概而言之，救亡图存、思想启蒙、西学东渐和国学理念构成了近代哲学家解读阳明学的四个基本维度。这四个维度决定了他们对阳明学的解读和诠释是多维的、丰富的，对阳明学的评价也是变化的、复杂的。事实上，近代政治的波谲云诡和学术思想的日新月异是近代阳明学研究复杂多变的客观条件，历史背景、文化语境的开放多元共同促成了近代阳明学研究的异彩纷呈、形式多样。这是近代阳明学研究的特点，也是近代阳明学研究的魅力和独特的价值所在。

二、近代阳明学研究的范式和形态

透过中国近代的阳明学研究可以发现一个有趣的现象，那就是：对阳明学大加称赞乃至情有独钟的不是专门的阳明学研究专家，而是具有政治诉求的政治家和富有学术底蕴的启蒙思想家。集政治家与启蒙思想家于一身是近代哲学家的共同特征，也是近代哲学同时肩负救亡与启蒙的双重历史使命使然。与纯粹的学问家的研究意趣和套路有别，近代哲学家往往根据自己的政治主张和学术意趣诠释王阳明的思想，不仅拥有各自的研究范式，而且建构了迥然相异的阳明学研究样式和阳明学形态。归纳起来，近代哲学家的阳明学研究是在六种不同的视域下、沿着六种不同的思路和逻辑展开的，由此形成了六种类型的阳明学研究范式和形态。

第一种是孔教视域下的阳明学研究，代表人物是康有为。孔教视域意为在推崇孔教的前提下审视王阳明的身份归属，并基于这一思路解读、评价王阳明的思想。结果是，康有为不仅将王阳明视为孔子后学，以孔子后学的身份归属和传承谱系透视、梳理王阳明的思想以及阳明学的思想特质，而且循着这个逻辑对王阳明的思想进行历史定位和态度评价。康有为指出，王阳明和陆九渊一样与孟子的思想一脉相承，传承了孔子的心学。正是在这个意义上，康有为不止一次地断言：

孟子，传孔子心学者也。[①]

孟子之学，心学也。宋儒陆象山与明儒王阳明之学，皆出自孟子。[②]

由此可见，康有为对阳明学的解读关注王阳明与孟子、陆九渊以及朱熹等人的关系，围绕着与孟子、陆九渊的渊源和与朱熹的争教两条线索揭示王阳明在孔子后学中的传承谱系和思想特质。康有为大声疾呼的孔教包括两层含义：第一，孔子的思想是宗教，孔子是创教的教主。第二，孔子托古改制，三世三统是孔教的核心教旨。因此，孔教视域下的阳明学研究秉承公羊学范

---

① 《康南海先生讲学记·古今学术源流》，见《康有为全集》第二集，中国人民大学出版社 2007 年版，第 112 页。
② 《康南海先生讲学记·古今学术源流》，见《康有为全集》第二集，中国人民大学出版社 2007 年版，第 112 页。

式解读、阐发王阳明的思想，以思想发微为主而不是注重训诂或考证。对于康有为来说，公羊学范式既是解读王阳明思想的方法，也决定了他解读王阳明思想的儒家立场。这使康有为的阳明学研究在孔教的视域下，沿袭公羊学的传统，秉承儒家立场展开。由此，他建构了阳明学的儒学样式，或曰儒学形态的阳明学。

第二种是孔学视域下的阳明学研究，代表人物是谭嗣同。一方面，孔学视域与孔教视域都关注王阳明与孔子的关系，因而呈现出某种相似性、一致性。例如，都在推崇孔子的前提下审视王阳明的身份归属，并且都肯定王阳明是孔子后学；另一方面，孔学与孔教视域下的阳明学研究存在不容忽视的差异，二者之间不可同日而语：第一，在王阳明的思想传承上，孔学视域下的阳明学研究不是彰显王阳明与孟子思想之间的传承关系，而是将王阳明说成是庄子后学。这意味着谭嗣同并不像康有为那样将王阳明的思想界定为心学或侧重对王阳明心学的阐发，而是沿着庄子的思路——具体地说，在庄子思想与佛学的互释、和合中解读王阳明的思想。第二，孔教视域以立孔教为国教为目标，强调孔教的传播过程是一个争教的过程。因此，康有为孔教视域下的阳明学研究突出王阳明与朱熹等人在孔教内部的争教。孔学视域没有了争教的主题，不再关注王阳明与朱熹的关系。事实上，谭嗣同不像康有为那样为立孔教为国教奔走呼号，甚至不再像康有为那样彰显孔教的至高权威，而是将佛教置于孔教之上。在这个前提下，谭嗣同对阳明学的阐发不惟不再服务于立孔教为国教，甚至不再以孔子思想为制高点。可以看到，谭嗣同习惯于在庄子与佛学的互释中挖掘王阳明的思想内容，下面这段话淋漓尽致地反映了他的这一思想意趣："远羁金陵，孤寂无俚，每摒挡繁剧，辄取梵夹而泛观之，虽有悟于华严唯识，假以探天人之奥，而尤服膺大鉴。盖其宗旨岂亶，无异孟子性善之说，亦与庄子于道之宏大而辟、深闳而肆者相合。至于陆子静、王阳明，其有所发，尤章章也。嗣同以为苟于此探其赜，则其所以去尔蔽，祛尔惑，浚尔智，成尔功者，诚匪夷所思矣。"① 就研究范式而言，孔学视域下的阳明学研究走的依然是公羊学的路径，从这个意义上说，谭嗣同的阳明学研究在近代哲学家中与康有为最为接近。尽管如此，由于将佛学纳入其中，特别是声称佛教高于孔教，加之反对以儒家代替孔教，谭嗣同的阳明学研究并没有像康有为那样建构阳明学的儒学形态，而是最终建构了阳明学的佛学样式，或曰佛学形态的阳明学。

第三种是西学视域下的阳明学研究，代表人物是严复。西学视域下的阳明学研究以中西文化的比较为切入点，将阳明学作为中国文化的代表进行审视和反思。如果说孔教、孔学视域下的阳明学研究主要在中国本土文化的范围内对王阳明的思想进行审视的话，那么，西学视域则突破了中国本土文化的范围而将王阳明的思想置于世界文化的范围内进行透视和反思。由此可以想象，严复的阳明学研究无论对王阳明思想的解读方法还是态度评价都与康有为、谭嗣同相去霄壤。例如，严复在阐释王阳明的思想时尽管提到了孟子和陆九渊，然而，他不是像康有为那样将三人都归为孔子后学，凸显彼此思想的继承性、一致性；而是凸显王阳明思想与孟子思想的区

---

① 《致唐才常二》，见《谭嗣同全集》（增订本），中华书局 1998 年版，第 529 页。

别，旨在证明王阳明在心学的路上走得太远，以至于闭门造车。正是在这个意义上，严复写道："客谓处存亡危急之秋，务亟图自救之术，此意是也。固知处今而谈，不独破坏人才之八股宜除，与〔举〕凡宋学汉学，词章小道，皆宜且束高阁也。即富强而言，且在所后，法当先求何道可以救亡。惟是申陆王二氏之说，谓格致无益事功，抑事功不俟格致，则大不可。夫陆王之学，质而言之，则直师心自用而已。自以为不出户可以知天下，而天下事与其所谓知者，果相合否？不径庭否？不复问也。自以为闭门造车，出而合辙，而门外之辙与其所造之车，果相合否？不龃龉否？又不察也。向壁虚造，顺非而泽，持之似有故，言之若成理。其甚也，如骊山博士说瓜，不问瓜之有无，议论先行蜂起，秦皇坑之，未为过也。"① 一目了然，这段话显示严复对王阳明的思想是否定的，否定的原因可以归结为两点：第一，从现实上说，无益事功，而事功对于救亡图存迫在眉睫的近代中国至关重要。第二，从理论上说，将心学推向了极致而造成"师心自用"。在此基础上，严复沿着中国哲学重演绎、西方哲学重归纳的思路，鉴定中西文化的优劣。在这个前提下，他将王阳明思想作为中国文化的代表予以审视和剖析得出了阳明学是中国哲学注重演绎的典型的结论。至此可见，西学视域下的阳明学研究在中西文化的比较中解读王阳明的思想，采用的具体方式方法则是逻辑学范式。由于以西方的逻辑学作为研究范式，严复建构了阳明学的西学样式，或曰西学形态的阳明学。

第四种是东方文化视域下的阳明学研究，代表人物是梁启超。一方面，东方文化视域与西学视域的阳明学研究呈现出某种相似性，集中表现为均在中学与西学的比较中进行，与孔教、孔学视域下的阳明学研究基本限定在中国本土文化的范围内大相径庭；另一方面，东方文化视域既突出东西文化的区别，又褒扬东方文化的特质。这决定了梁启超的阳明学研究坚守中国文化的民族立场，也预示着对王阳明思想不同于严复的思想解读和态度评价。事实正是如此，梁启超指出，东方文化追求知情意合一，西方文化则始终偏重知。这使中国文化崇尚"知行合一"，西方文化则知行分离。人类心理由知、情、意三个部分组成，三者原本是统一的。这表明，中国文化更为完善，明显优于西方文化。儒家文化是中国乃至东方文化的代表，孔子和儒家历来都崇尚"知行合一"，陆王心学尤为如此。于是，他说道："我们先儒始终看得知行是一贯的，从无看到是分离的。后人多谓知行合一之说，为王阳明所首倡，其实阳明也不过是就孔子已有的发挥。……盖以知识之扩大，在人努力的自为，从不像西人之从知识方法而求知识。所以王阳明曰：'知而不行，是谓不知。'所以说这类学问，必须自证，必须躬行，这却是西人始终未看得的一点。"② 在这个前提下，梁启超将王阳明的思想奉为"知行合一"的典范，为此特意作《王阳明知行合一之教》集中阐发王阳明的知行合一学说。至此可见，虽然梁启超的阳明学研究是在中西文化的宏大背景下展开的，但是，东方文化立场却使他对王阳明思想的解读和评价返回到中国文化或曰东方文化的范围之内。从这个意义上说，梁启超的阳明学研究以中西比较始，以中学视域终，呈现出由大到小的视域，与严复自始至终的宏大叙事天差地别——严复的阳明学研究则以中

---

① 《救亡决论》，见《严复集》第一册，中华书局 1986 年版，第 44—45 页。
② 《治国学的两条大路》，见《梁启超全集》第七册，北京出版社 1999 年版，第 4070 页。

西比较始，以西学视域终。因此，梁启超的阳明学研究尽管与康有为的孔教视域和谭嗣同的孔学视域大相径庭，却以中国文化为主阵地，在研究方法上属于中学范式。凭借上述方法，梁启超开创了阳明学的东方文化样式，或曰东方文化形态的阳明学。

第五种是心理建设视域下的阳明学研究，代表人物是孙中山。作为中国民族、民主革命的先行者，孙中山不仅设计了建国方略，而且提出了一套领导中国人在摆脱帝国主义之后、建设新国家的方法，心理建设是其中的重要组成部分。孙中山信奉有志者事竟成，认为心是"万事之本源"，只要信心满满、黾勉力行，终有成功之日。王阳明对立志格外重视，阳明心学对于提高人的自信心大有裨益。这些都使王阳明的思想成为孙中山心理建设的有益资鉴。孙中山进行心理建设的法宝便是知难行易，强调行易是为了鼓励人们果敢无畏、勇于进取，像探险家探险、冒险家冒险和科学家实验那样即使不知也一定要行。为了贯彻知难行易，孙中山坚信不知亦能行，并且认为随着社会分工的加强，将来知者不必行，行者不必知。这里存在明显的知行分离倾向，与王阳明的"知行合一"南辕北辙。王阳明提出"知行合一"，旨在强调知行在时间上不分先后、在内涵上相互包含。尽管如此，孙中山肯定日本明治维新的成功得益于阳明学的"知行合一"，并称赞王阳明是"具有独立尚武的精神"的"中国哲学大家"。正是在这个意义上，孙中山断言："五十年前，维新诸豪杰沉醉于中国哲学大家王阳明知行合一的学说，故皆具有独立尚武的精神，以成此拯救四千五百万人于水火中之大功。"①孙中山开创的是阳明学研究的心学范式，并借此建构了阳明学的心理学样式，或曰心理学形态的阳明学。

第六种是国粹视域下的阳明学研究，代表人物是章炳麟。章炳麟终生都在为整理国故、保存国粹奔走呼号，无论他整理的国故还是保存的国粹都不是康有为提倡的孔教，而是包括语言文字、典章制度和人物事迹三大项，其中尤以语言文字为最。章炳麟一再强调，国学以先秦诸子为首，他的国学研究以诸子学为主体内容。对此，章炳麟解释说："所谓诸子学者，非专限于周秦，后代诸家，亦得列入，而必以周秦为主。盖中国学说，其病多在汗漫。春秋以上，学说未兴，汉武以后，定一尊于孔子，虽欲放言高论，犹必以无碍孔氏为宗。强相援引，妄为皮傅，愈调和者愈失其本真，愈附会者愈违其解故。故中国之学，其失不在支离，而在汗漫。自宋以后，理学肇兴。明世推崇朱氏，过于素王。阳明起而相抗，其言致良知也，犹云朱子晚年定论。"②在推挹先秦诸子的前提下，章炳麟对王阳明多次提及，并且肯定王阳明的学问在明代排在首位。于是，他说道："明朝时候，一切学问，都昏天黑地，理学只袭宋儒的唾余，王守仁出来，略略改变些儿，不过是沟中没有蛟龙，鲵鲋来做雄长，连宋朝人的琐碎考据，字学校勘都没有了。典章制度，也不会考古，历史也是推开一卷。"③章炳麟秉持古文经立场，注重训诂、注疏和考证，对王阳明的评价直观地反映了这一点。章炳麟是中国近代著名的古文经大师，古文经学与今文经学的区别有二：第一，如果说今文经学注重发挥微言大义的话，那么，古文经学则喜欢引经据典、实证考

---

① 《在东京中国留学生欢迎大会的演说》，见《孙中山全集》第一卷，中华书局2006年版，第278页。
② 《诸子学略说》，见《章太炎政论选集》上册，中华书局1977年版，第285页。
③ 《论教育的根本要从自国自心发出来》，见《章太炎政论选集》上册，中华书局1977年版，第504页。

据。在这方面，《王学》将章炳麟阳明学研究的古文经学范式发挥到了极致。第二，如果说今文经学注重经世致用的话，那么，古文经学则追求学术之真，反对将学术与事功混为一谈。章炳麟对王阳明思想的解读和评价淋漓尽致地反映了这一点。例如，章炳麟不止一次地批评说：

> 涂说之士羡王守仁。夫学术与事功不两至，……何者？人之材力有量，思深则业厌也。守仁之学至浅薄，故得分志于戎事，无足羡者。抑守仁所师者，陆子静也。子静剪爪学射，欲一当女真而与之搏；今守仁所与搏者，何人也？仲尼之徒，五尺童子，言羞称乎桓、文，犹曰鄙儒迂生所执。观桓、文之斩孤竹、挞荆舒，非峒谷之小蛮夷也。晋文诛子带以定襄王，子带康回之篡，夫襄王非有罪也。以武宗之童昏无艺，宸濠比之，为有长民之德，晋文而在，必不辅武宗、蹶宸濠明矣。其学既卑，其功又不足邪。校功能之高下，而曰尧、舜犹黄金万镒，孔子犹九千镒，然则守仁之圣，其将浮于万镒者耶？①

> 夫孟、荀道术皆踔绝孔氏，惟才美弗能与等比，故终身无鲁相之政，三千之化。才与道术，本各异出，而流俗多视是崇堕之。近世王守仁之名其学，亦席功伐己。……况于孔氏尚有踔者！②

由此可见，章炳麟的阳明学研究恪守古文经范式，不仅在旁征博引中解读王阳明的学说，而且沿着事功与学问分途的思路评价王阳明的思想。循着这个思路，他一面抨击王阳明的思想"至浅"，一面指责王阳明"席功伐己"。至此，章炳麟建构了阳明学的国粹样式，或曰国粹形态的阳明学。

总之，近代哲学家既是具有政治抱负的启蒙思想家，又是拥有不同学术素养和人生经历的学问家。他们本着各自的现实需要、学术旨归和哲学理念来解读王阳明的思想，进而将阳明学分别放置在孔教、佛教、西学、东方文化、心理学和国粹的视域之下进行审视和诠释。由此，近代哲学家的阳明学研究形成了不同的研究范式，并且建构了儒学、佛学、逻辑学、东方文化、心理学和国粹六种不同的阳明学形态。近代哲学家对王阳明思想的阐发再现了阳明学对中国近代哲学的影响以及在中国近代的传播轨迹，也从不同角度、视域共同展示了王阳明思想的丰富性、多向性和变化性。更为重要的是，近代哲学家诠释阳明学的不同路径和范式为今人解读、评价王阳明的思想提供了多种样式和选择。

三、近代阳明学研究的反思和启示

中国近代特殊的历史背景和文化语境与近代哲学家的特殊身份相互作用，共同造就了近代阳明学研究与生俱来的先天印记和独特气质。反思、梳理中国近代的阳明学研究，可以得到诸多

---

① 《遗王氏》，见《章太炎政论选集》上册，中华书局 1977 年版，第 324 页。
② 《订孔》，见《訄书》，华夏出版社 2002 年版，第 19 页。

有益的启示。

首先，阳明学在近代的盛行并不是偶然的，而是各种因缘促成的结果，因而带有某种不容否认的必然性。

抵御外侮的中国近代是人心思变的时代，也是大倡心学的时代。这使心学之集大成者王阳明的思想备受青睐，阳明学乘势而兴。例如，康有为不仅将王阳明说成是孔子心学的代表，而且极力凸显阳明学的心学特征。对此，他一再宣称：

> 明人学心学，故多气节，与后汉、南宋相埒。本朝气节扫地，皆不讲心学也。①
> 王阳明得之养来。②

再如，梁启超大倡心学，并将王阳明奉为心学巨擘而提倡王学。梁启超从鼓舞人勇猛无畏的角度指出，唯心派与宗教相近，能够造就人物，其中的主观唯心论即心学就是最上乘的宗教。对此，他解释说："哲学亦有两大派：曰唯物派，曰唯心派。唯物派只能造出学问，唯心派时亦能造出人物。……吾昔读欧洲史，见其争自由而流血者前后相接，数百年如一日，而其人物类皆出于宗教迷信，窃疑非以迷信之力，不能夺人生死之念。及考俄国虚无党历史，其人不信耶稣教者十而八九。……吾深求其故，而知彼有唯心派哲学以代之也。唯心哲学亦宗教之类也。吾国之王学，唯心派也，苟学此而有得者，则其人必发强刚毅，而任事必加勇猛，观明末儒者之风节可见也。本朝二百余年，斯学销沉，而其支流超渡东海，遂成日本维新之治，是心学之为用也。心学者，实宗教之最上乘也。"③依据梁启超的分析，历史上的改革家、革命者不怕牺牲，是因为他们信中有信仰，质言之，是以唯心论哲学代宗教的结果。唯心论哲学的威力所向披靡，欧洲的情形如此，中国也不例外。王阳明的心学使人发奋刚毅，任事勇猛，是中国唯心论的典范。因此，阳明学不仅成就了明末儒者的气节，而且成就了日本的明治维新。显然，梁启超在这里将阳明心学置于中国唯心论的首位，"心学者，实宗教之最上乘也"将他对阳明学的顶礼膜拜推向了极致。梁启超之所以得出这个结论是从治世任事的效果上立论的，并且与强调宗教之信仰密切相关。他坚信，只要像拿破仑、俾斯麦或笃信王学者那样对笛卡尔、斯宾塞和王阳明的心学醉心其中，便可以借此砥砺气节，勇猛无畏，成为想常人之不敢想、为常人所不能为的英雄人物。

救亡图存需要坚船利炮，更需要文化自信。这使近代哲学家对立志、气节格外重视，王阳明则成为他们推崇、效仿的楷模。王阳明强调立志，声称"志不立，天下无可成之事，虽百工技艺，未有不本于志者"④。王阳明本人更是立志的典范，他之所以成为中国历史上为数不多的"三不朽"人物，与从小就有青云之志密不可分。据钱德洪编撰的《阳明先生年谱》记载，王阳明12岁读私塾时，突然有一天问私塾先生："何为第一等事？"私塾先生说："惟读书登第耳。"王阳明当即反驳道："登第恐未为第一等事，或读书学圣贤耳。"宋代以来，理学家提倡做学问的目的

---

① 《南海师承记·讲明儒学案及国朝学案》，见《康有为全集》第二集，中国人民大学出版社2007年版，第258页。
② 《万木草堂讲义·七月初三夜讲源流》，见《康有为全集》第二集，中国人民大学出版社2007年版，第289页。
③ 《论宗教家与哲学家之长短得失》，见《梁启超全集》第二册，北京出版社1999年版，第762—763页。
④ 《王阳明全集（简体字本）》，吴光、钱明、董平、姚延福编校整理，上海古籍出版社2015年版，第804页。

是成圣成贤，第一要先立志。王阳明将这一诉求发挥得淋漓尽致，也表明提倡阳明心学有助于激励气节。这一点使阳明学被康有为、梁启超等人津津乐道、奉为至宝。值得注意的是，在气节上，即使是攻击阳明心学"师心自用"的严复也不得不对王阳明啧啧称赞。例如，严复曾经说过这样一段话："试思以周、程、朱、张、阳明、蕺山之流，生于今日之天下，有益乎？无益乎？吾知其必有益也。其为国也忠，其爱人也厚，其执节也刚，其嗜欲也澹。此数者，并当世之所短，而宏济艰难时所必不可少之美德也。使士大夫而能若此，则'支那'之兴，殆不须臾。方且尸祝之、呼吁之，恨其太少，岂恨其多哉！无如此辈所行，实在与宋儒相反，至其为人所诘，不能自救时，乃大言称宋儒以自脱。……人皆若此，大事便去，黄种便灭，更何待言！其谁之咎乎？盖学究实尸之者矣。"①

王阳明的一生战功卓著，被近代哲学家奉为立功的典范。由此，近代哲学家赞扬王阳明能够成就大事，阳明学长于治世、有裨益于事功，而这正是中国近代所亟需的。例如，康有为一再称赞王阳明"可任事""能任事"，除了对阳明心学的认定，还包括王阳明善于用兵。于是，康有为一而再、再而三地断言：

> 阳明卧石棺，金正希临崖，足二分在外。椒山临刑，尚能作千余字家书。详细曲折，均心学足也。②

> 阳明在龙场与老僧对坐，又卧石棺者三年。③

> 罗念庵在金鳌洞静坐三年，白沙在阳春台三年，王阳明在龙场驿眠石棺三年，古之名人皆曾下苦功者。④

> 言心学者必能任事，阳明辈是也。大儒能用兵者，惟阳明一人而已。⑤

近代哲学家认为，日本通过明治维新从蕞尔小国骤然变强，阳明学居功厥伟。沿着这个思路，他们一面对阳明心学的治世功效津津乐道，一面大力提倡阳明心学。在这方面，梁启超等人自不待言，即使是坚决反对人云亦云的章炳麟也不否认王阳明思想对于日本明治维新有功。救亡图存的刻不容缓使近代哲学家对中国的前途忧心如焚，他们热衷于学问，更热衷于事功。日本利用阳明学变法维新成功的事例令中国近代哲学家艳羡不已，凭借阳明学使中国由弱变强是他们崇拜阳明学的原因。

其次，近代哲学家大都是热衷于社会活动的政治家和叱咤风云的启蒙思想家，他们的阳明学研究不仅服务于现实的政治斗争，凸显实践维度和政治维度；而且紧扣中国近代思想启蒙的时代主题，凸显启蒙维度和开放维度。

在救亡图存的维度上，中国近代的阳明学研究可以视为国学的一部分。从立言宗旨上看，

① 《〈道学外传〉余义》，见《严复集》第二册，中华书局1986年版，第486—487页。
② 《南海师承记·讲主静出倪养心不动》，见《康有为全集》第二集，中国人民大学出版社2007年版，第248页。
③ 《南海师承记·讲主静出倪养心不动》，见《康有为全集》第二集，中国人民大学出版社2007年版，第248页。
④ 《南海师承记·讲明儒学案及国朝学案》，见《康有为全集》第二集，中国人民大学出版社2007年版，第257页。
⑤ 《南海师承记·讲主静出倪养心不动》，见《康有为全集》第二集，中国人民大学出版社2007年版，第248页。

近代哲学家热衷于阳明学很大程度上源于对阳明学在日本明治维新中的运用。日本凭借明治维新从一个蕞尔小国一跃变成强国使近代哲学家认识到了阳明学的治世功效，王阳明本人作为"三不朽"人物在立功方面的卓越功绩也令近代哲学家羡慕不已。从学术意趣上看，近代哲学家对阳明学的解读和诠释在王阳明与众多国学人物的关系中展开，尽显中学本色。这集中体现在四个方面：

第一，从中国本土的心学传统解读阳明学，致使王阳明与孟子、程颢和陆九渊的关系成为其中的核心话题。例如，康有为以心学的视角解读、评价王阳明的思想，并从心学的角度审视王阳明与程颢（大程）和朱熹等人的关系。于是，康有为不止一次地声称：

王阳明之言心学，过于大程。①

王阳明以心学攻朱子。②

第二，以儒家的视角解读阳明学，除了孟子、陆九渊之外，近代哲学家还关注王阳明与孔子、朱熹等人的关系。

第三，以王学的视角解读阳明学，侧重王阳明思想的传播和王阳明与王门后学的关系，这一点在热衷于传承谱系的康有为那里表现得最为突出。他反复说道：

王学分江西、浙江二派。③

念庵讲修摄保任之学，其语录最好。传曾子戒慎恐惧之学，王门以念庵为最。④

第四，以国学的视角解读阳明学。除了在心学、儒学和王学的视野内将王阳明与孟子、程颢、朱熹和陆九渊以及王门后学联系在一起，使王阳明与这些人的关系成为近代阳明学研究的热点话题之外，近代哲学家还依据自己的国学理念和研究范式将王阳明与其他国学人物的思想联系起来。例如，梁启超基于中国哲学注重"知行合一"的认定，以知行关系审视、整合王阳明与颜元的思想，更是彰显了梁启超国学研究的民族主义立场和意趣。正是在这个意义上，梁启超说道："王阳明高唱'知行合一'，从颜李派看来，阳明派还是偏于主知，或还是分知行为二；必须如习斋所说见理于事、因行得知，才算真的知行合一。阳明说'不行只是不知'，习斋翻过来说不知只是不行，所以他不教人知，只教人行，行又不是一躺过便了，最要紧是'习'。"⑤ 再如，章炳麟将王阳明与胡宏联系在一起，强调王阳明的良知无善无恶说脱胎于胡宏的思想，同样提揭了他的国粹逻辑。

在思想启蒙的维度上，近代哲学家将自由意志等西方近代的价值理念和崭新内容注入到王阳明的思想之中，属于传统文化内容转换和现代化的一部分。对于这一点，无论近代哲学家将王阳明与苏格拉底、康德、黑格尔和洛克等西方哲学家相提并论还是下列做法都是明证。这包

---

① 《南海师承记·讲宋学》，见《康有为全集》第二集，中国人民大学出版社 2007 年版，第 253 页。

② 《万木草堂讲义·七月初三夜讲源流》，见《康有为全集》第二集，中国人民大学出版社 2007 年版，第 288 页。

③ 《南海师承记·讲明儒学案及国朝学案》，见《康有为全集》第二集，中国人民大学出版社 2007 年版，第 257 页。

④ 《南海师承记·讲明儒学案及国朝学案》，见《康有为全集》第二集，中国人民大学出版社 2007 年版，第 257 页。

⑤ 《中国近三百年学术史》，见《梁启超全集》第八册，北京出版社 1999 年版，第 4490 页。

括将王阳明提出的良知说与西方哲学家所讲的自由意志相互诠释，将王阳明的良知无善无恶说与洛克的白板说混为一谈，将王阳明的"知行合一"与苏格拉底、康德和黑格尔等人的思想相互比附，等等。

基于中国近代全球多元的历史背景和文化语境，近代哲学家将阳明学置于世界多元文化的视域下，为王阳明找到了诸多外国的同调。在这方面，梁启超的阳明学研究是其中的典型代表。梁启超并非偶尔将王阳明与西方哲学家联系在一起，而是一贯对王阳明的思想与西学进行互释。一方面，他在讲外国哲学时，以王阳明的思想进行解读。例如，梁启超在介绍德国哲学家——康德的学说时，反复提到王阳明。在此过程中，他不仅肯定康德在知行关系（"以空理贯诸实行"）方面与王阳明的观点相似，而且以王阳明的良知标准解读康德的自由意志，断言康德所讲的真我就是王阳明推崇的良知。下仅举其一斑：

> 以康德比诸东方古哲，则其言空理也似释迦，言实行也似孔子，以空理贯诸实行也似王阳明。①

> 又案：王阳明曰："一点良知是汝自家的准则。汝意念著处，他是便知是，非便知非，更瞒他些子不得。汝只要实实落落依着他做，善便存，恶便去。"是亦以良知为命令的，以服从良知为道德的责任也。阳明之良知即康德之真我，其学说之基础全同。②

另一方面，在解读王阳明的思想时，梁启超搬来了众多的西方哲学家。于是，梁启超说道："泰西古代之梭格拉第，近世之康德、比圭黎，（或译作黑智儿。）皆以知行合一为教，与阳明桴鼓相应，若合符契。"③在这里，梁启超不仅将王阳明比作康德，而且将之与苏格拉底和黑格尔相提并论。饶有趣味的是，不惟具有中西文化比较视域的梁启超对王阳明与西方哲学家的思想进行互释，即使是具有国粹情结的章炳麟也将王阳明的思想与西方哲学家相比附。章炳麟这样写道：

> 夫其（指王阳明——引者注）曰"人性无善无恶"，此本诸胡宏（胡宏曰："凡人之生，粹然天地之心，道义完具，无适无莫，不可以善恶辩，不可以是非分。"又曰："性者，善不足以言之，况恶邪？"），而类者也，陆克所谓"人之精神如白纸"者也。④

章炳麟在这里大讲特讲王阳明的良知无善无恶说来源于胡宏，引经据典，言之凿凿。末了，他却话锋一转，肯定王阳明的这个观点与洛克的白板说类似。

上述内容显示，近代哲学家在将王阳明与西方哲学家的思想相提并论的过程中，提到了苏格拉底、康德、洛克和黑格尔等人——从年代上说，有古希腊的，也有近代的。从国别上说，有希腊的，也有德国的和英国的。从思想上说，有先验论，也有经验论；有可知论，也有不可知论。透过这些不同的人物和学说，可以直观感受近代哲学家解读王阳明思想的多元视野和开放心态。这表明，以西学为参照解读王阳明的思想是他们的共识，也由此形成了近代阳明学研究的主

① 《近世第一大哲康德之学说》，见《梁启超全集》第二册，北京出版社1999年版，第1055页。

② 《近世第一大哲康德之学说》，见《梁启超全集》第二册，北京出版社1999年版，第1062页。

③ 《德育鉴》，见《梁启超全集》第三册，北京出版社1999年版，第1506页。

④ 《王学》，见《訄书》，华夏出版社2002年版，第39页。

要特色。正是由于这个原因，近代哲学家对王阳明思想的解读和诠释拥有前所未有的全球多元的文化视野，并且与古代哲学家拉开了学术分野。更有甚者，尽管近代哲学家选择的与王阳明相互观照的西学人物不尽相同，然而，他们得出的结论出奇一致。可以看到，近代哲学家异口同声地肯定王阳明与西方哲学家的思想相同而不是不同。从思想启蒙的角度看，近代哲学家的做法旨在借助中西互释为王阳明思想代表的中国本土文化注入西学要素，以此推动王阳明思想以及中国传统文化的内容转换和现代化。从救亡图存的角度看，近代哲学家的做法具有借助王阳明思想与西学之同提高中国人的文化自信和文化认同、进而激发爱国心和自尊心的意图。

中国的当代哲学、思想和文化均与近现代一脉相承，当下学术界普遍关注的热点话题和学术争议大多肇端于近代。就阳明学研究来说，当代的阳明学研究是近代阳明学研究的延续，近代哲学家的阳明学研究对于当代弘扬阳明精神、诠释阳明学说具有不可替代的借鉴价值和现实意义。近代哲学家对王阳明思想的诠释和研究本着强烈的问题意识，始终围绕着救亡图存与思想启蒙两个历史使命和立言宗旨展开。这使他们的阳明学研究不只有时代局限，而且有恒常意义，因而可以为当代提供不可多得的历史资鉴。事实上，无论近代哲学家乐此不疲的古今中西之辨还是富国强国之梦都在继续，仍然是当代中国哲学、思想和文化建构的主题。正因为如此，近代哲学家的王阳明研究是一份宝贵的历史财富，他们的经验和教训足以给今人以启迪和警示。

方克立先生与当代新儒学思潮研究 *

王兴国

内容提要：在方克立先生的倡议下，"现代新儒家思潮研究"课题分别于 1986 年和 1992 年正式被列为国家哲学社会科学"七五"和"八五"规划重点课题，成立了以方克立先生和李锦全先生为首的课题组；方克立先生勇于率先突破禁区，对"港台现代新儒家"的基本思想和理论观点，进行了马克思主义批判式地解读和概括总结，正确地预见到了其重要而持久的生命力和影响力，强调和突出了其对于中国哲学的贡献及其启发意义，并亲自确立了此项研究的基本原则。此项课题研究不仅取得了举世瞩目的重大成就，而且产生了非常重要和深远的影响。"当代新儒学"研究在中国大陆的全面开展，在客观上促进了儒学在中国大陆的"复兴"之势以及"大陆新儒家"的出现。"当代新儒学"在今天仍然有继续深入研究的必要。未来的中国文化，"将是中国的与世界的，传统的与现代的、科学的与人文的有机结合与统一。"这难道不是许多思想家的共同心声吗?!

关键词：方克立；当代新儒学；大陆新儒家；转向；未来

众所周知，方克立先生②是著名的马克思主义者、思想家、中国哲学史家和教育家。半个多世纪以来，方克立先生一直奋斗在中国哲学和中国文化教学与研究的第一线，并从事着中国高等教育中研究生教育培养以及与中国哲学学科建设和发展相关的管理工作，将自己的一生无私地奉献给现代化进程中的中国高等教育，尤其是研究生教育与中国哲学的学术研究，直至耄耋之年，身体欠佳，仍然壮心不已，好学不倦，坚持每天工作与思考，站在时代前沿的精神高地，自觉地结合中国国情，对马克思主义理论进行探索和不断完善自己的思想信念和理论，力图化解中国哲学与文化中的"古今之争"与"中西之争"，希望能够既有批判与继承、开放与吸收，又有消化与酿造、综合与创新，不失中国哲学与文化的本色，但一定得保持马克思主义的立场与主导地

---

* 本文曾于 2017 年 6 月在石家庄河北师范大学召开的纪念二张（张申府先生、张岱年先生）学术会议上宣读，会后有作者进行了修订。方克立先生于 2020 年 4 月 21 日病逝于北京，谨以此文追悼方克立先生！

② 本文直呼"方克立先生"，主要是为了遵循学术规范与保持学术立场，避免门户之见的嫌疑以及行文的方便，非不敬也，幸望体察！

位，这就是方克立先生近些年以来极力主张与申明的"马魂、中体、西用"的综合创新，旨在用"魂、体、用"的三元模式（一般称为中西马"三流合一"）准确地说明中、西、马三大文化资源在当代中国文化建设中的地位和相互关系，①为中国的伟大复兴与重新崛起，从中国文化与哲学上寻找一条可以融合古今中西（或中外），综合创新的康庄大道。

毫无疑问地说，方克立先生的贡献是多方面的，但是据我有限的观察与了解，主要集中于学术和教育两个方面，其学术成就当以中国哲学和中国文化为主，而仅就这一方面而言，还有待做全面深入和系统地考察和总结，这不是这篇文章所能完成的任务。这里仅限于"方克立先生与当代新儒学的研究"这一论题，谈一些不成熟的看法，以就教于先生以及各位师长、学长、师兄和同人。

一、倡导与领导当代新儒学研究

"当代新儒学"②是在20世纪的中国出现的一股哲学和文化思潮，直接缘起于新文化运动，与中国现代的自由主义思潮和马克思主义思潮鼎足而立，在20世纪下半叶转移至港台，流播海外，形成一股国际思潮，蔚为可观。中国的"文化大革命"运动结束后，迎来了一个改革开放的新时代，中国哲学与文化的学术研究也得以焕发出青春，"中国传统文化热"不断地反复出现，推动着对中国传统哲学与文化的重新探讨与认识，不仅中断与停止了的西学思潮开始重新向中国介绍而进入中国，大陆与港台的接触与交流也得以开展和进行，至70年代末和80年代初，"港台新儒家"的思想开始流入中国大陆，被作为"中国现代资产阶级哲学"批判和抛弃的"当代新儒学"或"现代新儒学"开始受到关注，出现了"复兴儒学"或"儒学第三期发展"的主张，汇流涌入"中国文化热"的大潮，同时也进入了具有高度敏锐洞察力的方克立先生的眼帘，方克立先生意识到，这一思潮对于中国哲学与文化在当代和未来发展的重要意义，即"有着学术思想史研究和现实思想斗争两个方面的重要意义"③，这就促使方克立先生密切关注，并引发出方克立先生去了解和研究这一思潮的兴趣。

说到方克立先生对于当代新儒学的研究，可以追溯到20世纪60年代，方克立先生与"当代新儒家"的代表人物之一冯友兰先生关于"抽象继承法"的论战。谁也不曾料到，这场论战竟然使方克立先生与"当代新儒学"的研究结下了不解之缘。诚然，方克立先生对于冯友兰先生的"抽象继承法"思想的批判，还不能算是他对于整个"当代新儒学思潮"的研究，而只能说是一

---

① 参见方克立：《中国文化的综合创新之路·自序》，中国社会科学出版社2012年版，第3页。
② "当代新儒学"又称为"现代新儒学"，中国大陆多流行"现代新儒学"一语，而在港台与海外则多流行"当代新儒学"一语，相比较之下，"当代新儒学"更多地通行于海内外，故本文主要采用"当代新儒学"一语。有人区分"当代新儒学"与"现代新儒学"，方克立先生视之为同义语，本文也视之为同义语，顺从方克立先生的用法。
③ 方克立：《现代新儒学与中国现代化·自序》，天津人民出版社1997年版，第2页。

个不自觉的伏笔。因为真正对于"当代新儒学思潮"的研究，要到 20 年以后才有可能。事实上，如所周知，1986 年 11 月，"现代新儒学思潮研究"课题才被通过，成为国家哲学社会科学"七五"规划重点科研项目。李明辉先生评论说："这对新儒学的发展而言，也是一个重要的里程碑。"①自此，对于"当代新儒学思潮"的研究才正式起步。

无疑，"现代新儒学思潮研究"被作为国家哲学社会科学"七五"规划重点科研项目，是与方克立先生的呼吁、倡导与推动分不开的。1986 年 3 月 27 日，在国家教委召开的"七五"科研规划咨询会议上，方克立先生即席发表了题为"要重视对现代新儒家的研究"的发言②，这个发言为"现代新儒学思潮研究"列为国家哲学社会科学"七五"以及"八五"规划重点科研项目奠定了基础。诚如方克立先生自己所说的那样，这个发言将他推到了"现代新儒学思潮研究"课题组负责人的位子上。③ 事实上，这个发言的重要性是不言而喻的。对于"现代新儒学思潮研究"来说，这个发言今天已经成为一篇具有纲领性的历史文献了。在这篇发言中，方克立先生不仅提出："中国正处在从传统走向现代的又一个关键，现代新儒家思想的重新泛起，值得引起我们的重视"④，而且为"当代新儒家"或"现代新儒家"做了如下的界定与说明：

> 现代新儒家是在本世纪 20 年代产生的以接续儒家"道统"为己任，以服膺宋明儒学为主要特征，力图用儒家学说融合、会通西学以谋求现代化的一个学术思想流派。因为区别于先秦儒学的宋明儒学，在历史上被称为"新儒家"，所以本世纪以复兴儒学为职志的这个流派称为"现代新儒家"，或"当代新儒家"。先秦儒家，宋明新儒家，现代新儒家，这就是他们所说的儒家学术发展的三个阶段。现代新儒家所致力的就是"儒学第三期发展"的工作。⑤

此后，方克立先生在《〈现代新儒学辑要〉总序》中又一次界定和说明了"当代新儒家"（或"现代新儒家"）这一概念及其理由，他说：

> 我们采取了广义的理解的"现代新儒学"和"现代新儒家"概念，即超越了新儒家学者之间的师承、门户之见，把现代条件下重新肯定儒家的价值系统，力图恢复儒家传统的本体和主导地位，并以此为基础来吸纳、融合、会通西学，以谋求中国文化和中国社会的现实出路的那些学者都看作是现代的新儒家。他们之间的个性差异是相当明显的，但是都不乏上述"共性"。⑥

不难看出，这一对"当代新儒家"的理解和看法，与上引发言中的界说是完全一致的，同

---

① 李明辉：《如何继承牟宗三先生的思想遗产?》，（台北）《思想》第 13 期。
② 这个发言随即发表于《天津社会科学》1986 年第 5 期，后收入方克立：《现代新儒学与中国现代化》（天津人民出版社 1997 年版）文集之中。
③ 参见方克立：《现代新儒学与中国现代化·自序》，天津人民出版社 1997 年版，第 1 页。
④ 方克立：《现代新儒学与中国现代化》，天津人民出版社 1997 年版，第 2 页。
⑤ 方克立：《现代新儒学与中国现代化》，天津人民出版社 1997 年版，第 4 页。
⑥ 方克立：《现代新儒学与中国现代化》，天津人民出版社 1997 年版，第 445 页。

时与方克立在《关于现代新儒家研究的几个问题》①一文中对"现代新儒家"的界定也并无实质上的不同，只不过是在强调的重点与表述上有所不同而已。与此同时，方克立先生颇具远见地指出，当代新儒家所倡导的"儒学复兴运动"是一股具有世界性影响的国际的思潮。②迄今看来，尽管在学术界对于"当代新儒家"这一概念具有多种不同的理解和界说③，但是方克立先生对于"当代新儒家"的界定，乃是其中影响面最广且最为流行的概念。

必须指出的是，在上述的这个发言中，方克立先生业已对"当代新儒家"的代表人物及其划代提出了一个自己的看法，他论及 11 位④重要学者并将他们划分为"当代新儒学"三代相续发展中的重要代表人物，具体如次：

第一代：梁漱溟、张君劢、冯友兰、贺麟、熊十力

第二代：唐君毅、牟宗三、徐复观，方东美

第三代：杜维明、刘述先

如所周知，"现代新儒家思潮研究"课题组对于"当代新儒家"代表人物的正式确定，是在 1987 年 9 月在安徽宣州召开的"现代新儒家思潮"学术研讨会上，此次会议围绕着"现代新儒家"的定义、代表人物、产生背景、发展阶段划分、理论特征和历史评价等问题展开了热烈的讨论，最后根据方克立先生的观点，一共确定了 14 位三代"当代新儒家"的代表人物，具体如下：

第一代：梁漱溟、张君劢、冯友兰、贺麟、熊十力、钱穆、（马一浮）

第二代：唐君毅、牟宗三、徐复观，方东美

第三代：杜维明、刘述先、余英时、成中英

显然，这份名单仅仅是在上引发言中的名单基础上增补了 3 位，后来又补充了 1 位：马一浮，即在第一代中增补了钱穆以及马一浮，在第三代中增补了余英时和成中英。换言之，在上述的发言中，方克立先生已经对"当代新儒家"的代表人物及其划代，作了基本的不可改易的确定，只是在宣州会议上正式地确认下来而已。此后的研究，也确实是按照在宣州会议上所确定的名单而展开的。

方克立先生在上述的发言中，不仅对"港台现代新儒家"的基本思想和理论观点进行了马克思主义的批判地解读和概括总结，而且更为重要的是，他正确地预见到了"当代新儒家"的重要而持久的生命力和影响力。方克立先生高瞻远瞩，从对"古今、中西文化的冲突"中，提出将长期影响 20 世纪中国思想界的三大思潮是马克思主义，"西化派"（中国现代自由主义）和

---

① 参见方克立：《关于现代新儒家研究的几个问题》，见方克立、李锦全主编：《现代新儒学研究论集（一）》，中国社科出版社 1989 年版，第 1—5 页。

② 参见方克立：《现代新儒学与中国现代化》，天津人民出版社 1997 年版，第 11 页。

③ 参见王兴国：《当代新儒学的新近发展及其面相》，《中国人民大学学报》2015 年第 5 期。

④ 直到 1987 年以前，方克立先生有时候谈到当代新儒家的第一代和第二代代表人物的时候，主要强调的是 10 位人物，即梁漱溟、张君劢、熊十力、冯友兰、贺麟、钱穆、方东美、唐君毅、牟宗三、徐复观，他指出这十位人物是"重点研究对象"。（参见方克立：《关于现代新儒家研究的几个问题》，方克立、李锦全主编：《现代新儒学研究论集（一）》，中国社科出版社 1989 年版，第 5 页。）这里并不包括马一浮，但是后来补充了进去。这一情况说明，"当代新儒家"或"现代新儒家"的代表人物的确定，是经历了一个反复斟酌的过程。

"中体西用派"（"当代新儒家"或"当代新儒学"）。尤其是对于"当代新儒家"的生命力和影响力，方克立先生强调和指出："现代新儒家就是本世纪中体西用派的主要代表。它从20年代产生以来，至今已有60多年的历史，预计到本世纪末以至下个世纪，还会有一定的影响。"①事实上，当代新儒家在20世纪作为中国儒学的唯一的传扬者与"活的证明"，以及中国传统哲学的复兴的唯一代表，并凸起中国哲学史上的一座高峰的绝子独嗣身份和无可与争的独有地位，更不用说它对于中国哲学世界化的推展，便注定了它的持久的生命力和影响力，就像在哲学史或思想史上树立起丰碑的一个重大学派的深远影响一样，是无可低估的。毫无疑问，当代新儒家的影响不仅是中国的，而且是世界性的，但仅就当代新儒家一直以来在中国大陆造成的持久不衰的影响而言，就已经大大地证明了方克立先生的先见之明。正是基于这一理由，方克立先生提示和指出了研究"当代新儒家"或"当代新儒学"的重要性和迫切性。方克立先生说："研究20世纪的中国思想史，这个流派是绝对不能忽略的，何况我们对它的研究就是对当前思想斗争的现实实际情况的研究。"②尽管这是站在"学术思想史研究"和"对当前思想斗争的现实"需要的双重立场上，强调对"当代新儒家"，尤其是"港台新儒家"研究的必要性和重要性，但是在当时中国大陆正处于走向改革开放的过程中的情形来看，方克立先生的这一自觉的思想意识，已经是相当了不起了，而且在申明"斗争性"的同时也不失艺术性与灵活性。方克立先生以"经得起实践检验"的标准为依据，呼吁和力倡"实行文化上的开放政策"，主张对"港台"和"海外"的"当代新儒家"持开放和加强研究的态度，并开导说："我们对西方的各种资产阶级学术思想流派都采取开放的态度，更何况对在港台和海外流行的现代新儒家思想呢!"③

特别值得重视的是，方克立先生在那个发言中，确立了研究"当代新儒家"的基本原则，这就是：详细地占有资料，更加严谨的科学态度，具体分析（包括仔细推敲和认真比较）的态度，以理服人的批判，更好地做到革命性与科学性的统一，尤其是其中提出对于"当代新儒家"的"合理的思想成分"与"有益的思维成果"不仅要予以肯定，而且要"虚心地学习和借鉴"，④这在今天或许被人视为学术研究的常识，但是在当时拨乱反正的历史条件下，能公开提出这些观点，实属凤毛麟角，是十分难能可贵的! 正是在这一前提上，方克立先生列举了"港台新儒家"对于中国哲学的两个贡献及其启发意义：

其一，以唐君毅先生的六大卷《中国哲学原论》为例，说明"港台新儒家"对于中国哲学范畴研究有重要的贡献。诚如方克立先生所指出，当时正是全国流行"中国范畴研究热"的时候，甚至到了讲中国哲学言必谈范畴的程度，但是"当代新儒家"早已对中国哲学范畴进行了比较系统和深入的研究，出了许多成果，只是由于多年的封闭造成大陆鲜有人知道而已。那么，了解一下"当代新儒家"对于中国哲学范畴的研究，不是很有必要吗?! 这大概也是方克立先生介绍和

① 方克立：《现代新儒学与中国现代化》，天津人民出版社1997年版，第13页。
② 方克立：《现代新儒学与中国现代化》，天津人民出版社1997年版，第13页。
③ 方克立：《现代新儒学与中国现代化》，天津人民出版社1997年版，第16页。
④ 方克立：《现代新儒学与中国现代化》，天津人民出版社1997年版，第14页。

肯定"当代新儒家"在这方面贡献的良苦用心。方克立先生指出，《中国哲学原论》"实际上就是一部中国哲学范畴研究的专著"①，唐君毅运用西方哲学的分析方法，对中国哲学中含义最广与运用最普遍的一些概念，诸如"道""理""心""性""命""太极""名辩""格物致知"等，做了系统梳理和详尽阐释，引据资料相当丰富，颇具参考价值。

其二，肯定"当代新儒家"对于中国心性学的研究及其启发意义，并重新提出"对唯心主义也要进行认真、深入的研究"②的观点。如所周知，1958 年在那场著名的具有划时代意义的"中国哲学史座谈会"（实际上是对前苏联于 1947 年召开的"欧洲哲学史座谈会"的模拟与翻版）上，郑昕先生提出了著名的"开放唯心主义"的观点，遭到否定和批判后，一切"唯心主义"似乎都成了讳莫如深的禁区。但是，不研究"唯心主义"哲学，也就不可能真正地研究哲学史。因为"唯心主义"哲学贯穿于人类的全部哲学史。甚至可以毫不夸张地说，没有"唯心主义"哲学，就没有哲学史。这在中国哲学，也毫不例外。方克立先生指出，当代新儒家从"唯心主义"的历史观出发，把心性之学当做中国学术文化的本源大流，以孟子和陆王的心性论为正统，并吸收融化了康德"道德形上学"和黑格尔"精神哲学"中的"唯心主义"思想，建构了心性哲学的系统理论。反观大陆，则对中国哲学中的心性论一直重视不够，不要说没有人写出过如港台出版的大部头专著，就连这方面的研究论文也很少见。方克立先生由这一事实受到触动和启发，大胆地冒着一定的风险，重新提出"要把握中国哲学的特质及其发展的真实过程，分清什么是精华和糟粕，对唯心主义也要进行认真、深入的研究"③的主张和观点，并具体指出：

> 用马克思主义观点和包括近代心理学在内的科学方法，对中国心性之学进行系统的深入研究正确说明道德的基础和本质、知和行的关系、真和善的关系等问题，是我们义不容辞的责任，也是现代学术发展的需要。现代新儒家在这方面所做的大量工作，不是对我们也有启发和促进作用吗？④

以上所论及的方克立先生关于开展对"当代新儒家"研究的纲领性意见，在此后展开的持续的规模宏大的项课题研究中，得到了更加全面充分和细致入微的贯彻和落实，的的确确成为课题组的指导"纲领"和原则。

无疑，方克立先生严格坚持马克思主义的"党性原则"，这是他一贯的立场，但是他更注重摆事实讲道理，坚持以理服人的精神，因此方克立先生所提出的主张和看法，无论是在当时以至现在，总是有说服力的。换句话说，就是经得起时间的检验的。结果自然是收到了很好的效果，得到了大家一致的赞成、拥护和支持，最为重要和关键的是，取得了党和国家的信任与支持。因此，方克立先生光荣地走上了领导中国大陆对"当代新儒家思潮"重大课题研究的重要工作岗位。

老实说，在当时的历史情况下，就具备学术水平、能力和资格，以及学术影响力等条件而

---

① 方克立：《现代新儒学与中国现代化》，天津人民出版社 1997 年版，第 14 页。
② 方克立：《现代新儒学与中国现代化》，天津人民出版社 1997 年版，第 15 页。
③ 方克立：《现代新儒学与中国现代化》，天津人民出版社 1997 年版，第 15 页。
④ 方克立：《现代新儒学与中国现代化》，天津人民出版社 1997 年版，第 15 页。

言，可以做此项课题研究领导的人，并不是只有方克立先生一人，譬如说，比方克立先生资历更深的还有汤一介先生，而且汤先生也同样意识到研究"当代新儒家"的重要学术价值和意义，亦有意为之，但无可争议的是，方克立先生是最为合适的不二人选。把如此重大的课题和责任交给方克立先生，党和国家放心。这早已是海内外皆知的陈年旧事了。今日提及，只想说明：天降大任于斯人，领导"现代新儒学思潮"课题的研究，诚非方克立先生莫属。

二、当代新儒学研究全面开花结果

如上所述，在方克立先生的倡议下，1986 年 11 月，"现代新儒家思潮研究"课题正式被列为国家哲学社会科学"七五"规划重点项目；1992 年初，又被列为"八五"规划重点课题；成立了以方克立先生和李锦全先生为首的课题组，课题组从全国十多所大学和科研机构，集中了一批热爱祖国历史文化、学有根柢、富有探索精神的中青年学者，以极大的热情积极地投入了这项研究工作。此项研究完全按照方克立先生的规划与步骤进行，先从搜集资料开始，同时也展开了学术研究，由于进展顺利，所以如期完成了课题的研究任务，取得了显著的重要硕果，这主要表现在如下的两个方面。

一是出版了几个系列的重要研究成果：

（一）方克立、李锦全主编《现代新儒学研究论集》（一）至（二）集（北京：中国社科出版社 1989 年版，1991 年）。

（二）方克立、李锦全主编"现代新儒学辑要丛书"第一辑、第二辑和第三辑，包括：《道德理性主义的重建——牟宗三新儒学论著辑要》《文化意识宇宙的探索——唐君毅新儒学论著辑要》《生命理想与文化类型——方东美新儒学论著辑要》《儒家传统的现代转化——杜维明新儒学论著辑要》《内在超越之路——余英时新儒学论著辑要》《儒家思想与现代化——刘述先新儒学论著辑要》（以上为第一辑，6 种），《极高明而道中庸——冯友兰新儒学论著辑要》《儒家思想新开展——贺麟新儒学论著辑要》《默然不说声如雷——马一浮新儒学论著辑要》《孔子学说的重光——梁漱溟新儒学论著辑要》《精神自由与民族文化——张君劢新儒学论著辑要》（以上为第二辑，5 种），《中国人文精神之阐扬——徐复观性儒学论著辑要》《知识与价值——成中英新儒学论著辑要》《现代新儒学的根基——熊十力新儒学论著辑要》等（第三辑，3 种，均由中国广播电视出版社 1992 年出版），其中本来还有《钱穆新儒学论著辑要》一书，由于涉及钱穆是否为"当代新儒家"或"现代新儒家"之争，钱穆的遗孀胡美琦女士拒绝授权出版，所以编辑好的关于钱穆先生的这部文集，就只能放弃了。在第三辑中，就只出版了 3 种，合计 14 种。宝兴对这套丛书曾发表过一个评介。[①]

（三）方克立、李锦全主编《现代新儒家学案》上、中、下（中国社科出版社 1995 年版），

---

① 参见宝兴：《"现代新儒学辑要丛书"评介》，《道德与文明》1993 年第 3 期。

这是一部 200 万字的巨著，包括梁漱溟、张君劢、熊十力、马一浮、冯友兰、贺麟、钱穆、唐君毅、牟宗三、徐复观、方东美等 11 人的学案；方克立、郑家栋主编《现代新儒家人物与著作》（南开大学出版社 1995 年版）。

（四）方克立、李锦全主编"现代新儒学研究丛书"，包括"专题研究"和"专人研究"两个系列，分别由辽宁大学出版社和天津人民出版社出版，1992—2005 年，包括：卢升法：《佛学与现代新儒家》、韩强：《现代新儒学心性理论评述》、郑家栋：《本体与方法》、赵德志：《现代新儒家与西方哲学》、施忠连：《现代新儒学在美国》、陈少明：《儒学的现代转折》、李道湘：《现代新儒学与宋明理学》、武东生：《现代新儒家人生哲学研究》、李毅：《中国马克思主义与现代新儒学》（以上为专题研究著作，由辽宁大学出版社出版），曹跃明：《梁漱溟思想研究》，郭齐勇：《熊十力思想研究》，宋志明：《贺麟新儒学思想研究》，张祥浩：《唐君毅思想研究》，吕希晨、陈莹：《张君劢思想研究》，蒋国保、余秉颐：《方东美思想研究》（以上为专人研究著作，由天津人民出版社出版）。

需要指出的是，上述成果得到海内外学者的普遍赞誉，产生了广泛而持久的积极的良好的影响，使"当代新儒学"或"现代新儒学"从"绝学"变成了"显学"。对此，胡治洪先生曾做过总结与评价，他指出："从'七五'到'八五'的十年间，现代新儒家研究取得了相当丰硕的成果"[①]，总体而言，"探讨了现代新儒家的思想源流、地位及其与同时代其他思想派别的关系，寻绎了现代新儒家传承发展和代际转变的轨迹及其当下境遇，揭示了现代新儒家在思想资源、学派意识、思维方式、生活形态、存在归趋、理论取向诸方面的特点，论述了现代新儒家的文化观及哲学观，勾稽了现代新儒家的人生哲学和伦理道德思想，比较了现代新儒学与现代化以及后现代思潮的关系，指陈了现代新儒家的理论得失。"[②]此后，"这一研究转入一种多元开展的局面。"[③]显然，这一总结是描述性的，比较全面地概括和透露了此项研究工作的实际内容，正是由对这些内容的了解，人们才能去接近和了解"当代新儒家"或"当代新儒学"。事实上，只不过是经过了 10 年的时间，"当代新儒学"或"现代新儒学"就已经在大陆学术界获得了人们的普遍认知，并不断在海内外中国哲学、或"东亚哲学"、或"东洋哲学"研究圈中扩散和流播。今天，时间已经过去了 20 年，"当代新儒家"或"新儒家"成为一个响亮的名字或口号，大凡人文学科的学者、甚至社会科学的学者以及民间学者，几乎没有不知晓与不涉猎"当代新儒家"及其著作和有关的研究成果的。郭齐勇先生说："在过去不到 20 年的时间里，中国大陆关于当代新儒家的研究工作，在资料整理和义理阐释方面都取得了长足的进步。"[④]毫无疑问地说，方克立先生和李锦全

[①] 胡治洪：《近三十年中国大陆现代新儒家研究的回顾与展望》，见郭齐勇主编：《儒家文化研究》第五辑，三联书店 2012 年版，第 297 页。

[②] 胡治洪：《近三十年中国大陆现代新儒家研究的回顾与展望》，见郭齐勇主编：《儒家文化研究》第五辑，三联书店 2012 年版，第 297—298 页。

[③] 胡治洪：《近三十年中国大陆现代新儒家研究的回顾与展望》，见郭齐勇主编：《儒家文化研究》第五辑，三联书店 2012 年版，第 311 页。

[④] 郭齐勇：《近 20 年中国内地学人有关当代新儒学研究之述评》，《人文论丛》2001 年卷，武汉大学出版社 2002 年版；爱思网转载，改名为《近 20 年中国大陆学人有关当代新儒学研究之述评》，2008 年 7 月 14 日。

先生所领导的这项当代新儒学研究，已经全面开花结果，产生了难以估量的重大意义，并有一定的世界影响。方克立先生也曾经不免感叹："现在，新儒学研究不只在大陆，在港台、新加坡、日本、美国乃至整个汉学界，都普遍受到重视。试想倒转十年前，特别是在'文革'期间，这简直是不可想象的。"① 事实的确如此，也的确地不可想象。

二是培养和锻炼出一支学术研究的队伍。如上所言，课题组从全国十多所大学和科研机构集中了一批优秀的中青年学者，他们大都是 80 年代毕业的博士研究和硕士研究生，他们以极大的热诚，鼓足了干劲，积极地投入了这项长达 10 年的研究工作，通过这个重点项目的研究工作，他们充分地发挥了自己的特长和潜能，取得了卓越而重要的研究成果，甚至可能成为他们一生最重要的代表学术著作，同时也在这一过程中使他们得到了汇集古今中外的哲学思想与历史文化睿识的学术陶冶与训练，成为中国哲学领域中的一支非常精干而重要的学术研究队伍。其中的佼佼者之一郭齐勇先生，谈到参与这项研究的感受时说："我个人也在这一领域做了十数年研究……获益匪浅。"② 这支学术队伍的意义之重要，实在不能低估，至少在我看来，可能远远地超过了他们在此项研究中所取得的成果。事实上，他们都成为了各大学和科研机构中研究中国哲学与文化的中坚力量，尤其是他们绝大多数都成为了研究生导师，就像方克立先生和李锦全先生一样，带出了一届又一届的博士研究生和硕士研究生，壮大、充实了中国哲学的研究和教学的梯队，不仅保持了研究中国哲学的新鲜血液，而且使中国哲学的研究薪火相传，生生不息。这对于中国文化的建设和发展来说，具有至大至深的现实意义和历史意义。方克立先生说："课题组不仅出了一批成果，而且带出了一批人才，这正是我们所期望的。"③ 毫无疑问地说，这个期望已经完全实现了。方克立先生和李锦全先生可以感到欣慰了！

三、当代新儒学课题研究的重大意义

与此同时，必须看到，"现代新儒家思潮研究"课题研究不仅取得了重大的成就，而且产生了重大和深远的影响，这主要表现在如下方面。

（一）带动与推进了大陆"当代新儒学"研究的全面展开与持续进行

伴随着"现代新儒家思潮研究"课题研究的全面展开与深入，课题组之外的"当代新儒学"研究也在全国不同地区展开并持续进行，出版了不少有影响的著作，这与课题组的研究成果相类

① 方克立：《现代新儒学与中国现代化》，天津人民出版社 1997 年版，第 611 页。
② 郭齐勇：《近 20 年中国内地学人有关当代新儒学研究之述评》，见《人文论丛》2001 年卷，武汉大学出版社 2002 年版。
③ 方克立：《现代新儒学与中国现代化》，天津人民出版社 1997 年版，第 591 页。

似，主要是两个系列：一是原著资料的编辑出版，一是综合性、整体性、宏观性研究的成果和专题专人的研究成果的出版。

关于原著资料的编辑表现在三个方面：一是原著的选编，一是部分论著的出版，一是全集的编纂出版。关于原著的选编，编者在吸收课题组"现代新儒学辑要丛书"优点的基础上，尽可能避免重复，同时注重重要或有代表性、或有特色的而又为"现代新儒学辑要丛书"未能收入的一些序言、论文、论著，也包括重要著作的节选；此如黄克剑等编辑、出版的"当代新儒家八大家集"（8 种，北京：群言出版社出版），罗义俊与陈克艰编辑的《理性与生命》（2 集，上海人民出版社），封祖盛与景海峰编辑的《当代新儒家》、罗义俊编著的《评新儒家》等。至于部分论著的编纂与出版，则有北京中华书局出版的熊十力先生的著作《熊十力论著集》（3 集）以及中国大百科全书出版社出版的《佛家名相通释》、牟宗三先生的"讲座系列"著作数种和巨著《心体与性体》等，陆续在上海古籍出版社印行、徐复观先生的多种著作分别由上海三联书店和华东师大出版社印行、钱穆先生的多种著作分别由北京三联书店和广西师大出版社印行、唐君毅先生的多种著作也相继在中国社会科学出版社印行，杜维明先生、成中英先生、刘述先先生和蔡仁厚先生的部分著作也先后在大陆出版，尤其是武汉出版社出版的《杜维明文集》（郭齐勇、郑文龙编，2002 年）和湖北人民出版社出版的《成中英文集》（李翔海、邓克武编，2006 年）比较集中、全面和系统的收录了杜维明先生和成中英先生数十年以来的中文著作或以中文著述为主的著作。这与"现代新儒学辑要丛书"构成了互补的效果，对于研究者全面了解"当代新儒家"并充分地利用这些资料是有帮助的。

当然，最为重要的是全集的编纂与出版，这为研究的全面展开和深入提供了最重要最可靠的资料保证。这一时期以来，相继出版的当代新儒家著作的全集有：《梁漱溟全集》（山东人民出版社）、《三松堂全集》（即冯友兰全集，河南人民出版社）、《马一浮集》（浙江古籍出版社与浙江教育出版社）以及《马一浮先生遗稿续编》（台北广文书局出版）、《熊十力全集》（湖北教育出版社出版），以及引进版的《牟宗三文集》（有删节，吉林出版集团有限责任公司出版）、《徐复观全集》《钱穆先生全集（重排新校本）》和《唐君毅先生全集》（重排新编校本）（九州出版社出版）、《方东美全集》（北京中华书局）。（至发稿前，又喜闻由郭齐勇、胡志洪和姚才刚编辑的《刘述先文集》全 10 卷，于 2020 年 1 月在中国人民大学出版社出版。）

另一个系列是研究成果。从总体上或宏观上，或整体与个案相结合研究新儒家的著作主要有：郑家栋：《现代新儒学概论》（广西人民出版社 1990 年版）、宋志明：《现代新儒学研究》（中国人民大学出版社 1991 年版）、胡伟希：《传统与人文——对港台新儒家的考察》（中华书局 1992 年版）、黄克剑、周勤：《寂寞中的复兴——论当代新儒家》（江西人民出版社 1993 年版）、陈来：《哲学与传统——现代儒家哲学与现代中国文化》（允晨文化公司 1994 年版）、黄克剑：《挣扎中的儒学论海峡彼岸的新儒学思想》（海峡文艺出版社 1995 年版）、方克立：《现代新儒家与中国现代化》（天津人民出版社 1997 年版，集中了方克立先生十年来关于现代新儒学研究的论文专集）、郑家栋《当代新儒学论衡》（桂冠图书公司 1995 年版）、《当代新儒学史论》（广西教育出版社 1997 年版。此书实为《当代新儒学论衡》的大陆翻版。）、陈来：《人文主义的视界》（广西教育出版社 1997 年版）、颜炳罡：《当代新儒学引论》（北京图书馆出版社 1998 年版）。此外，吕希晨主编：《中国现代文化哲学》（天津人民出版社 1993 年版），其中也包括了当代新儒家的文化哲学，郭齐勇：《郭齐勇自选集》（广西师大出版社 1999 年版），也集中了郭齐勇先生有关当代新儒学研究的十数篇论文。其研究当代新儒家最重要的代表著作，则是新近出版的《现当代新儒学思潮研究》（人民出版社 2017 年版），被评选为人民出版社年度出版的十大优秀著作。还有郑家栋、叶海烟主编：《新儒家评论》一、二辑（中国广播电视出版社 1994—1995 年版）。

至于专人专题的研究成果则更为丰富，一直持续不断，迄今为止，已经取得了诸多丰富的研究成果，不仅从当代新儒家第一代的梁漱溟、张君劢、冯友兰、贺麟、熊十力、钱穆、马一浮到第二代的唐君毅、牟宗三、徐复观，方东美，再到第三代的杜维明、刘述先、成中英等，均已得到了不同程度的研究[1]，并且对于他们的研究仍在持续之中，与此同时当代新儒家第三代的其他代表性人物如蔡仁厚、戴琏璋、霍韬晦等也开始得到了关注与研究[2]，不仅如此，而且牟宗三门下的当代新儒家第三代之后尚未定型的所谓"鹅湖学派"的新生代新儒家，也开始被列为研究对象而展开了研究[3]。诚然，这些研究成果的理论水平，也是参差不齐的，面临无情的历史时间的考验，但是不能否认，这些研究成果在短短的二三十年以内，像雨后春笋般地集中冒出，呈现出"当代新儒学"研究的繁荣与多元景象，这至少是百年以来所未见的。

（二）积极促进了两岸三地以及海外"当代新儒学"的研究

虽然中国大陆的"当代新儒学"研究较中国港台与海外起步晚了大约 10 年的时间，但是在方克立先生和李锦全先生的引领下，得到国家强有力的支持，紧锣密鼓，有条不紊地按计划有组织地展开，声势浩大，进展顺利，经过三年多的时间，业已打开了局面，引起海内外的持续关注与重视，尤其是随着中国大陆的"当代新儒学思潮"研究的深入推展，中国港台的"当代新儒学运动"也在持续发展，高潮迭起。自 1988 年底在香港法住文化书院由霍韬晦先生主持召开了"第一届唐君毅思想国际会议"以后，"台港（当代）新儒家"分别于 1990 年、1992 年和 1994 年在台北和香港连续举办了第一、第二和第三届"当代新儒学国际学术会议"。1995 年牟宗三先生过世后，台港两地举行了隆重的声势浩大的悼念活动，又于 1996 年在台北召开了纪念牟宗三先生逝世一周年的学术会议，并出版了论文集（李明辉主编：《牟宗三先生与中国哲学之

---

[1] 参见郭齐勇：《近 20 年中国内地学人有关当代新儒学研究之述评》（同前）和胡治洪：《近三十年中国大陆现代新儒家研究的回顾与展望》（同前）二文中均有对这些研究成果的记述与评论。

[2] 参见王兴国的论文：《当代新儒学的新近发展及其面相》，《中国人民大学学报》2015 年第 5 期；《"全球化"与"在地化"的当代新儒家——以刘述先和蔡仁厚为例》，《上海社会科学》2016 年第 3 期。

[3] 参见程志华：《台湾"鹅湖学派"研究——牟宗三弟子的哲学思想》，人民出版社 2015 年版。

重建》，台北：文津出版社 1996 年版）；1998 年 9 月在济南由中国孔子基金会、山东大学与台湾《鹅湖》月刊社、台湾"中研院"文哲所等合办"牟宗三与当代新儒学国际学术会议暨第五届当代新儒学国际会议"。此外，1995 年由四川省社会科学院与香港法住文化书院联合举办，在成都召开了"第二届唐君毅思想国际会议"；同年由武汉大学与台湾东海大学合办，在武汉召开了"徐复观思想与现代新儒学发展学术讨论会"；1995 年、1997 年、2000 年分别在北京、郑州和开封以及北京先后召开了"冯友兰思想国际会议"；还有由国际中国哲学会于 1993 年夏在北京、1995 年夏在波士顿、1997 年夏在汉城、1999 年夏在台北举行的中国哲学双年年会上均设有关于"当代新儒学"（哲学）或"牟宗三哲学"的专场讨论会等；在此期间，法国高等研究院先后邀请杜维明先生、刘述先先生和方克立先生前去做有关"当代新儒学"研究的报告，这些学术会议的召开和学术活动的开展，尤其是在此期间中国台湾"中研院"文哲所制定与实施"当代儒学主题研究计划"，大大地推进了台港"当代新儒学"的研究，不仅新的研究成果不断涌现，而且牟宗三、唐君毅、徐复观、张君劢、钱穆的著作不断重印出版，尤其是编纂并于 2003 年出版了《牟宗三先生全集》（台湾联合报系联经出版公司出版），以及新编出版了徐复观先生的未结集的论文和时评政论集。

2005 年，继在台北举行的第六届当代新儒学国际学术会议之后，第七届当代新儒学国际学术会议移师武汉，隆重而成功地召开，来自中国两岸三地以及美国、加拿大、澳大利亚、比利时、以色列、日本、韩国和新加坡的学者百余人与会，当代新儒家第三代的代表人物蔡仁厚、刘述先、杜维明、戴琏章、霍韬晦等出席并发表主题讲演。会后出版了论集（多数会议论文刊于冯天瑜主编的《人文论丛》2006 年卷）。此外，2009 年，由香港中文大学哲学系与新亚书院、哲学系校友会和香港法住文化书院联合举办了"中国哲学研究之新方向暨纪念唐君毅先生诞辰一百周年国际学术会议"，并举行了唐君毅先生铜像揭幕仪式，宣读论文的与会学者七十余人，分别来自中国两岸三地以及新加坡、美国、加拿大，会后以"中国哲学研究之新方向"之名分别出版中英文论文集（中文论文 26 篇和英文论文 10 篇），在《新亚学术集刊》第 20 期和 21 期上刊出（香港中文大学新亚书院 2014 年版）。特别值得一提的是，两年一届的"当代新儒学国际学术会议"一直在持续不断地按期举行，尤其是 2013 年由深圳大学主办的"第十届当代新儒学国际学术会议"成功而圆满地召开，当代新儒家第三代的代表人物蔡仁厚、刘述先、杜维明、成中英以及王邦雄、曾昭旭等，均列席会议并发表主题讲演，来自世界不同国家以及中国两岸三地的学者百余人集聚一坛，讨论"当代新儒学"的问题，具有一种特别的难能可贵的意义，"成为这一研究领域新的里程碑"[1]。会后出版了论文集（景海峰主编：《儒学的当代发展与未来前瞻》，人民出版社 2014 年版）；2015 年由台湾中大、台湾师范大学、"中研院"文哲研究所与鹅湖月刊社等单位联合主办的"第十一届当代新儒学国际学术会议暨纪念牟宗三先生逝世 20 周年国际学术会议"在台北台湾师范大学（林口校区）隆重举行，来自中国海峡两岸三地和世界不同国家的学者多达

---

[1] 景海峰主编：《儒学的当代发展与未来前瞻·前言》，人民出版社 2014 年版，第 3 页。

百人以上，同年还在香港新亚研究所成功召开了"纪念牟宗三先生逝世20周年学术会议"，这两个会议当然都以研讨牟宗三哲学思想为主，并出版了会议论文集（杨永汉主编：《纪念牟宗三先生逝世二十周年国际学术研讨会论文集》，台北：万卷楼图书股份有限公司2018年版）；2017年10月，由贵阳孔学堂、武汉大学、贵州阳明文化研究院与台湾东方人文学术研究基金会·鹅湖月刊社、台湾中大合作，以"当代新儒家与心学传统"为主题，在贵阳孔学堂亦成功举办了"第十二届当代新儒学国际学术会议"，与会学者分别来自中国两岸三地以及美、奥、日等国家，人数仍在百人以上，发表论文近百篇。2018年10月和12月，中国内地和香港分别在唐君毅先生的故乡宜宾和唐君毅先生生前任教的香港中文大学举办了"纪念唐君毅先生逝世四十周年国际学术会"和"灵根自植之后——纪念唐君毅先生逝世四十周年国际学术会议"。2019年5月，台湾在桃园中大举办了"唐君毅先生与牟宗三先生诞辰110周年纪念学术研讨会"，大陆也于7月在山东烟台隆重召开了"儒学百年走向暨牟宗三先生诞辰110周年纪念国际学术会议"（主题为"牟宗三与中华文化的重建"）。这些会议的成功召开与会议论文集的出版，对于拓展和促进"当代新儒学"的研究，具有重要的意义。

与此同时，欧美和澳大利亚，以及韩国和新加坡等国家也开展了对"当代新儒学"的研究，在美国出现了以南乐山（Robert Cummings Neville）、白诗郎（John H. Berthrong）等为代表而渊源于熊十力—牟宗三—杜维明一系思想的"波士顿儒学"以及研究"当代新儒学"的学者，例如牟宗三专家柯文杰（Jason Clower）；在法国出现了以朱利安（François Jullien，中国大陆多译为"于连"）以及已故的人类学家和哲学家杜瑞乐（Joel Thoraval）教授为中心的研究"当代新儒家"的学者群，朱利安早在20世纪60年代曾在中国香港听过唐君毅先生和牟宗三先生的讲课，他的学生中出了研究牟宗三和唐君毅的学者，尤其是研究牟宗三哲学的专家毕游塞（Sebastien Billioud）比较有名，并为中国大陆学者所了解；在澳大利亚则最先有姜允明，其后有梅·约翰（John May）为代表的研究"当代新儒学"的学者；在韩国，则有以梁成武、郑仁在、金炳采以及田炳述和郑炳硕等为代表的研究"当代新儒学"的学者，尤其是郑仁在先生对当代新儒家的著作翻译最力，他不仅翻译了冯友兰的两卷本《中国哲学史》、牟宗三的《中国哲学的特质》《中国哲学十九讲》以及成中英等主编的英文版的《当代中国哲学》（此书以当代新儒家为主）等为韩文，而且翻译了蔡仁厚的两卷本《中国哲学史》。当然，韩国对"当代新儒家"最为重视的是牟宗三，从韩国儒学史来看，在朱子以后，对韩国儒学影响最大的中国哲学家就是牟宗三，所以韩国在最近一些年来，由国家投入巨额资金，组成牟宗三著作翻译团队，以中国历史上翻译佛经的精神，将牟宗三的长篇巨著《心体与性体》翻译为韩文（已经完工，正在出版中），并请牟宗三的高足杨祖汉先生前去指导。这无疑地将推进韩国对当代新儒学的研究。

总之，中国台港和海外的"当代新儒学"研究与中国大陆的"当代新儒学"研究之间，总不免有一些或多或少的直接间接的呼应、或声气相通、或互相影响，与互相促进的关系。以后，如果它们之间的交往越来越密切的话，那么它们之间的这种或那种关系，也将会变得越来越密切。

（三）为从中国文化的共同性和根源性上反对、抵制"台独"与"去中国化"势力，发挥了积极的影响和作用

当代新儒学运动在台湾的发展与台湾的当代新儒学研究，在很大的程度上，是互为表里并互相促进与相得益彰的。由于台湾有当代新儒家的存在，就从儒学的根源性上保证了台湾与大陆在文化上的根源性和共同性，至少为维护"海峡两岸同是一个中国"的"大中国"或"大中华"的基本立场，从中国文化的根源性、一本性、共同性上有力地反对、抵制"台独"及其"去中国化"的势力，发挥了积极的作用和影响，并在全世界的华人社会中产生了良好的效果。方东美、唐君毅、牟宗三、徐复观四大师生前就与蒋介石、蒋经国二先生同调，坚定地主张和保持"一个中国"而反对祖国分裂的立场。如所周知，方东美先生逝世后，由他的学生王升上将在面向大陆的海边修筑了东美亭，寄托了其遥望与回归祖国大陆的遗愿；尤其是牟宗三先生在他最后弥留的日子里，高度评价蒋介石为中华民族作出的牺牲和贡献，断定蒋介石为中国的民族英雄之不容置疑，并指出与称许蒋介石具有忍辱的"波罗蜜"精神，极力反对李登辉将台湾引向"台独"的企图，在把蒋介石与李登辉的对显中，充分地暴露李登辉对中国国民党与中华民族的背叛；更有台湾当代新儒家力主并积极参与台湾的《中国文化基本教材》的编写、讨论与修订，也对中国文化在台湾的保留、传承与发扬起到了积极的作用，对"台独"以及其"去中国化"也是一种抵制。特别是台湾的新儒家，也在公开场合批判与声讨"台独"的罪行，甚至不惜与"台独"分子公开决裂和论战。可以说，台湾的新儒家是台湾主张"一个中国"的一面旗帜，是台湾从思想和文化的高度上，反对与抵制"台独"及其"去中国化"势力的中流砥柱。显然，这与中国大陆的"当代新儒学研究"也是有分不开的关系的。诚如李翔海先生所指出的那样："大陆的现代新儒学研究更为深刻的历史意义还在于：推进了对传统与现代化关系的进一步思考，在对当代文化建设中必须保持民族文化精神之主体性的问题，有了更为清楚的认识的基础上，进一步深化了对于当代中国文化建设合理方针的思考。"[①] 这里说的"推进了对传统与现代化关系的进一步思考"，尤其是"当代文化建设中必须保持民族文化精神之主体性"，不仅对大陆而且对台湾均有积极的重要意义。

无论现在或是未来，都应该加强大陆与台湾有关"当代新儒学"研究，乃至整个儒学研究或中国文化研究的互相联系与互动，而不是互相限制，甚至断绝彼此的联系，更不应该彼此对立或敌对，应该以"和而不同"的精神与智慧来处理彼此的不同与分歧，彰显和突出中华民族文化精神的主体性。唯有如此，才能从儒学思想之根与中国文化之根上密切两岸的关系，并从儒学思想与中国文化上为实现两岸的统一，奠定必要而牢固的基础。

---

① 李翔海：《世纪之交中国大陆的现代新儒学研究：回顾与展望》（原刊于《江海学刊》2006年第1期），见黎红雷、李宗桂、杨海文主编：《春风讲习——李锦全教授八十寿辰纪念文集》，中山大学出版社2008年版，第365、370页。

（四）积极促进了中国马克思主义与"当代新儒学"以及"自由主义"之间的三边良性互动

如所周知，自新中国成立以来，马克思主义在中国大陆一直都是占绝对主导地位的指导思想，但是经过一系列政治运动，特别是"文革"的浩劫，在极左思潮的严重干扰和影响下，加之曾经所受苏联意识形态的影响，中国的马克思主义一度被极端化、教条化、僵硬化，十一届三中全会以后，中国彻底否定与批判了"文革"给中华民族所造成的极大灾难的谬误，迈出了改革开发的划时代的历史性的伟大步伐，不仅是对中国社会生产力与国民经济的一次大解放，使中国大步迈向了现代化的市场经济，而且也是对中国马克思主义的一次思想大解放，使中国马克思主义在面向社会现实的改革与对世界的逐渐开放中，获得了新鲜血液和新的生命力。正是在这一历史背景下，张岱年先生从思想与文化上提出了马克思主义的文化"综合创新"论的主张，方克立先生不仅自觉地积极响应这一主张，而且进一步从理论的高度上，将这一称为"中国马克思主义派的文化观"简要地概括为"古为今用，洋为中用，批判继承，综合创新"四句话[1]，并进行了具体的解释与说明。要而言之，"批判继承"，乃是继承历史文化遗产的原则和方针，在区分历史文化遗产的精华和糟粕并取其精华去其糟粕的前提下，对历史文化的精华，也持批判改造与辩证扬弃的态度，经过"创造性的转化"，以求合理地继承和利用；"古为今用，洋为中用"，旨在以对古今中外的历史文化开放的前提下，说明合理地继承与利用古今中外的一切优秀文化成果的目的，是在为今天中国社会的现代化伟业服务；"综合创新"，则是处理并调适继承中国旧文化、古今洋文化与创造中国新文化之间的辩证关系的重大原则，它强调没有继承就没有创新，没有创新就没有发展的观点，把历史地批判地继承与实践地综合地创新动态地辩证地统一起来。[2] 方克立先生认为，上述四句话的结合，就"是马克思主义者对中国新文化建设的方针，对时代的课题——古今中西问题的完整回答"。[3] 实际上，这一"中国马克思主义派的文化观"是改革开放以来，中国在思想与文化观上，对中国马克思主义的一次重要发展。

一方面，中国大陆对"现代新儒家思潮"课题的研究，正是在这一"综合创新"的马克思主义文化观的指导下进行、展开和完成的；另一方面在对"现代新儒家思潮"课题的研究过程中，中国大陆的马克思主义派的"综合创新"文化观与"当代新儒家"之间产生了积极地与富有成果地互动。对于"互动"这一概念，方克立先生解释说："既包含正面的互补也包含反面的刺激，是对立统一规律在学术思想发展中的生动体现。正因为不同学派之间的相互联结、相互斗争、相互补充和相互刺激，才使中国现代思想文化呈现出一种多姿多彩的格局和面貌。"[4] 由于"当代新儒家"的思想理论，是紧紧地围绕着传统文化与现代化，乃至"后现代化"、东西文化之间的关

---

① 方克立：《现代新儒学与中国现代化》，天津人民出版社 1997 年版，第 601 页。

② 参见方克立：《现代新儒学与中国现代化》，天津人民出版社 1997 年版，第 603 页。

③ 方克立：《现代新儒学与中国现代化》，天津人民出版社 1997 年版，第 603 页。

④ 方克立：《现代新儒学与中国现代化》，天津人民出版社 1997 年版，第 621 页。

系而展开的，既影响着人们对东西方历史文化的看法，同时也影响着人们对中国现在与未来的走向，乃至人类社会未来走向的看法，就不啻关联到了中国马克思主义派的"综合创新"文化观，而且也牵动了中国自由主义的文化观，自改革开放以来，三大思潮又紧密地交织与缠绕在一起。虽然三者之间具有根本性的原则分歧与对立，但是诚如方克立先生所指出的那样，它们之间对于文化的态度，又不可避免地具有共同的相似性，甚至是"某些共同语言"①，那就是都不反对中国文化要有继承地"综合创新"，自由主义的代表人物之一林毓生和当代新儒家的代表人物之一杜维明，就是其中的典型。虽然三派是在各自的思想脉络与语境中，提倡与强调思想与文化的"综合创新"，但是三派之间的积极互动，乃是有目共睹的。正是在这一三边多元互动的复杂局面中，中国大陆的马克思主义派的"综合创新"文化观，也获得了鲜活地发展，终于脱颖而出。如果说自20世纪80年代对中国文化的讨论以来，出现了被归纳与概括为"儒学复兴""彻底重建""西体中用""哲学启蒙"四派，以及加上所谓的"回归原典派"和"五四运动派"的五派或六派等主张，却没有中国马克思主义"综合创新"派的地位，②那么在经过了上述的三边互动，尤其是在研究"当代新儒学"课题的过程中，中国马克思主义"综合创新"派与"当代新儒家"之间的积极互动之后，马克思主义"综合创新"派在接受刺激与做出反应的发展过程中，获得了相应的突出地位。当然，中国马克思主义派的文化"综合创新"论并没有至此终结，而是仍在不断地发展与完善之中，如所周知，上文中提到的方克立先生近些年提出和主张的"马魂、中体、西用"的"三流合一"的综合创新论，引发较大的反响，就是最佳的证明。

（五）拓展、丰富和完善了中国哲学的研究领域与内容，导致范式大转移

诚如方克立先生所指出的那样，自新中国成立以来，中国哲学史、思想史研究领域的一个基本状况是"厚古薄今"，对于"五四"以来的现代思想史，人们一般不愿碰或不敢碰，但是由于深入开展了对"当代新儒学"的研究，必将"根本扭转这种局面"。③ 事实上，早在中国大陆开展"当代新儒学"的研究以前，中国哲学史根本就没有"当代新儒学"或"当代新儒家哲学"的任何地位，也没有人敢讲。但是，一部中国哲学史，如果"当代新儒学"或"当代新儒家哲学"缺位，那么不仅中国现代哲学史几乎是一片空白，没有真正可以代表中国哲学两千多年发展的结果与成就，而且整个中国哲学史也很单调、单薄与贫乏，无论内容与观点，抑或中国哲学史观与方法论，几乎都是百部"一面"，千人"一调"，数十年几乎一成不变。如果这种沉闷的中国哲学史的局面不打破，那么，中国哲学史的研究，是不大可能有多少发展与改变的。但是，自从开展与完成了"当代新儒学"课题的研究之后，中国哲学史的研究范式也发生了划时代的改变与转移。

---

① 参见方克立：《现代新儒学与中国现代化》，天津人民出版社1997年版，第605页。
② 方克立先生认为，其原因"主要是马克思主义的文化派缺少新的创获，在文化讨论中，没有很好地发挥主导作用"。参见方克立：《现代新儒学与中国现代化》，天津人民出版社1997年版，第595、594—595、602页。
③ 方克立：《现代新儒学与中国现代化》，天津人民出版社1997年版，第578页。

李翔海先生从思想史的意义上对"现代新儒家思潮研究"进行过中肯的评价，他指出："在一定程度上，'现代新儒学思潮研究'具有改写中国现代思想史的意义。这项研究所产生的一个基本影响，就是改变了人们对儒学之偏颇认识的同时，亦改变了现代新儒学在中国现代思想史上的存在形态。"① 如果我们不严格地区分和计较"中国思想史"和"中国哲学史"的用法，那么李翔海先生所说的"改写中国现代思想史的意义"，在我看来，就是引发了中国哲学史的研究范式划时代的大改变与大转移。

显然，中国哲学史的研究范式转移，几乎是与中国的西方哲学史研究范式的转移，在同一个历史时期即 20 世纪 90 年代中后期发生与完成的。无疑，导致整个中国的中西方哲学史研究范式转移的原因，绝不会是单一的，但是其中最根本和主要的原因，是来自于哲学本身的。如果说这一时期在中国的西方哲学史的范式转移，是随着对于西方哲学包括西方哲学史及其研究范式的深入研究而实现的，那么同期的中国哲学史范式的转移，则是直接由研究"当代新儒学"或"当代新儒家哲学"，尤其是其中国哲学史及其范式所导致的。

如所周知，"当代新儒家"绝大多数都是集哲学家与哲学史家、思想家与思想史家于一身的大家，如冯友兰、张君劢、方东美、唐君毅、牟宗三、徐复观，无不如此，虽然说他们都归属于"当代新儒家"一系，但是他们的哲学观和哲学史观并非都是一致的，而是呈现出多元的多姿多彩的样相。因此，研究"当代新儒学"或"当代新儒家哲学"，不仅开阔了中国大陆中国哲学学者与哲学史家的眼界，而且的确是巨大地拓展、丰富和完善了中国哲学，尤其是中国哲学史的研究领域与内容。由此不仅直接引发了中国哲学范式的大转移，而且正是在中国哲学范式发生大转移的过程中，大陆的中国哲学研究包括中国哲学史的研究，也竞相开显出多元与多样化的样相与局面。尤为可喜的是，中国大陆的中国哲学研究，迎来了一个开始尝试自创新说的历史时期。

（六）促成"当代新儒学"走进大学，成为大学课程

随着对"当代新儒学"研究的不断深入与影响面的不断扩大，从 20 世纪 90 年代以来，国内许多大学，诸如南开大学、中山大学、武汉大学、吉林大学、复旦大学、中国人民大学、深圳大学、厦门大学、南京大学等都先后为本科生和研究生开出了有关"当代新儒学"或"现代新儒学"的课程以及讲座，有关"当代新儒学"或"现代新儒学"，不仅成为哲学系本科生与研究生的课程，而且成为全校公选的"通识教育"课程，这是前所未有的，不仅拓展与丰富了我国高校哲学人文科学教学的精神内容，而且对于加强中国传统哲学和文化在我国高校教育中的地位也有一定的积极作用，尤其是使学生开阔眼界与胸襟，树立对于中国民族文化的自信，对于学生的哲学兴趣和人文情怀的培养与熏陶，都起到了积极的良好作用。

---

① 李翔海：《世纪之交中国大陆的现代新儒学研究：回顾与展望》（原刊于《江海学刊》2006 年第 1 期），见黎红雷、李宗桂、杨海文主编：《春风讲习——李锦全教授八十寿辰纪念文集》，中山大学出版社 2008 年版，第 365 页。

以上从六个方面说明"当代新儒学"课题研究的重大意义，实际上，这项研究的重大意义并不止于所谈的这六个方面，而是远远地超出了这六个方面，其中不可回避而必须应该指出的是，"当代新儒学"研究在大陆的全面开展，在客观上促进了儒学在中国大陆的"复兴"之势以及"大陆新儒家"的出现。

四、当代"大陆新儒家"与当代新儒学思潮

自中国实行改革开放以来，尤其是历史进入 20 世纪 80 年代以后，在经济快速发展的同时，如何创造和建设中国特色社会主义新文化的时代课题，就开始自觉或不自觉地浮出历史的地平线，在这一背景之下，"中国传统文化热""国学热"一浪推一浪地不断出现，由此揭开了一场中国现当代文化保守主义思潮登台的序幕。在广义上说，对于"当代新儒学思潮"的研究，既是对现当代文化保守主义思潮的研究，同时也是现当代文化保守主义思潮的一个不可分割部分。显然，"现当代文化保守主义思潮"，是对现当代社会所出现的具有文化保守主义取向与色彩的若干思想潮流的一个笼统的总称谓。这绝非为中国所独有，而是一个世界性的文化现象，自 18 世纪到 20 世纪以来，在世界不同国家或地区，如德国、英国、俄国、印度、中国、日本，或欧、亚、非、拉美、中东等国家或地区（各洲），均有不同表现。美国学者艾凯（Guy Alitto）在其《文化守成主义论》[1] 一书以及史华兹（Benjamin I.Schwartz）的《论保守主义》一文[2] 中，均有不同论列，当然是以中国的文化保守主义思潮和人物为主。其实，"当代新儒学"只不过是这一文化保守主义思潮中的一种具有代表性的潮流而已。方克立先生在 20 世纪90 年代就已经观察到，文化保守主义思潮已经成为中国现当代的一种明显的文化发展趋势，所以他 1996 年发表《要注意研究 90 年代出现的文化保守主义思潮》一文，指出："在今天，'文化保守主义'确乎已经成为一种值得注意的思潮，但它关心的主要不是中国传统文化，而是要反思整个中国近代文化"（引者案：包括现当代的中国历史文化，尤其是"文革"）。[3] 从这个意义上来看，在中国大陆掀起的文化保守主义与"当代新儒学思潮"自一开始便是有差别的，尽管二者之间在总体上说，皆可归入"文化保守主义思潮"的大范畴。但是，中国大陆的文化保守主义与"当代新儒学思潮"又具有密切的关系。在相当大的程度上说，文化保守主义思潮在中国大陆的兴起，是直接间接地受到"当代新儒学思潮"影响的产儿。其中最引人瞩目的，当然是"大陆新儒家"。

1992 年在四川德阳召开的"儒学及其现代意义"的国际学术讨论会上，已故兰州大学资深

---

① 此书中文译本由台湾时报出版公司于 1986 年出版。
② 此文收入傅乐诗（Charlotte Furth）主编的《近代中国思想人物》（台北：时报出版公司 1980 年版）一书。
③ 方克立：《现代新儒学与中国现代化》，天津人民出版社 1997 年版，第 519—520 页。

教授杨子彬先生，提交了一篇名为《儒学的历史命运》的论文，提出"我的现代新儒学观"①，公开"揭举大陆新儒学的旗帜"。② 这大概是"大陆新儒家"的由来。在同一篇文章中，方克立先生没有点名提到了首都某大学的一位青年法学家（中国人民大学杜钢建）也是公开揭举"大陆新儒家"旗帜者之一，并且"大陆新儒家"这一名称，正是由这位青年法学学者所正式提出来的，因为他公开断言："中国大陆新儒家的出现为势所必然。"③1996 年，方克立先生发表《评大陆新儒家推出的两本书——〈理性与生命〉（1—2 册）》，将该书的编者罗义俊先生与陈克艰先生列为"大陆新儒家"。1997 年方克立先生又发表《评大陆新儒家"复兴儒学"的纲领》，针对蒋庆于1989 年在台湾《鹅湖月刊》发表的《中国大陆复兴儒学的现实意义及其面临的问题》的长文进行了批判，明确地把蒋庆先生作为"大陆新儒家"。2005 年，第七届当代新儒学国际学术会议在武汉大学举行，方克立先生致信 ④ 大会，提出与呼吁"要开始重视对第四代新儒家（即大陆新生代新儒家）所倡导的'大陆新儒学'的研究"⑤，其中所谓的"第四代新儒家"或"大陆新生代新儒家"，虽然与"大陆新儒家"的表述略有不同，但并没有实质上的不同。尽管如此，但是其中也不乏微妙之处，这就是"第四代新儒家"这一概念的使用，表明了"大陆新儒家"与前三代"当代新儒家"之间的关联与连续性。在这封信中，方克立先生所具体列出的"大陆新儒家"或"大陆新生代新儒家"主要是指"蒋庆、陈明、康晓光、盛洪等人"。这封信在大会上宣读后，引起与会者的关注和热议。（笔者有幸聆听此信与观察到这一盛况。）2007 年，张世保编辑《大陆新儒学评论》一书出版，书中所指谓的"大陆新儒家"，与方克立先生那封信中所指谓的"大陆新生代新儒家"的具体人名完全一致。⑥ 从此以后，"大陆新儒家"这一用语，开始流行于中国大陆。方克立先生说：

> 作为中国现代文化保守主义的主流派，现代新儒家的影响远甚于其他文化派别，中国现当代文化保守主义者愿意被称为"新儒家"，申言要"开出大陆新儒家"，这绝不是偶然的。⑦

可见，"大陆新儒家"的出现，乃是与"当代新儒学思潮"的存在与对于"当代新儒学思潮"的研究具有必然的关系的。当然，总体上看，则正如方克立先生所指出的那样："'大陆新儒家'的呼唤，是文化保守主义已逐渐形成气候的一个重要标志。"⑧

---

① 扬子彬：《儒学的历史命运》，见中华孔子学会编：《儒学与现代化——儒学及其现代意义国际学术研讨会论文集》，人民出版社 1994 年版，第 419 页。
② 方克立：《现代新儒学与中国现代化》，天津人民出版社 1997 年版，第 523 页。
③ 参见方克立：《现代新儒学与中国现代化》，天津人民出版社 1997 年版，第 523 页。
④ 这封信后来以《致第七届当代新儒学国际学术会议的信》之名刊于《原道》第 12 辑，北京大学出版社 2005 年版；此信又收入张世保编：《大陆新儒学评论》，线装书局 2007 年版，第 185—188 页。
⑤ 方克立：《甲申之年的文化反思——关于大陆新儒学问题的三封信》，见张世保编：《大陆新儒学评论》，线装书局 2007 年版，第 186 页。
⑥ 张世保编：《大陆新儒学评论》，天津人民出版社 1997 年版，第 11 页。
⑦ 方克立：《现代新儒学与中国现代化》，天津人民出版社 1997 年版，第 529 页。
⑧ 方克立：《现代新儒学与中国现代化》，天津人民出版社 1997 年版，第 524 页。

在"当代新儒家"或"港台（当代）新儒家"的刺激或激发下，在大陆出现了最早由方克立先生所指陈的"大陆新儒家"。诚如李明辉先生所指出的那样，"大陆新儒家"这一提法，以及它和"港台新儒家"的对比，最初均是来自方克立先生，并且他指出在这个脉络中，有两个值得注意的要点：一是"大陆新儒家"一词明显地带有贬义，二是"大陆新儒家"被定调为"港台新儒家"的盟友，并非是被视为其对立面而出现的。然而，没有料到的是，原来带有贬义的"大陆新儒家"一词却被陈明等人的《原道》团体所欣然接受，而成为自加的冠冕（蒋庆本人还是被动地接受）。到了 2012 年，在崔罡、蒋孝军和杜霞等人合撰的《新世纪大陆新儒家研究》（安徽人民出版社 2012 年版）一书中，除了蒋庆、陈明、盛洪之外，张祥龙的"后现代主义儒学"、黄玉顺的"生活儒学"、干春松的"制度儒学"也被列入"大陆新儒家"之中，其阵营被扩大了。李明辉先生说：

> 到了这个阶段，"大陆新儒家"的意涵有了两点微妙的转变：一、它从贬义转变为自我标榜的冠冕；二、它在有意无意之间藉由对"港台新儒家"的贬抑来自我界定，而逐渐浮现出令人不安的沙文主义情绪。①

事实确实如此。不过这表明，"大陆新儒家"不是一个具有共同纲领的共同体，而恰恰是一个多元的有着不同纲领的不同的儒家群体。然而，其共同点则在于，这一时期的"大陆新儒家"企图割断与所谓"港台新儒家"（其实是上述方克立先生所指谓的三代"当代新儒家"，尤其是第二代"当代新儒家"牟、唐、徐）之间的血脉联系，彻底分道扬镳，走一条独立的道路。尽管这是一个备受争议而既未定型也尚未成气候的、以旨在"复兴儒学"为目的的不同的儒学研究群体，但是"大陆新儒家"的出现，不仅引发大陆与港台儒学之间的争论，而且也引发了大陆儒学不同群体之间的争论。其中，旁观嘲笑者有之，赞成歌颂者有之，反对批驳者有之，同时也有站在新道家和新墨家立场上，对其提出反思与质疑的批评者，如台湾学者赖锡三在《"大陆新儒家"与"港台新儒家"的"两行"反思》一文中，就认为：

> 如今中国大陆新儒家欲恢复政治儒家与传统政治的亲密共构关系，最好同时也能将中国文化其他多元的批判资源考虑在内。例如法国庄子学家毕来德（Jean François Billeter）就认为：对中国传统政治威权的形上学之反省，庄子可能具备了比儒家更具当代性的跨文化资产，而反观中国台湾所位处的"非中心"之时空状态，有时也反而比位处中原的华夏中心心态，更具有尊重多元差异的开放思维。②

尤其是香港以墨者自居的青年学者黄蕉风在《对当代大陆新儒家及新子学学派的一点怀疑——从国学复兴谈起，兼及儒家言说传统》一文中，则揭示了"大陆新儒家"的思想进路和他们"参与中国政治的热情或（野心）"，他写道：

---

① 李明辉：《关于"新儒家"的争论：回应〈澎湃新闻〉访问之回应》，台湾《思想》杂志第 29 期，引自儒家网，2015 年 10 月 25 日。

② 赖锡三：《"大陆新儒家"与"港台新儒家"的"两行"反思》台湾《思想》第 29 期，澎湃新闻转发，标题被改为《台湾学者赖锡三：大陆新儒家复古情调很难不掉入中西对抗老调》，儒家网，2015 年 11 月 19 日。

笔者倾向于认为大陆新儒家是改革开放近三十年来于中国大陆自发形成的以儒家为旗号的文化保守主义群体。其以"政治儒学"代替"心性儒学",以皈依"汉儒"代替皈依"宋儒",以"公羊学"代替"理学""心学",可见大陆新儒家在文化心态上的自信／(自负？),以及参与中国政治的热情／(野心？)。①

这里所谓"大陆新儒家"是"于中国大陆自发形成的",显然没有什么说服力。但是,黄蕉风点出以"政治儒学"代替所谓的"心性儒学",以皈依"汉儒"代替皈依"宋儒",以"公羊学"代替"理学""心学",则无疑是指出了以蒋庆为代表的某种新"公羊学"的"大陆新儒家",与所谓"新康有为主义"或"康党"为代表的另一派新"公羊学"的"大陆新儒家"的思想进路和"参与中国政治的热情／(野心)"的文化心态,当然是值得注意的。方克立先生说:"有些人谈文化的目的并不在文化、学术本身,而是借文化谈政治,或是从文化问题直接引申出政治结论。"②事实上,今天的一些以"大陆新儒家"自诩的人,与其说是在谈学术的"政治儒学",毋宁说是在借儒学谈政治,并欲以讲"政治儒学"进入政治的核心中去。因此,"大陆新儒家"的一个显著的特征,就是方克立先生所指出的把(心性化、形上化的)儒学"重新政治化和宗教化,强调要从'心性儒学'走向'政治儒学',从'复兴儒学'走向'复兴儒教'"。③

2016年11月12日,在孟子故里邹城召开了"心性儒学与政治儒学"研讨会,一些与会学者李存山先生、吴光先生、黄玉顺先生、赵法生先生等认为,"大陆新儒家"的称谓不应该仅仅被限定于蒋庆等主张所谓"政治儒学"者的头上,理由是他们所谓的"政治儒学"遮蔽了"大陆新儒家"的多元化生态,实质上是一种"新儒教"。黄玉顺对这一"新儒教"公开提出了严厉的批判,他认为"新儒教"是一些"造魅"的人,根本就不是"新儒家",其本质是打着"儒家传统"的旗号反儒家传统,而实质是抗拒现代文明价值;他们具有三个在政治上极其危险的标志性的特征:第一是极权主义,第二是国家主义,第三是民粹主义。要而言之,"新儒教"在政治上是极权主义、国家主义和民粹主义的一种混合物。④ 这是一种站在"儒家自由主义"立场上,对"新儒教"的"大陆新儒家"的讨伐。由此可以看出,"大陆新儒家"之间的内在分界是异常分明的。这些学者认为,"新儒教"不仅不能代表大陆新儒学的主流,而且他们强调以所谓的"政治儒学"代替"心性儒学"根本上是错误的,因为心性儒学和政治儒学是不可能分离的,儒学应该在"内圣"之学与"外王"之学即"仁"与"礼"这两个层面上,同时展开创新性的发展,才可能在当今社会焕发出蓬勃旺盛的生机。毋庸置疑,这些学者自觉地主动地与"大陆新儒教派"保持距离,划清界限与畛域,力图为自己所主张的儒学观念与理论,留出足够游刃有余的回旋余地与广阔的生

---

① 黄蕉风:《对当代大陆新儒家及新子学学派的一点怀疑——从国学复兴谈起,兼及儒家言说传统》,《儒家邮报》2013年3月2日。

② 方克立:《现代新儒学与中国现代化》,天津人民出版社1997年版,第539页。

③ 方克立:《甲申之年的文化反思——关于大陆新儒学问题的三封信》,见张世保编:《大陆新儒学评论》,线装书局2007年版,第193页。

④ 黄玉顺:《儒家自由主义对"新儒教"的批判》,《东岳论丛》2017年第6期,见《当代儒学》(微信电子版)2017年6月15日。

存和发展空间，代表了另一种"大陆新儒家"的声音。很有意思的是，美国学者安靖如（Stephen C.Angle）却认为，所谓的"自由主义的儒学"其实是"对儒学传统的偏离，不可能是对儒学的发展与推动"。[1] 他强调儒学不能以自由主义作为基础，必须是"从儒学自身出发的研究"，"从儒学的价值观与概念出发来回应现代社会的挑战"。[2] 这显然又是一种看法，而且一言中的，有待于"自由主义儒家"学者的回应，当然也是值得讨论的。

但是，近年以来，也出现了为所谓"新康有为主义"摇旗呐喊与张本的声音。张旭认为，"新康有为主义"，都共同集中于晚期康有为思想的研究，并关注辛亥革命后，晚期康有为的"批判共和"与"保教立国"的保守主义思想主题，不仅展现出与上两代的康有为研究学者（萧公权、汪荣祖、黄彰健、李泽厚、汤志均、朱维铮、房德邻、孔祥吉、桑兵、茅海建等）极为不同的问题意识和思想史叙事框架，而且也与上一代的"大陆新儒家"（如蒋庆、陈明、康晓光等人）的思想姿态和政治关切迥然有别；跳出了以辛亥革命和"五四"新文化运动为开端的"进步史"的思想史叙事框架，重返身遭甲午战争重创前后洋务运动与戊戌变法的一代晚清儒家所面临的一系列文化与政治的困境，给出一种全然不同于"港台新儒家"重建现代儒学的可能性，代表了当今大陆儒学研究和儒家群体发展的一种新趋势。[3] 按照这一看法，不仅"大陆新儒家"有了代际的划分，而且"新康有为主义"成了当今"大陆儒家"最新发展趋势的代表。显而易见的是，这一看法似乎透露了一个重要的信息，那就是"新康有为主义"的"新儒学"，是要往回走，"回复"到新文化运动和辛亥革命之前的"君主专制"社会的"王权政制儒学"或旧的"经学"，岂不正好落人口实，与上述黄玉顺所指出的极权主义、国家主义和民粹主义混合物的"新儒教"无异吗?! 在此以前，张世保就曾指出过"大陆新儒家是'五四'运动以来思想界反对民主政治最为鲜明和激烈的一个群体"[4]，这似乎并不限于蒋庆等人。当然，"新康有为主义"，在学问路径的取向上，以康有为为典范未尝不可，但是他们实际上未必如此，而只是要把康有为树为他们的祖师爷，试图为自己编造出一个学术谱系来罢了。然而，令人不无忧虑的是，事情的结局恐怕退到连康有为也不如的地步。岂不悲乎！

必须看到的是，近几年以来，"大陆新儒家"这一概念正在朝向不同的面向扩展与变化。2015 年和 2016 年，郭齐勇先生分别在《广西大学学报（哲社版）》和《人民日报》发表《近年

---

[1] 见武海霞采访安靖如：《"进步儒学"访谈录》，《中华读书报》2017 年 5 月 17 日，儒家网，2017 年 6 月 1 日转载，题目改为：《"自由主义儒学"是对儒学传统的偏离》。

[2] 安靖如说："我个人对'自由主义儒学'保持谨慎的立场，事实上我最近写了一篇文章指出了这一派别的问题。'自由主义儒学'学者中有些人也许同时信仰儒学与自由主义，对他们来说，'儒学自由主义'也许是一个不错的称谓。但是，必须要清楚，进步儒学的基础不是自由主义，进步儒学是一种从儒学自身出发的研究，属于儒学的内部发展，进步儒学从儒学的价值观与概念出发来回应现代社会的挑战。有一些保守主义的儒家学者采用'自由主义儒学'——或者甚至仅仅是'自由主义'而非儒学——来讨论儒学的发展，但是这意味对儒学传统的偏离，不可能是对儒学的发展与推动。所以我宁愿在自己的研究中完全不去使用'自由主义儒学'这样的概念。"（武海霞采访安靖如：《"进步儒学"访谈录》，《中华读书报》2017 年 5 月 17 日）。

[3] 张旭：《大陆新儒家与新康有为主义的兴起》，《文化纵横》2017 年 6 月号，儒家网，2017 年 6 月 14 日。

[4] 张世保编：《大陆新儒学评论》，线装书局 2007 年版，第 16 页。

来中国大陆儒学的新进展》和《当代新儒学思潮概览》两篇文章，虽然二文内容大体相同，但是在后一文中，郭齐勇先生意味深长地提出为"大陆新儒家正名"①。在郭齐勇先生看来，近20年以来，中国儒学在中国大陆本土回归、复兴，得到全面深入的研究和发展，尤其是在儒家的政治哲学、伦理哲学、生态环保思想、经学的复兴、新出土简帛研究、宋明理学研究、现代新儒学研究等方面成果丰富，而所谓"大陆新儒学（家）"或"新时期中国大陆的新儒学（家）"是受当代哲学思潮特别是现代新儒学思潮的影响，面对中国大陆改革开放以来社会生活的实际问题，在马克思主义哲学、中国哲学、西方哲学互动的背景下，以儒家哲学思想的学术研究为基础，积极调动以儒学为主体的中华优秀传统文化资源，促进儒学与现代社会相适应，创造性地诠释儒学精义，并推动儒学现代化与世界化的学派，其共同的价值取向在于强调中西融合与儒学的根源性、当代性、开放性、包容性、批判性、创造性和实践性；他们在两方面有了长足发展，一为民间儒学的兴起，二为儒学新系统的建构。这两个面向的新发展，象征着儒学在现代社会的自我更新。② 尤其是儒家学者对儒学理论的哲学建构，其间以李泽厚的"西体中用"说，汤一介的天人、知行、情景"三个合一"论，庞朴的"一分为三"说，张立文的"和合学"，蒙培元的"情感儒学"，牟钟鉴的"新仁学构想"，陈来的"仁学本体论"等，都是大陆新儒学在话语体系方面的建树与贡献，代表了儒学对现代社会的最新回应。③ 显然，这其中也不能不包括郭齐勇先生本人对于儒学的积极探索。与此同时，郭齐勇先生也指出：

> 李泽厚、汤一介、张立文、蒙培元、牟钟鉴、陈来等先生，针对60多年来的中国大陆的现实生活，特别是"文革"时期的"以阶级斗争为纲"的斗争、仇恨论，市场经济建设中形成的拜金主义、权力挂帅而导致的人心与环境危机，予以深刻反思。他们的哲学思考，受到西方诸新思潮、新问题的启发，也予以了不同响应。他们是接着讲（不是照着讲），接着中国传统，主要是儒释道传统，又特别是儒学传统讲的，包括接着冯友兰、熊十力、牟宗三、唐君毅先生讲的，同时又试图超越熊、冯、唐、牟。他们思考的中心还是传统儒学与当今时代的关系，冀图调动儒学资源以应对时代的挑战。他们背后都有康德、牟宗三的影子，又不同程度地受到唯物史观的若干影响，往往肯定衣食住行、社会实践。他们还受到现代西方哲学"拒斥形上学""反本质主义"的影响，一方面试图有新的哲学系统，一方面仍主张消解形上学，宣称不建构体系，或者只承认广义的形上学的意义，终结狭义的形上学，把真实的"情"放在最高地。不自觉间忽视了传统儒学诚然重视生命、生活世界，不脱离日用常行，但背后有天、天命、天道的终极实在，有其不可消解性。因此，现实生命、万物变化的真实性是需要肯定的，但不能抬到最高价值的地步。④

① 郭齐勇：《当代新儒学思潮概览》，《人民日报》2016年9月11日。
② 郭齐勇：《近年来中国大陆儒学的新进展》，《广西师范大学学报（哲学社科科学版）》2015年第1期。
③ 郭齐勇：《近年来中国大陆儒学的新进展》，《广西师范大学学报（哲学社科科学版）》2015年第1期。
④ 郭齐勇：《近年来中国大陆儒学的新进展》，《广西师范大学学报（哲学社科科学版）》2015年第1期。

可见，"大陆新儒家"在话语体系方面虽有建树与贡献，但未免留有当代新儒家的影子或烙印，仍有其自身的限制与不足。郭齐勇先生指出这一点固然是重要的，但是更为重要的则是，他使我们看到了"大陆新儒家"在"正名"之后的一个重大的变化，那就是"大陆新儒家"从贬义向褒义的积极地建构地综合地转向。刘百淞说："以前，许多学者拒斥'大陆新儒家'这个称呼，那是事实；现在，许多学者争着将自己归入'大陆新儒家'，这也是事实。学术和观念领域的逆转，其实是经济（引者案：还应该加上'政治'和'文化'）社会的生动写照。"① 不难相信，将来会有更多的真正的"大陆新儒家"的出世。实际上，在我看来，这个正面的向上的转向昭示了中国儒学在未来的希望。

与此同时，应该看到和指出的是，在"大陆新儒家"的崛起中，很可能形成和出现一个中国马克思主义的综合创新派的新儒家，这就是以方克立先生所主张的"马魂、中体、西用"为代表的新儒家群体或学派。这一群体或学派将以"马魂、中体、西用"为指导进行一种综合创新的儒学重建的工作。因此，这一群体或学派，同样也是"大陆新儒家"从贬义向褒义的积极地建构地综合地转向的一个重大标志。这也符合历史的辩证法。如所周知，近几年以来，成中英先生的学术活动中心已经从美国转移到了中国大陆，而且根据他的"本体诠释学"的"本""体""用"三者一体的观点提出了"马本、中体、西用"的一个新观点，在客观上呼应了方克立先生"马魂、中体、西用"的主张，虽然无可避免地引起争论，但是可以视为观察"大陆新儒家"从贬义向褒义地积极地建构地综合地转向的一个征兆。

因此，对于上述的转向即上文所谓"大陆新儒家"从贬义向褒义地积极地建构地综合地转向的原因，不能不稍做分析与说明。

上文中已经指出，"大陆新儒家"的出现，一方面是 20 世纪中国文化保守主义思潮发展的结果，另一方面与"当代新儒学思潮"的研究及其在中国大陆的流行具有不可分割的关系。对此，张世保曾经分别从"理"与"势"进行过分析和总结。他所谓的"理"，是指文化保守主义思潮的出现增强了"大陆新儒家"的兴起；而他所谓的"势"，则是指"大陆新儒家"的兴起，是受到了"港台新儒家"的接引和"反哺"。② 除此以外，还必须看到，"大陆新儒学"或"大陆新儒家"的出现，具有其一定的社会根源与时代背景。

就其社会根源而论，这是一个比较复杂的问题。要而言之，这与中国大陆民间社会自发自觉地对"儒学"的呼唤，是具有密切的关系的。众所周知，自晚清和民国以来，儒学日趋衰落而走向衰亡，以儒学为基础建立起来的中国人的精神价值世界分崩离析，走向解体；接下来的半个多世纪以来，儒学、儒家在中国大陆曾被阶级化和妖魔化，成为"无产阶级文化革命"的对象与反面教材，但是旧的精神价值世界崩溃了，新的精神价值世界却并没有真正地建立起来，中国人在价值世界中陷入了前所未有的精神危机，一系列的政治运动，尤其是十年"文革"浩劫。改

---

① 刘百淞：《2016 儒学新观察：认同"大陆新儒家"，批评儒教派》（原标题：《2016 儒学新观察》），腾讯儒学，2016 年 12 月 31 日。

② 参见张世保编：《大陆新儒学评论》，线装书局 2007 年版，第 2 页。

革开放使中国的生产力获得空前的巨大解放，在经济上获得高速发展，取得世界瞩目的重大成绩，成为世界第二大经济体。但是，在人的思想获得释放的同时，人的欲望亦皆被放出而如洪水猛兽一般滚滚而来。社会存在一些不良风气，如比官大比权重，比富炫富攀富，卖官鬻爵，索贿受贿，行贿使贿，贪污成风，笑贫不笑娼，所谓"有权就是王道"，"有钱就是霸道"，"有钱就任性"，"救人被人害""救人有罪""讲道德吃亏"等。与此同时，也一定程度上暴露这几十年以来中国教育在文化道德方面的失陷。我们这些年的教育注重政治与知识，尤其是政治与科技，但是教人"如何做人"，"如何做一个有道德的文明的现代公民"却处于缺失的状态，以致于有的大学生甚至已经不知道什么是道德因而不知"怎样做才是道德的"（这是真实地发生在我们身边的事情）！一些人的堕落向下趋（或向下趣），完全没有底线，这给社会公德的培养与社会稳定，带来了巨大的负面效应，尤其是给企业的营运与管理带来了前所未有的困扰，不得不付出高昂的代价或成本。值此之际，民间社会，尤其是企业自发地出现了对道德价值的热切呼唤，自觉地要求儒家道德的"死"而复生，因此催生了一股向传统儒家道德、向传统儒学"复归"的潮流，一时之间，读《三字经》《弟子规》、"四书"（不仅少儿读，成人也读；不仅企管领导读，企业员工也读）的运动蔚然兴起，形成了社会一波接一波的"读经"浪潮，这确确实实就在笔者的眼前发生和一幕一幕地出现。郭齐勇先生所说的"民间儒学"，正是在这一背景之下应运而生的。无疑，由这股向传统儒学、儒家"复归"的浪潮所掀起的民间儒学，最终形成了一股难于抗拒的自下而上的"儒学复兴"的时代大潮，正是中国现代文化保守主义思潮兴起与发展的必然结果。

"大陆新儒家"从贬义向褒义的积极地建构地综合地转向的直接导因，则是以习近平同志为核心的党中央对以儒学为代表的中国传统文化的重新认识与肯定。如所周知，近几年以来，以习近平同志为主要代表的中国共产党人对以儒学为代表的中国传统文化，对中国和世界所作出的重要贡献与所具有的重大意义，给予充分的肯定，积极提倡继承和弘扬中国传统文化的宝贵精神，尤其是 2014 年 9 月 24 日，习近平在纪念孔子诞辰 2565 周年国际学术研讨会暨国际儒学联合会第五届会员大会开幕会上的讲话，代表中国共产党对以孔子所代表的儒学在历史上对中华文明和人类文明所作出的重大贡献以及在当今的重要意义，作出了积极的正面的客观的历史的高度评价和充分肯定，并谈到"儒家思想长期居于主导地位，但始终和其他学说处于和而不同的局面之中"，"具有长久的生命力"，能"坚持经世致用原则，注重发挥文以化人的教化功能，把对个人、社会的教化同对国家的治理结合起来，达到相辅相成、相互促进的目的"的重要特点，强调"研究孔子、研究儒学，是认识中国人的民族特性、认识当今中国人精神世界历史来由的一个重要途径"，指出"中国共产党人始终是中国优秀传统文化的忠实继承者和弘扬者，从孔夫子到孙中山，我们都注意汲取其中积极的养分"，"只有坚持从历史走向未来，从延续民族文化血脉中开拓前进，我们才能做好今天的事业"。① 这个讲话是一个具有划时代意义的正式的风向标，它标志着中国共产党对于以儒学为代表的中国传统文化的开放、接纳和自觉地抉择，标志着孔子及其所代

---

① 习近平：《在纪念孔子诞辰 2565 周年国际学术研讨会暨国际儒学联合会第五届会员大会开幕会上的讲话》，《人民日报》2014 年 9 月 25 日。

表的儒学在中国大陆重新成为一个正面的典范，这不仅深得人心，而且令人欢欣鼓舞！正是在这一背景下，中国大陆的儒学发展出现了一个重大的转机。"儒学复兴"热掀起了一个高潮，"儒学"或"儒家"不再是一个令人羞辱而说不出口的称号了！今天，许多人唯恐自己不是儒家而争做儒家，甚至干脆自诩为"大陆新儒家"，尽管这多少不免有些戏剧色彩和意味，但是不得不承认，"大陆新儒家"已经正在从以前的贬义转变为而今眼目下的积极的褒义。不难肯定，一个儒学的春天已经开始到来了，一个中国文化的春天已经开始到来了！从现在到未来的一个历史时期，儒学在中国大陆的复兴，是一个不可阻挡与不可逆转的大趋势。因此，"大陆新儒家"的出现与崛起，也是中国历史发展的必然的大趋势。

总之，由以上这些现象或情形来看，尽管"大陆新儒家"仍然具有不确定的复杂和微妙的意蕴，并且充满争论，甚至对立，但是这些争论与对立，不仅对当前的儒学研究造成了某种冲击，带来了一些包括正反面皆有的多种社会影响，而且必将影响儒学研究在未来的走向以及儒学在何种程度上的复兴以及如何复兴，尤其是"大陆新儒家"已经获得了从贬义向褒义的积极转向，当代大陆新儒学必将成为现在和未来的一股重要思潮，然而这股思潮始终是与如何综合地创造地构建中国新文化这一重大的时代课题分不开的，则是不难想见的。

五、余论

"当代新儒学思潮"的研究适应了中国大陆政治与文化的调适和发展的需要，催生并迎来了一个"大陆新儒学"兴起的新时代，应验了牟宗三先生生前关于儒学未来要返归大陆并在大陆走向兴盛的"预言"。然而，"当代新儒学运动"并未结束，而且仍在继续进行之中，而"大陆新儒学"却正方兴未艾，还有十分艰巨与漫长的道路要走。尽管一些"大陆新儒家"意欲与"当代新儒家"，尤其是被他们视之为从"学习之师"到竞争"对手"与攻讦目标的"港台新儒家"划界而立，但是，这在很大的程度上，不能不说，并不代表"大陆新儒学"的主流与发展方向，更遑论唯一的方向了。如何看待"大陆新儒学"与"当代新儒学"或"港台新儒学"①的关系，在今天似乎一直是一个见仁见智的问题。依愚之见，从"当代新儒学"到"大陆新儒学"，固然是中国现当代儒学发展史中的一个显著的变化，但是二者之间并不是一种对立和互相否定的关系，毋宁说他们之间是一种历史连续与交替并存的发展关系，今天的"大陆新儒学"尽管竞相自我标榜与自我期许，但是他们既没有公认的精神领袖，也没有在哲学思想与学术上产生出可与"当代新儒家"大

---

① 最近，方旭东教授又提出了的"香港新儒家"（以陈祖武、范瑞平、郑宗义三人为代表）的概念，这一概念既有别于"现代新儒家"或"当代新儒家"与"大陆新儒家"，也不同于"台湾新儒家"（见方旭东编：《香港新儒家·编者前言》，艺文出版社 2017 年版；儒家网，2017 年 6 月 1 日），并以此书的出版为契机召开了"香港新儒家"座谈会，名为《《香港新儒家》的新书座谈会》（见《香港新儒家：重回子学时代，未来的儒学形态?》，澎湃新闻，2017 年 7 月 15 日），值得关注。

师相比肩的人物，更没有出现在人格上可以对社会产生广泛而深远影响之圣贤人物，甚至不乏不足以语君子之辈，因此无论在任何一种意义上说，尤其是就其思想与学术成果而言，他们还难于望"当代新儒学"之项背，更难与"当代新儒学"或"港台新儒学"平分儒学之秋色，而这种局面可能还会持续较长的时间。因此，"大陆新儒家"要在短期内超过并凌驾于"当代新儒家"或"港台新儒家"之上，几乎还不存在这样的可能性。虽然"当代新儒学思潮"的课题结题了，但是消化与超越"当代新儒学"的艰巨任务并没有完成。郭齐勇先生说：

> 中国大陆学者更重视包括儒、释、道等在内的多种精神资源的开发及对于时代课题、制度建构、民间社会、日常生活和世界现实多重问题的回应。新儒家的研究大有裨益于思想界的健康发展及与世界上各思潮的对话、沟通。最后，我相信，这一研究将有助于活化中国传统的精神遗产，促进全球化与本土化的互动养育出有根基的思想大师。①

俗话说："十年树木，百年树人。"郭齐勇先生所希望的"有根基的思想大师"，应该成为今天与今后的儒家所追求和奋斗的目标。

在此，仍有必要强调的是，当我们没有充分地理解与消化"当代新儒家"或"港台新儒家"的成果的时候，不要轻言"超越"。实际上，未来的中国哲学或儒学能走多远，在相当大的程度上，取决于"现在"对"当代新儒家"，尤其是所谓"港台新儒家"大师们的思想理论成果的吸收与消化程度。学术上没有大跃进，只有一分耕耘一分收获。不承认这一点，是不行的，更何况"大陆新儒学"或"港台新儒学"都是一根而发的中国儒学，可以"和而不同"，但应该本着如切如磋，互相学习，互相长进，共同撑起中国儒学的天地。

从中国历史文化的运会与人类世界的关系而论，在一个相当长的历史时期，中国儒学的复兴主要是面对外来异质文化，尤其是西方异质文化，吸收和消化西方异质文化，最终在自己的复兴过程中与外来的异质文化，主要是西方的异质文化会通融合的问题。围绕着这一问题，"当代新儒家"自新文化运动以来，就开始展开了以哲学地重建中国（儒家）哲学的方式而筚路蓝缕，披荆斩棘地探索的艰难历程，至今已经历了三代而迈入到了第四代与第五代，他们取得了世所公认的巨大成就与贡献，同时也留下了宝贵的经验和教训，而且至今仍在不断地探究之中，他们不仅具有中国情怀，"在地"意识，而且深具世界眼光，全球意识，所以他们的"当代儒学"思想意识，总是不离"世界与中国"和"中国与世界"这一轴心问题而展开，同时又能及时呼应社会现实的"症结"问题或重大问题，关照人类的未来与"终极关切"问题，一方面提倡与推展"全球"化的或"世界"化的儒学，把儒学视为世界多元文化格局中的一元，以求在世界多元文化的交往中既开放融通，又保持自身的独立与特色，在融合会通中不断丰富与升进自己的过程中，为世界文明的永久和平与进步贡献中国儒家的"一己"之力；另一方面则又强调与讲求"在地"化的儒学，尤其注重儒家传统经典的诠释与现代转化，倡导灵根自植，重视人格的培养与升华，以

---

① 郭齐勇：《近20年中国大陆学人有关当代新儒学研究之述评》，见《人文论丛》2001年卷，武汉大学出版社2002年版。

学术、文化和教育开道，促进社会的民主法治进步，让人民富而有教，为人民谋求与奠定远久的德慧与福祉。由此看来，儒学的复兴需要全面的发展，全幅规模地实现与展露自身。因此，纠缠于所谓的"心性儒学"或自陷于与"心性儒学"相对立的单向度的"政治儒学"，绝不是儒学的康庄大道。方克立先生说："现代新儒学是在现代中国文化的大背景下产生的，与现代中国的各种文化思潮都有密切的关系，现代新儒学研究的深入有赖于文化层面的拓展。"[1]这是一个有待于我们努力的方向。

宋明新儒家通过长期对佛学的吸收、消化与借鉴，最后在对佛学的回应中融会释道，归宗儒学，从而将儒学创造性地发展为前所未有的高峰，此即宋明新儒学。但是，宋明新儒家不免一偏之失，重光与高扬了儒家"内圣"之学的智慧，此可谓"心性之学"的智慧，但是在"外王"一面却用心不够，且没有取得根本的突破。接续宋明新儒家的"当代新儒家"，则在吸收和消化西学的过程中回应西学，彻底地批判地反省了儒学自身的不足与缺失，在会通融合中西之学中重光儒学，从儒家"内圣外王合一之教"的全幅规模推展儒学，创造了自先秦以来的儒学的第三个高峰，此即"当代新儒学"。未来的儒学能否在不断地超越自身中继续吸收与消化外来异质文化，尤其是西方异质文化的基础上，进一步融会东（中）西，在世界多元文化的格局中综合创新，开创另一个新儒学的高峰呢？这当然是值得我们期许与不断努力去追求的目标，——这是一个需要在创造中才能实现的目标。

今天的世界，正像有的科学家和思想家所描述的那样，早已是一个破碎的世界，处处充满争执与对立，甚至不惜流血冲突，人类仿佛生活在自然与社会的分裂和冲突、科学与人文的分裂和冲突、传统与现代的对立和冲突、自由主义与保守主义的对立和冲突、自由主义和激进主义的对立和冲突、保守主义和激进主义的对立和冲突、绝对价值与相对价值对立和冲突、东方和西方的对立与冲突……二元对立背反与冲突的辩证幻象之中；同样，所谓"心性儒学"与"政治儒学"的对立与争执、"大陆新儒家"与"当代新儒家"或"港台新儒家"的对立与争论也是一种辩证的幻象，这一切都必须打破与抛弃，真正地实现综合超越地辩证的统一，从混乱走向有序，才能综合地创造人类的与中国的新文化。方克立先生指出："我们相信，未来的中国文化，既不可能全盘西化，也不可能完全复归传统，它将是中国的与世界的，传统的与现代的、科学的与人文的有机结合与统一。"[2]这难道不是许多思想家的共同心声吗！

参考文献

[1] 方克立：《中国文化的综合创新之路·自序》，中国社会科学出版社 2012 年版。

[2] 方克立：《现代新儒学与中国现代化》，天津人民出版社 1997 年版。

---

① 方克立：《现代新儒学与中国现代化》，天津人民出版社 2007 年版，第 599 页。
② 方克立：《现代新儒学与中国现代化》，天津人民出版社 1997 年版，第 598 页。

[3] 方克立：《关于现代新儒家研究的几个问题》，见方克立、李锦全主编：《现代新儒学研究论集（一）》，中国社科出版社 1989 年版。

[4] 方克立：《致第七届当代新儒学国际学术会议的信》，见《原道》第 12 辑，北京大学出版社 2005 年版。

[5] 方克立：《甲申之年的文化反思——关于大陆新儒学问题的三封信》，见张世保编：《大陆新儒学评论》，线装书局 2007 年版。

[6] 王兴国：《当代新儒学的新近发展及其面相》，《中国人民大学学报》2015 年第 5 期。

[7] 王兴国：《"全球化"与"在地化"的当代新儒家——以刘述先和蔡仁厚为例》，《上海社会科学》2016 年第 3 期。

[8] 宝兴：《"现代新儒学辑要丛书"评介》，《道德与文明》1993 年第 3 期。

[9] 胡治洪：《近三十年中国大陆现代新儒家研究的回顾与展望》，见郭齐勇主编：《儒家文化研究》第五辑，三联书店 2012 年版。

[10] 郭齐勇：《近 20 年中国内地学人有关当代新儒学研究之述评》，《人文论丛》2001 年卷，武汉大学出版社 2002 年版。

[11] 郭齐勇：《当代新儒学思潮概览》，《人民日报》2016 年 9 月 11 日。

[12] 郭齐勇：《近年来中国大陆儒学的新进展》，《广西师范大学学报（哲学社科科学版）》2015 年第 1 期。

[13] 程志华：《台湾"鹅湖学派"研究——牟宗三弟子的哲学思想》，人民出版社 2015 年版。

[14] 景海峰主编：《儒学的当代发展与未来前瞻》，人民出版社 2014 年版。

[15] 李翔海：《世纪之交中国大陆的现代新儒学研究：回顾与展望》，《江海学刊》2006 年第 1 期。

[16] 傅乐诗（Charlotte Futh）主编：《近代中国思想人物》，台北：时报出版公司 1980 年版。

[17] 扬子彬：《儒学的历史命运》，见中华孔子学会编：《儒学与现代化——儒学及其现代意义国际学术研讨会论文集》，人民出版社 1994 年版。

[18] 张世保编：《大陆新儒学评论》，线装书局 2007 年版。

[19] 李明辉：《关于"新儒家"的争论：回应〈澎湃新闻〉访问之回应》，台湾《思想》杂志第 29 期。

[20] 赖锡三：《"大陆新儒家"与"港台新儒家"的"两行"反思》，台湾《思想》杂志第 29 期。

[21] 黄蕉风：《对当代大陆新儒家及新子学学派的一点怀疑——从国学复兴谈起，兼及儒家言说传统》，《儒家邮报》2013 年 3 月 2 日。

[22] 黄玉顺：《儒家自由主义对"新儒教"的批判》，《东岳论丛》2017 年第 6 期。

[23] 武海霞采访安靖如：《"进步儒学"访谈录》，《中华读书报》2017 年 5 月 17 日。

[24] 刘百淞：《2016 儒学新观察：认同"大陆新儒家"，批评儒教派》（原标题：《2016 儒学新观察》），腾讯儒学 2016 年 12 月 31 日。

[25] 张旭：《大陆新儒家与新康有为主义的兴起》，《文化纵横》2017年6月。

[26] 方旭东编：《香港新儒家·编者前言》，艺文出版社2017年版。

作者简介：王兴国，哲学博士，深圳大学哲学系与国学研究院教授，主要从事中国哲学研究。现任《国学集刊》副主编，香港国际场有哲学研究院高级研究员、东方人文学术研究基金会中国哲学研究中心研究员等。著有《契接中西哲学之主流——牟宗三哲学思想渊源探要》《牟宗三哲学思想研究——从逻辑思辨到哲学架构》《牟宗三》《哲学地建立中国哲学——牟宗三哲学论集》《王兴国新儒学论文精选集》等，编著有《中国近代思想家文库·牟宗三卷》。

作者简介：王兴国，男，哲学博士，深圳大学哲学系与国学院教授，主要研究方向为中国哲学。

崔南善的日本体验与"少年"的出发

——东亚的近代阳明学 III-1

[日] 获生茂博 / 文　焦堃 / 译

内容提要：崔南善（1890—1965）是韩国近代文化史上的先驱人物。其年轻时曾两度留学日本，并积极参与在日韩国留学生的民族运动。回国之后，崔南善创办了《少年》等杂志，发表新体诗等文学作品，为韩国近代民族启蒙运动提供了阵地，并且《少年》杂志也曾宣扬和提倡阳明学思想。本文对与崔南善少年时代留学日本以及回国创办杂志的经历相关的一些史实进行了详细考订，并指出经崔南善等人之手而形成的近代"韩国学"的思想框架实为来源于日本的近代主义、进步主义思想，而这一思维方式在中国近代的重要文化人物陈天华、梁启超等人身上也同样有所体现。

关键词：崔南善；近代日本；《少年》杂志；东亚阳明学

引　言

本文是现在所预定的系列考察"东亚的近代阳明学"之韩国篇的一部分。在丸山真男以前，对于我们来说相当熟悉的"朱子学式思维的解体"这一命题便以阳明学的近代主义理解这一形式在 19 世纪末的日本得以形成，并在 20 世纪初传播到中国和韩国，成为东亚儒教文化圈国民主义的"近代叙事"。这一叙事在三国分别作为近代的"国学"而被相互排他地加以叙述，并且这种国学分别是今天的"日本思想史""中国思想史"和"韩国思想史"的原型。不过从全体来看，它们仍是东亚的近代所共有的叙事。本文的主旨便是要对这一点加以解明，并以此来努力实现对超越单一国家历史叙述的近代历史的共有，以及"思想史"这一学术领域的脱国家化。

《季刊日本思想史》第 57 期中刊登了本系列之 I《日本近代阳明学的形成》一文。该文在最初便对本系列的整体意图加以了阐述，望各位读者予以参考。按照原计划，该文乃是日本篇，而本文则是继该文之后的韩国篇，不过执笔过程中文稿的篇幅超出了预想，导致在对最为重要的近代阳明学这一主题展开议论之前便不得不结稿。由此文章的题目也与之前的预告有所不同，对此要首先向各位读者致歉。

　　最初我所设想的本文的考察范围，乃是以崔南善的日本留学这一具体、个别的事件为表征，来说明在明治时期传入韩国的日本"近代主义"中也包括了在明治期的日本形成的近代阳明学这一事实，并以此来作为对朴殷植所代表的韩国近代阳明学运动展开议论的引子。然而在进行调查的过程中，我逐渐发现在前人的研究中，有关崔南善日本留学的传记性的基本"事实"存在着值得怀疑的地方。而这种值得怀疑的叙述之所以得以延续，其理由便是"（在20世纪初）作为近代叙事，思想史这一学术领域得以形成，而我们这些思想史研究者便存在于其延长线上"这一牵涉到本系列考察全体的问题点。为了对此加以处理，不得不专门花费一篇论文。

　　如前稿的注（20）所云，源自明治时代的日本、扩散到中国和韩国的东亚近代学术乃是由"日本化的西洋＝近代思想"以及"日本式近代化的东洋＝传统思想"所构成。关于前者，在另文中曾以《伊太利建国三杰（传）》这一描写意大利近代国家建设的翻译（稿）、史传文学以民友社刊本（1892）为底本，分别经梁启超的中文翻译（横滨1902、上海1903）和周时经、申采浩的韩文翻译（1907、1908）而得以传播的事实为素材，对此简单地加以了论述。[①]关于后者，则打算通过本系列考察的全体，对源自日本的"近代阳明学"传播到中国、韩国一事加以阐述，而本文最终只能局限于考察崔南善将"日本化的西洋＝近代思想"从日本传播到韩国这一侧面。不过如同另文中所述，以德富苏峰的《吉田松阴》（1892）为媒介，《伊太利建国三杰》、即日本化的西洋＝近代思想，以及近代阳明学、即日本式近代化的东洋＝传统思想自最初便相互关联，并非各自独立的思想，其传播渠道、即中国的梁启超和韩国的爱国启蒙运动也互相重叠。这是所谓"阳明学"之所以成为与传统思想有别的"近代阳明学"的原因，而在展开本文的主要论述之前，首先要对一般被认为是韩国近代启蒙先驱的崔南善与近代阳明学、即日本式近代化的东洋＝传统思想的关系加以记述。

　　朴殷植关于阳明学的主要论著《王阳明实记》（此书乃是基于日本学者高濑武次郎的《王阳明详传》而写成）最初于1911年5月发表在崔南善主办的杂志《少年》第4号第2期（总第23期）上。这一期的《少年》除了崔南善的评论文章《关于提倡王学》之外，其他篇幅全部用来刊载《王阳明实记》。从这一特异的体裁可以看出，崔南善为爱国启蒙运动的同志和领袖朴殷植提供了提倡阳明学的场所。在当时的韩国，根本不可能出版爱国启蒙运动的思想书籍。

　　《少年》是崔南善从1908年11月开始发行的月刊杂志，在今天，这本杂志被视作韩国历史上真正的近代综合期刊的出发点。[②]然而在日本正式吞并韩国的1910年8月以降，由于禁止发行、停刊处分以及对原稿的审查，这本杂志长期不能出刊，发行受到妨碍，第4期在进入殖民地时代后好不容易才发行了第2号。在这一意义上，这可以说是一次冒死发行，而这一期在发行之后也立即受到了停发处分，《少年》杂志也由此彻底停刊。

　　一般来说，在韩国的民族＝近代文学成立史这一语境之中，《少年》杂志由于其划时代性而

①　拙文：《〈伊太利建国三傑伝〉をめぐって》，《訪韓学術研究者論文集》第1期，东京：日韩文化交流基金，2001年。
②　现在《少年》杂志的一部分已经被影印收入《解放前雜誌叢書》（首尔：韩国文化开发社1972年版），可参考其解题。

通常受到了很高的评价。然而，若只对杂志本身进行观察，这其中包含着许多在今天看来可以被定罪为"亲日"的要素，比如创刊号的卷头插画中刊登着题为"在日本游学的我国皇太子殿下与太师伊藤博文公"的照片等，其中包含着许多在今天看来可以被定罪为"亲日"的要素，这其实是一本非政治性的少年启蒙杂志。并且对于我们来说尤为令人感兴趣的是，其最终号的卷头插画中首先是王阳明的像，接下来的一页则以"明治维新前后得力于王学的名士"为名，刊登着西乡隆盛（左）、吉田松阴（中）和佐久间象山（右）三人的肖像画。可以说《少年》杂志始于伊藤博文而终于吉田松阴，而这正是对"近代阳明学"的明确的可视化表现。[①]《少年》杂志以这一期为最后而被迫停刊，可以说象征性地表明了发端于日本的东亚近代"国民"启蒙思想——作为其中一翼的近代阳明学——在韩国同样是因为日本而被强制终结。

关于崔南善"阳明学"的考察只能留待下一篇文章。不过从整体来说，其乃是由来于日本的"近代阳明学"，这从《少年》杂志的卷头插画也可以得知。反过来说，像这样的近代阳明学由崔南善进行了明确的表征，并且是刊载在《少年》杂志上，这一点在思考韩国文化，以及在其中占有比在日本更为稳固的地位、并且在今天依然被认为如此的韩国近代阳明学之际有着重要的意义。

一、准备性的考察

以思想史研究的现状而言，在日本，如果不是韩国学专家的话，恐怕极少有人知道崔南善的名字。为此首先要对崔南善以及韩国近代的日本留学活动加以概述。

崔南善（1890—1965）的活动时期很长，其活动范围也涉及新闻报道、文学、文化运动、历史等众多领域。如同其共有十五卷的全集所示，崔南善留下了数量庞大的著作。若一言以蔽之，可以说崔南善乃是提倡相当于韩国近代国学的"朝鲜学"、[②]并且从旧韩时代末期一直到解放后一贯作为韩国知识界的先头重镇而着力于"国民"（尤其是学生和青少年）的近代启蒙、体现了韩国近代思想史的知识分子。他同时还是《三一独立宣言》的起草者。不过，其后也一直在韩国国内活动的崔南善逐渐进入到了殖民地朝鲜这一体制之中，在日本占领末期加入了"国民总力朝鲜联盟"并发表过拥护战争的言论，为此解放后还曾经因触犯《反民族行为处罚法》而受到拘禁，尝到了"终生难以洗刷的羞耻"（崔南善：《自列书》，1949）。[③]直到今天，仍然有将崔南善看做应当受到批判的"亲日派"的意见。

---

① 如张君劢：《比较日中阳明学》（台北："台湾"商务印书馆"1970 年版）中便云："日本阳明学对开国与明治维新之贡献，尤为卓越。此时期中无伟大之阳明学理论家。然佐久间象山与吉田松阴之于开国，西乡隆盛与伊藤博文之于远略政策，皆有大功于日本。"

② 鹤园裕：《近代朝鲜における国学の形成——"朝鲜学"を中心に》，见《朝鲜史研究会论文集》第 35 期，东京：绿荫书房 1997 年版。

③ 收入崔南善：《（六堂）崔南善全集》（首尔：高丽大学亚细亚问题研究所 1973 年版）第十册。还可参照林钟国：《亲日文学论》，首尔：平和出版社 1966 年版。

洪一植的《六堂研究》（日新社，1959）是在崔南善死后不久写作的第一部崔南善传记，其中也包含了为其恢复名誉的意图。书中将崔南善称赞为"我国近代文化之父"，而同书所载的俞镇武所作序文将崔南善称为"为我国新文化奠基的巨匠"，并云"他与同时代人相比非常超前，因此在他的周围，四面都是处女地，其一举手一投足都极为新奇。故而时代对于他的要求，不是成为'某一个'，而是成为'所有的'"，在其作为近代韩国文化史开拓者的地位中寻找其活动范围广泛的理由。如果不考虑政治上的评价，这可以说是对崔南善比较适当的定位。如果要在此基础上对其进行价值判断，就势必要回应这一问题，即包括崔南善以及其所"开拓"的韩国"近代"，以及对此给予了影响的日本"近代"在内，东亚的"近代"究竟是什么。

崔南善生于首尔一户富裕的中人阶级家庭，小时就曾经向开化派的报纸《皇城新闻》投稿评论文章，显示出了早熟的才能。在进入当时首尔唯一一家日本人经营的学校（京城学堂）学习日语后，1904年被选为韩国皇室特派留学生，被派遣到正处于日俄战争中的日本（东京府立第一中学校）。不过仅过了三个月，崔南善就从日本回国，其后因为投给《皇城新闻》的评论而受到拘留。1906年再次作为自费生来到日本，进入早稻田大学学习，但在所谓模拟国会事件中走在了留学生抗议活动的前列，为此而退学。他用剩下的学费购买了印刷机之后回国设立了新文馆，并于1908年创立月刊杂志《少年》。①

《少年》杂志是韩国近代文学运动真正的出发点，同时对于崔南善个人来说，也是其以后长达半个世纪的活动的起点。这也说明崔南善所引领的韩国近代文化运动正是由此而真正发端的。

* * *

接下来对韩国近代的日本留学加以简略考察。在其前后两次留学日本这一点上，崔南善的地位也同样是先驱性的。

韩国人的日本留学是附带于绅士游览团（1881年）而正式开始的，而以1905年为界，其数量、性质都开始发生变化。在此之前，主要是政府要人的子弟以官费留学生的身份被短期派遣到日本，这些人回国之后会进入仕途。② 而与此相对，1905年之后，数量众多的自费留学生

---

① 以上参照《全集》第十五册所收《六堂崔南善先生年譜》。不过关于这部《年谱》所存在的问题，将在下文中加以叙述。

② 参照崔德寿：《開化期의日本朝鮮人留學政策의性格》，《國史館論叢》第72期，首尔：国史编纂委员会1996年版；金泳谟：《留學에관한一考察》，收入《朝鮮支配層研究》，首尔：一潮阁1977年版；等等。不过据金泳谟氏所说，门阀阶层对于新式教育不屑一顾，故而留学生的出身阶层并不是很高，其中并没有要人子弟。到末期（20世纪10年代？）之后，留学生的出身阶层开始提高，但这些留学生回国之后，在上升到能够左右国政的地位之前韩国便为日本所吞并。不过，金氏也承认对新式教育的接受，尤其是留学日本成为担任官吏的一种渠道导致了旧韩末期统治阶层的身份变动。而据宋炳基：《開化期日本留學生派遣과實態（1881—1903）》（檀国大学校东洋学研究所《東洋學》第18期，1988年）一文所说，早期留学生的绝大多数都在回国后加入了开化党，在甲申政变之际作为行动队发挥了重要的作用。

自发前往日本，并且自发组织留学生团体，在日留学生的民族运动也由此发端。前者乃是基于韩国政府内的"开化"派以及意图利用他们来渗透势力的日本政府之间的"官"与"官"之间政策的留学，不过伴随着韩国政府的财政困难和当时韩国政界中的亲日"开化"派的沉浮，很难说进展顺利。① 后者则是来自"民"的留学生，虽然在模仿日本实现近代化这一点上相同，但前者所指向的乃是日韩的"亲密"化，而后者则指向相反的方向，即带有很强的抗日民族主义色彩，故而其所组织的留学生团体也被"官"（日本政府及统监府）视作危险分子。在 1919 年的《三一独立宣言》之前，留学生的抗日民族运动已经结出了东京的《二八独立宣言》这一果实。②

1905 年在日本史上通常被记忆为日本在日俄战争中获胜的年份。而与此相联动，在日本与韩国的关系方面，这一年日本依据第二次日韩协约（《日韩保护条约》）设置了韩国统监府。这一条约在韩国史上被称为《乙巳条约》，同年也因此成为国权丧失的年份而拥有重大的意义。当时张志渊在《皇城新闻》上发表了"是日也放声大哭"的文字以表达抗议，恢复国权的救国教育运动波及到了"民"间。1905 年到 1910 年之间是开港以来逐渐积蓄了力量的韩国民间的自主改革运动与吞并韩国的日本的压倒性侵蚀力激烈对抗的时期（狭义的"爱国启蒙运动"期）。而就在志在恢复国权（救国）的新式教育热之中，众多的先进青年来到了日本的大学。

在中日关系方面，甲午战争之后，志在实现中国近代化的众多留学生、运动家来到日本，同一时期的日本近代文明（思想与学术）被传播到了中国。这其中的象征性的存在便是梁启超。③ 我在本系列考察的中国篇中曾经论述过，在梁启超等人从日本传播到中国的近代思想中，包括了作为"日本式近代化的东洋＝传统思想"的近代阳明学。④ 间隔了大约十年的时间，从 1905 年起，在韩国和日本之间也发生了同样的留学运动，而走在其先头的便是崔南善。在近代的文化移动这一点上，韩国的崔南善可以与中国的梁启超相匹敌。

1905 年是中国人的民族主义近代国民国家建设运动高涨的年份，这一年在上海成立"国粹保存会"的同时，在东京还成立了"中国革命同盟会"，其会报《民报》也在横滨创刊。日本在因日俄战争的胜利而沸腾的同时，还成为了中国民族主义运动的主要震源地。而关于同一年的韩国留学生的民族运动，也必须考虑到当时东亚民族主义运动中的国际都市东京这一"场域"。不过，就算同样述说着"亡国"的危机，中国留学生所针对的是西欧列强，其直接责任则被归于本

---

① 参照阿部洋：《"解放"前韩国における日本留学》，《韓》（韩国研究院）第 5 期第 12 号，1976 年，以及金淇周：《韓末在日韓國留學生의民族運動》，首尔：느티나무 1993 年版等。
② 参照阿部洋：《旧韓末の日本留学——資料的考察》I—III（《韓》第 3 期第 5、6、7 号，1974 年），以及金淇周：《韓末在日韓國留學生의民族運動》，首尔：느티나무 1993 年版等。
③ 参照狭间直树：《共同研究 梁啓超——西洋近代思想受容と明治日本》，东京：みすず書房 1999 年版。
④ 在旧作中，拙文 "The Construction of 'Modern Yōmeigaku' in Meiji Japan and Its Impact in China," trans. by Barry D. Steben, Institute of Advanced Studies, Australia National University, *East Asian History* 20, 2000 就此进行了论考。

国的异民族政权，日本还暂且能够被当做是第三国。① 而对韩国留学生来说，其所留学的日本便是让祖国"亡国"的元凶，而且当时韩国已经成为日本的保护国，韩国政府也被统监府所控制，因而他们的民族主义便与日本的民族主义正面对峙。而在 1905 年 11 月，日本政府制定了《关于接受清国人入学的公私学校的规定》（所谓《留学生取缔规则》），开始强化对留学生民族运动的压制，导致对此进行抗议的陈天华自杀。以此为机，中国留学生开始转向祖国归还运动，日本与中国的民族革命派的关系急速冷却。这当然与日本在日俄战争中获胜之后得到了亚洲的帝国主义国家这一新地位有关，而发端于这样的 1905 年的韩国在日留学生的民族运动从最初开始，便在政治上与中日之间曾存在过的那种微弱的民族主义间团结的契机② 无缘。

接下来将崔南善的日本留学放在这样的韩国留学生运动史中加以考察。

崔南善首先于 1904 年作为韩国皇室特派留学生的一员（一般认为是以班长身份，但笔者未能确认）来到了日本。当时韩国政府动用皇室预算"选拔敕奏任官之亲戚子弟五十名"，并将其送入东京府立第一中学（之所以要加上引号，是因为如后所述，这种一般的说法有很不明了之处）。这乃是"开化"期以来选拔留学生的形式，但是到了第二年，留学生对校长谩骂留学生资质的言论表示抗议而提出转校，并进行了联合罢课，结果全体受到退学处分。一般来说，从民族运动史的见地出发，这一"府立一中事件"的直接原因是对校长民族歧视的抗议，而其本质背景则是对《乙巳条约》（韩国的保护国化）的抗议，因而事件被定义为在日留学生最初的集团抗日民族运动。③ 事件之后，当时的领袖崔麟（1878—1958？）等人组织了"大韩留学生会"，在日韩国留学生的民族运动也由此而正式发端。而崔南善不等事件的发生便以父母生病为由回国，两年之后又以一介留学生的身份来到日本，加入了崔麟等人的民族运动。

进入早稻田大学之后的崔南善所遭遇的"模拟国会事件"在运动史上被认为是继"府立一中事件"之后的在日韩国留学生民族运动的第二次事件。事件的起因是 1907 年 3 月到 4 月，早稻田大学的学生所举行的"模拟国会"中提出了奏请将韩国皇帝列入日本华族的"有关殖民政策的决议"，对此全东京的留学生集合在一起要求处分提出这一议案的学生并展开抗议活动，最终导致警察队伍出动。最终由于害怕日韩政治摩擦扩大的日本政府以及韩国统监的压力，事件以留学生一侧的胜利而得以收拾，而在这一超越单个大学范围的（留）学生运动之中，崔南善作为早稻田大学的学生，充当了与大学方面进行交涉的代表。此外，学生方面之所以能够赢得胜利，与事件之前"大韩留学生会"和"太极学会"这两大留学生组织得以成立、其会报《大韩留学生会学报》以及《太极学报》将关于事件的消息传回了国内、与此相呼应韩国国内的《大韩每日申报》也对此连续加以报道有着莫大的关系。崔南善自从大韩留学生会结成（1906 年 9 月）以来便是《大

---

① 陈天华的遗书（见后述）中以"平心而论，日本此次之战，不可谓于东亚全无功也。倘无日本一战，则中国已瓜分亦不可知。固有日本一战，而中国得保残喘，虽以堂堂中国被保护于日本，言之可羞，然事实已如此，无可讳也。如耻之，莫若自强"的逻辑来论述中国的"自强"。
② 中国革命同盟会提出了"中日两国国民联合"作为其"六大主义"之一。此外还可参照注 11 中的拙文。
③ 参照前引金淇周书。本文有关韩国留学生民族运动的记述多有依据此书之处。

韩留学生会学报》的主编，同时在该报创刊号（1907 年 3 月）上发表了《现时代所要求的人物》，在《太极学报》创刊号（1906 年 8 月）上也发表了《献身的精神》《奋起吧青年诸子》等鼓舞爱国心的评论。1906 年再次来到日本之后，崔南善在作为已经正式发端的爱国留学生运动的领袖活动的同时，也正式展开了自己的社会实践。

二、崔南善的记忆与府立一中校长的《谈话》

像这样将崔南善的活动放在运动史之中加以考察，浮现出的是光辉的民族运动先驱者这一形象。亦即崔南善是站在诞生于韩国的自主开化运动的结晶爱国启蒙运动之中的赴日留学生以及其民族运动先头的青年活动家这一构图。在考虑崔南善及其所代表的韩国近代启蒙这一问题时，趋向于抗日的民族主义这一观点绝不可忽视。不过，这毕竟只是单方面的真实。如果只通过狭义的政治运动史，或是个别国家的民族运动发展史这一模式来对崔南善（韩国近代精神）的发端加以测量的话，将难以展现其精神史、思想史的整体形象。故而以下通过崔南善及其周边人物的眼睛，对其留学体验加以重构。

首先对其第一次日本留学进行考察。

前文中提到的洪一植《六堂研究》是基于对晚年崔南善的采访而写作的传记，之后对崔南善的研究基本上都沿袭了书中的记述。不过根据该书所记的崔南善自身的回忆，崔南善对皇室特派留学生的评价极其低下。

据同书所云，这些留学生平时惯于在宿舍中潜入厨房偷吃东西、从窗户向外小便，由此"日渐失去了学校当局的信赖"。崔南善之所以会回国，也是因为曾有留学生因为逛妓院得了性病，要去看医生又不会日语，因而将当时只有十五岁的崔南善拉去当翻译。原本在选拔皇室留学生时，由于当时根深蒂固的保守风气，便未能搜罗到优秀的人才，并且在选拔过程中还存在着舞弊行为，结果选拔出来的人中除了崔南善之外没有人懂日语，在年龄上也只有崔南善一个人不满二十岁。如书中所云：

当时仍然普遍潜在着根深蒂固的保守思想，大体上都对留学生选拔有所忌惮，故而并没有如当初所设想的那样选拔到优秀的人才。最终来应试的主要是中人阶级的子弟，并且选拔过程中还有所谓舞弊，在国内选出的四十六名留学生之中大部分都是连一句日语都不会说的人。

不过，从以下各方面来看，这段记述的内容存在着很多疑问。

首先，就留学生的日语能力而言，在成为"府立一中事件"发端的《报知新闻》（明治三十八年 12 月 2 日、3 日）所登载的校长《谈话》中，唯一受到赞赏的便是这些留学生在日语学习方面的快速进步。故而即便这些留学生当时刚刚来到日本，仍然不能以日语能力低下作为留学生集团的缺点。

其次，关于选拔过程中的"舞弊"，《皇城新闻》（1904年9月2日）的报道《试验仍旧》似乎证明了其存在。不过，据该报所说，"舞弊"之发生乃是反过来由于"奔竞太甚"，而崔麟回想中"敕奏任官子弟七百余名"的说法也可以进一步证实这一点。[①] 再考虑到招募规定中的"推荐敕任官以及奏任官之亲子孙婿弟侄本宗四寸以内十六岁至二十五岁者"这一条，[②] 甚至让人不禁怀疑崔南善自己才是有"舞弊"行为者。崔南善所说的"最终来应试的主要是中人阶级的子弟"之语解释了为何出身中人阶级的崔南善能够应试，但《皇城新闻》中云"由于各自之请嘱，非奏仕官之子婿弟侄而冒录入参者颇多。……（学部大臣）听闻此事后极为愤怒，欲废止当时所试取之榜目而更加以精查抄选，不过最终不能如意，决定仍依原本试取之旧而派送"，据此看来中人阶级的应试才是"舞弊"。第53页注2中所引的阿部洋氏论文乃是关于皇室特派留学生以及"府立一中事件"最为详细的实证研究，其中根据府立一中的《清韩生徒学籍簿》等官方档案整理出了皇室特派留学生全员的履历事项一览表，而表中记载崔南善的父亲是"学部参事官"。从其他史料来看，崔南善的父亲是学部参事官这一点很值得怀疑，也可以认为是《皇城新闻》所报道的"舞弊"的痕迹。不过，如果是这样的话，那说明阿部氏所依据的《学生簿》等官方档案的记载也并不可靠。

再接下来，关于年龄，如果认为阿部洋一氏的一览表可信的话，那么皇室留学生中除了各有一名二十六岁和十五岁者之外，其年龄符合"十六岁至二十五岁"的招募规定，而十五岁的便是最年幼的崔南善。然而校长的《谈话》中，对留学生的非难始于"按照约定，年龄应当在二十五岁以下，但实际上还混杂着五六名三十三四岁的学生，最年幼者是十六岁。如大家所知，朝鲜的风气是男子十二三岁便娶妻，留学生中的未婚者只有两三人，三十岁以上的人连其子都已经娶妻，当上了公公，有一两人连孙子都有了"这段对留学生年龄问题的攻击，事情的真伪一时难以断定。

总体来看，府立一中校长的《谈话》认为留学生乃是（通过"舞弊"选拔出来的）（大龄）两班子弟，故而皇室特派留学生的质量低劣（关于此点，接下来还要加以论证）；而崔南善的回想虽同样认为留学生的质量低劣，但是所谓"舞弊"的内容却与校长谈话正相反。究竟哪一方正确此处无法断定，不过崔南善所说的"舞弊"乃是将其他留学生与自身相区别、对自己有利的主张，这一点毫无疑问。此外，《皇城新闻》的报道的意图乃是批判一如既往"舞弊"成风的政府，而崔麟所说的"七百余名"也是在其自身"以优等成绩合格"的语境下的发言，两者都不可盲目轻信。也就是说，各方都站在其立场上对"皇室特派留学生"加以记述，由此产生了各种各样的矛盾。

像这样，包括崔南善的主张在内，"事实"仍在云雾之中。这并非是谁故意说了谎，而是各人眼中的留学生形象在各自的意图之下，混合着对事实的误认、误解以及偏见等而被重新构造。

---

① 崔麟：《自叙傳》，《韓國思想》，首尔：日新社第4期，1962年。
② 参照前引金泳谟论文。文中所列出的史料依据为《学部案》第8期中的《照会》第九、十四号（光武八年七月六日、十八日）。

尤其是以崔南善来说（崔麟也是一样），必须考虑到其证言乃是晚年时的记忆。洪一植的《六堂研究》中云对这一事件的记忆直到其晚年都尤其鲜明，这意味着经过一定时间之后，发生的事情已经在经过整理之后固定在了头脑之中。这一记忆包含着与几十年前的"事实"相龃龉的内容，而在另一方面，也对崔南善眼中的"事实"进行了进一步的明确化并加以表示。

在这里我们应当想到爱德华·H.卡尔曾说过的话，即相较历史事件本身，我们更应当关注是谁书写了历史。自《六堂研究》以后，出于此书中所记的崔南善的记忆、亦即自我认识乃是其本人的证言这一点，历来的崔南善研究都在很大程度上将其当做"事实"，并以此为基础来对各种事实进行整理排列。由此传记事实之间产生了矛盾，成为了混杂着主观和客观的记述。不过，这或多或少并非是只限于崔南善研究的现象，同时也反映出了更广泛的思想史研究范围内的问题点。

所谓"思想"乃是被人所认识的事像，"思想史"则以此作为研究对象。需要解明的对象并不是"事实"，而是"被人所认识的事像"。尤其是在研究近代思想史之际，由于对方距离自身的时代较近，如果不对此区分加以自觉的话，"思想"研究便不能得到相对化，研究会被卷入到有关其"正误"的意识形态争论的现场之中。①

回到正题。在展开历史研究之际，对皇室特派留学生的出身阶层（两班或中人）以及选拔过程的实态等"事实"加以究明这一点很重要，但在目前的阶段，只能以之为未详。然而作为思想史研究来说，在已确认"事实"为未详之后，围绕崔南善为何对皇室留学生如此加以记忆化这一点而展开意识史分析，这才是最根本的研究内容。

在此，笔者注目于直到晚年为止崔南善所维持和建构的对皇室特派留学生的贬损基本上与校长《谈话》精神一致这一点，进一步展开如下的论述。

*　　*　　*

府立一中"以最为严格的监督而期其成功，以极大的热心接受"②这些留学生，专门为其设置了特设科和宿舍。崔麟记述说"宿舍生活完全是军队式，所有规则都异常严格"（《自叙传》）。而相对学校方面所自负的"严格的规则和热忱的训练"（校长《谈话》），韩国留学生们的举动可以说完全辜负了期待。校长之发表《谈话》，可以说是因为自己所信奉的理想的国民教育、即"军队式"教育完全不为韩国方面特派的留学生所接受而产生的焦躁感的集中爆发。

校长《谈话》中对留学生缺乏数理思维以及"有气无力、无纪律、无规则"的表现进行了批判，并认为其原因乃是"门阀及任官制度不好"，今后的留学生"应当以录取平民子弟为上策"。并且其中还有"在数理头脑方面还不如我国高等科二、三年级的少年""一无是处""实在让人心灰意

①　对于前近代的正统、异端争论来说，情况也是如此。
②　小村外相致林公使文件《韓国留学生二関スル件》（第 53 页注 2 中阿部论文所引）。

冷""这样下去没有接受高等教育的希望"等侮辱性的表现（客观来看，这可以说是校长的民族歧视意识的表现），因而引起了留学生的激愤。

此外，到联合罢课事件为止，留学生的十分之三左右已经以父母生病等为由而回国，而这些人都被说成是"不能经受纪律严明的留学生活"的掉队者。其实这些回国者中的第一号人物便是崔南善，而校长所说的"无纪律、无规则"可以说在无意中精确地代言了崔南善对其他留学生所抱有的恶劣印象。

就那些逛妓院的留学生来说，其行为当然不合留学人员的本分，不过品行不端的现象或多或少也存在于其他人身上。问题依然是这种行为是在何种语境中被加以认识和强调的。在这里让人感兴趣的是与"府立一中事件"同时（12月9日）、为抗议所谓《清国留学生取缔规则》而自杀的陈天华所留下的遗书 ① 中的记述。

当时《东京朝日新闻》的报道将清朝留学生为抗议《取缔规则》而进行的联合罢课大肆宣传为"清国人特有的放纵卑劣"，身为法政大学的清朝留学生以及中国革命同盟会书记的陈天华为对此表达抗议而自杀。在进行联合罢课以及对报纸的民族愚蔑感到激愤这些方面，可以看出同时期中韩两国留学生民族运动的共通性。不过陈天华的遗书内容与其说是对外的谴责，不如说是要面向中国留学生界的内部促发"不要被日本人说长道短"的自觉，其中陈天华对留学生品质的认识可以说与崔南善以及校长《谈话》的基调相同。

陈天华首先写道"进观吾同学者，有为之士固多，有可疵可指之处亦不少。以东瀛为终南捷径，其目的在于求利禄，而不在于居责任。其尤不肖者，则学问未事，私德先坏。其被举于彼国报章者，不可缕数"，在指出中国留学生的缺点之后，进一步展开议论。

关于以上所云"以东瀛为终南捷径"，可以参考陈天华的同志秋瑾的以下言论：

然而吾又见多数学生，以东瀛为终南捷径，以学堂为改良之科举矣。今且考试留学生，"某科举人""某科进士"之名称，又喧腾于耳矣。自兹以后，行见东瀛留学界蒸蒸日盛矣。呜呼！此等现象，进步欤？退步欤？……听晨钟之初动，宿醉未醒；睹东方之乍明，睡觉不远。②

陈天华的思考轨道可以归结为：以东瀛为终南捷径→缺乏作为承担国家未来的个人＝国民的自觉→不肯为祖国的近代化而努力刻苦学习→"私德"败坏。秋瑾所言可以归结为：以东瀛为终南捷径→将留学视作科举的延续→一如既往的（腐败的）旧体制意识→不可能参与"文明"世界的"进步"。将两者合而观之，以"以东瀛为终南捷径"＝将留学视作科举的延续为媒介，留学生的"私德"问题与"文明"之"进步"尺度下的祖国的前近代落后性直接

---

① 此遗书以《陈星台先生绝命书附跋》为题刊登于《民报》第2期。参照实藤惠秀：《中国留学生史谈》，东京：第一书房1970年版，以及上垣外宪一：《日本留学と革命運動》，东京：东京大学出版会1982年版。后者以日本为"场域"而同时讨论了中国和韩国的留学生运动，对本文多有裨益，但对于崔南善的留学经历，则在没有说明典据的情况下将洪一植《六堂研究》中以及依据此书的一般说法都当做"事实"加以记述。

② 《〈中国女报〉发刊词》（1907年）。参照前述上垣外书。此外，秋瑾也是因为"具左右舆论之势力，担监督国民之责任者，非报纸而何"，而回国创办了《中国女报》。

联系在了一起。

将"私德"作为国家"文明"度的指标而加以强调是"国民国家"形成期的特点，也是近代"启蒙"成立的背景，由此各种各样的近代"道德"的名目在"文明"之名下得到灌输。同时，近代"文明"也被作为道德上之善的存在，从这一道德化的"文明"范畴出发，个人的行动又被施以伦理的制约。并且世界被两分为"文明"＝善和"愚昧"＝不善，从前近代到近代的转换被看做是从道德上的不善到善的"进步"。而作为"愚昧"＝不善的再生产装置，科举尤其成为责难的对象。

陈天华置身于像这样的近代"文明"一侧，将留学生（大众）的前近代意识与个人的伦理性直接联系在一起而加以批判。而贬斥韩国皇室特派留学生的"有气无力、无纪律"的府立一中校长以及崔南善同样是这一"文明"逻辑的共有者。

将"门阀及任官制度"视作韩国人留学生之"有气无力、无纪律"原因的校长《谈话》以如下的言辞对留学生进行了责骂：

> 通晓朝鲜情况者都应该知道……出于两班之家门、稍学过一点汉学并且有诗文之才者被任为官吏，但实际上就算拙于诗文之才，只要善于搞门路、大行贿赂，便能够飞黄腾达当上大官，故而在升迁之际既无体力之竞争，亦无智力之竞争，当然也不问人格之良莠。他们虽然体格雄大却没有多少力量，虽然一见之下相貌堂堂却缺乏智力，这便是其证明。

实际上，韩国的科举制度在1894年的甲午改革中已经被取消（中国则在1898年的戊戌变法中进行过尝试，1905年实际取消），而这些留学生恐怕也并非"（通过'舞弊'选拔出的）门阀出身"，但据第52页注2中所引的金泳谟论文所述，正是因为科举的取消，官费留学才成了并非高官子弟者当官的一条途径。其选拔过程中或许存在着"舞弊"（就算是有，恐怕也不应立即用近代的伦理对其加以审断）。不管怎样，以旧来的意识而言，被选拔为皇室特派留学生即相当于科举及第，在东京留学的时期被当成是做官之前的准备阶段，[①]其中就算是有"私德"有"问题"的学生也并非不可思议。而在清朝的（官费）留学生中，情况也是一样。

最终，崔南善通过偷吃东西、小便这些鸡毛蒜皮的小事想要表现的，与其说是对正确"事实"的记录，更应当说是其站在"近代""文明"一侧而与皇室特派留学生这一集团的"愚昧"划清界限这一自我意识。而府立一中想要灌输给皇室特派留学生的也是纪律化的近代、作为智力体力之竞争的近代。正因为崔南善同样置身于此"近代"一侧，故而才会对留学生的"有气无力、无纪律、无规则"在生理上感到厌恶。

---

① 据崔麟《自叙传》所云，当时其"参加考试的题目为'留学生必以忠孝为本'之纯汉文论题"，这与科举的策问并无不同。又据前述阿部论文所述，府立一中每周的授课日程包括修身（1小时）、日语（9小时）、日韩语法比较（3小书）、算数及理科（7小时）、绘画、唱歌、体操等。在该论文所引的府立一中《創立十五年誌》（1927）的文章中，有"虽努力令其在毕业之后尽量从事农工商业以及医学方面，但留学生以传统的官吏生活为理想而不屑于上述之指导，大多倾向于修习法律"之语。

＊　＊　＊

以竞争这一概念为媒介，"文明"＝善、"愚昧"＝不善这一范式不再止于伦理的范畴，还成为在国际社会上区分胜利者与失败者的逻辑。"文明"因为是"道德上的善"故而会胜利，"愚昧"因为是"道德上的不善"而失败。实际上胜负乃是由力量、军事所决定，"文明"＝善＝胜利者、"愚昧"＝不善＝失败者这一范式不过是基于社会进化论①的强者的逻辑。然而通过选择"纪律"作为伦理的内容，伦理与力量这两个性质相异的范畴被联结到了一起。尤其是府立一中的教育理念是以日俄战争的胜利、韩国成为保护国等依靠力量获胜的现实为起点，超越近代一般性的"纪律"而将"军队式"教育作为"伦理"施加在学生头上。正因为其乃是以胜者＝"文明"对败者＝"愚昧"这一对立项为前提，故而就算个人在主观上并没有恶意，也不能否定在日本强行变韩国为保护国这一现实之下，其主张充满了对韩国的难以克服的偏见。

从崔南善仅过了三个月便从日本回国（从学校方面看来是半途而废）一事可以类推，他除了留学生的"愚昧"性之外，亦不能接受府立一中的军队式教育和《谈话》中表露出的露骨的民族蔑视，对以这种形式而得到灌输的"近代性"亦加以拒绝。然而，在他的记忆中并没有一句对校长不满的话，并且尽管留学生中还有崔麟等后来作为同志一起活动者，其记忆中却从头到尾都是对留学生同伴的非难，这显示出了其对第一次日本留学的总结点究竟位于何处。而在第二次留学之后，正是为了用"军队式"教练之外的方法来培养校长《谈话》中责骂留学生缺少的东西——数理思维和近代的纪律（习惯），崔南善才创刊了《少年》杂志。

站在今天的角度来看，很显然校长《谈话》和崔南善所共有的"文明"进步主义并非绝对真理。然而在20世纪初期，基于社会进化论的这种价值观正如真理一般受到宣传，崔南善和陈天华都是顺应其逻辑而要求对本国民进行改造。而只要顺应其逻辑，那么在东亚很显然日本是唯一的胜利者。不过"府立一中事件"却作为足以打碎校长傲慢态度的"事件"而爆发。

校长在《谈话》中叙述缔结《韩国保护条约》之际的学生的态度云"他们终究不能充分接受我们的思想而加以理解，对世界大势、日本的国情等等尚未明白。此次的日韩条约签订之后，他们看起来先是有些沉郁，当然这并非是在仔细分析了事件的真相之后方才如此"，轻蔑地认为留学生在政治方面亦属愚钝。

这一《谈话》是于12月2日、3日刊登在《报知新闻》上的。这两天的报纸篇幅连续充斥着关于日俄战争凯旋部队的报道，其间还夹杂着校长的《谈话》、在缔结《乙巳保护条约》之后回国的伊藤博文的行程以及闵泳焕、赵秉世等韩国高官连续自杀抗议的报道。通过这种版面安排，"跃进"的日本与被吞并的韩国这一政治上的对比在视觉上一目了然。原本之所以会安排刊登校长《谈话》，便是出于报纸方面由于"朝鲜愈将在我统监拥护之下立国"而想要报道预示着

——————————

① 关于韩国对社会进化论的接受，可参照李松姬《韓末愛國啟蒙思想과社會進化論》（《釜山女子史學》第2期）。

其国家未来的学生之状态如何这一顺应时局的编辑意图。而对报纸的采访进行回答的校长之《谈话》可以说是证明韩国成为保护国的必然性——韩国人原本便缺乏维持国家的能力——这一政治宣传运动的一部分。

对此，留学们进行了"联合罢课"这一有组织的反击，并超出校长的预料而持续斗争。如第一节中所述，这乃是韩国留学生民族运动的头阵。校长最初在递交给外务省的文件中称"此次盲动者中，过半乃是为数名之辈所煽动或胁迫，此事明白无误"，但在遇到留学生的顽强抵抗之后，又称对"学校之威信""帝国政府之威信"影响甚大，采取了对全体留学生给予退学处分的强硬措施（参照前引阿部论文）。这在宣告府立一中的留学生教育破产的同时，也意味着"官"对"官"的"亲日"留学政策的终结。1905 年的新政治局势的物质冲击以开始有组织的抗日民族运动的形式，将校长眼中愚钝的"皇室特派留学生"（大众）推向了"近代"一侧。

然而我们需要注意到的是，陈天华和崔南善也与校长一样进行了错误的预料。陈天华之所以试图用自杀来促使中国留学生界作出改变，也是因为其担心留学生没有足够的力量将"联合罢课"继续下去。崔南善也同样一味强调其他留学生的落后意识。不管是陈天华还是崔南善，都立身于自身先进性与日本先进性的同一化这一基础之上。并且在此之前，其先进对后进这一思维方式自身便是得自"先进"的日本。不管是陈天华还是崔南善，都被牢牢地固定在了以日本为标准而对落后的祖国进行启蒙这一近代主义的框架之内。

陈天华的遗书中最为强调的是对自身的意识进行变革（"自强"）。其中一方面说道"彼以为日本可亲，则请观朝鲜"，以韩国沦为保护国为鉴，另一方面又云"朝鲜之亡也，亦朝鲜自亡之耳，非日本能亡之也"，与日本人所主张的优胜劣败＝自作自受论步调一致，并没有走向与同时进行的"府立一中事件"——韩国的近代化运动相协同的方向。从先进与落后这种"近代"的逻辑出发，只会强化与作为模范、即需要追赶的目标的"先进"国家之间的纵向联系，而不会产生追赶者之间的横向协作。除此之外，崔南善在《自列书》中写道自己认为殖民地体制将会长久存在下去，因而在这一前提下开始思考让民族能够延续下去的策略，以此作为自己"亲日"化的理由。导致其后来陷入"亲日"逻辑之中的"弱点"的根源也正在于此。

三、"新报杂志狂"

崔南善在刊登于《少年》第 4 期第 2 号（1901 年 6 月）的《〈少年〉的既往与将来》这篇文章中对《少年》杂志进行了中期总结。其中他这样记述了促使其最终创刊《少年》杂志的日本留学时期所受到强烈的精神印象：

> 以十五之龄渡海赴日，随即对其出版界之较我国为繁盛感到惊愕。稍一涉足书店，便皆是定期出版物、临时出版物等前所未见者，而无论是对其内容还是外观，我都没有足以稍加评论的知见。彼时的我心中涌动的只是盛大、宏壮、璀璨、芬馥之感，用

一句话来说，便是无以复加。我一般不论对于何事、见到何事，都会与我国的事物相比较并形成一个想法，而此时亦是在其面前垂头叹气。然而终不止于此，而是紧握拳头，同时必定紧紧抱怀着"总有一天我们也要如此"的不知何时能够实现的空愿来安慰自己。……如此一晃数年，回到韩国之后又立刻前往日本，其间见到日本与韩国的种种物事，在默默心痛之余只有培养进入世间的勇气。

在这篇文章的开头，崔南善将自己定义为如假包换的"新报杂志狂"，并记述自己从幼年时起便早熟地痴迷于新闻报道。然而，他也坦白"不过到那时为止，我对报纸杂志的知识极为浅薄，看过的东西除了内地发行的两种版式丑陋的报纸，就只有居留在上海的西方人用中文出版的《万国公法》《中西教会报》这两种刊物，和日本出版的《大阪朝日新闻》《万朝报》，以及《太阳》《早稻田文学》的过刊"。

如同第一节中所述，崔南善在其第二次留学期间尤其作为留学生运动家而活跃。不过从以上所引用的文字中，并不能观察到这种外表上的英姿。当然，必须考虑到这是在《报纸法》（1907 年 7 月）、《出版法》（1909 年 2 月）制定后所发出的言论，然而这段文字中吐露出了来到日本（东京）后因为彼此之间在新闻报道（近代文明）方面压倒性的差距而感到惊愕、呆若木鸡的少年的幼稚心境，因而不需将其看成是因为害怕外部的压力而作出的虚伪记述。就算将这段文字看成是文章家崔南善的"作品"，由于频繁登载这种讴歌少年心境的作品本就是《少年》杂志的特征，故而从《少年》杂志在韩国近代文化史上的实体性意义来看，这篇"作品"的意义也不小。如同前述，思想史研究的对象是表露出的思想和意识。站在这一立场上，下文将以"《〈少年〉的既往与将来》"为中心，对成为《少年》创刊直接动因的崔南善的第二次日本留学进行考察。

让崔南善感到惊愕的是新闻报道所代表的近代文明的差距。流亡到日本的梁启超看到日本人为出征士兵送行的景象而受到冲击，发出了"中国魂安在乎"（《清议报》第 33 期）的感叹。崔南善亦从其自身的视点出发，正确地把握了当时日本的世态。

> 我最初前往日本时，正值日俄战争的初期——也就是日本的新文明正到达了过渡期的某个阶段的时候。迩来五六年间，因为战争的胜利、其他国际地位的上升等等事件而激奋的人心不管遇到何事都毫无顾忌地急迫向前，几乎是以飞流直下之势取得了上升进步的成绩。

崔南善所见到的，是正作为新兴的帝国主义国家而匆忙离岸出航的日本的近代文明，以及即将为其吞并的韩国。这在其眼中可以说是"大人"与"孩子"之间的差距。然而崔南善并没有屈服。呆立在"近代"这一怒涛之前的自己可以说就是刚刚走上"近代"道路的韩国。并且就像人不能永远待在摇篮里一样，如果说必须投身于世界的大风大浪（这种情况已经开始发生）是"近代"的"发展"原则，那么就只能鼓起勇气向前进。

向着未来前进的"青年 / 少年"这一思考框架是近代的产物，也是在明治前半期风靡日本的思想（参照后述）。崔南善接受了这一思想，同时也以此对自身和韩国的现在进行身份认同，树立起了"总有一天我们也要如此"的"进入世间的勇气"、对未来的希望。

据《〈少年〉的既往与将来》所述，在崔南善留学日本期间，"消极"——一直以来所怀抱的对陶渊明式隐士的向往——与"积极"——"所有冲动的年轻人都曾经抱有的、在所有方面坚强地表达自身存在意义的野心"——在其身上"一张一弛""相胜相负"。这亦可以说是"青年/少年"期所特有的内心的斗争。此外，关于"爱国"，当初只将其理解为实现自身价值的抽象事物，而"从事爱国运动经过了一两年，一再观察国势之际，之前用尽全力所建设的空中楼阁在某天早晨轰然倒塌，心路轨迹也终于渐渐改变，结果产生了'回国去吧'的想法，并开始倾听这样的言论"。如同上一节中所见，在第一次留学时，崔南善通过对其他留学生进行差别化而形成了自身的优越性。在第二次留学过程中，崔南善摆脱了这种自我中心的优越意识，将自己重新认识为与大众（国民）一起前进的存在。

在之前所引用的段落之后，文章继续道：

> 与他人不同，我对眼所见、耳所闻都极为神经质，无论如何都不能以旁观者的心情来对待一切事物。像这样神经愈发过敏，而"回国！回国！"的声音则在脑海中不断地回响。

最终，崔南善在包含了学生运动的日本（东京）留学经历中，将自身和韩国理解为"青年/少年"，在内心中经历了"青年/少年"时期特有的思想斗争后，认定自己的任务乃是对与自己一同前进的国民进行启蒙而返回了韩国。如同"你生为国民，亦当作为国民而生活"之言所示，这乃是对自身与"国民"共同体同一性的自觉。为了培养韩国的近代"国民"，尤其是教育那些与自己一同前进的"少年"——"不断成长的人……热血周流于血管之中，因此就算在精神上、物质上遭遇许多障碍，也不知是从旁分泌了什么样的营养液，前进的勇气总是喷涌而出；在刚开始事业时就算遭遇风霜而叶片枯萎凋去，凌霜之劲节却由此而益壮"的人们，崔南善创刊了《少年》杂志。

不过，作为爱国启蒙运动的桥头堡而组织起来的大韩留学生会、太极学会等留学生团体并非只是留学生内部的封闭性团体，而是与韩国国内的爱国启蒙团体相呼应，以将"近代"新思想和爱国精神从日本国内输送到韩国国内为大任。在这一意义上，《大韩留学生会报》《太极学报》等刊物与中国的近代化运动中在日本发行的《清议报》《新民丛报》等处于同样的位置。只不过后者以明确的政治改革为目标，而韩国留学生的杂志则避开与现实政治有关的报道，以"国民教育"——新知识和民族思想的启蒙——为任，① 在这一点上反而成为以《少年》为嚆矢的韩国国

---

① 《太极学报》的《发刊序》中云："处今日之文明时代……忧国忧时之士皆必倡导国民教育四字。……（太极学会）乃是出自欲利用学暇、不论普通专门而论作翻译各自所学习之事、以为开发我同胞国民智识之一分之助力之微诚。"此外，同学报的《投稿注意》（第6号、14号载于卷末，从1908年2月发行的第18号开始皆载于卷头）中云"诸般有关学术及文艺辞藻等投书皆一切欢迎"，然而"直接与政治有关的文章不予受纳"。大韩学会（结成于1908年）的《大韩学会月报》第6期《报说》（1908）也在总结其至当时为止的活动时云"本报身处发行地的国法势力之下，故而在登载间接之譬辞或小说类之外，到底不能公然刊登直接与政治或是国际时事有关者"。

内综合杂志的先驱。①

关于此点，崔南善在《〈少年〉的既往与将来》中亦云：

我身处东京期间，曾与畏友某君绞尽脑汁，为了将来必须要着手的思想界建设，而计划出版与其方法最为相关的杂志。当然，不能偏于纯政治，也不能偏于纯文艺，而要针对在所有方面新产生的萌芽，吐露所有同辈的意见，在我国一片漆黑的旷野上点起城头的灯火，还要成为真正的警钟，来叫醒暗夜中的长眠。

事实上，有关政治的报道不可能刊登，在编辑杂志时也必须为此而进行自我限制。②不过就算如此，在上引的文字中也能够看出崔南善在准备创刊综合杂志之际的积极姿态。

作为《大韩留学生会报》的主编，崔南善按照自己的编辑方针发行了杂志。③该志除了会员之外，还在广范围内征集稿件，通过发售点以及邮购的方式向一般民众发售。为了本国的读者，除了寄送到中学外，还指定首尔的书店为委托发售点。其内容包括"演坛""学海""史传""文苑""杂纂""汇报""会录"。除了汇报和会录之外，其他内容都与留学生会没有直接关系，并且在后来为《少年》所继承。崔南善借助留学生会的会报这一平台，实质上开始了自己一直所期望的杂志编辑活动。④

崔南善并非只是作为编辑而参与学报的工作，同时还积极地为其撰稿。值得注意的是，其撰稿内容并非只限于前述的评论（演坛），而是有《彗星说》和《地理学杂记》（学海）、《华盛顿传》（史传）、《人类的起源及发展》的翻译以及《邮票起源》（杂纂）等，涉及其自身所设计的各个类别。这一特征也为《少年》杂志所继承。《少年》杂志之所以有名，原因之一是其刊登了崔南善自己所写的、被认为是韩国第一首新（体）诗的《大海致少年》。而在此之前，崔南善已经在《大韩学会月报》创刊号到第三期上作为诗人而登场。

历来认为《少年》杂志的创刊是韩国近代文化史上划时代的事件。这一看法当然是正确的，但《少年》杂志在形式上、内容上的准备实际上是通过在日留学生团体的会报而完成的。崔南善回国并创刊《少年》杂志一事，实际意味着韩国的民族＝近代精神在日本得到修炼和培养，并从此处回到祖国，开始自发性的活动。在这一意义上，崔南善的回国和《少年》杂志的创刊成为

① 一般认为韩国近代杂志的嚆矢是第一次官费留学生所组织的"大朝鲜人日本留学生亲睦会"发行的《亲睦会会报》（1896年2—10月，共发行3期），以及"大朝鲜独立协会"的《大朝鲜独立协会会报》（1896年10月—1897年8月，共发行18期）。其后直到日本吞并韩国为止，共发行了四十多种杂志，其中除了《少年》杂志之外都是不进行商业化运作的各种"会报"。并且大部分杂志都是爱国启蒙团体所发行，而在日留学生团体是其中的一支重要力量。也就是说，旧韩末期的近代杂志中有着始于《亲睦会报》的对日本文化的输入和始于《大朝鲜独立协会会报》的自主改革运动这两个方向的要素，而《少年》杂志可以说是融合了这两者并进一步进行商业化运作而发展起来的综合杂志。对旧韩末期发行的杂志的解题详见金根洙：《旧韓末雜誌概觀》，《亞細亞研究》（高丽大学校亚细亚问题研究所）第27期，1967年）。
② 在1908年4月对《报纸法》进行修改之后，在外国发行的杂志以及外国人在韩国国内所发行的报纸杂志也要受《报纸法》的约束。参照崔起荣：《大韓帝國期新聞研究》，首尔：一潮阁1991年版，第281页起。
③ 《大韩留学生会学报》第2期所载的《志告》中云："本会不论会员与否，对论议、学术、文艺、随笔、译述等诸般投稿皆予以欢迎。不过，取舍添削皆一由编辑决断。"
④ 金贞淑：《出版人崔南善研究》（中央大学校新闻放送大学院硕士论文，1991年）中曾指出此点。

了韩国近代文化史上的"事件"。

＊　　＊　　＊

实际上，崔南善的回国与《少年》杂志的创刊历来都被当做是韩国近代文化史上的一大事件。然而，关于崔南善回国并成为《少年》杂志的发行人以及在韩国近代出版史上有划时代意义的新文馆设立的年份，目前通行的说法极为混乱。《全集·别集》中所载的《六堂崔南善先生年谱》中云崔南善于 1906 年冬天回国，在 1907 年夏设立了新文馆，不过包括这些记载在内，该年谱中关于崔南善的第二次留学的条目中有很多可疑的地方。

首先，该年谱云"模拟国会事件"发生于 1906 年 6 月，而《韩国民族文化大事典》也沿袭了这一说法。但实际上，这一事件发生于 1907 年 3 月末到 4 月初（此点可以通过报纸的报道得以确认）。就算只从这一点来看，崔南善在 1906 年的冬天回国也是不可能的事情。此外，如果崔南善是在 1906 年回国的话，那么就只能认为其在回国之后也依然与在日留学生界保持着联系，并一直在《大韩学会月报》上发表诗作。不过，关于崔南善回国和设立新文馆的年份，已经出现了不同意见，如郑晋锡氏基于崔南善所编辑的《大韩留学生会学报》的发行期间为 1907 年 3 月到 5 月这一点，认为崔南善回国应该在此之后。[①] 不过，这里同样没有注意到《大韩学会月报》第 5 期（1908 年 6 月 25 日发行）的"汇报"栏目中有这样一篇记述了崔南善回国一事的决定性的文章：

> 本会会员崔南善氏年十九，来日留学已历四五载。其高尚之思想、博学之知识有如老师夙儒，其才德为一般学生所钦赏。而此氏慨叹本国教科书之欠乏，备办数万元之财产而一并收买活版机械，为印刷书籍而归还本国。吾侪盼望其大事业得以成就。

该杂志乃是月刊，故而崔南善回国应该是在 1908 年 5 月至 6 月，而《少年》创刊则是在同年 11 月。实际上，洪一植氏的近稿[②] 便将回国时间定为 1908 年 6 月，但并没有说明根据，而此说法在以后的研究中似乎也没有得到利用。郑晋锡氏在关于从早稻田大学退学的时间方面承认通行的说法，而在论述此事与回国的关系时认为此事发生于回国一年以前的 1906 年 6 月，并由此展开论述。此外，第 64 页注 4 中的金贞淑氏论文也沿袭郑晋锡的做法对通说提出质疑，认为回国是在 1907 年冬，但金氏乃是将赵荣万氏之说（参照后述）弄错了一年而作为典据加以引用。可以看出，两人在对通说提出质疑的同时，又都受到通说的影响而出现了混乱。

关于新文馆的设立，以《年谱》及《韩国民族文化大事典》为首的通行说法认为是在 1907 年夏，而郑晋锡、金贞淑两氏则认为是在 1908 年的 5、6 月份。不过金贞淑氏还指出新文馆最初的出版

---

① 郑晋锡：《言論人崔南善》，收入《韓國現代言論史論》，首尔：전예원 1985 年版。
② 洪一植：《六堂의生涯과文學》，收入金烈奎、申东旭编：《崔南善과李光洙의文學》，首尔：새문社 1981 年版。

物《京釜铁道歌》发行于 1908 年 3 月，并认为此事与自己的说法相矛盾。而若由此加以敷衍，那么笔者所持的 1908 年 5 月至 6 月回国之说就更加无法成立了。然而金贞淑氏在此并没有考虑到新文馆的责任人乃是崔南善之兄崔昌善这一事实。并且在《〈少年〉的既往与将来》中还提到"新文馆经吾兄之手而得以开设，为酬多年之夙愿，我也助其一臂之力，成为了馆员"。也就是说，可以理解为在其兄开设新文馆时（1908 年 3 月以前？）崔南善仍在日本，并于其后、也就是在 1908 年 5—6 月回国，将新文馆发展为拥有印刷厂的划时代的出版社（在这段文字之前，文章中写道"我看事（原文如此）《大韩留学生会报》（原文如此）达十二个月，其间患病，受苦良久，最终返回了国内，《月报》（原文如此）也就此停刊。此后一直不亲笔墨"，这一部分或许可以作为 1907 年回国说的有力证据。然而在《〈少年〉的既往与将来》这一崔南善的"作品"与《大韩学会月报》的"汇报"发生矛盾时，还是应当认为后者更为客观）。

除此之外，《年谱》中所记 1906 年"3 月第二次赴日，进入早稻田大学高等部地理历史科。编辑《大韩留学生会报》"、1908 年"在大韩留学生学会的执委会上被选为编纂员"等条目也都很可疑，徒令读者产生混乱。本文之主题并非考证崔南善的年谱，因而对此只能加以省略。但如以上所述，《年谱》中关于崔南善第二次留学的条目极为混乱，而其中的根本原因则是后来的研究都为最初的崔南善传记、即洪一植《六堂研究》（参照前述）中的简略记述所束缚。

《六堂研究》中记述道"西历 1906 年，他在 17 岁时再次……渡日，进入早稻田大学高等师范地理历史科学习"，接下来便进入有关"模拟国会事件"的话题。《全集》中的《年谱》基本上沿袭了赵荣万《六堂崔南善——其生涯、思想与业绩》（三中社，1964）所附载的《年谱》，并插入了一些更为详细的条目。如果只就以上所提到的条目来说，赵荣万氏的《年谱》1906 年条的原文如此：

> 三月份，第二次前往东京留学，进入早稻田大学高等师范部地理历史科。编辑《大韩留学生会报》。六月份，尚在早稻田大学留学时，韩国留学生因模拟国会事件而全体退学。从秀英社购入了全套印刷设备，冬天回国。……

洪一植氏的记述或许只是省略过多，但赵荣万氏的《年谱》中明确写道"六月份韩国留学生全体退学"，因此"编辑《大韩留学生会报》"一事必须发生在此之前。那么，"六月份韩国留学生全体退学"这一为《全集》所沿袭的错误由何处而来呢？这应当是依据《六堂研究》中的"进入早稻田大学不过三个月"的说法。在"三月份入学"（其实应当是三月份赴日，而不是三月份入学）的基础上再加上"不过三个月"，便成了六月份。而在早稻田大学事件发生时崔南善肯定在编辑《大韩留学生会报》，因而便将此事插入到了"三月份入学"之后。

1906 年回国这一通行的说法也是基于《六堂研究》中"他放弃了崎岖的求学生活而立志于民族精神启蒙运动，在东京购置了印刷设备和大量的参考书籍并返回国内，此时正值西历 1906 年，当时崔南善年方十七岁"的记述。按照这一记述的写法，从退学到回国是一连串连续的事件。虽然在时间上两者有秋天和冬天的区别，不过赵荣万氏的《年谱》中如之前的引用文那样对此进行了整合，《全集》中又对此进行了扩充。

　　的确，在《六堂研究》的记述中，入学——事件——退学——回国这一顺序并没有错，但所有这些事件都被说成是发生于仅仅半年之间。在此前的研究中，模拟国会事件发生于1907年3—4月这一稍加调查就能立刻搞清的事实一直被忽略，而之所以如此，应当是因为自《六堂研究》以来，1906年回国说被当成了更加有力的计算年代的依据。还有，新文馆乃是崔南善之兄所创立这一点至今没有得到论述，这应当也是《六堂研究》中"他比谁都更早地理解了这一事实（国民启蒙的必要性迫在眉睫），因此立刻将其付诸实践。由此而创立的便是'新文馆'（京城新文馆）。它在我国近代文化史上是划时代的事物，同时也是韩国文学运动的基础，这已毋庸赘言"的叙述所造成的（金允植氏[①]曾经指出新文馆的责任人是崔南善之兄崔昌善，郑晋锡氏也承认了这一点，但是至今还没有更加深入的讨论）。

　　《全集》中的《年谱》比赵荣万氏的《年谱》要详细很多。这乍一看来像是表明了研究的进步（当然，实际上有很多部分都有所进步），但至少就有关崔南善少年时代的记述而言，只是屋上架屋地将《六堂研究》—《六堂崔南善》—《全集》的记述重叠在了一起。基础性的事项仍然只不过是晚年崔南善的记忆以及对此加以整理的洪一植《六堂研究》的简单的记述。"不过三个月"便退学、1906年回国等等应该是崔南善的记忆错误，设立新文馆的过程中没有出现其兄的名字应当是因为被省略掉了。对于不以传记研究为重点的人们来说，《年谱》的混乱或许并不是很严重的问题，但这乃是本文第二节中所述的"记忆"与"事实"相混淆的结果，如同次节中所述，对于我们的思想史研究来说构成了重大的问题。

四、评价问题——代结论

　　在今天的韩国学术界，《少年》杂志除了被认为是近代杂志的嚆矢之外，从文学史的视点出发，崔南善对西欧文化尤其是西欧文学的翻译、《大海致少年》等新（体）诗及唱歌的发表、对言文一致文体的尝试等方面的先驱性也都得到了很高的评价。不过在同时，对于其由来于日本这一点也常常怀有芥蒂。对于崔南善的成就越是加以高度评价，这一问题便越发直接关系到如何把握被认为是始于崔南善的韩国近代文学、近代文化史的问题。

　　对于如此重大的问题，虽然无法立刻作出回答，但基于本文中的论述，在此想指出以下几点。

　　如果一瞥韩国关于韩国"国文学"中的"近代文学"形成史的叙述，便会发现叙述的内容大概分为小说和诗歌。就前者而言，一般认为从旧小说经新小说，近代小说得以形成，而"政治小说""历史传记类"以及"翻案文学"等被解释为过渡期的特征。就后者来说，从传统诗歌经过"唱歌""新（体）诗"等过渡阶段，近代诗得以形成。而崔南善被认为是开拓了过渡期各领域的

①　金永植：《〈少年〉誌의 虛構性》，收入《近代韓國文學研究》，首尔：一志社1973年版。

先驱者。这种论述方式从解放以后一直到今天，基本上没有发生变化。

然而，对日本的研究者来说，无论是谁都会想到这种叙事与有关日本"国文学"中的明治前期"近代文学"形成史的叙述如出一辙。当然，这种相似性有其理由，那就是为这种韩国"近代文学"奠定基础的乃是崔南善，而他的文学作品受到了日本压倒性的影响。金秉喆氏对《少年》杂志的诗作中数量众多的崔南善所翻译的西方作品进行了考察，指出能够确认翻译源的作品全部都是根据日本的书籍进行的二次翻译。① 由于这样的事实，如何把握崔南善文学中的日本要素便必然成为韩国"国文学"史上的重要问题。金秉喆氏将其称为韩国近代文学不可避免地具有的"包含着曲折的畸形性"。此外，郑汉模氏曾对崔南善的诗与日本《新体诗抄》的异同进行论证，并认为"新体诗"这一名称会让人感觉崔南善的诗只不过是对明治时期日本"新体诗"的模仿，而认为应当将其称为"新诗"。② 从历史学的观点来说，构成这种论述背景的，乃是克服不承认韩国历史中独自发展力的"殖民主义史观"这一贯穿解放后韩国"国史"学界的课题。而郑汉模的论述可以说是基于内在发展论。

不过我在此首先想要提起的，是上述的有关韩国"近代文学"形成史的叙事是否是在追溯崔南善的行踪、并且是被崔南善自身的"叙述"所塑造这一问题。③ 如前文所述，少年崔南善将自身与启蒙时代的韩国进行同一化并创刊了《少年》杂志。在此之后，他又相继发行了《青春》《东明》以及《怪奇》等杂志。这既是崔南善个人的历史，同时也被当做是韩国"近代文学"的"发展"以及在殖民地体制下"退废"化的象征。

如本文开头所述，崔南善是"韩国学"的开拓者。1945 年的解放意味着受到压抑的"韩国学"的平反，崔南善虽然一时曾受到《反民族行为处罚法》的制裁，但作为"韩国学"的泰斗而在解放后的学术界拥有重要地位。而所谓民族主义史观（内在发展论），则是认为近百年的近代化步伐虽然曾因外部势力而暂时中断（殖民地时代），但仍然坚持不懈地延续了下来的看法。

在上一篇文章中我曾提出，虽然日本的思想史学看似以战后的丸山思想史为原点，但如果不追溯到明治时期"国民国家"形成期的思想史学之滥觞的话，就无法将其对象化。这一连串的论考都是对此加以论证的尝试，而在我看来，韩国的思想史学（"韩国学"）以更为明了的形式向我们展示了东亚近百年间的连续性。本文中强调了对崔南善的"叙述"和"事实"的区别，但对于研究"日本思想史"的我来说，对"韩国思想史"加以议论并非主要意图所在，而是因为其中明确存在着本文开头所述的"（在 20 世纪初）作为近代叙事，思想史这一学术领域得以形成，而我们这些思想史研究者便存在于其延长线上"这一我们必须共同加以解决的问题。

---

① 金秉喆：《韓國近代翻譯文學研究》，首尔：乙酉社 1975 年版。

② 郑汉模：《六堂의詩歌》，收入《韓國現代詩文學史》，首尔：一志社 1974 年版。

③ 第 67 页注 1 中的金允植论文认为《少年》杂志在同时期的文学作品中并非出类拔萃，并论述说《少年》杂志的划时代性受到强调乃是一种"文学史的虚构"，是因为在经营《少年》杂志之后，崔南善成为了文学言论界的中心人物而"产生了爱屋及乌的效果"。

第二，本文所采用的观点，是"日本化的西洋＝近代思想"被崔南善带到韩国，并塑造了韩国的"近代文学"史。这一方面是由于我本来的专业是日本思想史，同时也的确是与韩国的内在发展论有一定距离的看法。不过，这并非殖民主义史观。殖民主义史观是置身于日本化的近代之内并将其绝对化的思想，而我想要做的则是将其相对化。

韩国"国文学"的框架来自于日本。如果说这是问题的话，那么必须要追究的便是日本"国文学"叙述的近代主义。当然，这不仅适用于文学，也适用于一般意义上的思想史。

本文第二节中指出，崔南善与府立一中的校长其实处于同一种思考框架之中。将校长的思想弹劾为殖民主义史观是很容易的做法。然而，更重要的问题是，崔南善（陈天华也是一样）也同样陷入了校长谈话中所凸显出来的那种近代＝进步主义，而如同"府立一中事件"所示，这种近代＝进步主义并非万能。同节还将其表现为致使崔南善倒向"亲日"的弱点的根源，而"亲日"可以说是源自日本的近代＝进步主义的陷阱。所谓韩国"亲日"派的问题，首先应该追究的是源自日本的近代＝进步主义。而这必须在超越各自的政治民族主义的基础上，作为东亚各国的共同事业而得到相对化，并加以解明。

那么，在何处可以找到解明这一问题的线索？在第 53 页注 1 中提到的《共同研究 梁启超》一文中，斋藤希史氏指出了让人很感兴趣的一点，即在 1900 年前后的日本，"政治小说"并非被写实主义所超越的旧时代"文学"——"近代文学"之前的过渡期"文学"。斋藤氏认为"政治文学"被重新定义为"国民文学"，而处于其中心的则是德富苏峰的民友社系的出版物，并通过梁启超对中国产生了影响。该文中说道："与其得出政治小说流行的季节在当时已经结束的结论，摆脱这种文坛史性质的文学史的观点、在东亚这一更为广阔范围内的文学论系谱之中对政治小说进行定位并加以思考的做法更有意义。"①本文将崔南善在韩国的意义比定为梁启超在中国的意义，而斋藤氏的看法也同样适用于崔南善。

如众人所知，德富苏峰以《新日本之青年》一文而作为"明治青年"的旗手在媒体上登场。而在此之后，苏峰所谓的"青年"、也就是新日本的"国民"模仿苏峰的《国民之友》，自行陆续创办了众多"少年／青年"杂志。②不过，在有关文坛的叙述之中，这种作为新日本"国民"的"少年／青年"的文化经中日战争、日俄战争而进入了"时代闭塞"的时期。然而即便到了日俄战争时期，仍然有诸如《少年世界》《女学世界》《中学世界》（博文馆），《少年》（时事新报社），《少年界》《少女界》（金港堂），《成功的少年》（博报堂），《少年少女智识画报》（近时画报社），《女杂志紫》（读卖新闻社）等为数众多的少年少女杂志在继续发行（以上根据刊登府立一中校长《谈话》的《报知新闻》1905 年 12 月上旬各期的广告栏）。在文坛的最尖端之外，可以说通俗化的少年少女杂志热依然在媒体的世界中持续着。同时，这一时期也是为博文馆的《太阳》所代表的综合杂志的时代。崔南善以综合杂志为目标而经营少年杂志，可以说是受到了日本出版界的直接

---

① 斋藤希史：《近代文学観念形成期における梁啓超》，收入前引《共同研究　梁啓超》。
② 参照木村直惠：《"青年"の誕生——明治日本における政治的実践の転換》，东京：新曜社 1998 年版。

影响。①

崔南善以《大海致少年》一诗而掀开了韩国新（体）诗的历史，此乃韩国文学史上的一大事件。除此之外，他还有《少年大韩》《少年与夏天》《海岸上的勇少年》《大韩少年行》等众多以少年为题的作品。在《少年》杂志创刊号到次年第四号的封面上，都刊登着这样一段文章：

> 如今我帝国须以吾等少年之智力为资，在我国的历史中添上大光彩，为世界之文化做出大贡献。其任重，其责大。本志乃是为养成克当此责任的活动、进取、发明的大国民而出现的明星，故而新大韩的少年们须臾不可离本志。

将"少年"这一标记②与新生"国民国家"的建设结合在一起的政治启蒙主义乃是追随苏峰《新日本之青年》而出现的。但与此同时，苏峰也必定感受到了同时期的少年少女出版物的热潮。这种双重性也同样为崔南善所接受。

而我们不应该在落后的韩国思想界接受了先进的日本文化这种进步的时间坐标中来理解这种事态。如果我们坦诚地接受崔南善作品中的新鲜的气息，那么就应该将思维从进步竞争的时间坐标转移到空间坐标，认为明治前半期的日本所具有的近代国民国家形成期所特有的时代精神在日本开始逐渐失去光彩时，通过少年崔南善移动到了韩国，抵抗住已经成为老成帝国主义国家的日本的压力而再次作为时代精神开始焕发光芒，并进一步思考我们必须共同逾越的问题——对于东亚来说，这种"近代"究竟为何物。

作者简介：荻生茂博（1954—2006），日本学者，曾任日本山形县立米泽女子短期大学教授、韩国首尔大学招聘讲师、韩国庆北大学退溪学研究所客座研究员等职。主要研究方向为日本近代思想史、东亚阳明学思想。

译者简介：焦堃，武汉大学历史学院讲师，主要研究方向为明代思想史、明代政治史。

---

① 前引金贞淑论文中已经指出了此点。本文多有受教于该论文之处，但该文中有非常浓厚的源自日本的近代＝进步史观的痕迹。此外，如金贞淑氏所指出的，此点亦可参照冈野多家夫：《日本出版文化史》，东京：春步堂1960年版。
② 白铁：《新文學思潮史》（1949年初版；首尔：新丘文化社1999年再版）将韩国近代文学的初期定义为以少年为主人公的"少年的时代"。

朝鮮陽明學的特質（下）

中純夫 / 文　　陳曉傑 / 譯

五、星湖學派

星湖李瀷（1681—1736）所創始的星湖學派作為朝鮮實學派，是非常有名的。關於星湖學派的陽明學接受的問題，已經有相應的先行研究①。以下，本文在參考先行研究的基礎上，簡單介紹一下星湖學派的陽明學接受的事例情況。

（a）權哲身

權哲身（1736—1801，字既明，號鹿庵）與安鼎福都是李瀷的得力門生。李瀷門下可以大致分為兩派，一是對朱子學加以批判、積極吸取西洋文化的星湖左派，二是否定前者傾向的星湖右派。權哲身是星湖左派，安鼎福是星湖右派的代表人物②。

依據安鼎福的說法，權哲身肯定致良知說③，還肯定《大學》古本，否定朱熹的"格物補傳"（《大學章句》傳第五章）④。安鼎福在書信中這樣提及權哲身的立場，并以朱子學的立場出發對其進行了全面批判。

（b）韓鼎運

韓鼎運（1741—1819，字士凝，號素庵）在尹東奎、安鼎福、李象靖等人門下學習。在安鼎福寫給韓鼎運的書信中可以看到，韓鼎運非常喜歡《陽明集》。在此，安鼎福也同樣從以程朱

① 徐鍾泰：《星湖學派의陽明學受容——茯菴李基讓을中心으로》（《韓國史研究》六十六，1989 年），《鹿菴權哲身의陽明學受容과그影響》（《國史館論叢》第三十四輯，1992 年）。
② 姜在彦著、鈴木信昭翻譯《朝鮮の西學史》（《姜在彦著作集》第四卷，明石書店，1996 年版），第 194—195 頁。
③ 安鼎福《順菴集》卷六"答權既明書"丙戌："向日君過時，深以陽明致知之説為当。"對此，安鼎福進行了如下批判："陽明所以得罪先儒者，以其入頭工夫錯誤故也（中略）又以心之所知為良知。夫人之気質不同。聖人之心，則固皆出於良知之本然。而衆人之心，則為気所乗，流於偏塞。其心之知，多出於人欲。陽明此説，認人欲為天理。其流之弊，可勝言哉。"《順菴集》出自影印標点韓國文集叢刊，二二九—二三〇冊。
④ 《順菴集》卷六"答權既明書"戊子："公每謂大學古本自好，不必改定。又謂格致章自存，不必補亡。"對此，安鼎福進行了批判："愚意則常謂，読章句爛熟，其於朱子本意，一句一字，皆有下落、然後始観諸説，観其議論而已。今無積累專精之工，而客見新義横在肚間，率爾曰，此是而彼非。其於進學之工，有何益。"

學為是的立場批判陽明學，并責備韓鼎運 ①。

（c）李基讓

李基讓（1774—1802，字士興，號茯菴）是李秉休（1710—1776，字景協，號貞山，李瀷門下）的門人，屬於星湖左派。依據安鼎福的看法，李基讓以王學為是，因而批判朱子學的"敬"以及"格物致知"說等 ②。

以上，星湖學派當中也存在著幾個事例，顯示出以左派為中心的接受陽明學的跡象，這是首先需要注意的。不過反映這些事例的資料現在還過於零碎，有待進一步挖掘。

（d）丁若鏞

丁若鏞（1762—1836，號茶山）是權哲身的門人，屬於星湖左派。反映丁若鏞《大學》理解的是"大學公議" ③。

丁若鏞《大學》解釋的特色可以羅列出如下幾點：①《大學》版本不使用《大學章句》而採用"古本大學"；②"明明德"被界定為與他者發生關聯的場（人倫）中的行為；③批判將"親民"改為"新民"的程朱的校訂；④不採用將"格物"解釋為"即物窮理"的朱熹的解釋；⑤將"格"解釋為"量度"，"物"解釋為"物有本末"之"物"，這和王艮（號心齋）的所謂"淮南格物說"非常接近 ④。從上述幾點來看，丁若鏞的《大學》解釋可以視為陽明學系統。

不過，⑥認為《大學》所說之工夫不應當是一般學者所能觸及，而是冑子（天子之嫡長子或者庶子、三公諸侯之嫡子）；⑦"親民"之"民"並非一般之他者，而是"下民""小民"之意；⑧"親民"是指通過教化來讓民眾互相親近和睦，所以丁若鏞實際上是並用"親民"與"新民"；⑨"格物""致知"其自身并不含有具體的實踐內容，而意味著對"誠意"至"平天下"的六條的先後本末的次序之整理。

從以上內容來進行綜合判斷，那麼我們不得不認為，丁若鏞的《大學》解釋與朱子學以及陽明學都有所不同，具有強烈的獨特性。不過星湖學派之中，既然存在著接受陽明學的譜系，那麼丁若鏞的立場也可以看成是其中的一個變型。

---

① 《順菴集》卷八"答韓士凝書"乙未："好書至多，陽明集何以觀之乎（中略）盛論云，其到處，有非口耳者之所敢論。善學者看之，則有所取焉。"安鼎福對此加以批判："公於經書，雖爛熟誦習，而微奧所存，想多未得。故留意此事，已至多年，而路径猶迷。泛覽雜書，則其中毒必矣。鄙人亦嘗觀此書矣。其驚天動地之論，有可以奪人魄而慑人膽者。是以当世之人，莫不靡然向從。甚可畏也。"

② 《順菴集》卷八"答李士興書"己丑："公又与既明書，謂敬易流于禅，格致易流于口耳。此皆指兩門末弊而言。公如知此弊，則当用力於程子之敬，主一無適，而不偏於靜，致功於朱子之格致，車輪鳥翼，交脩并進，不落一偏，斯已至矣。何必以門下之不善學者，致疑于不当疑者耶。"《順菴集》附錄，黃德吉"順菴先生行狀"："嘗有一種議論，主張明季王學之说，謂敬易流於禅，格致易失於口耳。先生倡言排之曰。用力於程子之敬，主一無適而不偏於靜，致功於朱子之格致，交修進德而不流於記誦，斯已至矣。何必以門下之不善學者，致疑於不当疑也。"

③ 《与猶堂全書》第二集、卷一"大學公議"。以下提及丁若鏞的《大學》解釋，均依據"大學公議"。關於丁若鏞的《大學》解釋，參看拙稿《丁若鏞の『大學』解釈について——李朝實學者の経書解釈》（《京都府立大學學術報告（人文・社会）》第五四號，2002 年）。《与猶堂全書》採用影印標点韓國文集叢刊，二八一～二八六冊。

④ 將"格物"之"物"解釋為"物有本末"之"物"，這在中國南宋的王柏以來有很多事例，可參看拙稿"本末格物説攷"（《日本中國學会報》六二集，2010 年）。

（e）洙泗之學與朱子學的相對化

李瀷以及權哲身等人的學問，其特點之一就是從朱子學開始一直上溯到洙泗（孔子），由此來探究聖人之奧妙宗旨①。追溯到洙泗來探究聖人本旨，是不拘泥于朱子學或者陽明學解釋的自由的思想，意味著與經書的對峙之立場。對於試圖克服朱子學而直接求學于聖人之教的日本古學派，丁若鏞抱有肯定的評價，這也是因為他們在志向上有共通之處吧②。

星湖學派的洙泗之學這種方法論，如果認為其中蘊含著將朱子學相對化的契機，那麼在他們當中存在著肯定或者容許陽明學（或者說非朱子學的立場）的空間，也並不為怪吧。如此看來，星湖學派中的一部分接受陽明學的跡象，也未必是偶然的獨立現象。對此，還有待于日後的進一步探討。

六、江華學派與星湖學派的交錯

在本文介紹李匡師的時候，已經提及李匡贊《論學輯略》中收錄了寫給李匡師的書信，這是了解李匡師思想立場的重要資料。這個李匡贊（1702—1766，號中翁）也是足以作為江華學派之代名詞的人物。順便提一下，《論學輯略》中也收錄了寫給屬於星湖右派的慎後聃（1702—1761，字耳老，號河濱）的書信③。這表明李匡贊與慎後聃之間存在著學術交流的事實。還可以確認，慎後聃與江華學派的申大羽也有交往④。

申大羽的第三子申綽與丁若鏞之間，存在著書信往來、直接面談、詩文贈答等形式的交流⑤。申大羽、申綽父子都是初期江華學派的重要人物。

① 《星湖全集》卷二十一"答尹幼章"庚辰："道既不行，猶可以誘導逢掖之士，舍洙泗而何適。"《与猶堂全書》一集，詩文集，十五卷"鹿菴權哲身墓誌銘"："星湖先生，篤學力行，沿乎洛閩，溯乎洙泗，開發聖門之扃奧，披示来學。及其晚慕得一弟子，曰鹿菴權公。穎慧慈和，才德両備，先生絶愛之。"同上"先仲氏墓誌銘"："公諱若銓（中略）以承受星翁之學，沿乎武夷，溯乎洙泗（中略）既又執贄請教於鹿菴之門。"《与猶堂全書》一集，卷十八"示二子家誡"："喪礼四箋。是吾篤信聖人之文字。自以為回狂瀾而障百川，以反洙泗之真源者。"姜在彥，前引書，1996 年，第 195、304 頁。
② 《与猶堂全書》一集、詩文集、第十二卷"日本論"。又，關於丁若鏞對日本古學派的認識，參看今村与志雄"丁若鏞と日本の儒者——丁若鏞ノート"（《季刊三千里》第十六號，三千里社，1978 年），姜在彥，前引書，1996 年，河宇鳳著、井上厚史翻譯《朝鮮実学者の見た近世日本》（ぺりかん社，2001 年）。
③ 《論學輯略》第 31—61 条"答慎後聃"。
④ 慎後聃《河濱雑著》Ⅰ、卷五、書"答申大羽書"（《河濱先生全集》第七冊）。《河濱先生全集》全九卷由亜細亜文化社出版，2006 年刊。
⑤ 關於①書翰往復，參看申綽《石泉遺集》後集、卷六"答丁承旨"，丁若鏞《与猶堂全書》第一集、卷二十"答申在中綽""与申在中"。關於②的直接見面，參看《石泉遺集》後集、卷六"答丁承旨"（純祖十九年、申綽六十歲）："渓雪騎牛，臨宿討論，開豁甚多。別来思仰更切。"以及《石泉遺集》後集、卷八"日乗"純祖二十三年（六十四歲）六月辛丑条，二十四年（六十五歲）四月甲寅条，二十六年（六十七歲）六月己巳条等。關於③的詩文贈答，參看《与猶堂全書》第一集、卷七"江村賞雪懷申學士兄弟走筆寄呈"以及《石泉遺稿》卷三"次韻丁令公雪中見寄"，《与猶堂全書》第一集、卷七"既帰数日追述鄙懷奉呈申學士兄弟"以及《石泉遺稿》卷三"和丁令公"。《石泉遺集》為《朝鮮學報》第二十九一三十四輯所收（影印收録），《石泉遺稿》採用《影印標点韓國文集叢刊》第二七九冊。申綽與丁若鏞的交往，參看沈慶昊，前引論文，1999 年。

又，閔泳珪指出，①丁若鏞與申綽兄弟以及岱淵李勉伯（李忠翊之子）有交往；②李勉伯的子孫李是遠、李象學依照丁若鏞的《牧民心書》來治理當地的民眾；③李象學的次輩蘭谷李建芳的"蘭谷墓表"中有"獨推丁文度"的記載①。

星湖學派的所謂四色黨派屬於南人，少論系的江華學派與此黨派不同。兩個派系之間如果說存在著超越黨派的人際以及學術層面的交流的話，那麼與兩派接受陽明學的問題加以合觀，應該是很有意思的。這一點也將放在今後作為探討的課題。

七、附論　北學派與星湖學派的交錯

又，關於不同黨派之間的學術上的交流、影響關係，可以舉出、朴趾源（1737—1805）、朴齊家（1750—1815）和丁若鏞的事例②。不用說，朴趾源與朴齊家屬於北學派、利用厚生派（老論），丁若鏞則屬於星湖學派（南人），他們是可以代表朝鮮王朝時代的兩大實學派的思想家。丁若鏞曾讀過朴齊家《北學議》以及朴趾源的《熱河日記》，深受其"北學"思想之影響，為此他建議為北學（從科學、工業、軍事到天文、曆法，凡是可以實用以富國強兵的學術技術，都從中國積極導入的思想）專門設置"利用監"的部門③。丁若鏞的《與猶堂全書》中收錄了寫給朴齊家的書信，表明兩者之間存在著直接的交往④。

鄭寅普指出，①洪大容的友人朴趾源、朴齐家都讀過李瀷的《星湖僿說》；②二者都與鄭喆祚（號石癡）有交往；③朴齐家與丁若鏞也有交往，在此基礎上他進一步認為，④洪大容的學術

---

① 閔泳珪，前引書，1972年，第82—83頁（頁數依據1992年版本）。又，閔泳珪所舉的以上諸點，并沒有給出相應的證據，故在此略微補充一下相關事例：李象學與丁若鏞之間的關係，李建昌《明美堂集》卷十七"先府君行状"有"先考府君諱象學（中略）府君少習丁氏欽欽書、幾成誦"一節（"欽欽書"是指丁若鏞的《欽欽新書》）。李建芳與丁若鏞的關係，李建芳有如下的說法。《蘭谷存稿》卷三"邦礼艸本序"："余自髫齡，已知有茶山先生為近世宏儒。所著書累十種，如欽欽新書、牧民心書，皆恤獄便民，功近精当之書。而至若邦礼艸本，尤為先生経邦制治，継往開来之大典。"此文是1908年崔南善在將要出版丁若鏞《邦礼艸本》之際所寫下的（《與猶堂全書》第一集、卷十二"邦礼艸本序"）。如果丁若鏞的學問是從"李勉伯——李是遠——李象學——李建芳"這條譜系傳承下來的話，很值得玩味。又，李勉伯的祖父李匡師的格物致知解釋與後來的丁若鏞的"格致六条説"極其相似，對此已經提及。李匡師因為羅州掛書事件而受到連座，被流放到薪智島（全羅道康津県），丁若鏞在辛酉教難中受到連座，十八年中所渡過的地方也是康津県。両者間是否有影響関係，值得探討。丁若鏞對李匡師的學術所提及的事例，參看山内弘一"丁若鏞の學問観——朱子學への評価をめぐって"（《朝鮮史研究会論文集》第十九集，1982年），第57頁，徐鍾泰"鹿菴権哲身의陽明學受容과그影響"（《國史館論叢》第三十四輯，1992年），第256—257頁。

② 姜在彥，前引書，1996年，第288頁以下，2001年日語譯本，第400頁以下。

③ 《与猶堂全書》第五集、"経世遺表"冬官工曹第六"利用監"："臣謹案，春秋傳正德利用厚生，為王者致治之大目（中略）其後又見奎章閣検書官朴齐家所著北學議六卷。其後又見故儒臣朴趾源所著熱河日記二十卷。其載中國器用之制，多非人意之所能測。昔將臣李敬懋嘗謂臣曰。今兵器火器，皆是新制。日本鳥銃，今為古調。此後南北有憂，不復以鳥銃鞭棍至矣。今之急務，在於北學中原。誠識務之言也。臣謂別設一司，名之曰利用監，専以北學為職。"

④ 《与猶堂全書》第一集、卷十八"答朴次修齐家""与朴次修"。

受到李瀷的影響，這還能追溯到柳馨遠（號磻溪）[1]。洪大容（1731—1783）也是北學派的重要人物。

八、陽明學信奉的韜晦與隱蔽

鄭寅普把朝鮮的陽明學派分為以下三類[2]。

① 明顯有相關著述或者有證據表明曾著述，雖然從外觀上無法得知，但毫無疑問屬於陽明學派的人們——崔鳴吉、張維、鄭齊斗、李匡臣、金沢秀

② 雖然非難陽明學，但其實是偽裝（"詭辭"），無法掩飾他們心中其實是主張陽明學的人們——李匡師、李令翊、李忠翊

③ 從未提及過陽明學，其所信奉也似乎是朱子學，但從其平生之主張來看，其精神其實是陽明學的人們——洪大容

關於鄭寅普的上述分類的妥當性，例如他所舉出的各個人物，我們當然需要加以個別仔細考證[3]。但從提出這種分類本身來看，其實也可以說正如實反映出在朱子學價值觀根深蒂固的一元化支配的朝鮮社會中，不得不隱藏自己的陽明學信仰的朝鮮陽明學派的特殊性格。與此相關的事例，包含一些零碎的東西在內，可以羅列如下。

（a）鄭齊斗的"年譜""行狀""祭文"

鄭寅普說："即便我們看霞谷的年譜，也無法知道霞谷一生的宗旨。年譜之記載故意把他描寫成一個與其說是陽明學派、不如說是固守晦庵之學的人"[4]。實際上，即便我們通覽《霞谷集》所收錄的"年譜""行狀"與"祭文"，也幾乎無法找到以肯定的語氣描述其接受陽明學的事實的記事。

例如"年譜"中稱，鄭齊斗篤信程朱。對於陽明學等諸家之說，當取者取之、當捨者捨之，未曾一概斥之為異端。然就此以鄭齊斗為王學信奉者，則是誣妄鄭齊斗云云。[5]

---

① 鄭寅普"湛軒書序"（洪大容《湛軒書》卷首所收，又《蒼園文録》四"湛軒書目録序"《蒼園鄭寅普全集》第五冊）："先生英、正間人（中略）而是時，星湖猶未没。子孫門弟多崇寵致用，為新進所依帰。雖門戸有閣，声気互流，同焉者応。故先生所善朴燕巌趾源、朴楚亭斉家，皆夙籲星湖儀説，而皆善鄭石癡喆祚。楚亭又善茶山。知先生之學，内実漸漬星湖，以上溯磻溪。"（姜在彦，前引書，1996 年，第 161 頁）《湛軒書》採用《影印標点韓國文集叢刊》第二四八冊。

② 鄭寅普，前引書，1933 年，第 211 頁以下。

③ 其中，關於李匡師、李令翊、李忠翊是否應當歸入第二類，參看本書第三、第四章。

④ 鄭寅普，1933 年，第 223 頁。

⑤ 《霞谷集》卷十"年譜"英祖二年七十八歲条："篤信程朱。而其於諸家之説，亦去短用長而已。未常以愛憎扶抑也。世之斥陽明者，既未能尽其説，遽然目之以異端，至使禁不得語言。先生之意殊不然。曰。彼独非學孔子者耶。苟可取則取之，不可取則不取。惟在我之権度而已。豈可以不問顛末而随世雷同也（中略）而世或不達先生之旨，以弁辟之不廓，帰之於新建學者，斯亦妄人而已。豈足以輕重先生也。"又，卷十一"遺事"開頭也有"世之疑公以新建之學者，蓋亦不諒公本意之所存主也"一段，與前引文基本相同。

沈鋿所撰寫的"行狀"中唯一觸及鄭齊斗與陽明學關聯的地方，也只是指出世間存在著這樣的評論而已 ①。

在門人等執筆的"祭文"中，也大致將鄭齊斗描繪為篤實的程朱學者 ②。

（b）李匡臣"祭霞谷鄭先生文"

《霞谷集》卷十一所收"祭文"全部都採用"門人某某祭文略曰"的形式，是節略性引用而構成的。並且如前所述，在內容上完全沒有觸及鄭齊斗的陽明學信仰，而毋寧是特別強調其作為篤實的程朱學者的一面。如果我們認為這是為了隱瞞鄭齊斗的陽明學信仰這一事實，那麼接下來的問題就是——這是由誰來加以隱瞞的？是"祭文"的撰寫者自身？還是說將"祭文"進行節略編纂的《霞谷集》的編者所為？這需要對各個"祭文"進行逐個探討，不過其中，關於李匡臣撰寫的"祭文"，通過對照李匡臣的別集《先藁》第三冊所收錄的全文，就可以明白。

李匡臣的"祭文"開頭部分說道，①世間存在著視陽明學以及霞谷學為與朱子學背道而馳的異端的看法；②如果將陽明學以及霞谷學看作是以知見為障礙、以了悟為究竟的話，那麼被視為異端是理所當然的；③然而陽明學絕非輕視經訓、理義；④鄭齊斗在學問上從唐虞洙泗到濂洛関閩、遊楊謝蔡，乃至禮楽算數星曆坤輿等等，無不鑽研，因而陽明學也好，霞谷學也罷，都非違背朱子學 ③。然而，《霞谷集》卷十一所收的"祭文"僅僅引用了筆者概括的第④部分。如此，鄭齊斗與陽明學之間的關係完全沒有觸及，變成了僅僅強調鄭齊斗在濂洛関閩之學上有很深的造詣的結果。這很明顯是《霞谷集》編纂者有意識的操作所致 ④。

（c）李匡臣撰"論鄭霞谷學問說"

《先藁》第一冊所收錄的"論鄭霞谷學問說"是鄭齊斗門人論述鄭齊斗學問的文獻，非常罕見 ⑤。其末尾一節說道：鄭齊斗之門人後學，不能免於舊來之見解，不解陽明並非異端之學，想擁護先生之學，有人就以"先生未嘗染指於陽明學"強為辯解，這反而是近乎誣蔑先生了 ⑥。

---

① 《霞谷集》卷十"行狀"："世人或竊疑先生為新建之學。而此於先生，豈足為輕重也哉。"

② ①李震炳"祭文"："溯伊洛関閩之源，講周孔思孟之道。"②從子俊一"祭文"："蓋其規模氣像，一以程伯子為師表，而節文儀度，準則於朱夫子，德器渾厚義理纖悉，則為退陶後一人。"③宋德淵"祭文"："學究天人、道傳関閩。"④吳世泰"祭文"："先生河南正脈，洙泗真源"等。以上均出自《霞谷集》卷十一。

③ ①"於乎，知道者希。名實不明而同異難分。認紫為朱者，固妄矣。指朱為紫者，亦惑矣。世以先生為王氏之學，而径庭乎考亭也，鮮能尊信而慕嚮焉。甚者則視以端緒之異，門路之差，有若白黑之判，不翅如紫之於朱，其亦不思也已。"②"如使王氏与先生之學，離絶事物，脱略文字，以知見為障碍，以了悟為究竟，則謂之背朱子，可也。異端亦可也。"③"而然王氏之學，不但於一片良知上單傳妙契，而又復稽驗経訓，研精理義，弥綸乎事務，発揮乎文章，則其不可謂染空寂也明矣。"④"先生亦已先立其大者，而優優乎學博而知多。上自唐虞洙泗微言奧旨，下逮濂洛関閩遊楊謝蔡夥然衆説，參互講商，如誦己言。以至礼楽算數星曆坤輿，凡理之所寓，靡不淹貫。"

④ 《霞谷集》（影印標点韓國文集叢刊，第一六〇冊所收）是由鄭齐斗的玄孫鄭文升編纂而成，卷首收錄了鄭文升撰寫的"箚録"。

⑤ 這篇文章收錄在《霞谷集》卷十一"門人語録"的"李匡臣曰"部分。

⑥ 原文："至於門人後學，不免承沿旧見，未能真知陽明之不為異端，而必欲謳縫掩護，或以先生何嘗為陽明學云爾，則是亦誣也。"

在鄭齊斗的門人後學中，作為同時代人而大膽揭發隱瞞鄭齊斗的陽明學信仰的傾向，其證言非常值得注目。李匡臣的上述告發，還暗示了類似的糊弄隱瞞在圍繞霞谷學的種種現存文獻中就已經存在的可能性。

從上文的記載中還可以得知，李匡臣自己對於視陽明學為異端的風潮明確提出異議，因此他對於（鄭齊斗的門人弟子所做的）糊弄隱瞞也持批判性的態度。若如此，李匡臣自己為鄭齊斗所撰寫的祭文在被收錄到《霞谷集》的時候，其與信奉陽明學相關的部分被大幅刪除，這肯定不是他自己的本意。

（d）李匡呂 "圓嶠先生墓誌"

李匡呂為李匡師所撰寫的 "圓嶠先生墓誌"（《李參奉集》卷三，收入《圓嶠集選》卷末）中有 "公於諸經四書，多不能曲從先儒。尊事鄭霞谷先生，而先生主王氏。公於王氏，亦未契致良之説。平日精義異聞，屢称鄭先生。先生喪，服麻会空。" 這當中記錄了：①李匡師曾師事於鄭齊斗；②鄭齊斗曾信奉陽明學；③李匡師對於陽明學的致良知之說未有契合，上述三點都很重要。然而《李參奉集》所收部分中卻少了 "而先生主王氏。公於王氏，亦未契致良之説"，由此完全抹消了鄭齊斗與陽明學的關聯、乃至李匡師對此的評價等等。雖然無法精確斷定，但這可能也是《李參奉集》的編纂者有意刪去的①。

（e）李匡師《斗南集》《圓嶠集選》與李匡贊《論學輯略》

如上所述，李匡師的陽明學觀相關的資料，在其生前自己編纂的文集《斗南集》以及死後得到編纂的《圓嶠集選》（編纂者、編纂時間均不明）中完全無法找到，只能從李匡贊的《論學輯略》的所謂門中本中確認或者說推斷出其端倪而已。這可能暗示了李匡師自己、以及其去世之後與文集編纂相關的門人或者後裔都不敢將與陽明學相關的內容（與李匡贊的往復書信等等）收錄在內。

此事從另一個角度來看，江華學派的成員中，從今日所遺留的文集別集的情況來看，完全不顯露出自己是信奉陽明學或者非朱子學立場的人物，例如沈銷與尹淳等人，通過發現新的資料、例如像門中本這樣得到傳承但卻並未公開刊刻的資料的發現，在今後（對上述人物的研究的）面貌完全有煥然一新的可能性。

對這一點附帶值得一提的是，《圓嶠集選》卷六 "祭恒齋從兄文" 記述了李匡臣通過鄭齊斗而從朱子學轉向陽明學、後來又再次返回到朱子學的思想歷程。但是從近年來發現的李匡臣的別集《先藳》（門中本）來看，其信奉陽明學的跡象可以說是非常明顯的，而所謂最終回歸朱子學的說法則完全無法找到相應的依據。關於這一點，筆者認為有一定可能是李匡師（或者《圓嶠集選》的編纂者）的潤色所致。

（f）李能和所見《霞谷集》中的付箋的存在

李能和說，他自己所看到的《霞谷集》的 "存言" 上中下裡面，其欄外貼有 "陽明說當刪去"

---

① 《李參奉集》（影印標点韓國文集叢刊，第二三七冊）是在李匡呂去世後二十三年、亦即純祖五年（1805 年）、由李晚秀等人蒐集刊行的。卷首收錄了李晚秀以及申大羽所撰的序。

的付箋，這樣的事例還不止一兩處。李能和推測這恐怕是後世檢閱《霞谷集》的人試圖刪去與陽明學說相關的部分①。李能和所見《霞谷集》今已不存②。

（g）少論的陽朱陰王

據高橋亨的回憶，鄭萬朝曾對高橋說："朝鮮因為朱子學是國學，所以士人的家學表面上也都是朱子學，但實際上未必就是如此，現在我的東萊（慶尚道）鄭氏之家也好，全州（全羅道）李氏的寧齋（李建昌）之家也罷，其真正信奉的都是陽明學。陽朱陰王是我等少論士人的家學"③。這個鄭萬朝（號茂亭，1858—1936）是東萊鄭氏的正系，其長女嫁給李建昌的兒子，鄭寅普則相當於其次輩（鄭寅普之父是鄭闇朝）④。

九、近代的陽明學——朴殷植與鄭寅普

本書主要的考察對象是初期江華學派，對於近代以後的朝鮮陽明學的真正的研究，必須留待今後來進行。在這裡，筆者想對具有代表性的近代的陽明學者朴殷植與鄭寅普進行簡要的介紹，以期作出對於本課題的未來展望。

（1）朴殷植

朴殷植（1859—1925，字聖七，號謙谷，白巖，太白狂奴）是從大韓帝國到殖民地時期的獨立運動家與歷史學家，作為《韓國痛史》（1915年）、《韓國獨立運動之血史》（1920年）的作者而非常有名。順便提一下，《韓國痛史》在上海出版發行是1915年，同年朝鮮總督府在著手《朝鮮半島史》的編纂工作。這被認為是為了迅速對抗助長民族獨立運動的民族主義史學立場的著述活動⑤。《朝鮮半島史》的編纂視野，在之後經歷了若干曲折，由總督府的《朝鮮史》編纂事業所繼承。

這位朴殷植還是《王陽明先生實記》（1911年）的作者，是近代朝鮮的陽明學派的代表人物之一⑥。

朴殷植在《王陽明先生實記》的末尾寫道，今日要從事於聖賢之學（修己及人之學），王學可以說是最簡易真切又合乎時宜的，還引用了梁啟超"德育鑑"（1905年）中以王學為"今日學

---

① 李能和，前引論文，第125頁。

② 尹南漢，前引書，第232—233頁。

③ 高橋亨，前引論文，1953年，第155頁。

④ 中純夫，前引論文，2005年。《青丘學叢》第二十四號（1936年）的彙報中收錄了"評議員鄭萬朝氏の訃"（小田省吾），在報導鄭於1936年1月8日去世的消息的同時，也附錄了他的兒子鄭寅書撰寫的"鄭萬朝小傳"（漢文）。

⑤ 箱石大《近代日本史料學と朝鮮總督府の朝鮮史編纂事業》（佐藤信、藤田覚編《前近代の日本列島と朝鮮半島》，山川出版社2007年版）。

⑥ 關於朴殷植，可參看劉明鍾《韓國의陽明學》（同和出版公社1983年版），姜在彥，前引書，2001年，張崑將《陽明學在東亞——詮釋·交流与行動》（台灣大學出版中心2011年版）第七章。

界獨一無二之良藥"①。

朴殷植與東京的陽明學會也有交流。東敬治（1860—1935）在明治三十九年（1906 年）通過明善學社出版《王學雜誌》，此後，明善學社改名為陽明學會，從明治四十一年（1908 年）開始出版發行期刊雜誌《陽明學》②。朴殷植曾寫信給東敬治，提及推進明治維新的"豪傑"之中有很多人都是陽明學者等等③。維新志士的陽明學信仰問題在著作中隨處可見，值得注意④。

剛才提到梁啓超的"德育鑑"，他認為作為"救時良藥"的陽明學的精神，從中江藤樹、熊澤藩山、大鹽平八郎、吉田松陰、西鄉隆盛開始，到今日為日本軍人所繼承，并斷定在今天要尋

---

① 《朴殷植全書》"王陽明先生實記"末尾："盍吾儕之所以為學者，何事。非為其修己及人以有補於世者乎（中略）如欲講明此學，以為修己及人之要領，則惟王學之簡易真切為適於時宜。故梁啓趙云。吾儕生於今日社會，事物日以複雜，各種科學，皆有為吾儕所万不可不從事者。然則此有限之日力，其能劃取之以為學道之用者，…竊以為惟王學為今日學界独一無二之良藥者，是也。"所引用的梁啓超的話出自"德育鑑"（1905 年）"知本"第三（《飲冰室合集》"飲冰室專集"卷二十六）。又，關於梁啓超的陽明學觀，參看竹内弘行"梁啓超の陽明学説——一九二〇年代を中心に"（《名古屋学院大学外国語学部論集》，第九卷第一号、1997 年），狹間直樹《関于梁啓超称頌"王學"問題》（《歷史研究》1998 年 5 月號，中國社會科學雜誌社），黄克武《梁啓超与儒家傳統——以清末王學為中心之考察》（《歷史教學》2004 年第三期，總四八四期, 2004 年），高柳信夫《"現代思想"としての陽明學——梁啓超の"陽明學観"についての考察》（奥崎裕司編《明清はいかなる時代であったか——思想史論集》，汲古書院 2006 年版）。

② 《王學雜誌》以及在此之前、吉村襄所刊行的雜誌《陽明學》（鉄華書院）都分別有復刻版，并附錄有岡田武彦的解題。《復刻 陽明學（鉄華書院刊本）》一～四卷（岡田武彦監修，木耳社，1984 年），《王學雜誌》上下（岡田武彦監修，文言社 1992 年版）。又，關於東敬治及《王學雜誌》，參看吉田公平《東正堂年譜初稿》（《白山中國學》第十一號，2004 年）、《"正堂先生古稀寿言集"と"桂島往訪記"について》（《白山中國學》第十二號, 2006 年）、《東敬治と"王學雜誌"について》（《東洋大學中國哲學文學科紀要》第十六號，2008 年）。

③ 《朴殷植全書》下"再与日本哲學士陽明學会主幹東敬治書"（1909 年）、"日本陽明學会主幹에게"（1910 年）。前者之書信中言："伏奉惠覆，情見於辞（中略）貴報逐號抵眼，開発甚多。謹摘其要，載之弊会學報，要与多士児共之耳。盍陽明是活用孔孟之學者也。貴國諸賢，又活用陽明之學者也。故維新豪傑，多是姚江學派。其實効之発展，優於'支那'者遠甚。況至今日，継以貴会之益加昌明，則其有裨于精神教育者，何可量也。"從其内容看，朴殷植與東敬治之間有書信往來，日本陽明學会曾把雜誌《陽明學》寄給朴殷植。後者列舉了在今日有必要提倡王學的四點理由，其中第一點是"陽明王子，以卓越孤詣之見聞，開示簡易直截之法門（中略）方今世界之進化日新不已，人事之繁劇日甚，學術之複雜愈多，而吾人智力有限，百年之光陰有涯。当此時代，欲從事於哲學，樹人道之根本者，有簡易直截之法門，則実無暇致力者，一也。"這與之前引用的"王陽明先生實記"末尾一樣，都很明顯是沿襲了梁啓超"德育鑑""知本"第三的主張。

④ (1)《朴殷植全書》中"夢拝金太祖"（1911 年）"四百年前，'支那'學問界，朱學勢力，宏大深固。王守仁，不顧天下誹謗，主唱良知學，振作士気。五十年前，日本幕府武断力，強勁嚴酷。吉田矩方，擲一身生命，唱大和魂，設維新基礎。奈何朝鮮如許熱血児，不作政治革命、學術革命。"(2)《朴殷植全書》下"雲人先生鑑"（1924 年）"日本之吉田矩方，以王學之活気創維新之業。"(3)《朴殷植全書》下"与韋庵書"："盍陽明是道學家也、軍略家也、政治家也、気節家也、文章家也。至于今日，此學大昌于世。日本維新豪傑，多是王學派。'支那'學家，亦多宗王學。以其知行合一論為適於時宜也。"（韋庵是張志淵的號）。

求精神教育，沒有比陽明學更合適的 ①。這段話也在《王陽明先生實記》中得到引用 ②。

　　近代中國以及近代朝鮮對於陽明學的關注，是受到日本的“近代陽明學”的影響而產生，這一點荻生茂博已經有所指出 ③。朴殷植的存在，可以說是在近代朝鮮從“獨立”“近代化”這樣的時政性問題意識得到觸動、從而產生出來的陽明學信仰的一個典型事例吧 ④。

　　（2）鄭寅普

　　鄭寅普（1893—1950？，字經業，號為堂，薔園）著有《陽明學演論》（1933年），其中第六章“朝鮮陽明學派”是關於朝鮮陽明學的最初的真正記述。本章中對於鄭寅普以及“朝鮮陽明學派”已經數次提及，在接下來的章節中也會加以探討。在這里，本文想對鄭寅普在朝鮮陽明學史上所佔據的地位，略微加以考察 ⑤。

　　如前所述，鄭寅普將朝鮮的陽明學派分為三類，其中第一類是明顯有著述或者相應的證據，即便外觀上看不出來，也毫無疑問是陽明學派的人們，并舉了崔鳴吉、張維、鄭齊斗、李匡臣、金澤秀為例。在此僅以崔鳴吉為例（以下在介紹鄭寅普的論述時，在括號內標記《陽明學演論》的相應頁碼）。

　　鄭寅普將崔鳴吉（號遲川，1586—1647）與張維（號溪谷，1587—1638）定為陽明學派，其佐證是崔鳴吉的曾孫崔昌大（號昆侖，1669—1720）執筆的下面這段文字（第220頁）⑥：

　　　　公與溪谷，少時講學也，見陸王之書，悅其直指本体，刊落枝葉。両公皆深取之。

　　公則中年，覚其學術之有疵，屢形於言論。完陵公稍長涉學，公嘗赴瀋道，遺完陵公

① “德育鑑”“知本”第三：“観此則知王學絶非独善其身之學，而救時良薬，未有切於是者（中略）日本則仏教最有力焉。而其維新以前所公認為造時勢之豪傑，若中江藤樹、若熊沢蕃山、若大塩後素、若吉田松陰‧若西郷南洲，皆以王學式後輩，至今彼軍人社会中，猶以王學為一種之信仰。夫日本軍人之価値，既已為世界所共推矣。而豈知其一点之精神教育，実我子王子賜之也。我輩今日求精神教育，舎此更求何物。”又，關於梁啓超對陽明學的宣揚，可以分為日本亡命中的1900年代和從渡欧到帰國後的1920年代兩個時期（竹内弘行，前引論文，1997年）。“德育鑑”（1905年）屬於前一時期。又，關於這一時期的梁啟超的著述中，隨處可見受到井上哲次郎的影響的形跡，對此，參看狭間直樹，前引論文。
② 《朴殷植全書》“王陽明先生実記”嘉靖五年八月条“梁啓超德育鑑曰”云云。
③ 朴殷植《王陽明先生実記》刊載在崔南善主編的雜誌《少年》四—二（通卷第二十三號）。這一期除了崔南善的論説“王學提唱について”以外，全篇都刊登《王陽明実記》，可以說是非常奇特的體裁，在刊行之後馬上受到停刊的處分，最終使《少年》廢刊，如此，該期就成了《少年》最終號。此最終號中，封面是王守仁之像，次頁是西郷隆盛、吉田松陰、佐久間象山三人的肖像畫。可見崔南善的陽明學是由日本的近代陽明學而來。以上，依據荻生茂博《崔南善の日本体験と“少年”の出発——東アジアの近代陽明學Ⅲ》（《近代‧アジア‧陽明學》，ぺりかん社2008年版）。又，“主導日本的明治維新的是陽明學”的說法，是梁啓超、章炳麟、孫文所共有的，他們都曾去日本留學，上述認識是他們從日本帶回中國來的。以上，依據荻生茂博《近代における陽明學研究と石崎東國の大阪陽明學会》（同上書）。又，小島毅《近代日本の陽明學》（講談社選書メチエ，講談社2006年版，第114、205頁）指出：“大塩中斎——吉田松陰——西郷隆盛”這一所謂“日本陽明學派”的系譜，是由井上哲次郎等明治時期的學者所創造出來的東西。
④ 金沢栄給朴殷植的《學規新論》撰寫序文（《朴殷植全書》中“學規新論”卷首），朴殷植也有寫給金沢栄的書信（《朴殷植全書》中“与滄江書”），劉明鐘由此推測，朴殷植有可能通過金沢栄而與江華學派的李建昌、建昇兄弟有聯繫（劉明鐘，前引書，第286頁）。
⑤ 關於鄭寅普，參看中純夫《論鄭寅普著“陽明学演論”中的‘朝鮮陽明学派’——朝鮮陽明学研究的諸問題》（石立善譯）（《中國文哲研究通訊》第16卷第1期，2006年），張崑將前引書第七章。
⑥ 鄭寅普原著僅僅介紹了該段資料的內容，而未給出出典。

書，備論陽明學術之病。谿谷至老，不改初見云。①

由此可見，崔鳴吉與張維都在年輕時候喜好陸王之學，而崔鳴吉在中年以後覺察到陸王學的缺陷，對自己的兒子崔後亮（完陵公）歷數其弊害，張維則直到晚年都不改其信奉陽明學的立場。當然，鄭寅普認為，崔鳴吉到後來放棄了當初的陽明學信仰的立場的記述完全是崔昌大為了避免惹禍而採取的策略（第 221 頁）。

關於崔鳴吉的陽明學信仰，鄭寅普曾引用下面這段材料：

①陽明書云：心本為活物，久久守着，亦恐於心地上発病。此必見得親切，自家体験分明，故其言如此。以陽明之高明，猶有是憂。況汝方處逆境，心事何能和泰如平人乎。（第 211—212 頁）②

②人所罔覚，自心独知。（第 213 頁）③

在鄭寅普看來，由以上兩段文字，可知崔鳴吉很明顯是傳承陽明良知之學的人（第 213 頁）。

鄭寅普所說的第一類，是從相關的文獻資料中找出對象屬於陽明學派的依據，依照這個定義，將崔鳴吉分為第一類，是沒有任何疑義的。關於材料②，確實王守仁經常將良知與獨知結合起來談④。但是類似材料②這樣的說法，在朱熹對"慎獨"之"獨"字的註解等等也很容易能夠找到，由此來作為崔鳴吉是陽明學派的論據，恐怕稍顯不足⑤。而材料①雖然確實是崔鳴吉對於陽明學或者王守仁所作的肯定性評價，但如果僅僅憑這一條的話也很難避免孤證的嫌疑⑥。

值得一提的是，鄭寅普在對崔鳴吉的傳記的事跡的介紹上面花費了很多筆墨，給人留下毋寧要從崔鳴吉的生命軌跡中尋找其作為陽明學派之真面目的印象。眾所周知，崔鳴吉在清軍的多次入侵（丁卯胡亂，1627 年，丙子胡亂，1636 年）中率先與清軍進行和議之交涉，是拯救國難的人物。當時有很多人主張對於夷狄之清朝進行講和是違背《春秋》之大義的行為，應當徹底抗戰，故批判和議。但是他們事實上也目睹了清軍的壓倒性力量，懷著恐懼的心情，在內心深處期待著和議的成功，而因為畏懼（如果自己主張和議而會帶來的同僚的）責難而不敢說出口。他們在內心以和議為幸，在外面上卻仍大言不慚地指責和議之非，這樣的行為能夠成立，也是因為這些人的期望和議的內心是只有自己知道而他人無從得知的緣故（第 217 頁）。

而崔鳴吉則雖然可以無視當時的人們所說的大義，卻無法對自己內心的不安（君父之危急，宗廟社稷之存亡）進行自我隱瞞（第 214 頁）。無論如何受到非難，他的不容已之純誠都沒有絲毫動搖，崔鳴吉被說成是一個明察"隱微之自心"⑦而絕不放棄的人物（第 215 頁）。

---

① 《昆侖集》卷二十"遲川公遺事"（影印標点韓國文集叢刊，第一八三冊）。
② 《遲川集》卷十七"寄後亮書"（影印標点韓國文集叢刊，第八十九冊），原著引用使用的是韓語翻譯。
③ 《遲川集》卷十七"復箚"全十二章中的第六章，原著引用使用的是韓語翻譯。
④ 《王文成公全書》卷二十"答人問良知二首"1"良知却是独知時，此知之外更無知。誰人不有良知在，知得良知却是誰。"《傳習錄》卷下，第一一七条："所謂雖人不知而已所独知者、此正是吾心良知處。"
⑤ "独者，人所不知而已所独知之地也。"（《大學章句》傳第六章朱注，以及《中庸章句》第一章朱注）
⑥ "心本為活物，久久守着，亦恐於心地上発病。"的王守仁語，出典未詳。
⑦ 原文"隱微한自心"。

這裡所說的"隱微"當然出自"莫見乎隱，莫顯乎微，故君子慎其獨也"（《中庸章句》第一章），鄭寅普的上述說法，與前面所說的"人所罔覺，自心獨知"也相呼應。並且，不為既成的權威或價值觀念所束縛、試圖傾聽自己內心的聲音，這也確實是良知心學之核心所在①。從這個意義上來看，并不僅僅依據文獻上所留下的陽明學式的言辭，而更通過其人物之生平來確認其作為陽明學派之風貌，鄭寅普的手法確實值得肯定。

然而，通過崔鳴吉的行動而描繪出的他的內在心理，畢竟只是著者（鄭寅普）的推測而已，這樣的方法毫無疑問會帶入著者過多的先入之見②。從這個意義上看，以"有明確之著述"以及"明確之證據"為由而將崔鳴吉歸入第一類範疇的做法，筆者對此還是不得不抱有疑慮。

不過，如果說鄭寅普對於崔鳴吉這一人物投入很多自己的思緒，這件事本身對於考察鄭寅普的陽明學之本質，是極具有參考價值的。就此，在將鄭寅普的朝鮮古代史研究也納入視野的情況下，本文想繼續進行相應的考察。

鄭寅普自 1910 年開始就師事李建芳。1913 年他來到上海，因日本的殖民地統治（吞併韓國，1910 年），而與同樣亡命於中國的朴殷植、申采浩等同濟社的人一起策劃光復運動。在此後，1923 年任延禧專門學校（後來的延世大學），1936 年升為教授，1947 年任國學大學的校長，一貫地從事教育與研究，并講授國學與東洋學，在朝鮮戰爭中，他在 1950 年被挾持至北朝鮮后，就再無音信③。

鄭寅普在當時為了對抗以京城帝國大學為中心的、以殖民地史學觀為根基的日本的朝鮮學，從民族主義的立場出發，從事國學研究，在朝鮮古代史學領域留下不少業績④。其中之一就是"廣

① 《傳習錄》卷中"答羅整菴少宰書"："夫學貴得之心。求之於心而非也，雖其言之出於孔子，不敢以為是也。而況其未及孔子者乎。求之於心而是也，雖其言之出於庸常，不敢以為非也。而況其出於孔子者乎。"
② 但是，反對和議者在内心也希望和議能夠成功。對此可以參看如下記述（第 217 頁）："時虜兵屯平山，去江都百余里，而行朝守備寡弱、人情危懼。雖斥和者，外為大言，内実幸和議之成，而畏浮議，莫敢明言。独子謙遇事輒首発，無所顧避，卒以是被弹去。"（《谿谷集》附《谿谷漫筆》卷一、影印標点韓國文集叢刊、第九十二冊）子謙是崔鳴吉的字。
③ 以上主要依據《蒼園鄭寅普全集》第一冊所收"年譜"。關於 1910 年時候師事李建芳，鄭良婉前引論文（2005 年）也有提及。關於參與同濟社，依據洪元植、李相虎前引書（2002 年）又，《朴殷植全書》下所收"年譜"，朴殷植在跨越國境、逃到中國是 1911 年 5 月，并在 1912 年 7 月與申圭植、洪命熹等一同組織同濟社（同舟共済之意），還被推選為總裁。《韓國独立運動之血史》第十四章"國併後之殉節諸人及志士団"："于是在野内則有新民会、青年學友会，起自中央達於各方，在外則米俄両領有國民会、青年会、興士団、勧業会，中領、上海有同済社、通化県有扶民団，延吉県有懇民教育会，倶以愛國党組織而準備独立之機関者也。"（《朴殷植全書》上冊）
④ 鄭寅普對於 1928 年崔南善參與朝鮮史編修会（1925 年，從朝鮮史編纂委員会加以組織改編而成）一事，寫下了"他已經死了"的弔文，可見他對於朝鮮總督府的《朝鮮史》編纂是持強烈批判的立場的，參看金性玟著、金津日出美翻譯《朝鮮史編修会の組織と運用》（《季刊日本思想史》第七十六號，ぺりかん社 2010 年版）一文注釋（80）。對此弔文事件，可參看下文："朝鮮總督府對於朝鮮歷史學家的包圍工作一直都持續著，在此情況下，崔南善沒有經得住威逼利誘，最終在 1928 年 12 月 20 日接受了日本内閣所發出的'朝鮮史編修會委員'的任命書。對於崔南善的變節，歷史家鄭寅普等撰寫崔南善已死的弔文，另一方面，具有諧謔精神的一部分歷史學家門聚集在鍾路明月館，身著葬冠、祭服的服裝，設置祭壇，大聲說崔南善已死并嚎啕大哭，執行了崔南善的葬禮。上述風聞很快就在朝鮮社會流傳開來。"（文定昌：《軍國日本朝鮮強占三十六年史》中，柏文堂1966 年版）"收買崔南善"（第 460 頁，原文為韓文）。

開土境平安好太王陵碑文釋略”①。這是對有名的“廣開土王碑”加以解釋的研究，碑文中有如下記載：

（A）百殘新羅，舊是属民，由来朝貢。

（B）而倭以辛卯年来渡□破百殘□□新羅以為臣民。

這通常被稱為“辛卯年条記事”。關於（B）部分，通常的解釋是“倭於辛卯年（391 年）渡海而來，破百濟（百殘）、新羅而為臣民”。然而鄭寅普對此的解釋卻是：“倭人在過去曾經來犯高句麗，高句麗也渡海而攻倭，雙方互相攻擊。此時因為百殘與倭人相勾結，從而使新羅陷於不利之局勢。太王尋思百殘與新羅都是自己之臣民，卻為何會變成如此。於是，太王就親自率領水軍而出陣。”②亦即是說，鄭寅普將倭人辛卯年來犯之場所定為高句麗，又使得“渡破”之主語變成高句麗，其目的語變成倭人，又將“以為”訓讀為“認為”（おもへらく），將此主語改為太王。通說強調了倭人之活躍，認為倭人入侵使得百濟與新羅成為自己的臣民，而鄭寅普說變成了高句麗起到了主導性的作用，倭人是高句麗所擊破的對象。如果說通說是“倭主導型”解釋，那麼鄭寅普說就是“高句麗主導型”的解釋③。

對於（B）部分僅僅二十來字的記事，鄭寅普的解釋完全是建立在補充了文中本沒有的主語與目的語這樣的“操作”的基礎上，不得不說是“非常奇特的解讀”④。鄭寅普之所以要堅持上述解釋的背景，恐怕是因為當時的日本利用過去倭人曾佔據朝鮮半島的事實來為自己對朝鮮的殖民地統治提供正當化的藉口，鄭寅普有意要對抗這樣的歷史學研究⑤。鄭寅普說提出的背景，應當有對於時事問題的很強的關心在裡面。

同樣，對“朝鮮陽明學派”的崔鳴吉的強烈代入，也無非是由於鄭寅普在直面日本對朝鮮的殖民地統治的現實時，將自己的身影投射到面對丙子胡亂這種未曾有的國難當頭的崔鳴吉的現實抉擇之結果。也就是說，鄭寅普的陽明學研究也好，國學研究也罷，我們都應當看到在其深處有對於時局的強烈問題意識⑥。

鄭寅普在《陽明學演論》“後記”的末尾中，對於老師李建芳傳授給自己斯學之大義表示感謝，

① 《鄭寅普全集》第五冊、蒼園文録、三。又，鄭寅普的這篇文章，由磯部真翻譯為日語，收錄在井上秀雄、旗田巍編《古代日本と朝鮮の基本問題》（學生社 1974 年版）。

② 依據前注所引磯部真翻譯（第 25 頁）。

③ 關於“辛卯年条記事”通說的内容以及對鄭寅普說的分析，依據武田幸男《高句麗史と東アジア——「広開土王碑」研究序說》第七章“辛卯年条記事の再吟味”（岩波書店 1989 年版）。

④ 前注所引武田幸男書，第 158 頁。

⑤ 以広開土王碑研究為起點的近代日本的高句麗史研究，與日本試圖對自己入侵朝鮮半島、大陸的行為的正當化有著密不可分的聯繫，對此可參看井上直樹《近代日本における高句麗史研究——〈滿鮮史〉·〈滿洲史〉と関連させて》（《高句麗史研究》第十八輯，學研文化社 2004 年版）。

⑥ 鄭寅普在《陽明學演論》的後記中提及在與百濟的戰鬥中死去的新羅的武將金歆運（？—655 年）的事跡，稱頌他完全依據自己的本心誠意、自心独知而行動。鄭寅普試圖將金歆運、崔鳴吉的独知精神與陽明學的精神相重合，來構建朝鮮獨立運動的精神原動力。參看張崑將，前引書 2011 年，第 315 頁。

與此同時，對於沒有辦法請九泉之下的朴殷植對本書（《陽明學演論》）進行指正而感到遺憾①。在《陽明學演論》的最後寫上李建芳和朴殷植的名字，對於考察鄭寅普在陽明學派內的定位，極具啟示性意義。師事李建芳的鄭寅普，與鄭齊斗以來的江華學派之學統相連。另一方面，鄭寅普的陽明學又與朴殷植一樣，與時事問題意識緊密連接在一起。如果說朝鮮陽明學存在兩種主要流派，即近世鄭齊斗以來的傳統，以及進入近代以後為時事問題意識觸發而興起的流派，那麼鄭寅普正是上述兩大流派的交匯點式的存在。

鄭寅普作為近代最初的朝鮮陽明學研究者，同時其自身又是作為江華學派之末裔的陽明學信奉者。其所為"朝鮮陽明學派"說當中包含了恣意之推論與過度的情感代入、先入之見，這一點沒有必要否認。如果要將其視為純粹的學術研究來加以評價，那麼這些部分必然會被當做是有損于客觀妥當性或者說實證性的東西。但是上述材料非常雄辯地告訴我們在那個激蕩的時代活著的鄭寅普試圖從陽明學中尋找到什麼，在這個意義上我們難道不能說，這是很有價值的嗎？

（原文出自中純夫《朝鮮の陽明学——初期江華學派の研究》序章，汲古書院 2013 年版。由於編排字數限制，本期刊載文章後半部分，前半部分請參看上一期《陽明學研究》。）

① 鄭寅普在朴殷植去世的時候獻上了哀悼之詩。鄭寅普"十二哀"三"故白巖朴殷植先生을생각하고"（《薝園鄭寅普全集》第二冊），《朴殷植全書》下、附錄。

日本阳明学的受容与展开

——山田方谷的"收敛"与熊泽蕃山的"无好恶之心"

大桥健二 / 文　关雅泉 / 译

内容提要：本文以日本江户时代（1603—1867）研习王阳明之学的两位儒者山田方谷与熊泽蕃山为中心，考察其思想在当下的意义及可能性。作为幕末时期的财政改革家而闻名的山田方谷将其信奉的王阳明哲学命名为"气学"。方谷以阳明的"精神道德言动，大率收敛为主。发散是不得已。天地人物皆然"（《传习录》上卷）中的"收敛"为焦点，将其等同于阳明哲学之核心"良知"。"收敛"是伴随着内在紧张的忘我集中，同时也促使由每个人的本性自然而然、生生活泼的"自然"之力的发动。此处耸立着与马基雅维利和尼采相似的奔放活泼的近代自我。另一方面，方谷私淑日本阳明学之祖中江藤树的高弟熊泽蕃山，认为他是唯一继承阳明"气学"之人，他向阳明学习的也是"收敛"，是一种心向内的志向性"内向"。此处产生的"无私 / 无心"，即对感情非隶属的"无好恶之心"，与"世以不得第为耻，吾以不得第动心为耻"（阳明《年谱》二十五岁）的"动心为耻"相似，与阳明源于"良知"的"不动心"同义。蕃山的儒教"必然主义世界观（necessitarianism philosophy）"以及"人类—宇宙一体论（anthropocosmic vision）"由来于此，体现了日本儒学的一个到达点。

关键词：气学；收敛；善恶超出；内向；无好恶之心

一、"气学"者王阳明

王阳明认为，一切存在物都共有同一个"气"，即"良知"，天地之全体皆一体、同物："人的良知就是草木瓦石的良知，若草木瓦石无人的良知，不可以为草木瓦石矣。岂惟草木瓦石为然，天地无人的良知亦不可为天地矣。盖天地万物与人原是一体，其发窍之最精处，是人心一点灵明。风雨露雷，日月星辰，禽兽草木，山川土石，与人原只一体。故五谷、禽兽之类皆可以责人，药石之类皆可以疗疾，只为同此一气，故能相通耳。"（《传习录》下卷）王阳明所谓的"气"与孟子的"浩然之气"皆认为天地间的万物由"气"生成，且为相同"一气"，这一点继承了主张万物一气、物我一体的庄子哲学。

日本儒学思想中的"气"，正如孟子"浩然之气"那样，并不只是单纯的"物质根源"之意，而多被理解为"生生流转的世界生命力"。发源于古代中国的传统之"气"是宇宙生成、万物生灭变化的根据。与此相对，在老庄之"气"与孟子"浩然之气"影响下的阳明学中，"气"是生成活泼的宇宙生命（宇宙的生命力）。

冈山儒者、备中松山藩的山田方谷（1805—1877）就是主张宇宙生命之"气"的儒者之一。方谷将毕生信奉的王阳明（王子）之学称为"气之哲学"，即"气学"："（孟子以后）独王氏之学以气为主"（《孟子养气章或问图解》），"王子，气学也。依气之自然而动，则自然条理立，物合其理，不必穷理。王子，气学也，故知行合一。王子不执理，只依气之流通而行动，则理者气之条理，自然合于理。"（《孟子养气章讲义》）

朱子学是"穷理"之学，主张"理"为"气"之先的"理主气从"说，而方谷则采用比阳明理气一体论更进一步的"气主理从"的气一元论："气生理也。""一气活泼变动流行，条理由此生。"（《师门问辨录》）"理"既不是"气"的先导者，也不是"气"的制造者，而是作为由"气"创造的客体或被造物而存在。"理"正如理性、道理、理论、合理、论理、原理等词语所体现出的那样，具有法则性、形式性、规范性；与此相对的"气"则是心气、意气、活气、气概、元气等心的发动和作用，或是体现感情化、直观化的感性、活力或精力之语。如果借用尼采的说法来打比方，那么"理"如阿波罗，"气"则如狄俄尼索斯。尤其是后者，有时会因迸发过剩的能量而超出善恶。同时它也在"自然"即无私性的"收敛"中转变为能动性、主体性的动力。

与朱子的"理"之哲学、即"理学"相对抗而诞生的王阳明哲学，与其说是一直以来被认为的理气一体论，不如说是以"气"为主体的气一元论"气学"更为贴切，尤其在日本更是如此。自平家与源氏的源平交战前后至太平洋战争前的七百年间，世界历史上罕见的日本武家国家中孕育了"气"的文化。在武士气风中研习阳明学的中江藤树、熊泽蕃山、大盐平八郎等武士出身者，以及农民出身的方谷等人，皆可称之为"气"的哲学家。方谷认为，儒教（孔孟之学）也是天地万物一体的"气学"，即"太虚"之学。真正理解这一点并付诸实践的是王阳明，而真实继承此"气学"的只有熊泽蕃山一人："孔孟之学，全大虚之道体而其用至大。常与万物为一体，以利其用，厚其生也。阳明王子能得其全体大用者也。王子之后，吾独见熊泽蕃山。"（《集义和书抄》卷下）

二、垂直"收敛"的日本之"气"

法国亲日派作家安德烈·马尔罗（1901—1976）认为，日本文化与精神层面的本质在以"武士化"为背景的"垂直轴"上。1974 年马尔罗第二次赴日时，在目睹和歌山县那智瀑布后再次确认了这一点。他在访问三重县伊势神宫（内宫）时说：神圣的巨杉笔直屹立在大地之上，这正是流露于武士道的日本文明中的"垂直轴（la verticale）"。耸立在那智瀑布、伊势神宫的"圣堂圆柱"般的巨杉在下落的同时不断上升。这便是"人在下，天在上"的天与人之间永恒的对话——"垂直轴"。"垂直上升"一直深深存续于日本式的感受性中，这对于理解日本的本质极为重要（《反回忆录》，1967 年）。在画有垂直瀑布水的"那智瀑布图"中，马尔罗感叹：如立一剑，分开下端，白色瀑布奔腾直下。他在图中看到了象征日本的东西。根据马尔罗的说法，蕴藏在日本文化本质中的是垂直上下的"内在的客观存在（la Réalité interieure）"，也就是"气"。

日本是一个四面环海的小岛国，其特征是被细化的山间地、被山和海封闭的盆地地形。这样的空间限定在精神世界中，并不是以社会或他人为前提的全方位扩散而联结自他的"气"，而是如"至诚通天""至诚贯天地"这样的日本人喜好的语言，与武家国家传统或是日本人的"修养"志向相辅相成，形成了至高、至诚之天与"自我"纵向贯通的垂直之"气"。马尔罗说："一切事物的内在之实都在宇宙之本质中相互连接，很难分离。"同时，与伊势神宫的巨松和爱因斯坦相对论中的宇宙一样"收敛一切内在客观存在"。①

根据马尔罗的说法，日本之"气"是"垂直""收敛"的。韩国首任文化部长李御宁的日本文化论《「縮み」志向の日本人》（《"收缩"志向的日本人》，1982 年）指出，日本是收缩万物或使万物收缩的"收敛"文化。他认为，建立在武士"紧张文化"之上的日本文化是一种"收缩志向 / 收缩文化"。自平安时代后期开始，至太平洋战争战败（1945 年），以天皇或将军为首的封建主义"尚武"之风，即"武"之传统孕育的日本"紧张文化"中，诞生了一种独特的"垂直"或"收敛"形式的"气"。

与此相反，相对于日本的"武"，长期以来一直受"文"之传统支配的中国和韩国的"气"自然与日本不同。将事物抽象化、平准化的"文"之传统，是将"气"向四周扩散，寻求扩展并向水平方向延伸。例如，日中两国有一首同名的著名五言长诗《正气歌》，吟诵的都是天地间充满至大至正之"气"。幕末儒者藤田东湖模仿南宋忠臣文天祥在狱中所作《正气歌》（1281 年）而写了《文天祥の正気歌に和す》。在文天祥的《正气歌》中，"气"是"天地有正气，杂然赋流形。下则为河岳，上则为日星"的水平、上下扩散而流转变化的形态。在这种变化流转的"气"中叠加上自身的命运，就会释放出"嗟哉""悠悠我心悲"的悲哀感情。与此不同，东湖的《正气歌》（1845 年）中，"气"是"天地正大气，粹然钟神州。秀为不二岳，巍巍耸千秋。注为大瀛水，洋洋环八洲""凝为百炼铁，锐利可割鍪（兜）"这样的极力抑制向外的发散与释放，向内凝集高耸并在垂直轴上收敛的状态，犹如精悍锐利的日本刀。由此可以看出，日本的"气"是"垂直""收敛"的。以这种"气"为基础来阐述阳明学的"气学"者，就是山田方谷。

三、方谷的"收敛"

方谷认为朱子学是"理学"，而阳明学是理气一体、一元化的"心学"。他说："心"固然重要，

---

① 竹本忠雄：《マルローとの対話：日本美の発見》，《与马尔罗的对话——发现日本之美》，1996 年。

而"气"却更为紧要，因为"气"能动"心"（《孟子养气章讲义》）。与朱子的"理主气从"相反，他倡导的是"气主理从"的气一元论。方谷的"气学"不仅超越了"理先气后"的朱子，更是超越了王阳明的"理气合一"说，他认为："顺一气之自然，即是天理""气生理也"。在日本儒者中，方谷可谓是屈指可数的"气之哲学家"。

方谷的"气学"特征"收敛"在他的诗中得到了淋漓尽致的体现："颓壁雪三尺，寒空月一轮。坚凝天地气，钟在读书人。""一心高住太虚中，大道豁然通万理。"这是一种"垂直"之"气"从天上贯穿于身，凝聚于人心。"鸢飞鱼跃漏天机，这里何须说隐微。上下著明唯一气，更求深理事浑非。"从方谷的这首诗中可以看出"收敛"之"气"在忘我无心即"自然"之中生生不息、活泼泼地流转着。"收敛"作为方谷"气学"核心，是以阳明"精神道德言动，大率收敛为主，发散是不已。天地人物皆然"为基础的。

充盈天地的"气"反复"收敛""发散"。先以自我控制的"收敛"为基础，随后是活泼泼地"发散"。人亦以深入内心的"收敛"为本。尼采也有类似的表现："创造者、自由精神的拥有者，这些最高贵之心都是坚硬的。"（《查拉图斯特拉如是说·新旧碑铭》）"被束缚的心灵与自由精神，如果紧紧束缚住心灵，就能赋予精神许多自由"（《善恶的彼岸》，1886 年）。"收敛"与"发散"这种阴阳反转的"辩证法转换"在自古以来的中国思想中也有体现，从老庄、《易经》至程明道的"不翕聚则不能发散"（《二程集》），以及《朱子语类》中的"盖天地之化，不翕聚则不能发散"，皆是如此。

对于方谷来说，"收敛"是人类固有的精神力量"良知"，也是人类应当追求的"善"。"善恶者，精神收敛与浮放之别名。收敛时善，浮放时恶。善恶原非对念上而立之名。心之动，若不失其收敛之姿，则善也。若精神浮放，失其收敛之姿，则恶也。盖心动之姿原本收敛，即使有丝毫浮放，不久自然恢复收敛。如此自然收敛灵觉之力，工夫之真髓也，谓之良知。"（《王阳明教义》）"收敛"是指朝着目标而抑制不必要的情绪，不扩散意念，并伴随内心紧张的"己一人"世界的忘我集中。方谷深谙禅学，"精神道德言动，大率收敛为主，发散是不得已。天地人物皆然。""气者有形而非死物，活泼泼而变化自在之动也。""气之姿原本收敛，即使有丝毫浮放，不久自然恢复收敛。""此自然能收敛灵觉之力，谓之良知。故致良知之工夫，应全在收敛。"（同上）由此可见，方谷的"收敛"多带有禅的要素。

四、超出善恶之"气"

方谷认为阳明学是"欲使一世之人超越善恶之域，沂意念未发之源，其善者去构成造为之计，而悉出于自然之诚"的哲学，他说："宇宙间一大气而已，唯有此气，故生此气。气生理也，非理制气也，故人克从一气自然则为仁为义、为礼为智，万变之条理随生焉，此是圣门之真血脉，岂气上别可加理哉。然自洙泗之学绝而濂洛之学兴，其学以理为主。理制气，而理气自判矣。而其所谓理者，出于人之思索构成，而非气中自然之条理也。及明余姚王子出，其学独以气为主，于是圣门之道始灿然明于世矣。"(《孟子养气章或问图解》)

自觉吾身心之气而不尽之，则"善"不存而"恶"生之，此是不以"自然之诚"为本之故。如此加以私意分别（构成造为），心中先藏"一个善"，饰己固执，以己为是，以他为非，竞争求胜，其结果，霸术、异端、色庄、乡愿、朋党、激徒、浮华、枯槁，一切弊害齐起，前途难测。道之坏败，世之祸乱，皆自缺"自然之诚"而生。(《师门问辨录》)

与私意分别"构成造为"相对，顺从以"自然之诚"为本之"气"乃人之"善"。与此相反，不止于个体之"恶"而以"恶"沾染社会，乃乱世之故。由此见之，是重视个体天命之"气"，是对由不同之"气"而形成不同个性的尊重。四足行于地，乃兽类天赋之性；两翼翔于天，是鸟类本然之性。行于地者不能翔于天，而止于空想。天赋之"气"异，其性各异（《孟子养气章或问图解》)。遵循由先天之"气"形成的个性，就是对人而言之"善"。

作为日本式的"气"的哲学家，方谷的本质在于对"气"之个性的绝对性评价，将"气"与善恶观念相分离。他认为"善恶"是"收敛"和"浮放（弛缓）"的别称，善与恶不是固定存在的，"收敛"是"善"，而"浮放"是"恶"。作为主张伦理的儒者，这应该说是一种独特的主张。方谷的"气学"超越了既成的规范、权威、善恶观念，即"理"，开启了人的真正主体性和生之真实性。这与世俗的"规范"相对，而与强调人情"自然"的本居宣长，或尼采的"善恶的彼岸"具有相似性。

方谷认为，阳明"良知"的本质并不在于"善"，而在于天然而非人为的"自然"。"气"在"自然"的状态下发挥作用，就是"良知"，也就是"善"。例如，豺狼袭击人类是他们遵从固有"自然"的行为，这是它们的"良知"，不能称之为"恶"。人亦如此，如果按照人固有之"气"的"自然"，则自然实现真实之道，条理亦生于此，这才是达到最高境界的工夫。这一道理从未对他人提及："良知之良，非善之谓而自然之谓也。此气无些子之执滞，自然感发者，谓之良知也。故良知非必于善者矣。只在人则善耳。夫如豺狼之害人，在豺狼则良知也。其他万物皆非必于善矣。在人亦圣贤各有刚柔之别，非一定之气。唯顺其气之自然，无些子之执滞，则条理自生也。此意是最上乘之一机也。愚老虽常存乎心，未尝语之乎人也。"(《师门问辨录》)超越儒教"性善说"的框架，无论好坏，"气"都有可能发展成为具有无秩序性格、不受任何东西束缚而进行自我运动超越善恶的自由主体。正如方谷解释"气"说："有自然运动，活泼泼而无止滞。不挠不屈，不滞不止，如水流动不息，欲止而不止。"(《孟子养气章讲义》)他所谓的"气"令人联想到希腊哲学中能动主体的"自然"即"physis"所具有的一切存在皆在自我中运动和静止的原理。以马基雅维利所谓君主之德的"virtù"、尼采所谓宇宙和人类根本原理的"权力意志"，或者在难以抑制的生之冲动下疾驱的"浮士德冲动"（歌德：《浮士德》）为基础的这种"自然"，也即"physis"的概念。

五、马基雅维利的"Virtù"与尼采的"权力意志"

方谷的"气学"期待每个人生动个性的流露成为超出善恶的旺盛活力，这一点超出了儒学的框架。在这里，存在着"收敛"则转换为马基雅维利所主张的君主德性"virtù"那样的凝缩之能量，"发散"则转变为尼采的"权力意志"那样的动能的可能性。

尼采认为，人类精神的本来方式在于以超越善恶的自我扩大为目标的"权力意志"，他在撰写《善恶的彼岸》时，熟读以《君主论》而闻名的中世纪意大利政治思想家马基雅维利的作品。尼采同样在厌恶基督教道德的著作中寻求不被矮化人类的基督教道德所束缚，得到超越狭小善恶概念、自由豁达的活力能量的启示。在著名的《君主论》（1532 年）和《政略论》（1517 年）等作品中展现出马基雅维利思想的核心：德性与能力，即意大利语的"Virtù"一词。这个词原本来源于表示"德"之意的拉丁语"Virtus"，意思是人格之善或品性，而马基雅维利则将其阐释为没有道德约束的主体能动性实践力、活动力，此外还有"美德""器量""力量""实力""实践力""强有力""气魄""活力""主体行动力"等意涵。在此意义上，"Virtù"与其作为一种被限定为君主之德的理解，不如说是更广泛地体现了人类普遍具有的某种理想化的精神状态。

然而，如果尼采的"权力意志"是以扩大自我为目的向外"发散"的意欲，那么马基雅维利的思想核心"Virtù"则产生于精神向内侧"收敛"之处，是力动性收敛之"气"，是"从深层喷出的非合理性热情的权力意志、斗争意志"，而非"理性的洞察之德"。但另一方面，这也是"凝聚的行为能量"，是"战士的生之能量"[1]。如果可以将马基雅维利评价为在"根据自身固有的必然逻辑进行自我定位以及发展的精神"中发现政治的必然性和自立性的思想家（贝内德托·克罗齐，同上）的话，那么这与方谷"气学"中的"气"是极为相似的。

"Virtù"根据"自身固有的必然论理"而行动这一点，与方谷"气学"之"气"如出一辙，也即是方谷所谓"如豺狼之害人，在豺狼则良知也，不过遵从良知之自然发露而已"（《师门问辨录》）所体现出的积极肯定其固有"自然"，即本来性发挥。方谷的"气"以"收敛"为本，它与作为"凝聚的行为能量""战士的生之能量"或"根据自身固有的必然逻辑进行自我定位以及发展的精神"的"Virtù"之意基本相同。

方谷评价王阳明的气学："不顾天下万人之非难，欲使一世之人超越善恶之域，遡意念未发之源，去其善者构成造为之计，而悉出自然之诚。"（《师门问辨录》）他所理解的王阳明之"气"是超越善恶、活泼泼的自我运动，这便令人联想到亚里士多德的"自身具有生成、变化、发展的运动原理"的"自然（physis）"概念。虽然海德格尔认为，将"存在"作为"physis"的原始思维在尼采处变为近代思维，并在其"权力意志"中得以完成（《尼采·Ⅱ》第 22 章，1961 年），但尼采按照其固有性质成为更加强大并不断向外自我扩张、自我扩大的"权力意志"也被包含在

---

[1] 格哈德·里特：《马基雅维利全集〈补卷〉》，筑摩书房 2002 年版。

阳明或方谷理解的"气"中。

即使某个人性恶，但在方谷的"气学"中，这是固有的"自然"，因而不能成为全盘否定。尼采所谓的"权力意志"是能量的"最大限度地经济上的浪费"，"并非自我保存，而是作为我物来支配，使之成为更甚、更强之物的意欲"（《权力意志》，1901 年、1906 年），与"Virtù"的"收敛"性质相反，这种"权力意志"是正如同他最为崇拜的德国人歌德的作品《浮士德》主人公浮士德博士那样，亦即是说，是自我意欲着无限扩大的近代精神，是欧罗巴式的"发散"之精神的正统嫡系，是象征着自我超越、自我扩大冲动的欧罗巴式自我的"浮士德式的自我"。

关于阳明学的"气学"问题，方谷告诫门人："气学者犹利刀也。尔等善学而用之，则其妙用塞于天地之间也。若反之，误其学用，则适足以害自己之身耳。岂可不慎哉。"（《孟子养气章图解跋》）方谷这句话是对在"气"本来具有的动态背后隐藏的偏离、无序的奔放性的恐惧与自戒。另一方面，它也是追求无限的外向活动，永不停止的自我扩张、自我扩大的意欲，对当今全球化世界具有很强的亲和性。

六、蕃山的"气学"

方谷一生景仰的学问之师是王阳明和熊泽蕃山二人。方谷对门人说：王阳明是全"大虚之道体"、得天地万物一体之实的孔孟之学的继承者，而继其后者只有我国（日本）熊泽蕃山一人。（《集义和书类抄·跋》）方谷视王阳明之学为"气学"，将蕃山定位在阳明学的"气学"学脉之中。蕃山"气学"的价值在方谷之上。

王阳明主张气一元论的万物一体论，他把自我与他者、人类与自然视为一体，没有自他、彼我之别。这与阳明所谓"天下之人心，皆吾心也。天下之人犹有病狂者矣，吾安得而非病狂乎？犹有丧心者矣，吾安得而非丧心乎？"（《传习录》中卷）的思想相似，是一种热烈的自他一体论。风雨露雷、日月星辰、禽兽草木、山川土石、鬼神等天地万物与我之所以有着一体不可分的关系，是因为有"一气"的"相通"与"流通"（《传习录》下卷）。蕃山被认为是继中江藤树之后的阳明学者，但其思想未必就是王阳明思想本身。例如，蕃山说："大道者大同也，当与俗共进，不可独拔；当与众共行，不可独异。若他人做恶事，唯己一人不为而可，不可诘责他人。若有善之当行，则己一人行而可，不可责难他人。"（《集义和书》第四卷）这显然与王阳明宗教性的自他合一、万物一体论不同。蕃山的思想中，王阳明知行合一的契机和致良知的绝对性相对淡薄，与阳明学的"良知"迥异。

另一方面，古希腊哲学理想的"免于激情（apatheia/ataraxia）"指的是斯多葛学派所强调的精神态度，是常超然于喜怒、乐苦、好恶之情，不为任何事而动的平静心境。内心平静是统治者不可或缺的资质，而东方思想中的禅佛教和武士道也以这种心境为理想。如蕃山说："好人心静不见其色，福来不甚喜，祸来不甚忧。自呼吸之息至脚踵之末，只绵绵长久而不断，可称之为泥

塑人，称之为槁木死灰亦无害。"（《集义和书》第十卷）

马基雅维利的"Virtù"也是一颗不屈之心、不动心：我们知道，伟大的人无论身处何种环境都不会改变。譬如，即使命运使人或身居高位，或遭受虐待，他们也泰然不变，始终保持不屈之心。他们的生活态度也反映了这一点，因此，在任何人看来，命运都不会对他们产生任何影响。顺遂之时不会得意忘形，遇到灾难也不会悲叹哀伤①。

马基雅维利的"Virtù"是一种为了在政治修罗场生存下来而必需的艰难的自我克服，以及由此产生的充分且横溢之力所支撑的不动心。在此，它成为近似于"气学"中"收敛"的概念。对于王阳明"动心为耻"（《年谱》二十五岁），蕃山说："福来不甚喜，祸来不甚忧。"（《集义和书》第七卷）在遇到一切事物、现象（事事物物）之际，当以"无好恶之心"应之："万事不因个人思惑而动，应以天而动。无所好恶，不得已而应之，谓之以天而动。"（同上，第五卷）

万事无好恶的精神，比起被赞美，更喜欢被贬低。蕃山认为："褒我者，增我之过，使我生浮气而减气力。"因此他希望别人来批评自己："贬我者，格我之过，静心之浮气，使为身之养生。"（《集义和书》第十一卷）蕃山说："心有所好恶，便是不仁。"（《论语小解·里仁第四》）他将来自他人、社会的责难、中伤作为"无心"的锻炼场所而予以肯定。蕃山的"无心"与禅僧所谓"谛观""禅定"等不同，并不是只追求内心的平静，而是为了转移到下一个行动而在内心深处提高精神内压的"收敛"工夫。

七、学自阳明的"内向"

蕃山所重视的"收敛"并不以集中精神于内心为第一要义，而是以向外发散的可能性为前提，使精神向内并提高内压的工夫。一般来说，蕃山是兼习朱子学和阳明学的朱王折中学者，但是相较于朱子，他受王阳明的影响更大。王阳明哲学思想的特征，特别是与朱子学对比，在于"以良知为标的，专心内省"的内部指向（室鸠巢：《骏台杂话》，1732 年）。蕃山颇受阳明学内部志向的影响，将其作为自身工夫论、学问观之本。

蕃山将心常"向内"之人定义为君子，将心"向外"之人定义为小人。君子与小人最大的区别在于心向内还是向外，有无"慎独"。在心的对自性、对他性方面，君子与小人是有区别的。君子"慎己一人所知，不求被人所知。通于天地神明，其人光风霁月"。（《集义和书》第四卷）"人见以为善，而神见不以为善者，不可。人见以为恶，而神见以为善者，当为之"。（同上）由此，对行动的判断不是向他人，而是向我心中之"神"即"天"寻求。

在心内的"神/天"中，人可以使天地万物成为一体。"天地万物、山水河海皆吾之有也。春夏秋冬、幽明、昼夜、风雷、雨露、霜雪皆吾之行也。顺逆者人生之阴阳也，死生者昼夜之道

---

① 《论李维罗马史》第一卷，《马基雅维利全集 2》，筑摩书房 1999 年版。

也，有何好恶，从义而安。"（同上）由于对我心的沉潜，个体之我变成使天地万物为一体的超我。

儒者中江藤树的阳明学思想是极具内省性、宗教性的，他的思想在"内向"这一点上对蕃山影响颇深。对蕃山来说，藤树和王阳明都是"心向内之师"："兼文武二道而显其功，且学者之心向内者，莫过于王子。于其向内之心读圣人经书，虽其理其语皆昔日之物，于我而有不同。"（《集义外书》第八卷）

对于这样的内部志向，蕃山说："心向内，即收敛精神。"（《集义义论闻书》二）在蕃山看来，使心"内向"就是"收敛"。以老子、王阳明思想为基础，蕃山强调"内求/内向"，并不看重沉思反省这一伦理层面的结果，而是作为一种提高精神内压的"收敛"工夫。这也反映出王阳明所谓的"精神道德言动，大率收敛为主，发散是不已"。有了主体的"收敛"，才能打开以天地万物为一体的世界。蕃山说："天地万物以收敛为主，精神专向内而翳外物，尽损万欲而空空如者，圣人之心也。发散是不得已，此时却天地万物在吾心中。"（《系辞下传》）从向内凝聚的彻底"收敛"产生以天地万物为一体的"发散"。前进并扩大的"发散"即使作为自宇宙生成以来不变的自然法则，也如同天地万物一样是从时空凝聚在某一点的"收敛"之处产生的，换言之，即万物一体的"发散"以"收敛"为母胎。

八、蕃山的"收敛"

王阳明、禅或西田几多郎等人的万物一体、自他统一是自我否定、自我抹杀的彻底"无心"。一方面，蕃山则谓："万事不可以私而动，应以天而动。无所好恶，不得已而应者谓之以天而动。"（《集义和书》第九卷）他所强调的不是自我抹杀的"无心"，而是自我抑制的"无好恶之心"。这种"无好恶之心"也包含在"收敛"之中。对蕃山而言，"收敛"首先是人类生活、存在方式的基础："君子不费思虑。天地万物以收敛为主，发散是不得已。"（《系辞下传》）"心法行事当以收敛为主，发散是不得已也。精神向内凝聚时，外邪不能侵，岂非重威哉？"（《论语小解·学而第一》）获得收敛的具体方法在于"慎言"。蕃山将"语言"理解为"发散"之最，在自觉抑制作为存在之所在的语言（海德格尔）之中，主体性的自我得以显现。"慎言者，以收敛精神为第一。"（《论语小解·先进第十一》）"修德以收敛精神为始，收敛精神者以慎言为始。"（《集义和书》第十一卷）"天地万物以收敛为主，发散是不得已。言语者，发散之第一也；不言者，能收敛精神也；言必中理者，无心之发散也，不放心而应也。"（《论语小解·先进第十一》）"初学圣人之学者，或教人、或说教，则精神发散而不得修行。当避之以收敛精神。"（《易经小解》）

另一方面，这种"收敛"与"发散"是一体的。如蕃山所言："收敛而不动，是为大动而准备。"（《论语小解》）。"收敛"是为了"发散"而做的准备和工夫，"发散"常孕其中："天地万物以收敛为主，发散是不得已。见此天地人物之应有状态，收敛精神而度日，可为自在无碍之动。"（同上）"吾之自然不动静寂时，动静皆收敛精神，非放心也。能收敛精神而忘收敛时，其心情愉悦。"（同上）"得意之时、不遇之时，不必为养活泼泼之精神而收敛精神。精神真能收敛时，主体性与知、仁、勇之德生。"（《集义义论闻书》三）"天地万物以收敛为主，发散是不得已。故收敛精神者，不遇逆境之工夫也。直养气，不离道，则收敛精神。收敛之中，自然精神盛焉，生生而动也。"（同上，二）"天地万物以收敛为本，不收敛则不能发散。龙能伏能藏，故能保身。虽得无羽而能飞翔天空之阳气，却常蛰居至阴之水中。得五六月之阳时，云卷而雷鸣雨降。君子隐才德而居于民间者，如冬之龙。于收敛中养德，得时则其德信于当世，不得时则其道信于后世。"（《系辞下传》）

在蕃山这里，"收敛"既是人类生存方式的基本，同时也是"发散"的前提。但是蕃山并不主张"收敛"绝对主义。与蕃山同时代且重视"气"的朱王折中儒者李二曲（李颙，1627—1705），以"三年不言"这样的彻底"收敛"主义作为学问、修养之基。"习学先习不言，无论见未透、行未至者，不言，即见已透、行已至者，一概静默不言，始也。勉强力制，数日不发一语，渐至数月不发一语，极至于三年，不轻发一语。如是则所畜者厚，所养者深，不言则已，言则成经矣。人不闻则已，闻则信服矣。所谓三年不言，言乃拥是也。"（《会约》）从李二曲"三年不言"可以看出一种彻底的"收敛"，即缄默主义、沉默主义，这是蕃山所否定的。"收敛劳而气乏时，默而心虚，精神上正身而敛气于丹田也。气乏之内，杂虑意念不出者也。气戾而精神充沛，则意念又发者也。若精神充沛而为工夫，或读书，做何皆可成也。气力充沛而默者，却欲也，止流行也。"（《集义义论闻书》三）李二曲的彻底缄默主义是阻碍"气"的自然作用的不自然行为，因而被蕃山排斥，这是因为"人心为活物，常动而不止。故固执于一则损其心之活力"。（同上，二）因为极端和绝对不是万人普遍的道路。

九、不动心即"无好恶之心"

从王阳明思想中所见的是禅学上的"必死"工夫。"学问功夫，于一切声利、嗜好，俱能脱落殆尽，尚有一种生死念头毫发挂带，便于全体有未融释处。人于生死念头，本从生身命上带来，故不易去。若于此处见得破透得过，此心全体方是流行无碍，方是尽至命之学。"（《传习录》下卷）不只是一切欲望，其中更不能有丝毫对生的执着之念，即"生死念头"。被门人问及用兵之术时，王阳明说："用兵何术？但学问纯笃，养得此心不动，乃术尔。""胜负之决，不待卜诸临阵，只在此心动与不动之间。"（《世德纪》附录一《征宸濠反间遗事》）他所谓的"不动心"常在，概是由这种自我灭却的激烈与严厉中产生的。

与此相对，蕃山的方法论是寻求"无好恶之心"的学问工夫，这或许可以说是不彻底的。但是，从本质上看，蕃山与阳明规谏向感情上倾斜的方法论是相同的。对于"一属官"所问："因久听讲先生之学，曰此学甚好，只是簿书讼狱繁难，不得为学。"阳明答曰："我何尝教尔离了簿书讼狱悬空去讲学？尔既有官司之事便从官司的事上为学，才是真格物。如问一词讼，不可因其应对无状起个怒心，不可因他言语圆转生个喜心，不可恶其嘱托加意治之，不可因其请求屈意从之，不可因自己事务烦冗随意苟且断之，不可因旁人谮毁罗织随人意思处之。这许多意思皆私，只尔自知，须精细省察克治，惟恐此心有一毫偏倚，枉人是非，这便是格物致知。簿书讼狱之间，无非实学。若离了事物为学，却是着空。"（《传习录》下卷）对于一生都活在"武士"自觉之下的蕃山来说，"必死"的工夫是理所当然的。如果有一种适合武士以外的千万人的工夫，那就是"无好恶之心"的平凡工夫，而不是严厉而困难的自我灭杀的"必死"。对于凡事都厌恶极端的蕃山来说，这是一种比"必死"工夫更为理想的方法。

蕃山说："政者正人心之本。人心不正，则不能助造化。"（《孝经外传或问》）。人为了参与天地之造化，就需要"人心之正"。正心者为之何？蕃山认为是"无好恶之心"。这并非是沉沦于禅学和西田几多郎式的自我否定，即绝对无的内在世界，而指的是事事物物、念念时时，于具体之处两眼向外的同时，转之于内，抑制、灭却好恶之情。不是自我专注的自闭，或易倾斜于他人不在的非日常的（romantic）自我否定，而是选择好恶感情回避这种更具实践性的方法。之所以如此，是因为由好恶之情而心有所动，即心被外物所牵引，因存在而内在生生固有的造化之动被阻碍。乃师中江藤树说："好恶之色留心，则柳绿花红。（不拘泥于好恶之情，就能达到觉悟的境界。）"（《倭歌》）歌德也有类似之语："冷静一些吧！易于激动的心，在这动荡的大地上，乃是不幸的祸根。"（《献给友人贝里施的三首颂歌》）

"无好恶之心"是肯定天地造化之动和宇宙自然的秩序与必然性——春夏秋冬、风雨寒暑、生死顺逆、富贵贫贱、福泽患难、长命夭折，不加私智地接受与享受之意。（《集义和书》第二卷）"于天地万物有所好恶，则是不仁，不能加天地造化之动。"（《集义和书》第十三卷）人在"无好恶之心"中第一次获得了精神自由，知天地造化之动，亦有赞于其中之可能。

十、阳明"气学"之到达点

蕃山七十三岁的人生可以明显地分为一明一暗：二十七岁至三十九岁出仕大藩冈山藩，以实践儒学仁政主义而名噪全国，成为天下名士的光荣岁月；与此相对，在退藩后的后半生，却被幕府视为危险人物而在贫困中辗转移居全国各地，最后被幽禁（禁锢处分），受尽迫害和流放之苦。即使在得到名君池田光政信任而作为老中格主持藩政时，也因为其源自民本主义而进行的大胆的藩政改革，而受到老臣、重臣的严厉反对，后者曾策划暗杀，蕃山险些丢掉性命。蕃山的一生充满了苦难与紧张感。

然而，对于这些他人可能难以忍受的苦难与紧张，以及流浪的贫穷生活，蕃山却似乎悠然自若，享受着这些苦楚："忧愁尚积于此，用尽有限之力去尝试。"蕃山身边的门人、友人回忆起他退藩后到在下总古河去世的状态是："其容貌自若，其辞气温顺，至今仍留在耳边，令人怀念。"（《熊贝遗事》）门人公卿正二位权大纳言押小路公音（1650—1716）也不吝赞美："余曾左右亲炙，爱敬溢于貌，不觉叹服。"（《熊泽了介伝》）蕃山在无罪而遭受非难与迫害、最终被禁足的情况下，日日读圣贤之书而不知老之至，他说这是"大幸"，直到最后也全然没有"忧患之色"（汤浅常山《熊泽先生行状》）。

蕃山的后半生在凄凉与残酷中度过，却能始终保持悠然自得的态度，这是基于将幸运与不幸、顺境与逆境这样相反的事物视为同一事物的顺逆一致的哲学，即"必然主义世界观"。这种世界观来源于习得于王阳明的"收敛"，即"内向"主义。"吾因读阳明之书，既不心驰其知，亦不为外物所缚，学心自然向内也。""君子之意向内，慎己之所知，不求人之不知己，唯与天地神明相连。"（《集义和书》第四卷）"君子者，言以大体（天）为本而心向内之人；小人者，以小体（肉体、自我）为本而心向外之人。"（《论语小解》）相对于"收敛"而"内向"的君子，心常"发散"而"外向"的则是小人。

蕃山的"收敛"和"内向"的精神带有必然主义色彩："一切存在、人生现实皆以必然之则为本而生。如天地、阴阳（昼夜、春夏秋冬）、生死、人生顺逆，原皆备于吾身，不可好恶之。若有丝毫为之所动，则其为不知天地万物之则、造化之神理者。"这样的表达在他的著作中反复出现："万事不可以私而动，应以天而动。无所好恶，不得已而应者谓之以天而动。无所好恶，不得已而止，应其而动者，谓之以天而动。"（《集义和书》第九卷）

近代性的自我所必须的自由意志是蕃山排斥的对象。"我"并非发自自我中心主义的自由意志，而是人应该遵从贯通古今的大宇宙必然性法则。这在蕃山著作中被称为"天地万物之则""则""天则""天地之理""天地之常理""义""义理""造化之神理""造化之流行""天道之造化""自然之理""自然之天命""天理之自然""天理自然之诚""天理自然之心""天理自然之真心""自然之无为""诚""物之自然""无物自然之心""自然之势""天命之常、造化之自然"等。

蕃山的"收敛/内向"不一定指向禅学、西田几多郎、或王阳明那样的自我抹杀、自我否定的精神。将蕃山引向对宇宙、自然的"必然性"的深刻理解，可以称之为"儒教的必然主义世界观（Confucian necessitarianism philosophy）"，在此延长线上产生了"儒教的人类—宇宙一体论（Confucian anthropocosmic vision）"。他说："死而成为阴阳之神，助普天率土之造化，东夷、南蛮、西戎、北狄之一方，不可只挂心于百年治乱，若归于太虚则以十二万九千六百岁为一岁，以天地之寿为短矣。生于日本小国，仅于五十年命数之间更有何喜何忧？"（《集义和书》第十二卷）

蕃山在无限宇宙中绽放的心，让人想起孔子七十岁时达到的老去心境"纵心"——唐朝《开成石经》中的"七十而纵心欲不踰矩"、柳宗元的"七十而纵心""欲不逾矩"（《与杨晦之书》）。所谓"纵心"，就是把心"竖"起来，即放心、宽心、随心，意味着向天空放飞的舒朗之心。超越时空，扩充至宇宙无穷无尽的心，将万物作为永恒之相而观想（theōria），静静地在久远中舒展休憩。

"锄月耕云，山林经济"是蕃山从冈山藩退职之后留在隐栖地正乐寺的书轴。这八个字所表达的是成为自我展开的宇宙造化主体或客体的人类的精神和存在中的必然之理，是对头顶苍穹的信赖与对内在大地的服从。在赞天地造化的同时，也必然被造化所支配的人类的仰望天空、遵循大地之序的本有存在方式和生活方式。与阳明的著名诗句："若人有眼大如天，还见山小月更阔"（《蔽月山房》）、"险夷原不滞胸中，何异浮云过太空。夜静海涛三万里，月明飞锡下天风"（《泛海》）的豪迈壮阔相比，蕃山有过之而无不及。

在现代日本，儒教通常被视为战前邪恶的"纵向伦理"，即被贬低的道德主义、天皇制的家族主义、国家主义的残余，多被作为无视或厌恶的对象。阳明学虽然较朱子学更受欢迎，但也不例外。1968 年提交给哈佛大学的博士论文 *Neo-Confucian Thought in Action, Wang Yang-ming's Youth*（1472—1509）（《青年王阳明：行动中的儒家思想》）中，作者新儒家杜维明先生从存在主义的视角分析了青年时代的王阳明的思想，其中也论及与阳明天地万物一体论相似的观点："儒教的人类宇宙一体论（Confucian anthropocosmic vision）"。这可以与蕃山的"儒教必然主义世界观（Confucian necessitarianism philosophy）"一同被视为体现了宇宙雄伟规模的阳明"气学"的一个到达点。然而，即便是在当下，也很难说超越了支配现代文明的人类中心主义（anthropocentrism）或促进自他分裂的笛卡尔主义范式（Cartesian paradigm）的阳明"气学"所具有的思想丰穰已被完全汲取。那么，我们还有可能寄希望于那些被狭隘而固定的学会框架和解释所束缚，忘记作为第一要义的经世济民之志，吹毛求疵地走在狭窄的学问道路上的现代儒教的研究者们吗？

（日本北海道大学博士、博士后，浙江工商大学讲师　关雅泉译　武汉大学　陈晓杰　校）

作者简介：大桥健二，1952 年出生于福岛县福岛市。毕业于早稻田大学政治经济学部政治学科。历任新闻记者，名古屋商科大学、铃鹿医疗科学大学兼职讲师。日本东亚实学研究会副会长。

主要著作：

《日本陽明学：奇蹟の系譜》（从文社，1995 年）。

《救国「武士道」案内》（小学馆文库，1998 年）。

《良心と至誠の精神史：日本陽明学の近現代》（勉诚出版，1999 年）。

《中江藤樹：異形の聖人》（現代书馆，2000 年）。

《反近代の精神：熊沢蕃山》（勉诚出版，2002 年）。

《神話の壊滅：大塩平八郎と天道思想》（勉诚出版，2005 年）。

《偉人は未来を語る：近代批判としての偉人論》（勉诚出版，2006 年）。

《気の文明と気の哲学：蒼龍窟河井継之助の世界》（勉诚出版，2009 年）。

《新生の気学：団藤重光「主体性理論」の探求》（勉诚出版，2012 年）。

《老年哲学のすすめ：生き直し・学び直しの哲学入門》（花传社，2019 年）。

共著：

小岛康敬编《東アジア世界の「知」と学問：伝統の継承と未来への展望》（勉诚出版，2014年）。

小川晴久编《日中韓思想家ハンドブック》（勉诚出版，2015年）。

日本における陽明学の受容と展開

——山田方谷「収斂」と熊沢蕃山「好悪なき心」

大橋　健二

論文要旨：本論文は、王陽明に学んで日本の江戸時代（1603～1867）に活躍した二人の儒者（山田方谷・熊沢蕃山）を取り上げ、かれらの思想の今日的な意義及び可能性について考察する。幕末期の財政改革家としても知られる山田方谷は信奉する王陽明の哲学を「気学」と名付ける。方谷は陽明の「精神道徳言動、大率収斂為主。発散是不得已。天地人物皆然」（『伝習録』上巻）の「収斂」に焦点を当て、これを陽明哲学の核心である「良知」と同一視した。「収斂」は、内的緊張を伴う没我的集中であると同時に、個々人の本性に従いおのずから生々活発なる「自然」な力の発動を促す。そこにはマキアヴェリやニーチェに似た奔放活発な近代的自我が聳立する。一方、日本陽明学の祖・中江藤樹の高弟で、方谷が深く私淑し唯一陽明の「気学」を継承したとする熊沢蕃山が陽明から学んだのも「収斂」であり、心が内に向かう志向性「内向」だった。ここに生じる「無私／無心」すなわち感情への非隷属「好悪なき心」は、「世以不得第為恥。吾以不得第動心為恥」（陽明「年譜」25歳）の「動心為恥」に近似する。陽明が「良知」に由来するとした「不動心」と同義である。これらに由来する蕃山の儒教的な「必然主義的世界観 necessitarian philosophy」及び「人間 - 宇宙一体論 anthropocosmic vision」は、日本儒学の一つの到達点を示す。

キーワード：気学、収斂、善悪超出、内向、好悪なき心、必然主義的世界観、人間—宇宙一体論

1. 王陽明は「気学」である

王陽明はあらゆる存在物は、同じ「気」即ち「良知」を共有していることにおいて、天地の全てのものは一体・同物であると語った（「人的良知、就是草木瓦石的真知、若草木瓦石

無人的良知、不可以為草木瓦石矣。豈惟草木瓦石為然、天地無人的良知、亦不可為天地矣。蓋天地萬物與人原是一體、其發竅之最精處、是人心一點靈明、風雨露雷日月星辰禽獸草木山川土石、與人原只一體。故五穀、禽獸之類皆可以養人，藥石之類皆可以療疾，只為同此一氣，故能相通耳」（『伝習録』下巻）。王陽明の「気」は、孟子の「浩然の気」説とともに、天地間の万物は「気」から生成され「一気」を同じくするところにおいて万物は一体であるという荘子の万物一気・物我一体の哲学を受け継ぐ。

　日本の儒学思想における「気」は、孟子の「浩然の気」に見られるように、単なる「物質的な根源」という意味に止まらず「生々流転していく世界の生命力」として一般的にとらえられている。古代中国に発する伝統的な「気」が宇宙生成の根拠・万物の生滅変化の根拠とされているのに対し、老荘の気とともに孟子の「浩然の気」の影響下にある陽明学においては、「気」は生成活発の宇宙生命（宇宙的生命力）にほかならない。

　岡山の儒者で、備中松山藩の山田方谷（1805—77）はこうした宇宙生命的な「気」を語った儒者の一人である。方谷は、終生にわたって信奉した王陽明（王子）の学問を、「気の哲学」すなわち「気学」と形容する。「（孟子以後）独王氏之学、以気為主」（「孟子養気章或問図解」）「王子は気学である。気の自然のまま行動すれば自然に條理が立ち、物その筋に当り、何も窮理するに及ばない。王子は気学である故に、知行を合一する。王子は何も理を取り去るのではない。ただ気の通りに行動すれば、理は気の條理なので自然に理に合致するのである」（「孟子養氣章講義」）。

　「窮理」の学である朱子学が「理」は「気」に先立つという「理主気従」とするのに対し、方谷は陽明の理気一体説をさらに一歩進めて「気が理を生ずるなり」「一気活溌変動流行し、ここに條理を生ず」（「師門問辨録」）と「気主理従」の気一元論を採用する。「理」は、「気」の先導者でも製造者でもない。「気」によって創造される客体、被製造物として存在する。「理」は理性・道理・理論・合理・論理・原理という言葉に示されるように法則性や形式性、規範性をもつとすれば、一方の「気」は、気持ち・意気・活気・気概・元気など心の動きや作用、あるいは感情的・直感的な感性、活力や精神的エネルギーを表現する言葉である。ニーチェ流に喩えるなら、理はアポロン的、気はディオニュソス的であり、とくに後者はほとばしるようなエネルギーの過剰によってときに善悪を超出する。同時にそれは、「自然」すなわち無私性への「収斂」において能動的・主体的なダイナミズムに変ずる。

　朱子の「理」の哲学すなわち「理学」に対抗して誕生した王陽明の哲学は、従来言われてきた理気一体論というより、むしろ「気」を主体とする気一元論的な「気学」という側面の方が強い。とりわけ日本においてはそうである。平家・源氏の源平交戦の前後から太平洋戦争前まで700年にも及ぶ、世界史的にも稀な日本の武家国家の中で育まれてきた「気」の文化にあって、武士の気風の中で陽明学に学んだ中江藤樹・熊沢蕃山・大塩平八郎ら武士出身たちはもちろん、農家の出の方谷らもみな「気」の哲学者と言ってよい。方谷によると、儒教（孔孟之学）もまた、天地万物を一体とする「気学」すなわち「太虚」の学である。これを真に理解し実践したのは王陽明であり、この「気学」を正しく継承したのはわが国では熊沢蕃山ただ一人である。「孔孟之学は、大虚之道體を全うして其の用は至大なり。常に万物と一体と為りて以て其の用を利して其の生を厚くする也。陽明王子よく其の全体大用を得る者也。王子のあとは、独り吾が熊沢蕃山を見るのみである」（「集義和書抄」巻下）。

2. 垂直に「収斂」する日本の「気」

　　親日家でフランスの作家アンドレ・マルロー（1901―76）は、日本の文化・精神面の本質が「武人的なもの」を背景とする「垂直軸」にあると見た。マルローは、1974年の再来日で和歌山県・那智滝の飛瀑を目にしてそれを改めて確認する。三重県・伊勢神宮（内宮）を訪れ「神寂びた杉の巨木は大地からまっすぐに突き立っている。なによりも武士道にあらわれた、これは日本文明のなかの《垂直軸》（la verticale）なのだ」。那智滝の瀑布、伊勢神宮にそびえる「聖堂の円柱」のごとき杉の巨木、これらは落下しつつ上昇している。それは〈下に人、上に天〉の天と人とのあいだの永遠の対話という「垂直軸」である。垂直上昇というものが日本的感受性のなかで深く生き続けている。このことは日本の本質を理解するうえできわめて重要なことだ（『反回想録』1967年）。垂直の滝の水が描かれた『那智滝図』に「一剣を立つるがごとく、裾をひろげて白の瀑布は落下する」と感嘆したマルローは、そこに日本的なものの象徴を見る。マルローによれば、日本文化の本質にあるものとは、垂直に上下する「内的実在（la Realite interieure）」即ち「気」である。

　　四方を海に囲まれた小さな島国の日本は、そこに細分化された山間地、山と海に閉ざされた空間という盆地的地形を特徴とする。この空間的限定が精神世界においても、社会や他者を前提とした全方向への拡がり、自他を結びつける「気」ではなく、たとえば「至誠通天」や「至誠天地を貫く」という日本人好みの言葉もあるように、武家国家の伝統やまた日本人の「修養」志向と相俟って、至高・至誠の天と自己とをタテに貫く垂直的な「気」を形成したと考えられる。そしてマルローは言う。「あらゆるものの内的実在は、宇宙の本質のなかで分かちがたく結ばれている」と同時に、伊勢神宮の松の巨木やアインシュタインの相対論的宇宙と同じように「あらゆる内的実在は収斂する」（竹本忠雄『マルローとの対話：日本美の発見』1996年）。

　　マルローによれば、日本の「気」は「垂直」に「収斂」する。一方、日本はあらゆるものを収縮し、収縮させる「収斂」の文化であると韓国の初代文化相となった李御寧の日本文化論『「縮み」志向の日本人』（1982年）は指摘する。武士的な「緊張文化」の上に築かれている日本の文化は、「縮み志向／縮み文化」であると述べている。平安後期から太平洋戦争の敗戦（1945 年）まで及んだ、天皇や将軍を頂点に置く封建主義的な「尚武」の気風即ち「武」の伝統に育まれてきた日本の「緊張文化」のなかで、独特の「気」が生まれ、それは「垂直」や「収斂」の形をとる。

これに対し、日本の「武」に対し・文」の伝統が長く支配した中国や韓国の「気」は当然、日本とは異なる。ものごとを抽象化し平準化してしまう「文」の伝統は「気」を四方に拡散することで、広がりを求めて水平方向へと延びていく。たとえば、日中両国に「正気歌」という天地にみなぎる至大・至正の「気」を高らかに歌いあげた同名の名高い五言長詩がある。南宋の忠臣・文天祥が獄中で作った「正気歌」（1281 年）を模し、幕末の儒者・藤田東湖が「文天祥の正気歌に和す」を作っている。文天祥の「正気歌」では、気は「天地有正気／雑然賦流形／下則爲河嶽／上則爲日星」と水平・上下に拡散し変化流転する。このような変化し流転する気に自身の運命を重ねて「嗟哉」「悠悠我心悲」という悲哀の感情が放出される。これに対し、東湖の「正気歌」（1845 年）では、気は「天地正大気／粋然鍾・州／秀爲不二嶽／巍巍聳千秋／注爲大瀛水」「凝爲百錬鉄／鋭利可割鍪（兜）・とあるように、外への発散と放出を極力抑え、内側に凝集し、高く聳えて垂直軸に収斂する。それは精悍鋭利な日本刀にたとえられている。ここに見るように日本的な「気」は、「垂直」に「収斂」する。このような「気」に基づいて陽明学の「気学」を説いたのが山田方谷である。

3. 方谷の「収斂」

一般に、朱子学の「理学」に対し方谷は、陽明学が理気一体・一元的な「心学」と評されていることについても「心が大事ではあるが、気の方がかえって大切である、気こそが心を動しうるからである」（「孟子養気章講義」）と、朱子の「理主気従」とは逆に、気一元論的な「気主理従」を唱えた。方谷の気学は、気より理を重視した「理先気後」の朱子はもちろん、理気合一説を唱えた王陽明をも超えて「一気の自然に順うことが、即ち天理である」「気が理を生ずるのだ」と日本儒学者中、屈指の「気の哲学者」だった。

方谷の「気学」を特徴づける「収斂」は、「頽壁雪三尺　寒空月一輪　堅凝天地気　鍾在読書人」あるいは「一心高住太虚中　大道豁然通万理」という詩に端的に示される。ここにあるのは天から人間の身体を貫いて人心に凝縮する「垂直」な気のかたちである。「収斂」する気は同時に「鳶飛魚躍漏天機　這裡何須説隱微　上下著明唯一気　更求深理事渾非」という詩に見るように、没我的な無心すなわち「自然」において、生々不息・活溌々地に転ずる。方谷気学の中核にある「収斂」は、陽明「精神道徳言動、大率収斂爲主。発散是不得已。天地人物皆然」に基づく。

　天地に漲り充満する「気」は、「収斂」と「発散」を繰りかえす。まず自己制御的な「収斂」を基本として、活溌々地の「発散」がこれに続く。人間もまた、内面深く「収斂」することが基本となる。ニーチェに同様の表現がある。「創造する者、自由な精神を持つ者、これら最も高貴な者の心はみな〈硬い〉のだ」（『ツァラトゥストラはこう語った』「新旧の表」）。「縛られた心胸と自由な精神、心胸を厳しく縛っておけば、その精神には多くの自由を与えることができる」（『善悪の彼岸』1886年）。収斂と発散という陰陽反転の「弁証法的転換」は、老荘や『易経』をはじめ『朱子語類』の「蓋天地化、不翕聚則不能發散」や程明道にも「不翕聚則不能發散」（『二程集』）とあるように、昔から中国思想のなかでも語られてきた。

　方谷にとって「収斂」は、人間本来的な精神力「良知」であり、人間がめざすべき「善」として位置づけられている。「善悪は、精神における収斂と浮放との別名である。収斂するときは善である。しかし浮放するときは悪となる。善悪はもともと念上に対して立てられた名称ではない。心の働き・作用においてその収斂の姿を失うことがなければ、善である。精神が浮き立って放散してしまい、その収斂の姿を失うことになれば悪となる。思うに、心の働き・作用の姿は、もともと収斂であるため、少しでも心が浮放すれば、やがて自然に収斂を取り戻す。このように自然に収斂する霊覚の力こそ、工夫の真髄であり、これを良知というのだ」（「王陽明教義」）。「収斂」とは目指すところに向けて不必要な情動を抑え、意念を拡散せず、内面的緊張を伴う「己一人」的世界への没我的集中である。方谷は禅にも深く通じている。「精神道徳言動、大率収斂為主。発散是不得已。天地人物皆然」「気は一定の形を持った死物ではなく、活溌にして変転自在な活動（機動）である」「気の姿は元来、収斂であるため、少しでも心が浮き立って放散することがあれば、すぐまた自然に収斂していくものである」「この自然に能く収斂する霊覚の力こそ、良知と呼ぶべきである。したがって、致良知の工夫は、全く収斂において行われるべきである」（同）。これらから分かるように、方谷の「収斂」は禅的要素を多分に有する。

4. 善悪を超出する「気」

　陽明学とは「欲使一世之人超越善悪之域、沂意念未発之源、其善者去構成造為之計、而悉出於自然之誠」（「師門問辨録」）哲学であると語る方谷はこう続ける。「宇宙間一大気而已。唯有此気。故生此気。気生理也。非理制気也。故人克従一気自然、則為仁為義。為礼為智。万変之条理随生焉。此是聖門之真血脈。豈気上別可加理哉。然自洙泗之学絶、而濂洛之学興、其学以理為主。理制気、而理気自判矣。而其所謂理者、出於人之思索構成、而非気中自然之条理也。及明余姚王子出、其学独以気為主。於是聖門之道、始燦然明于世矣」（「孟子養気章或問図解」）。

わが身心に内在する「気」を自覚しこれに徹底しないところに「善」は存在しない。かえってそこから「悪」が生じてくる。それは「自然の誠」に基づくことをしないからである。そうして、あれこれと私意分別（構成造為）を加えて、心の中にまず「一個の善」を蓄蔵することで、おのれを偽り飾って片意地になり、自分を是とし他人を非とし、競争して勝つことを求めるようになる。その結果、覇術・異端・色荘・郷愿・朋党・激徒・浮華・枯槁といったあらゆる弊害が一斉に起こってきて、その行く末は予測できない。道の壊敗や世の禍乱は、すべて「自然の誠」を欠くところから生じるのだ（「師門問辨録」）。

頭の中であれこれ考えた私意分別「構成造為」に対し「自然の誠」に基づいた「気」に従うべきことが人間の「善」である。これに反することは個人の「悪」にとどまることなく、社会全体を「悪」に染め、世を乱す原因となる。ここに見るのは、個々に天から与えられている「気」の重視である。それはそれぞれに異なる「気」によって形成される個々の個性の尊重である。四足のものが地を走るのは獣類の天から与えられた個性であるように、両翼をもって空を翔ぶことは鳥類の定められた個性である。地を走ることを定められているものが、空を翔ぼうとしてもそれは不可能であり、空想にとどまる。天から与えられた「気」がそれぞれ違っているように、そこに表現される個性もそれぞれ異なっている（「孟子養気章或問図解」）。天から与えられている「気」に従って形成された個性に従うことが人間にとっての「善」である。

日本的な「気」の哲学者としての方谷の本領は、「気」の個性を絶対的な者として評価したところにあり、「気」を善悪観念から切り離した点にある。善悪が収斂と浮放（弛緩）の別称であり、善と悪が固定的に存在するのではないとして、「収斂」を「善」これに対し「浮放」を「悪」とするのは、倫理を説く儒者として破格の主張というべきだろう。方谷の気学では、既成の規範・権威・善悪観念即ち「理」を超えたところに人間の真の主体性と生の真実が開かれる。これは世間的な「規範」に対し、人情の「自然」を強調した本居宣長、あるいはニーチェの〈善悪の彼岸〉との類似性をもつ。

方谷によれば、陽明「良知」の本質は「善」という点にあるのではない。天然のままで人為・作為のない「自然」というところにある。「気」が無理なく「自然」の状態ではたらくのが「良知」であり「善」である。たとえば、豺狼（山犬や狼）が人間を襲って噛みつくことは彼らが固有の「自然」に従ったまでのことである。これが彼らの「良知」であって、これを「悪」ということはできない。人間の場合も同様であって、その人が持つ固有の「気」の「自然」に従えば、自ずから真実の道に叶い、条理もそこに生じる。これこそが最上至高に道に達する工夫である。このことはこれまで人に語ったことはない（良知之良、非善之謂、而自然之謂也。此気無些子之執滞、自然感発者、謂之良知也。故良知非必於善者矣。只在人則善耳。夫如豺狼之害人、在豺狼則良知也。其他万物、皆非必於善矣。在人亦聖賢各有剛柔之別、非一定之気。唯順其気之自然、無些子之執滞、則条理自生也。此意是最上乗之一機也。愚老雖常存乎心、未嘗語之乎人也）（「師門問辨録」）。儒教の「性善説」の枠を超え、よい意味でもよくない意味でも、「気」が持つアナーキー的性格や何ものにも縛られず自己運動する善悪超出の自由な主体への発展可能性を有する。気を「自然運動あり、活溌溌と止り滞ることなし。撓むなし、屈するなし、滞るなし、止むなし、水のどんどん流るゝ如く、止まんとすれども中々止むことなし」（「孟子養気章講義」）と解説しているように、方谷の「気」はあらゆる存在は自己自身のうちに運動と静止の原理を持つというギリシャ哲学の能動主体としての「自然」すなわち「ピュシスphysis」を思わせる。マキアヴェリが君主の徳として語った「virtù」やニーチェが宇宙・人間の根本原理とした「力への意志」、あるいは抑えがたい生の衝動のままに疾駆する「ファウスト的衝動」（ゲーテ『ファウスト』）の基底にあるのも、このような「自然」即ち「ピュシスphysis」の概念である。

5. マキアヴェリ「Virtù」とニーチェ「力への意志」

　方谷の「気学」は、各人の生き生きとした個性の発露を、善悪超出のエネルギッシュな活動力として期待するところにおいて、儒学の枠組を超え出る。それは「収斂」においてマキアヴェリが君主の徳性とした「ヴィルトゥ」の凝縮されたエネルギー、「発散」においてはニーチェの「力への意志」的なダイナミズムへと転ずるという可能性である。

　人間精神の本来的あり方を、善悪を超えて自己拡大をめざす「力への意志」にあるとするニーチェは、『善悪の彼岸』を書くに当たって、『君主論』で名高い中世イタリアの政治思想家マキアヴェリを熟読し、ニーチェ同様にキリスト教的道徳を嫌悪したその著作のなかに、人間を矮小化するキリスト教的な道徳律に束縛されず、狭小な善悪概念を超えた自由で闊達な活動的エネルギーを得るヒントを求めた。名高い『君主論』（1532年）や『ディスコルシ（政略論）』（1517年）などで展開されているマキアヴェリ思想の中核にあるのはイタリア語で徳性・能力をあらわす「ヴィルトゥVirtù」である。この言葉は本来、「徳」をあらわすラテン語 Virtus に由来する。人格的な良さや品性を意味することもあるが、マキアヴェリの場合は、モラルに縛られることのない主体的で能動的な実践力・活動力のほか、「美徳」「器量」「力量」「実力」「実践力」「力強さ」「気魄」「活力」「主体的行動力」などの意味が含まれる。この意味で、Virtù は君主の徳という限定された理解としてより、広く人間一般のある理想的な精神状態を示す言葉となる。

　ところで、ニーチェの「力への意志」が外へと向かう自己拡大を図る「発散」的な意欲であるとするなら、マキアヴェリ思想の集約である Virtù はいわば、精神を内側へ向かって「収斂」するところに生じ、その力動性において収斂する「気」である。「理性的洞察の徳」ではなく「非合理的な深層から噴出する情熱的な権力意志・闘争意志」であるが、一方でそれは「凝集した行為エネルギー」であり「戦士的な生のエネルギー」であ（ゲーアハルト・リッター、

『マキァヴェッリ全集〈補巻〉』筑摩書房、2002 年）。マキアヴェリを「自らに固有の必然的な論理に従って自己を定位しそして展開していく精神」において政治の必然性と自立性を見出した思想家であった（ベネディクト・クローチェ、同書）と評することが出来るなら、方谷の気学における「気」にきわめて近似する。

Virtù が「自らに固有の必然的な論理」によって活動するという点では、方谷のいう「豺狼（山犬や狼）が人間に噛みつくことは、山犬や狼にとっては良知であり、良知の自然の発露に従ったまでのことにすぎない」（「師門問辨録」）とその固有の「自然」即ち本来性の発揮を積極的に肯定する方谷気学が語る「気」と基本的な違いはない。方谷の「気」が「収斂」を基本とする点において、それは「凝集した行為エネルギー」であり「戦士的な生のエネルギー」あるいは「非合理的な深層から噴出する情熱的な権力意志・闘争意志」としての Virtù とほぼ同じである。

王陽明の気学は、方谷がそれを「天下万人の非難も顧みず、一世の人をして善悪の域を超越し、意念未発の源に遡り、その善なるものに構成造為の計を去り、而して悉く自然の誠に出でしめんと欲す」（「師門問辨録」）と評したように、方谷が理解する王陽明の「気」は、善悪を超出し活溌々地に自己運動するところにおいて、アリストテレスの「自分自身のうちに生成・変化・発展という運動の原理を持つ」という「自然 physis」の概念を連想させる。ハイデガーは「存在」を「physis」としてとらえる始原的思惟はニーチェにおいて近代的思惟に変じられその「力への意志」において完成に達した（『ニーチェ・Ⅱ』第 22 章、1961 年）と語ったが、ニーチェがその固有の性質に従ってより強大になろうと外へと絶えざる自我拡張・自己拡大の「力への意志」もまた、陽明や方谷が理解した「気」には含まれることになる。

仮に、ある人間の持つ個性が悪しきものであったとしても、方谷の「気学」では、固有の「自然」としてそれは全否定の対象とはならない。ニーチェがエネルギーの「最大限に経済的な浪費」であり「自己保存ではなく、我がものとし、支配し、より以上のものとなり、より強いものとなろうとする意欲」（『権力への意志』1901—1906 年）と語っている「力への意志」は、Virtù が「収斂」的であるのに対し、彼が最大のドイツ人のひとりとして崇拝したゲーテの『ファウスト』の主人公ファウスト博士に象徴されるように、自我を無限に拡大しようとする近代精神、ヨーロッパ的な「発散」的精神の正嫡、自己超越・自己拡大衝動というヨーロッパ的自我を象徴する「ファウスト的自我」である。

陽明学の「気学」について、門人たちに方谷は「気学はよく切れる刀のようである。諸君がこれを学んでうまく用いることができれば、その優れた働きは、天地の間に充満するだろう。しかしもし、その活用を間違えれば、禍害が身に及ぶことになる。ここを十分にわきまえなければならない（気学者猶利刀也。爾等善学而用之、則其妙用塞于天地之間也。若反之、誤其学用、則適足以害自己之身耳。豈可不慎哉）と注意を促した（『孟子養気章図解跋』）。方谷のこの言葉は、「気」が本来持っているダイナミズムの裏面に、逸脱的でアナーキー的な奔放性を内蔵する事への危惧・自戒であろう。一方でそれは、無限を求める外向的活動であり、やむことなき自我拡張・自己拡大への意欲は、今日のグローバリズム世界に強い親和性をもつ。

6. 蕃山の「気学」

　方谷が終生にわたって敬仰し学問の師としたのは、王陽明と熊沢蕃山の二人である。方谷は門人に対し、「大虚の道体」を全うして天地万物一体の実をあげる孔孟の偉大な学問の継承者は王陽明で、そのあとを継ぐのはわが国の熊沢蕃山一人いるのみだと語っている（「集義和書類抄・跋」）。王陽明（王子）の学問を「気学」とする方谷は、陽明学の「気学」の学脈の中に蕃山を位置づける。蕃山の「気学」は方谷気学以上の価値をもつ。

　気一元論的な王陽明の万物一体論は、自己と他者、人間と自然を一体とし、そこに自他・彼我の区別を立てない。それは「天下之人、皆吾之心也。天下之人猶有病狂者矣、吾安得而非病狂乎。猶有喪心者矣、吾安得而非喪心乎」（『伝習録』中巻）という宗教にも似た熱烈な自他一体論である。風雨露雷・日月星辰・禽獣草木・山川土石・鬼神といった天地萬物とわれとが一体不可分の関係で結ばれているのは、そこに「一気」の「相通」・「流通」があるからである（『伝習録』下巻）。師の中江藤樹のあとを継ぐ陽明学者とされている蕃山の思想は、必ずしも王陽明の思想そのものではない。たとえば、蕃山の「大道とは大同である。一般民衆と共に進むべきである。一人で独断・独行すべきではない。民衆と共に行動するのがよい。一人だけ異なる行動はしてはならない。他人が悪事をするときは、己一人だけそれに加わらないのがよい。他人を批判し悪く言ってはならない。善いと思うことがあれば、あなた一人が行えばいい。他人を責めてはならない」（『集義和書』巻第4）という言葉は、王陽明の宗教的な自他合一・万物一体論とはあきらかに異なる。蕃山の思想は、王陽明の知行合一への契機や致良知の絶対性が希薄である。陽明学の「良知」とは違っている。

　ところで、古代ギリシャの哲学が理想としたアパティア（apatheia）あるいはアタラクシア（ataraxia）は、とくにストア学派によって強調された精神態度で、どちらも喜怒・快苦・好悪の感情からつねに超然として、何ものにも動ずることのない平静不動の心境を意味する。心の平静は治者に不可欠の資質とされるものであるが、東洋思想の禅仏教や武士道もまた、このような心境を理想とする。「すぐれた人は心静かにして表情を変えない。良いことが起きても大喜びすることもなく、悪いことが起きても極端に落ち込むこともない。どんな場合でも、呼吸の息はけっして乱れず静かである。その様はまるで、泥塑人（泥人形）か槁木死灰（枯木・火の気のない灰）のようである」（『集義和書』巻第10）。

　マキアヴェリの「Virtù」は一方で、不屈の心・不動心でもあった。「偉大な人間は、どんな環境に置かれてもつねに変わらないことが知れる。たとえば、運命が人を高い地位につかせ

たり、あるいは虐げたりすることがあっても、彼らは泰然として変わらず、つねに不屈の心を
もちつづける。彼らの生活態度にもそれが反映しており、そのため誰の目にも、運命は彼らに
なんらの影響も残さなかったと映ずる。調子のよいときも有頂天にならず、災難にあっても悲
嘆にくれることにもならない」（『　ディスコルシ〈第Ⅰ巻〉』、『マキアヴェッリ全集2』筑摩
書房、1999年）

　　マキアヴェリのVirtùは、政治という修羅場に生きるために求められる厳しい自己克服、
そこから生ずる力の充足と横溢に支えられた不動心である。ここにおいて、それは「気学」に
おける「収斂」に近い概念となる。王陽明「動心為恥」（「年譜」25歳）ということを、蕃山
は「福が来ても喜びすぎることはしない。わざわいが来ても心配しすぎることはしない」と言
った（『集義和書』巻第7）。遭遇するあらゆる事物・現象（事事物物）に際し、「好悪なき心」
で接すべきことを「万事、個人的な思惑で動くべきではない。天を以て動くべきである。それ
を好悪することなく、やむことを得ずしてこれに応ずることを、天を以て動くというのである」
（同・巻第5）と語っている。

　　万事に好悪するところのない精神は、人に褒められることよりも、貶されることを歓迎
する。「人に褒められるのは、わたしの愚かさや過ちを増長させるだけで、かえって心が浮つ
いてしまって気の力を弱めてしまう」のに対し「批判されることは、わたしの過失を正し、浮
ついた心を落ち着かせてくれる」（『集義和書』巻第11）。「心に好悪するところがあるのは、
不仁である」（『論語小解』里仁）と語る蕃山は、他者・社会からの非難・中傷を、「無心」
を試みる鍛錬の場として肯定し、これを拒絶し排斥することはしなかった。蕃山の「無心」は
禅僧のいう諦観や禅定などとは異なって心の平穏を求めるだけのものではない。次の行動に移
るために内心深く精神の内圧を高める「収斂」の工夫だった。

7. 陽明に学んだ「内向」

　　蕃山が重視した「収斂」もまた、内面への精神集中が第一義なのではなく、外面への発散
可能性を前提として、精神を内側に向け内圧を高める工夫である。一般的に蕃山は朱子学と陽
明学の中間、朱王折衷の学者とされるが、朱子以上に王陽明からの影響は大である。王陽明の
哲学・思想の特徴は、とくに朱子学との対比で「良知を標的として、一向に内省につとめしむ」
という内部指向という姿勢にある（室鳩巣『駿台雑話』1732年）。蕃山は陽明学の内部志向に
強い影響を受けて、自身の工夫論・学問観の基本とした。

　　心がつねに「内に向かう」人のことを君子と定義する蕃山は、一方で、小人を心が「外に
向かう」人とする。君子と小人とを分かつ最大のものは、心が内側に向いているか、外側に向
いているかという「慎独」の有無にある。心の対自性、対他性において、君子と小人は峻別さ

れる。君子は「己ひとり知るところを慎んで、人に知られることを求めない。天地・神明に通じるその人柄は、気高く闊達さに満ちている」（『集義和書』巻第4）「人が見て良いとすることであっても、神の視点からこれを見たとき、良くないことであれば、してはいけない。人が見て悪しきことだとしても、天の視点でこれを見たとき、良いことであれば、するのがよい」（同）。このように、行動の判断を他者ではなく、わが心の内なる「神」すなわち「天」に求める。

　心の内なる「神／天」において、人は天地万物を一体とすることができる。「天地・万物・山水・河海はすべて、わたしの身に備わっているものである。春夏秋冬・幽明昼夜・風雷露霜雪はすべて、わたしの行いと一体的に結ばれているものである。順逆は人生の陰陽である。死生は昼に起き夜に寝るのと何ら変わるところがない。どうしてこれらを愛着したり、嫌悪したりする必要があるのか」（同）。わが心への沈潜によって、個我は天地万物を一体とする超我へ変ずる。

　儒者としてきわめて内省的・宗教的だった師の中江藤樹から教えられた陽明学は、心が「内に向かう〈内向〉」ということにおいて蕃山に大な影響を与えた。蕃山にとって藤樹と王陽明はともに「心が内に向っている師」であった。蕃山はこう言っている。「文武両道で手柄を立て、同時に学問する人の心を内側に向けたのは王陽明以外にいない。その内側に向かう心において、聖人の書を読めば、そこに書かれた道理も言葉も以前に読んだものと変わるところはないが、わが心に入ってくる理解の度合いがまったく異なる」（『集義外書』巻8）

　このような内部志向を蕃山は「内に心を向けることは、精神を収斂することである」（『集義義論聞書』2）と語る。蕃山において心を「内向」することが「収斂」となる。老子や王陽明に基づく蕃山の「内求／内向」の強調は、沈思反省という倫理的な側面に比重が置かれている結果ではなくて、精神的な内圧を高める「収斂」の工夫として語られている。ここにも王陽明「精神道徳言動、大率収斂為主。発散是不得已」の反映が見られる。主体的な「収斂」があってはじめて、天地万物を一体とする世界が開かれる。「天地万物は収斂を基本とする。精神が内に集中して外からの影響を受けず、私心を去り自我を捨て心に一物もない心境こそ、聖人の心である。発散はやむことを得ない場合である。この発散のとき、天地万物が心中にわがものとして立ち現れてくる」（『繋辞下伝』）。内側へ凝集する「収斂」の徹底から、天地万物を一体とする「発散」が生じる。前進・拡大の「発散」が、宇宙始動以来の動かしがたい自然法則だとしても、天地万物は時空間がある一点に凝集した「収斂」の場から生み出されたように、万物一体の「発散」は「収斂」を母胎とする。

8. 蕃山の「収斂」

　王陽明や禅、あるいは西田幾多郎らの万物一体・自他統一は、自己否定・自己抹殺の「無心」の徹底である。一方、蕃山の場合は、「万事、私意私心から行動してはならない。天を以て動くべきである。何ごとも好まず、憎まず、やむを得ずして応ずることを、天を以て動くというのである」（『集義和書』巻第9）。ここでは自己抹殺的な「無心」ではなく、自己抑制的な「好悪なき心」が強調されている。この「好悪なき心」も「収斂」の中に含まれる。蕃山にとって「収斂」とはまず、人間の生活・存在様式の基本であった。「君子は思慮をあれこれ使うことはしない。天地万物は収斂することが基本であり、発散するのはやむを得ない場合である」（『繋辞下伝』）「心を用い、ことを行う場合、収斂を基本とすべきである。発散はやむことを得ない場合である。精神が内面的に集中しているときは、周囲に影響されることがない。これこそ、重厚で威厳があるというべきではないか」（『論語小解』学而第一）。収斂を得る具体的な方法は「言葉を慎む」ことにある。蕃山は「言葉」を「発散」の最たるものと理解しており、存在の在処としての言葉（ハイデガー）を自覚的に抑制するところに、主体的な自己が現出されるとする。「言葉を慎むことは、精神を収斂するための基本である」（『論語小解』先進）「徳を身につけるには、精神を収斂することから始めるべきである。精神を収斂することは、言葉を慎むことから始まる」（『集義和書』巻第11）「天地万物は収斂を基本とする。発散はやむことを得ない場合である。言語は発散の最たるものである。言葉を発しないのは、精神の収斂に有効である。語った言葉がそのまま道理となることを、無心の発散という。心が散漫にならないことで、道理に即応できる」（『論語小解』先進）「聖人の学を学びはじめたばかりの人が、学んだことをすぐ人に教えたり、説教したりすれば、精神が発散してせっかくの修行がだめになってしまう。このようなことは避けて、精神の収斂に努めるべきである」（『易経小解』）

　　このような「収斂」は一方で、「発散」と一体的なものとして存在する。「収斂してもそこに働きがないのは、大きな働きをする時の準備のためである」（『論語小解』）と蕃山が語っているように、「収斂」は「発散」のための準備・工夫である。そこには常に「発散」が期待されている。「天地万物は、すべて収斂を基本としている。発散はやむことを得ず起こるという天地人物のあり方を見て、精神を収斂して日常生活を送れば、自在無礙の働きができる」（同）「われわれが自然の不動・静寂のあり方を学んだときは、動静ともに精神を収斂して、心を散らしてはならない。よく精神を収斂し、収斂を忘れたとき、そこに伸び伸びした愉快な気持ちが生じてくるからである。（同）「得意の時や不遇の時にあっても、そこに生き生きとした活溌な精神を養うためには、精神を収斂することに及ぶものはない。精神がほんとうに収斂できたとき、そこに強い主体性と知・仁・勇の徳が生じてくる」（『集義義論聞書』3）「天地万物は収斂を基本とする。発散はやむことを得ない。ゆえに、精神を収斂することは、不遇・逆境のときの工夫である。気を直に養い、道にはずれたことをしなければ、精神は収斂する。収斂の中において、自然とそこに精神が盛んになり、生き生きとした働きがある」（同・2）「天地万物は収斂を基本とする。収斂しなければ、発散することはできない。龍はよく伏し、よく隠れることができるため、その身を保つことができる。龍は羽がないにもかかわらず天を駆け上ることができるほど強い陽の気を持っているが、ふだんは最も深い水中にこもって隠れている。五六月の陽の時を得て動くときは、雲を渦巻かせ、雷鳴とともに雨を降らせる。君子がその才徳をかくし、民間ににあって世に出ないときは、まるで冬日の龍のようである。世に出ないときは精神を収斂して人格才能をみがき、時を得た場合には、その人格才能を発揮して大いに活躍するのである」(『繋辞下伝』)

　蕃山において「収斂」は人間の生き方の基本であると同時に、「発散」の前提である。しかし蕃山は「収斂」絶対主義を説かない。蕃山と同時代人で「気」を重視した朱王折衷的な儒者・李二曲（李顒、1627―1705）は、「三年不言」という徹底した「収斂」主義を学問・修養の基本とした。「習学先習不言。無論見未透。行未至者。不言。即見已透。行已至者。一概静黙不言。始也。勉強力制。数日不発一語。漸至数月不発一語。極至於三年。不軽発一語。如是則所畜者厚。所養者深。不言則已。言則成経矣。人不聞則已。聞則信服矣。所謂三年不言。言乃擁。是也」(「会約」学程)。李二曲「三年不言」に見る徹底した「収斂」すなわち緘黙主義・沈黙主義の徹底を、蕃山は非とする。「精神を収斂することに力を使って気力が乏しくなってきたときは、沈黙して心を空虚に正しく保ち、臍下丹田に気を収斂することだ。気力に乏しいときは、いろいろの雑念も起こることはないが、かえって気力が回復し精神が充実してきたときは、雑念も起こってくる。精神が充実してきたら修養に励むなり、書を読むなり、何をしてもよい。気力が充実してきたにもかかわらず、沈黙主義を通すのは、気の生き生きしたはたらきを止めてしまうことになる」(『集義義論聞書』3)。李二曲的な徹底した緘黙主義を気の自然なはたらきを阻害する不自然な行為として退けられている。「人心は活物であって、つねに生き生きと活動して止まることがない。このため、一つのことに固執すると心のダイナミズムを損なってしまう」(同・2)からである。極端や絶対は万人普遍の道ではないからだ。

9. 不動心「好悪なき心」

　王陽明に見るのは禅学的な「必死」の工夫である。「學問功夫、於一切聲利，嗜好，倶能脱落殆盡、尚有一種生死念頭毫髮掛帶、便於全體有末融釋處。人於生死念頭、本從生身命上帶來、故不易去。若於此處見得破透得過、此心全體方是流行無礙、方是盡至命之學」(『伝習録』下巻)。一切の欲だけでなく、そこにはわずか一点でも生への執着の念「生死年頭」があってはならない。門人から用兵の術を問われたとき、「用兵何術、但学問純篤、養得此心不動、乃術爾」「勝負之決、不待卜諸臨陣、只在此心動與不動之間」(世徳紀付録1・征宸濠反間遺事)と語る「不動心」の常在は、こうした自己滅却の激しさ・厳しさにおいて生起するのだろう。

　これに対し、学問の工夫を「好悪なき心」の求める蕃山の方法論は、いわば微温的と言えるかもしれない。しかし「因久聴講先生之学、曰此学甚好、只是簿書訟獄繁難、不得為学」と問うた「一属官」に対する陽明の返答「曰我何嘗教爾離了簿書訟獄懸空去講学。爾既有官司之事、便従官司的事上為学、纔是真格物。如問一詞訟、不可因其応対無状、起箇怒心、不可因他言語円転、生箇喜心、不可悪其囑託、加意治之、不可因其請求、屈意従之、不可因自己事務煩冗、随意苟且断之、不可因旁人譖毀羅織、随人意思処之、這許多意思皆私、只爾自知、須精細省察克治、惟恐此心有一毫偏倚、枉人是非、這便是格物致知。簿書訟獄之間、無非実学。若離了事物為学、卻是著空」（『伝習録』下巻）――これを読めば、感情的なものへの傾斜を諫めた陽明の方法論は蕃山に通底する。生涯を「武士」の自覚に生きた蕃山にとり「必死」の工夫は当然のことであった。武士ならざる万人にふさわしい工夫があるとすれば、厳しくかつ困難な自己滅殺「必死」ではなく、「好悪なき心」という日常平凡の工夫であった。万事に極端なことを嫌った蕃山にとってそれは「必死」の工夫にまして好ましいものであった。

　　蕃山は「政は人心を正しくするのを基本とする。人心が正しくないときは造化を助けることができない」と言う（『孝経外伝或問』）。人間が天地の造化に加わるためには「人心の正しさ」が求められる。正しい心とは何か。蕃山によれば、それは「好悪なき心」である。禅学や西田幾多郎的な自己否定即ち絶対無の内的世界に沈淪するのではなく、蕃山が語る「好悪なき心」とは、事々物々・念々時々、具体の場において両眼を大きく外に見開きつつこれを内に転じ、好き嫌いの感情を抑制・滅却することを指す。自己没頭という自閉や他者不在に傾斜しがちな、非日常的（ロマンチック）な自己否定ではなく好悪感情の回避という、より実践的な方法を選ぶのは、好悪の感情に心が動くこと即ち外物によって心が引き回されることで、存在に内在する生々固有の造化の働きが阻害されるからである。師の中江藤樹は言う。「好悪（よしあし）の色に心をとどめねば柳はみどり花は紅（好悪の感情にとらわれることがなければ、悟りの境地に達することができる）」（「倭歌」）。同様の言葉がゲーテにもある。「感情をもたぬ人間になれ／たやすく動く心は／この揺れやまぬ地上では／一つの不幸な財産にすぎぬ」（「わが友ベーリッシュに贈る頌歌」）。

　　好悪なき心とは、天地造化の働きと宇宙自然の秩序と必然性――春夏秋冬・風雨寒暑・死生順逆・富貴貧賎・福沢（ふくたく）患難・長命夭折――の現前を肯定し、私智を加えず、そのまま丸ごと受け止め享受することを意味する（『集義和書』巻2）。「あらゆる出来事、すべてのことにおいて、少しでも好悪するこころがあるときは不仁である。天地造化の働きに加わることはできない」（『集義和書』巻13）。人間は「好悪なき心」において初めて精神の自由を得て、天地造化の働きを知り、これに加わり賛助することが可能となる。

10. 陽明「気学」の到達点

　　蕃山73歳の人生は、くっきりとした明・暗に二分される。大藩・岡山藩で栄進し儒学の仁政主義の実践で全国に名声がとどろき天下の名士となった２７歳～３９歳の栄光の日々。これに対し、退藩後の後半生は幕府に危険人物視されたため貧困のなか全国各地を転々と移り住むことを余儀なくされ、最後は幽閉（禁錮処分）となるなど迫害と追放に彩られた苦難の連続だった。名君・池田光政に信任され老中格として藩政を主導していた時でさえ、その民本主義に由来する大胆な藩政改革に老臣・重臣らが大反発し暗殺が企てられ命の危険に晒されることもあった。蕃山の生涯は苦難とともにつねに緊張感で覆われていた。

　ところが、余人には耐えがたいと思われる苦難と緊張、流浪する貧困の日々を、「憂きことのなおこの上に積もれかし／限りある身の力ためさん」と詠んだ蕃山は悠々自若として過ごし、苦にするどころかむしろ楽しんでさえいたらしいのだ。退藩後、下総古河で没するまで蕃山の近くにいた門人・知人らは、蕃山の日々の態度を「その容貌の自若たる、その辞気の温順なる、今も耳に残りなつかしく覚え侍る」と回想している（『熊貝遺事』）。門人で公卿・正二位権大納言、押小路公音（1650—1716）も「余かつて左右に親炙するに、愛敬、貌に溢れ、覚えず嘆服せり」と称賛を惜しまなかった（『熊澤了介伝』）。蕃山は、罪なくして非難・迫害され、ついには自由な外出も制限される中で、聖賢たちの書を読んで老いること知らない日々を送れるのは「大幸」であると言い、最後まで「憂患の色」がまるでなかった（湯浅常山『熊澤先生行状』）。

　後半生は寂しく過酷な人生にあって常に悠々たる蕃山の態度は幸と不幸、順境と逆境、相反するものを同じものと考える順逆一致の哲学、すなわち「必然主義的世界観」に基づく。こうした世界観は王陽明に学んだ「収斂」すなわち「内向」主義に由来する。「私は陽明の書を読むことによって、知識に馳せることも外部事物にとらわれることもなく、自然に心が内に向かうことを学んだ」「君子の意思は内に向かう。おのれの知るところを慎んで、人に知られる事を求めない。ただ天地・神明とつながりを持つのだ」（『集義和書』巻第4）「君子は大体（天）に基づいて心が内に向かう人を言う。小人は小体（肉体・自我）に基づいて、心が外に向かう人のことである」（『論語小解』）。「収斂」し「内向」する」君子に対し、心が常に外に「発散」して「外向」する小人が対置されている。

　「収斂」し「内向」する精神は、必然主義的な色彩を帯びる。「あらゆる存在／人生の現実は全て必然性の法則に基づき生起する。たとえば天地の陰陽（昼夜・春夏秋冬）や生と死、人生の順境や逆境はみな元々われわれの身に備わっているものである。これらを好悪してはならない。少しでもこれらに動かされる心があれば、それは天地万物の則・造化の神理（宇宙必然の道理・法則）を知らぬ未熟者である」。こうした表現はその著作で何度となく繰り返されている。「万事、私（自由意志・自己中心主義）に基づいて行動してはならない。天を以て動くべきだ。好む事もなく、にくむ事もなく、止む事を得ずしてこれに応じ行動することを、天を以て動くと言うのである」（『集義和書』巻第9）。

　近代的自我に必須な自由意志は、蕃山においては排除の対象となる。「私」即ち自己中心主義に発する自由意志ではなく、古今を貫く大宇宙の必然性・法則に人は従うべきである。このことを蕃山は著作中において「天地万物の則」「則」「天則」「天地の理」「天地の常理」「義」「義理」「造化の神理」「造化の流行」「天道の造化」「自然の理」「自然の天命」「天理の自然」「天理自然の誠」「天理自然の心」「天理自然の真心」「自然の無為」「誠」「物の自然」「無物自然の心」「自然の勢」「天命の常造化の自然」と言葉を種々に換えて繰り返し語った。

　蕃山の「収斂／内向」は、禅学や西田幾多郎、陽明的な自己抹殺・自己否定の精神を必ずしも志向しない。それは蕃山を宇宙・自然の「必然性」への深い理解に導く。これを「儒教的必然主義的世界観 Confucian necessitarian philosophy」と呼ぶことができるだろう。その延長線上に「儒教的人間—宇宙一体論 Confucian anthropocosmic vision」が生じる。「死後は、万物を生成変化する陰陽の神となり、世界（普天率土）の造化を助けよう。自国・他国を含めどこかの国を贔屓したり、わずか 100 年ばかりの国家の興廃などにとらわれてはならない。天地万物の根源である太虚に心が帰せば（北宋の思想家・邵擁が人類世界の一区切りとした）12 万 9600 年を一歳として、天地の寿命でさえ短いと感じるだろう。日本という小国に生まれ、わずかに 50 年の寿命の間に出会う世界や出来事に一喜一憂するのは実に愚かしい」（『集義和書』12）。

　無限の宇宙に開き放たれた蕃山の心は、孔子が 70 歳で到達した老いの心境である「縦心」——唐の『開成石経』の「七十而縦心欲不踰矩」、柳宗元の「七十而縦心」「欲不踰矩」（『與楊晦之書』）に従う——を想起させる。「縦心」とは、心を「縦」（たて・はなつ・ゆるめる・ほしいまま）にすることである。それは天空に向かって放たれる、ほがらかな放念を意味しよう。時空を超え宇宙の無窮大まで拡張された心は、万物を永遠の相のもとに観想 the ō ria し、そこに静かに久遠のなかにのびのびと憩うのだ。

　岡山藩退職後、隠棲地の正楽寺に残る蕃山書軸「鋤月耕雲／山林経済」——月を鋤き雲を耕し、山林（大自然）をして経済（経世済民即ち人間社会の統治・救済）せしめん——は、自己開展する宇宙の造化の主体となり客体となる人間の、精神と存在における必然の理、頭上にひろがる天への信頼と内在する大地への服従を語る言葉である。造化に加わりこれを賛助するとともに、造化の支配とその必然に生きる人間の、天を仰ぎ大地のリズムに遵う本来の在り方・生き方を示す。陽明の有名な詩「若人有眼大如天／還見山小月更闊」（蔽月山房）や「険夷原不滞胸中／何異浮雲過太空／夜静海涛三万里／月明飛錫下天風」（泛海）の雄大快闊に、それは勝るとも劣るものではない。

　現代日本にあって儒教は一般に、悪しき戦前の「タテの倫理」即ち矮小化された道徳主義・天皇制的家族主義・国家主義の残滓と目されたまま、無視や嫌悪の対象とされる場合がすくなくない。陽明学も朱子学よりも比較的人気があるとは言え、その例にもれない。1968年にハーバート大学に提出した博士論文『新儒家の行動思想—王陽明の青年時代 Neo-Confucian Thought in Action, Wang Yang-ming's Youth（1472—1509）』で若き日の王陽明を実存主義的視点から分析した新儒家・杜維明も陽明の天地万物一体論に似た「儒教的人間―宇宙一体論 Confucian anthropocosmic vision」を語っている。蕃山の「儒教的必然主義的世界観 Confucian necessitarian philosophy」とともに、これらは陽明「気学」の一つの到達点、宇宙規模の雄大なスケールを示すものと言ってよい。しかし現時点においても、現代文明を支配する人間中心主義 anthropocentrism や自他分裂を促進するデカルト的パラダイム Cartesian paradigm を超克しうる、陽明「気学」のもつ思想的豊穣さはまだ十分汲み尽くされているとは言いがたい。狭隘で固定した学会的な枠組み・解釈に制縛され、第一義たる経世済民の志を忘失し修己への情熱も無く、狭小な学問の道を進む現代の儒教研究者たちにそれを望むことは可能だろうか。

（おおはし・けんじ）

作者簡介：大橋 健二、1952 年、福島県福島市生まれ。早稲田大学政経学部政治学科卒。新聞記者を経て名古屋商科大学、鈴鹿医療科学大学非常勤講師。日本東アジア実学研究会副会長。【著書】『日本陽明学：奇蹟の系譜』（叢文社、1995 年）『救国「武士道」案内』（小学館文庫、1998 年）『良心と至誠の精神史：日本陽明学の近現代』（勉誠出版、1999 年）『中江藤樹：異形の聖人』（現代書館、2000 年）『反近代の精神：熊沢蕃山』（2002 年）『神話の壊滅：大塩平八郎と天道思想』（2005 年）『偉人は未来を語る：近代批判としての偉人論』（2006 年）『気の文明と気の哲学：蒼龍窟河井継之助の世界』（2009 年）

『新生の気学：団藤重光「主体性理論」の探求』（2012 年、以上勉誠出版）『老年哲学のすすめ：生き直し・学び直しの哲学入門』（花伝社、2019 年）

【共著】小島康敬編『東アジア世界の・知・と学問：伝統の継承と未来への展望』2014 年）小川晴久編『日中韓思想家ハンドブック』（2015 年、以上勉誠出版）

王阳明的"广西事件"

郑朝晖

内容提要：关于阳明的晚年学说，学界颇有争论。阳明视其事功为一良知事件，广西事件是良明实践和发展其致良知学说的最后表现。阳明的广西事件被阳明转换成了精神事件与公共事件，获得了超越生死的属性。在阳明的广西事件中，蕴藏着阳明对破心中贼的最后思考。

关键词：良知事件；广西事件；生死事件；破贼心法

一般而言，学界多将"致良知"视作阳明的晚年学说。虽说阳明在明确提出此主张后，约有六年时间居越讲学，皆不离其宗旨，似应有进一步之深化。但言者以为致良知的本旨，阳明尚"未及与学者深究"之，其弟子后学也因之对致良知之说多所争论，莫衷一是，黄宗羲对此情形明言道：

> 自姚江指点出良知，人人现在，一返观而自得，便人人有个作圣之路。故无姚江，则古来之学脉绝矣。然致良知一语发自晚年，未及与学者深究其旨，后来门下各以意见挽和，说玄说妙，几同射覆，非复立言之本意。①

所谓未及深究的"立言之本意"，在笔者看来，不在于阳明在文字言说上，似未曾清晰明白

---

① 黄宗羲：《姚江学案》，《明儒学案》卷10，《黄宗羲全集》第七册，浙江古籍出版社2012年版，第197页。钱穆评述这段话说，"本来一家学说，他的成熟多在晚年，晚年的思想，自然是更足为后人所研讨；而况王学，在其晚年，还未能深切发挥，不幸没世，其后学各执一说，互生歧异，讲王学的人，自然要对其晚年思想益加注意了。"关于阳明后学分歧，钱德洪、王畿皆有所论，钱氏云，"师既没，吾党学未得止，各执所闻以立教。仪范隔而真意薄，微言隐而口说腾。且喜为新奇诡秘之说，凌猎超顿之见，而不知日远于伦物。甚者认知见为本体，乐疏简为超脱，隐几智于权宜，蔑礼教任于性。未及一传而淆言乱众，甚为吾党忧。"王氏云，"慨自哲人既远，大义渐乖，而微言日湮，吾人得于所见所闻，未免各以性之所近为学，又无先师许大炉冶陶铸销熔以归于一，虽于良知宗旨不敢有违，而拟议卜度、挽和补凑，不免纷成异说。"陈来则赞同王畿将阳明居越时所达之思想境界即四句教视作其最后之学术阶段，并认为江西末期与居越期间虽皆可归于致良知教阶段，但确为两个不同的发展阶段。陈氏的说法有一定的启发作用。关于阳明学说的一致性，杨国荣更进一步地认为，阳明思想前后一致，是做第一等事的一生。钱穆：《阳明学述要》，九州出版社2010年版，第77页；钱德洪：《阳明先生年谱序》，《徐爱钱德洪董沄集》，凤凰出版社2007年版，第191页；王畿：《王畿集·滁阳会语》，凤凰出版社2007年版，第34—35页；陈来：《有无之境》，北京大学出版社2013年版，第304页；杨国荣：《心学之思》，三联书店2015年版，第11页。

地说出致良知的隐微之旨，而在于后之学者，对于阳明将致良知视作"致吾心之良知于事事物物也"①的事件义，体认不够深切。阳明之本旨，是将做事视作良知的呈现，因此君子是为了"一件大事"来到世间。而所谓大事是天地一体之仁的实现，"克去己私"与"康济天下"的统一，他说：

> 诸君每相见时，幸默以此意相规切之，须是克去己私，真能以天地万物为一体，实康济得天下，挽回三代之治，方是不负如此圣明之君，方能报得如此知遇，不枉了因此一大事来出世一遭也。②

因此，阳明致良知学说的精义，正是要将政治事件，或者说具有功利色彩的功利行为，转变为具有超越意义的良知行为，从而使这些事件本身具有良知呈现的作用，而成为良知学说的探索方式之一，以达到知行统一的致思目的，并使后之学者可以从其事件中体认阳明的致知义，尤其是可加深对阳明自身未及亲自言说反思的事件意义，如广西事件的意义认知。

一、良知事件

学界偏于从"阳明学"的角度，即观念研究的角度，发掘阳明学说的思想史意义。对于阳明之事功研究，则从政治学或政治哲学的角度视之，甚或只是从政治事功的角度阐述，这显然与阳明倡导知行合一的理论自觉不甚相应。黄绾是阳明的重要弟子，应当说对阳明的学行深有认知，但他在阳明去世后为阳明的事功学说辩诬时，就明显地将两者分开述说，他将阳明之事功总结为平宸濠、定赣南、抚思田、除八寨四个方面：

> 盖其功之大者有四：其一，宸濠不轨，……若非守仁……倡义以勤王，运筹以伐谋，则天下安危未可知。……其二，大帽、茶寮、浰头、桶冈诸贼寨势连四省，……守仁临镇，次第底定。其三，田州、思恩构衅有年，……守仁以往，……乃使卢、王之徒崩角来降……其四，自来八寨为两广腹心之疾，……守仁……并而袭之，遂去两广无穷之巨害，实得兵法便宜之算。夫兵凶战危，守仁所立战功，皆除大患，卒之以死勤事。③

对于阳明的学术贡献，黄绾从阳明的学术宗旨要点出发，归纳为"致良知""亲民""知行合一"三个方面。同时，针对那些诬称阳明学说是背圣之言的伪学，黄绾着重强调了阳明的学说是建立在发明先圣先贤本意的基础之上，其学说实是孔门的正传血脉，并非旁门左道之言：

> 其学之大要有三：一曰"致良知"，实本先民之言，盖致知出于孔氏，而良知出于

① 王守仁：《与顾东桥书》，见《王阳明全集》一册卷2，上海古籍出版社2014年版，第51页。
② 王守仁：《与黄宗贤》，见《王阳明全集》一册卷6，上海古籍出版社2014年版，第244页。
③ 钱德洪：《年谱三》，见《王阳明全集》四册卷35，上海古籍出版社2014年版，第1464—1465页。另参见黄绾：《明是非定赏罚疏》，见《黄绾集》，上海古籍出版社2014年版，第625—626页。

孟轲性善之论。二曰"亲民"，亦本先民之言，盖《大学》旧本所谓亲民者，即百姓不亲之亲，凡亲贤乐利，与民同其好恶，而为洁矩之道者是已；此所据以从旧本之意，非创为之说也。三曰"知行合一"，亦本先民之言，盖知至至之，知终终之，只一事也；守仁发此，欲人言行相顾，勿事空言以为学也。是守仁之学，弗诡于圣，弗畔于道，乃孔门之正传也。①

黄氏之说，实将阳明一生之学看做一个整体，知行合一是其中一个部分，强调"言行相顾"，不以空言为学。这一点当然触及了阳明学说中事功学说相统一的倾向，但黄氏未将此点与致良知、亲民的学说相联系，洞悉三者之间的一贯性。与黄氏将阳明学说中的不同要点看做同时性结构不同，阳明的重要弟子钱德洪、王畿等则多从学术的纵向结构，即历时性的宗旨变化角度，将阳明的学术要点描述为为学为教的阶段性变化过程，这种划分，以钱德洪的为学三变、为教三变为代表，尤以"知行合一""静坐""致良知"的为教三变说最为人所知。②钱氏有言：

> 先生之学凡三变，其为教也亦三变。少之时，驰骋于辞章；已而出入二氏；继乃居夷处困，豁然有得于圣贤之旨，是三变而至道也。居贵阳时，首与学者为"知行合一"之说；自滁阳后，多教学者静坐；江右以来，始单提"致良知"三字，直指本体，令学者言下有悟，是教亦三变也。③

显然，为学三变是指学术领域的变化，而为教三变则是为学宗旨的变化。黄氏归纳的阳明学术宗旨三要，包括阳明"亲民"的政治哲学，自某种意义而言关注到了阳明学说的两个面向，即内圣面向与外王面向。而钱氏的归纳，为教三变均是从内圣面向言说的，未曾触及到外王面

---

① 钱德洪：《年谱三》，见《王阳明全集》四册卷35，上海古籍出版社2014年版，第1465页。另参见黄绾：《明是非定赏罚疏》，《黄绾集》，上海古籍出版社2014年版，第626—627页。

② 关于为学之变，阳明曾自言之，有所谓辞章、正学、老释、悟道的变化。其友湛若水谓其早年溺于任侠、骑射、辞章、神仙、佛氏之习，后始归于圣贤正学，初主格物，后主良知，五溺其实亦三变之说，只是将悟道提前到了湛王定交之年。在钱德洪之外，王畿以龙场之悟两分，谓悟前有三变，即由辞章孙吴、朱子格物穷理之学而老佛之学，悟后亦有三变，即由默坐澄心、致良知而四句教，黄宗羲略同王说。徐复观认同钱氏为学三变之说，但以为教三变说为不可从，徐氏认为静坐只是单纯的方法，而致良知与知行合一在本质上则一致。陈来主张，阳明龙场前的思想发展是经词章、循序格物、老释、身心之学而悟格致之旨，龙场后的思想发展是经知行合一、克治省察、致良知而四句教，大致是悟前四变，悟后三变。杨国荣认为学界未能充分注意到阳明思想中前后一致的一面，应将思想深化过程看作是对做第一等事的不断探索历程，可分为哲学问题萌发、多向度探索、龙场悟道、致良知教、哲学遗嘱五个阶段。耿宁则将阳明一生分为三个哲学阶段，自得之说（1472—1506），格物之说（1507—1518），良知之说（1519—1529）。王晓昕梳理了学界的看法，认为从语义上讲，阳明龙场前有五变，即由辞章入圣学、由格竹就辞章、由辞章入佛老、由佛老归正学、龙场悟道，龙场之后的变化则应区分为本体之变与功夫之变，本体之变为心即理、知行合一、致良知，在工夫之变上，王氏大约同意陈来的梳理，认为存在一个由默坐澄心到克治省察的动静转换。参见王守仁：《王阳明全集》一、四册，上海古籍出版社2014年版，第144、1538—1539、1745—1746页；王畿：《王畿集·滁阳会语》，凤凰出版社2007年版，第33—34页；黄宗羲：《明儒学案·姚江学案》，中华书局1985年版，第181页；徐复观：《一个政治家的王阳明》，《儒家思想与现代社会》，九州出版社2014年版，第222页；陈来：《有无之境》，北京大学出版社2006年版，第300、305页；杨国荣：《心学之思》，三联书店2015年版，第11页；耿宁：《人生第一等事》上册，商务印书馆2014年版，第88页；王晓昕：《阳明学摭论》，西南交通大学出版社2009年版，第1—24页。

③ 钱德洪：《刻文录叙说》，《王阳明全集》四册卷41，上海古籍出版社2014年版，第1745—1746页。

向。不过，钱德洪说到"居夷处困"的生命情境，有助于阳明对于"圣贤之旨""豁然有得"，显然认识到了阳明之事功与其学问精进的关系。钱氏曾经明确指出，阳明学问精思的方向与深度，都受到其生命中的重大事件的触动，尤其是格竹得疾、谪居龙场、平藩遭嫉等等生命危机事件，更是其学问精进的标志事件，① 他说：

> 吾师阳明先生出，少有志于圣人之学。求之宋儒不得，穷思物理，卒遇危疾，乃筑室阳明洞天，为养生之术；静摄既久，恍若有悟，蝉脱尘坌，有飘飘遐举之意焉，然即之于心若未安也，复出而用世。谪居龙场，衡困拂郁，万死一生，乃大悟"良知"之旨，始知昔之所求，未极性真，宜其疲神而无得也；盖吾心之灵，彻显微，忘内外，通极四海而无间，即三圣所谓"中"也；本至简也而求之繁，至易也而求之难，不其谬乎？征藩以来，再遭张、许之难，呼吸生死，百炼千磨，而精光焕发，益信此知之良，神变妙应而不流于荡，渊澄静寂而不堕于空，征之千圣莫或纰缪，虽百氏异流，咸于是乎取证焉。噫！亦已微矣。②

钱德洪认为，"卒遇危疾""万死一生""呼吸生死"的特殊境遇，促使阳明深入反思其原来所秉持学说的困境，从而由"悦若有悟"进至"大悟良知之旨"，并终至于"益信此知之良"。钱氏认为，良知学说具有帮助阳明克服危难境遇提升学术深度的能力，证明了其学说的真理性。同时，危难境遇在阳明良知学说中的重要地位，并不容易为人真正认知，其间的道理颇为微妙。对于事与学之间的关联性，王畿则更进一步地指出，王阳明的"经世事业"，与其良知学说，"并非两事"，王氏有言：

> 先师平生经世事业震耀天地，世以为不可及。要之，学成而才自广，几忘而用自神，亦非两事也。先师自谓："良知二字，自吾从万死一生中体悟出来。"多少积累在！但恐学者见太容易，不肯实致其良知，反把黄金作顽铁用耳。先师在留都时，曾有人传谤书，见之不觉心动，移时始化，因谓："终是名根消煞未尽。譬之浊水澄清，终有浊在。"余尝请问平藩事，先师云："在当时，只合如此做。觉来尚有微动于气所在，使今日处之，更自不同。"③

王畿特别指出，阳明的良知学说，是在"万死一生"的人生经历中，逐渐"积累"而至，并举阳明在留都南京与江西南昌平藩遇人诽谤之事的事后反思，来说明阳明学问精进与其人

---

① 对于此点，后之研究者多有认知，如杨国荣言："王阳明的哲学历程与其曲折的人生旅程处处融合在一起，为学、为道与为人则相应地展开为一个统一的过程。""正如遭谪时期的居夷处困引发了龙场悟道一样，平藩前后的百死千难，也促发了他对第一等事更深入的体悟，而这种悟的结果，便是致良知之教的提出。""作为哲学家，王阳明以思的方式建构了其心学体系，而这种思又始终与事联系在一起。从内容上看，王阳明所涉及的事，主要包括两个方面，即广义的政治实践（包括军事实践），二者构成了王阳明心学形成的不同前提。"耿宁则将王阳明遭遇的生死事件称作临界境况，"与1508年龙场的临界境况一样，1519/1520年在江西期间的遭受诽谤与生命危险也是一个使王阳明的哲学得以深化的生命段。"参见杨国荣：《心学之思》，三联书店2015年版，第1、37、49页；耿宁：《人生第一等事》上册，商务印书馆2014年版，第149页。

② 钱德洪：《阳明先生年谱序》，《徐爱钱德洪董沄集》，凤凰出版社2007年版，第190—191页。

③ 王畿：《王畿集·滁阳会语》，凤凰出版社2007年版，第34页。

生历程的紧密联系，王畿显然已经认知到了阳明之学"事上磨"①的特点，即将世人所谓的"建功立业"看作是学问探索的方式，这样，"致其良知"就是一个世界翻转的工夫，将功利心翻转成良知心，将功利事件翻转成良知事件。可以说，王畿的这个"潜见"，并非只是出于自身的学术倾向，而对阳明学说的"误读"，其理解是合乎阳明致良知学说的内在精神的，或者说，是阳明致良知说的合理推论。将事上琢磨看作做学问的方式，王阳明亦有过明确表述，他说：

> 修己治人，本无二道。政事虽剧，亦皆学问之地，……日用间何莫非天理流行，但此心常存而不放，则义理自熟。②

> 居常无所见，惟当利害，经变故，遭屈辱，平时愤怒者到此能不愤怒，忧惶失措者到此能不忧惶失措，始是能有得力处，亦便是用力处。天下事虽万变，吾所以应之不出乎喜怒哀乐四者。此为学之要，而为政亦在其中矣。③

阳明视为学与为政如一，其根源在于，阳明认为事物与意念之间具有统一性。他认为事即是物，"物即事也"。④ 而所谓物，不能脱离意而存在，是意念所意向的物，"意之所在便是物"⑤，"有是意即有是物，无是意即无是物。"⑥ 这个指向物的意念是良知感物而动的结果。如此而言的话，则事件皆与良知有关，事上磨炼即是将功利事件如其所是的呈现为良知事件，因此阳明特别强调意向的良知本体，并从而主张知行合一的说法：

> 心者身之主也，而心之虚灵明觉，即所谓本然良知也。其虚灵明觉之良知应感而动者，谓之意；有知而后有意，无知则无意矣。⑦

> 知之真切笃实处，即是行；行之明觉精察处，即是知；知行工夫，本不可离。只为后世学者分作两截用功，失却知行本体，故有合一并进之说。⑧

阳明将"行之明觉精察处"，也看成是知，实际是说，行事是良知的显现。按照阳明的上述说法，事即是良知之事，亦可以推断，行事就是"致良知"的显现过程，也是学问精进的过程。因此阳明特别反对将"人情物理与良知看作两事"，不在良知实践上用功，只是空讲个道

① 王守仁：《语录一》，《王阳明全集》一册卷 1，上海古籍出版社 2014 年版，第 14 页。徐复观说，"阳明在政治活动中所建立之事功，皆由其修己之仁，亦即是皆由其致良知之所发挥表现。""事功即涵摄于良知之教中，只是触机而见，其间并无转折。""在事上用工，是王学的真血脉，亦即是良知之教的归结处。""其学说之精要，多撼发于受命赣南及广西时期，此观于年谱即可得其梗概。应当由此而把握、证明其致良知之教的真实意义。"参见《一个政治家的王阳明》，见《儒家思想与现代社会》，九州出版社 2014 年版，第 221、223、223、232 页。陆九渊说，"吾家合族而食，每轮差子弟掌库二年，某适当其职，所学大进，这方是执事敬。"李子愿：《年谱》，见《陆九渊集》，中华书局 1980 年版，第 485 页。
② 王守仁：《答徐成之》，见《王阳明全集》一册卷 4，上海古籍出版社 2014 年版，第 163 页。
③ 王守仁：《与王纯甫》，见《王阳明全集》一册卷 4，上海古籍出版社 2014 年版，第 173—174 页。
④ 王守仁：《语录二》，见《王阳明全集》一册卷 2，上海古籍出版社 2014 年版，第 53 页。
⑤ 王守仁：《语录一》，见《王阳明全集》一册卷 1，上海古籍出版社 2014 年版，第 6 页。
⑥ 王守仁：《语录一》，见《王阳明全集》一册卷 2，上海古籍出版社 2014 年版，第 53 页。
⑦ 王守仁：《语录一》，见《王阳明全集》一册卷 2，上海古籍出版社 2014 年版，第 53 页。
⑧ 王守仁：《语录二》，见《王阳明全集》一册卷 2，上海古籍出版社 2014 年版，第 47—48 页。

理，他说：

> 今时同志中，虽皆知得良知无所不在，一涉酬应，便又将人情物理与良知看作两事，此诚不可以不察也。①

> 今却不去必有事上用工，而乃悬空守著一个勿忘勿助，此正如烧锅煮饭，锅内不曾清水下米，而乃专去添柴放火，不知毕竟煮出个甚么物来。吾恐火候未及调停，而锅已先破裂矣。②

正如前所论，阳明后学对于"致良知"的事件义，有所忽略，因而形成后学之纷争。但亦有学者，对阳明学说的此种特点，深有印可，徐复观即说：

> 阳明致良知之教，是与"行"与"事"，融为一体而不可分。在有政治机缘时，必直接落实于政治的实际问题上，必直接成就政治上的事功；事功即涵摄于良知之教中，只是触机而见，其间并无转折。……由此可知，在事上用工，是王学的真血脉，亦即是良知之教的归结处。③

阳明学说之精进，与其在行事中致其良知有关。亦可说，无行事之"明觉精察"，也就没有阳明致良知教内涵的不断丰富与发展。对于其行事的良知精义，应当说，阳明自身是有所反思明言的，尤其是对其有重大影响的一些"临界境况"，阳明更是反复有所说明。不过，在阳明的一生事功中，广西事件有着重要地位，但因为他在事件过程中去世，其中的微言大义，显然就没来得及予以明示。但其在广西之行事，显然又是其一生学问的最终显示，可以说积其一生良知学之精微，值得其后学仔细品味。"纷成异说""涌言乱众"的结果，有可能是没有足够重视其"临死事件"的结果，徐复观即强调我们要从把握王学的精要：

> 其学说之精要，多摅发于受命赣南及广西时期，此观于年谱即可得其梗概。应当由此而把握、证明其致良知之教的真实意义。④

因此，将广西事变看做是良知的呈现，从中一窥阳明晚年学说的精义，或是一个新的致思路径。

二、广西事件

对于阳明而言，广西不能理解为一个地域，而应当看做是一连贯性的事件名，广西之所以可以作为标志命名，只是因为这是阳明晚年最后遭际的源起与主要场域。自阳明被朝廷任命赴广

---

① 王守仁：《答魏师说》，见《王阳明全集》一册卷6，上海古籍出版社2014年版，第242页。
② 王守仁：《语录二》，见《王阳明全集》卷2，上海古籍出版社2014年版，第94页。
③ 徐复观：《一个政治家的王阳明》，见《儒家思想与现代社会》，九州出版社2014年版，第223页。
④ 徐复观：《一个政治家的王阳明》，见《儒家思想与现代社会》，九州出版社2014年版，第232页。

起，至阳明在江西大余归天，乃至其后的一段余波，均可被视为广西事件的构成内容。① 当然，为了讨论方便，将大余归天后的事件余波另行处理，可能更为妥当。

1. 正念。依阳明的看法，意之所在方为事。广西事件之成为事件，首先在于阳明内在的良知能够将广西事变视作自己内心之事。这一点，阳明是经过了一个思想转念的过程的。在一般人看来，广西事变是建功立业的机会，但在阳明看来，尽管其有入世之心，但建功立业非其所好，他"固非果于忘世者，平生亦不喜为尚节求名之事"。② 因此，当朝廷征召阳明出师时，阳明的第一反应是拒绝，即是为了避免他人对其"尚节求名"的诽谤。关于这一点，阳明是有着深刻的历史教训的，江西平宸濠之乱后，嫉妒与诽谤给跟从他的人带来伤害，这一点阳明余悸犹存，他说：

> 谗构未息，而往年江西从义将士，至今查勘未已，往往废业倾家，身死牢狱，言之实为痛心，又何面目见之！③

当然，出于良知，阳明也对广西事件的性质与自身的身体条件，有着客观的认知。他认为，广西事件是"疥疥之疾"④ 只要给予当地官员足够的时间与耐心，此事并不难处理。同时，自己身体多病，难以承受南方炎蒸的天气与军事繁役，必然会加重其病情，既难以完成朝廷重托，也会失去完善、传播其良知学说的时间。因此阳明一方面推许姚镆的处事能力，另一方面也描述了自己的病况与志向，他说：

> 两广之役，……若处置得宜，事亦可集。姚镆平日素称老成慎重，一时利钝前却斯亦兵家之常，要在责成，难拘速效。⑤

> 近年以来，忧病积集，尪羸日盛，惟养疴丘园，为乡里子弟考订句读，使知向方，庶于保身及物亦稍得效其心力，不致为天地间一蠹。⑥

只不过，在与朝廷的沟通过程中，阳明也逐渐认识到，本来没有什么紧要的思田之事，因为当地官员处置过当，而终至于"不可轻易收拾"⑦。思田事件涉及边疆稳定，即中国东南边境的安定问题，已经不是一个地方事件，而是具有全局影响的事件。阳明就必然要正眼相待，放下个人生死之念，而从国家利益出发，带病出征，阳明自剖心迹说：

> 伏念世受国恩，粉骨斋骸，亦无能报。又况遭逢明圣，温旨勤拳若是，何能复顾

① 大多数学者涉及阳明与广西的关系时，多从地域意义，少从事件意义上来讨论。如黄懿、杨晨的《王阳明在广西》一文，即主要从地域的角度进行探讨，"以王阳明的行踪历程为线索，以其治理八寨、断藤峡上疏经略六项事宜（1. 移南丹卫城于八寨；2. 改筑思恩府治于荒田；3. 改凤化县治于三里；4. 增设隆安县治；5. 置流官于思龙，以属田宁；6. 增筑守镇城堡于五屯）为研究重点，兼及王阳明重要史迹的介绍与分析。"参见《国际阳明学研究》第三卷，上海古籍出版社 2013 年版，第 108 页。
② 王守仁：《与黄宗贤之四》，见《王阳明全集》三册卷 21，上海古籍出版社 2014 年版，第 916 页。
③ 王守仁：《与黄宗贤之一》，见《王阳明全集》三册卷 21，上海古籍出版社 2014 年版，第 913 页。
④ 王守仁：《与黄宗贤之二》，见《王阳明全集》三册卷 21，上海古籍出版社 2014 年版，第 914 页。
⑤ 王守仁：《辞免重任乞恩养病疏》，见《王阳明全集》二册卷 14，上海古籍出版社 2014 年版，第 512 页。
⑥ 王守仁：《寄杨邃庵阁老之四》，见《王阳明全集》三册卷 21，上海古籍出版社 2014 年版，第 905 页。
⑦ 王守仁：《与黄宗贤之三》，见《王阳明全集》三册卷 21，上海古籍出版社 2014 年版，第 915 页。思田之变本来起于当地土司之间的世代仇杀，但在当地官员的重压下，当地土司岑猛宣称避祸安南，其土目又宣称借兵安南为其复仇，逐渐演变成具有分裂叛乱可能的国际事件，遂至于事件的严重性大大提升了。

其他。已于九月初八日扶病起程，沿途就医，服药调理，昼夜前进。①

虽然在接受朝廷任命之时，阳明还没有完全摆脱江西谤怨的影响，但他出于仁者的良知，明确表明自己不论遭到何种非议，都要依自己的良知去做，甚而丧失生命也在所不惜，他说：

> 苟利于国而庇于民，死且为之矣，而何人言物议之足计乎！②

> 人臣之事君也，杀其身而苟利于国，灭其族而有裨于上，皆甘心焉；岂以侥幸之私，毁誉之末，而足以扰乱其志者！③

一旦阳明将广西事变视作良知所在之事，他对于事变内容之认定，就与当时处理广西事变的君主与权臣显有不同，他认为广西事变产生的原因，只是"土官仇杀"，与那些祸乱地方的盗贼完全不同。④同时，经过沿路的明察暗访，阳明将原来朝廷没有直接授权的断藤峡、八寨瑶民之事纳入事变之中进行处理，是因为他认为"瑶贼不除，居民绝无安生之理"。

> 八寨瑶贼，积年千百成徒，流劫州县乡村，杀害良民，掳掠子女生口财物，岁无虚月，月无虚旬。民遭荼毒冤苦，屡经奏告，乞要分兵剿灭者，已不知几百十番。……官府隐忍抚谕，冀其悔罪改过。而彼乃悍然不顾，愈加凶横，出劫益频。……近因思、田扰攘，各贼乘机出攻州县乡村，远近相煽，几为地方大变。仰赖朝廷威令传播，苟幸未动。缘此瑶贼之与居民，势不两立，若瑶贼不除，则居民决无安生之理。⑤

2.仁意。阳明超越对旁人诽谤与个人生死的担忧，将思田事变与八寨断藤峡乱民视作意向之事，接下来要做的就是，以良知照向事件，添加事件的良知属性。阳明认为，良知即是仁爱之心，只有具有仁爱之心，才能成就良知之事，对于广西事变，阳明内心充满恻隐仁爱之心。

> 吾平生讲学，只是致良知三字。仁，人心也；良知之诚爱恻坦处，便是仁。无诚爱恻坦之心，亦无良知可致矣。⑥

正是有了此仁爱之心，阳明对于思田事变造成的悲惨结果，感同身受，大为同情。他公然改变了朝廷对思田事变的既定方针，哪怕他知道这样做，难免"大拂喜事者之心"，他也不愿意为了个人之功利而牺牲无辜之生命。因此，他主张善待当地百姓，能减少一分伤害就减少一分伤害，他曾言道：

① 王守仁：《赴任谢恩遂陈肤见疏》，见《王阳明全集》二册卷14，上海古籍出版社2014年版，第513页。
② 王守仁：《赴任谢恩遂陈肤见疏》，见《王阳明全集》二册卷14，上海古籍出版社2014年版，第517页。
③ 王守仁：《奏报田州思恩平复疏》，见《王阳明全集》二册卷14，上海古籍出版社2014年版，第526页。
④ 王守仁：《辞免重任乞恩养病疏》，见《王阳明全集》二册卷14，上海古籍出版社2014年版，第512页。别人的目的要么为了泄愤，要么为了建立不世之功业，如思田之役，即是当地官员"不胜二酋之愤，遂不顾万余之命，竭两省之财，动三省之兵，使民男不得耕，女不得织，数千里内骚然涂炭者两年于兹。"而桂萼荐阳明赴桂，亦包藏建不世之功的私念，"初，守仁之在广西也，安南适内乱，桂萼欲建议图之，移书守仁，使侦其要领以复。守仁恐其责之我也，寝不与侦，萼衔之。"王守仁：《赴任谢恩遂陈肤见疏》，见《王阳明全集》二册卷14，上海古籍出版社2014年版，第515页；束景南：《王阳明年谱长编》四册，上海古籍出版社2017年版，第1937页。
⑤ 王守仁：《征剿稔恶瑶贼疏》，见《王阳明全集》二册卷15，上海古籍出版社2014年版，第547—548页。
⑥ 王守仁：《寄正宪男手墨二卷》，见《王阳明全集》三册卷26，上海古籍出版社2014年版，第1091页。

> 官府民居，悉已烧毁破荡，虽蔀屋寻丈之庐，亦遭翻挖发掘，曾无完土，荒村僻坞，不遗片瓦尺椽，伤心惨目，诚不忍见。①

> 思、田事，贵乡往来人当能道其详。俗谚所谓生事事生，此类是矣。今其事体既已坏，尽欲以无事处之，要已不能，只求减省一分，则地方亦可减省一分劳攘耳。鄙见略具奏内，深知大拂喜事者之心，然欲杀数千无罪之人以求成一己之功，仁者之所不忍也！②

阳明之所以主张多行抚柔之法，是因为他认为，天下之志是相通的。正因为其志可以相通，因而做事从人情出发，就能不知不觉地感化对方，从而在不知不觉中就能与民志相通，从而不须通过强制的行为，而达到教化的目的，成就长治久安的事业。阳明认为广西事件"莫善于罢兵而行抚"③，正是因为他对思田事变背后的心理动机进行了详细分析，知道事变并非出于政治目的，而是因当事双方的激愤之心而引起。

> 谓之柔与抚者，岂专恃兵甲之盛，威力之强而已乎？古之人能以天地万物为一体，故能通天下之志。凡举大事，必须其情而使之，因其势而导之，乘其机而动之，及其时而兴之；是以为之但见其易，而成之不见其难，此天下之民所以阴受其庇，而莫知其功之所自也。④

> 两广……军政日坏，……一有惊急，必须倚调土官狼兵，……此辈夷犷之性，岁岁调发，奔走道途，不得顾其家室，其能以无倦且怨乎？及事之平，则又功归于上，而彼无所与。兼有不才有司，因而需索引诱，与之为奸，其能以无怒且慢乎？既倦且怨，又怒以慢；始而征发愆期，既而调遣不至。⑤

因此阳明主张，即便是征剿十恶不赦、为害平民的惯匪，也要区分主从，对于胁从之人，多行宽宥。甚而对于那些有可能只是假意归顺的人，也要接受其投诚，以期能够渐次感化，

① 王守仁：《举能抚治疏》，见《王阳明全集》二册卷15，上海古籍出版社2014年版，第550页。
② 王守仁：《答方叔贤之二》，见《王阳明全集》三册卷21，上海古籍出版社2014年版，第913页。
③ 王守仁：《奏报田州思恩平复疏》，见《王阳明全集》二册卷14，上海古籍出版社2014年版，第525页。阳明认为，"抚之有十善：活数万无辜之死命，以明昭皇上好生之仁，同符虞舜有苗之征，使远夷荒服无不感恩怀德，培国家元气以贻燕翼之谋，其善一也。息财省费，得节缩赢余以备他虞，百姓无椎脂刻髓之苦，其善二也。久戍之兵得遂其思归之愿，而免于疾病死亡脱锋镝之惨，无土崩瓦解之患，其善三也。又得及时耕种，不废农作，虽在困穷之际，然皆获顾其家室，亦各渐有回生之望，不致转徙自弃而为盗，其善四也。罢散土官之兵，各归守其境土，使知朝廷自有神武不杀之威，而无所恃赖于彼，阴消其桀骜之气，而沮慑其佞妄之心，反侧之奸自息，其善五也。远近之兵，各归旧守，穷边沿海，咸得修复其备御，盗贼有所惮而不敢肆，城郭乡村免于惊扰劫掠，无虚内事外，顾此失彼之患，其善六也。息馈运之劳，省夫马之役，贫民解于倒悬，得以稍稍苏复，起呻吟于沟壑之中，其善七也。土民释兔死狐悲之憾，土官无唇亡齿寒之危，湖兵遂全师早归之愿，莫不安心定志，涵育深仁而感慕德化，其善八也。思、田遗民得还旧土，招集散亡，复其家室，因其土俗，仍置酋长，彼将各保其境土而人自为守，内制瑶、僮，外防边夷，中土得以安枕无事，其善九也，土民既皆诚心悦服，不须复以兵守，省调发之费，岁以数千官军，免蹭顿道途之苦，居民无往来骚屑之患，商旅能通行，农安其业，近悦远来，德威覃被，其善十也。"
④ 王守仁：《绥柔流贼》，见《王阳明全集》二册卷18，上海古籍出版社2014年版，第721页。
⑤ 王守仁：《赴任谢恩遂陈肤见疏》，见《王阳明全集》二册卷14，上海古籍出版社2014年版，第514页。

他说：

> 诛其罪大恶极者一处两处，其余且可悉行宽抚，容令改恶从善，务在去暴除残，惩一戒百，不必广捕多杀，致令玉石无分，惊疑远迩，后难行事。①

> 各瑶投抚，诚伪虽未可料，但既许其改恶，若复进兵袭剿，未免亏失信义，无以心服蛮夷。亦合暂且宽宥，容其舍旧图新。②

3. 攻心。既然所有的事件是由心而起，邪恶之事起于邪心，要平息事变，就必须在心上作工夫，如此才可真正解决事件产生的根源。阳明因此明确主张，广西事变的处理原则应以"攻心为上"，只有这样，才能收复民心，从而真正起到安定一方的作用。

> 盖用兵之法，伐谋为先；处夷之道，攻心为上；今各瑶征剿之后，有司即宜诚心抚恤，以安其心；若不服其心，而徒欲久留湖兵，多调狼卒，凭藉兵力以威劫把持，谓为可久之计，则亦未矣。③

阳明将老百姓区分成三种，即顽民、新民与良民。顽民，也就是阳明所说的十恶不赦、罪大恶极的人，这样的人往往难以改过自新，"狠戾相承，凶恶成性，不可改化"④，是所谓首恶之人，他们往往还裹胁一些无知民众，阻止他们从善。对于这样的人，阳明主张要果断坚决地予以诛杀，这也是仁心的另一面。

---

① 王守仁：《议处江古诸处瑶贼》，见《王阳明全集》二册卷18，上海古籍出版社2014年版，第695页。阳明屡次强调不要侵扰百姓一草一木，并以军纪相约，"除临阵斩获外，其余胁从老弱，一切皆可宥免。今兹之举，唯以定乱安民为事，不以多获首级为功。各官务要仰体朝廷忧悯困穷之心，俯念地方久罹荼毒之苦，仍要禁约军兵人等，所过良民村分，毋得侵扰一草一木，有犯令者，当依军法斩首示众。""今日用兵，却须号令严明，有功必赏，有罪必戮者，乃是本院欲安两府之民，使之立功赎罪，以定其良家，而因以除去地方之恶，是乃帅师行军之道，不如此不足以取胜而成功也。"王守仁：《八寨断藤峡捷音疏》，见《王阳明全集》二册卷15，上海古籍出版社2014年版，第560页；《牌行委官林应骢督谕土目》，见《王阳明全集》二册卷18，上海古籍出版社2014年版，第717页。不过，战争毕竟是残酷的，有些事情超出了阳明的设想之外，"其稍有强力者尚一千余徒，将奔往柳、庆诸处贼巢。我兵四路夹追，及之于横水江。各贼皆已入舟离岸，兵不能及。然贼众船小，皆层叠而载，舟不可运；复因争渡，自相格斗，适遇飓风大作，各船尽覆，浮迫登岸得不死者，仅十二余徒而已。""既晴，我兵仍分路入山搜剿，各贼茫无踪迹。又复深入，见崖谷之间，颠堕而死者不可胜计，臭恶熏蒸，不可复前。远近崖峒之中，林木之下，堆叠死者男女老少大约且四千有余。盖各贼皆仓促奔逃，不曾赍有禾米，大雨之中，饥饿经旬，而既晴之后，烈日焚炙，瘴毒蒸炽，又且半月有余，故皆糜烂而死。"参见王守仁：《八寨断藤峡捷音疏》，见《王阳明全集》二册卷15，上海古籍出版社2014年版，第559、559—560页。对于王阳明在广西的军事行动，历代评价不一，杨荣国认为他是"镇压农民起义的刽子手"，这个看法影响了广西学界对王阳明广西之行的定位，即普遍将其看作是镇压广西农民起义、民族起义的刽子手，如莫家仁说，阳明是"屠杀壮瑶人民的刽子手"，"如果要在壮族自治区首府树王守仁的塑像，壮瑶等少数民族自然难以接受，不利于民族之间的团结。"余怀彦则认为对于所谓的农民起义要具体事情具体分析，而对于阳明的行为，则"严格来说，王阳明镇压的实际上并不是'农民起义'，而是土匪、流贼以及一部分少数民族首领的叛乱暴动。它们和农民起义是有一定差别的。"参见杨荣国：《简明中国古代哲学史》，人民出版社1973年版，第32页；莫家仁：《王守仁与广西少数民族》，《广西民族研究》1992年第2期；余怀彦：《良知之道：王阳明的五百年》，中国友谊出版公司2016年版，第80页。

② 王守仁：《行左江道剿抚仙台白竹诸瑶牌》，见《王阳明全集》三册卷30，上海古籍出版社2014年版，第1217页。

③ 王守仁：《绥柔流贼》，见《王阳明全集》二册卷18，上海古籍出版社2014年版，第720页。

④ 王守仁：《八寨断藤峡捷音疏》，见《王阳明全集》二册卷15，上海古籍出版社2014年版，第563页。

　　稔恶各贼，自弘治、正德以来，至于今日，二三十年之间，节该桂平等县被害人
户李子太等前后控奏，乞行剿除民害，不下数十余次，皆有部咨行令勘议计剿；……况
臣驻札南宁，小民纷纷诉苦，请兵急救荼毒，皆为朝不谋夕。各贼之恶，委已数穷贯
满，神怒人怨，难复逭诛。①

　　胁从之人，善恶不定，既易为恶人所裹胁，也易为善人所劝奖。对于愿意主动从善的胁从
之人，阳明申明他们被胁从主要是出于自我保全的本能，其情可悯，因而主张宽宥他们的胁从之
恶，放他们一条生路，"开其自新之路"②，使他们心悦诚服地"改恶从善"，他说：

　　但念尔等所以阻兵负险者亦无他意，不过畏罪逃死，苟为自全之计，其情亦有可
悯。方今圣上推至孝之仁，以子爱黎元，惟恐一物不得其所，虽一夫之狱，尚恐或有
亏枉，亲临断决，何况尔等数万之命，岂肯轻意剿杀。故今特遣大臣前来查勘，开尔
更生之路，非独救此数万无辜之民，亦使尔等得以改恶从善，舍死投生。③

　　这些主动改恶从善的人，王阳明称之为新民，即自新之民。新民善恶不定，归顺朝廷也可
能是出于外在情势所迫，若事情结束后再受顽民裹胁诱惑，也难保不会再生事端。因此阳明从
长治久安计，强调要通过社会机制的安排优化，以巩固这些新民的向善之心，杜绝其再次为恶
之心。从而可以用这些新民的榜样作用，吸引更多的人改过自新，以达到"良民日多而恶党日
消"④，"党恶自孤而其势自定"⑤的大好局面。阳明说：

　　若各贼果能改恶迁善，实心向化，今日来投，今日即待以良善，即开其自新之路，
决不追既往之恶；尔等即可以此意传告开喻之，我官府亦未尝有必欲杀彼之心。若彼贼
果有相引来投者，亦就实心抚安招来之，量给盐米，为之经纪生业，亦就为之选立酋
长，使有统率，毋令涣散。一面清查侵占田土，开立里甲，以息日后之争；禁约良民，
毋使乘机报复，以激其变。⑥

　　这里所说的"开立里甲""禁约良民"，大约是指阳明推行的十家牌法与乡约。十家牌法与乡
约法是阳明在长期的政治实践中，吸收其属官与民众建议逐步总结出来的行之有效的社会教化机
制。⑦十家牌法主要是为了防盗，所谓孤立恶党，因为十家门前皆立一门牌，每日登记人口变化，

① 王守仁：《征剿稔恶瑶贼疏》，见《王阳明全集》二册卷 15，上海古籍出版社 2014 年版，第 549 页。
② 王守仁：《赴任谢恩遂陈肤见疏》，见《王阳明全集》二册卷 14，上海古籍出版社 2014 年版，第 516 页。
③ 王守仁：《奏报田州思恩平复疏》，见《王阳明全集》二册卷 14，上海古籍出版社 2014 年版，第 527 页。
④ 王守仁：《行浔州府抚恤新民牌》，见《王阳明全集》三册卷 30，上海古籍出版社 2014 年版，第 1219 页。
⑤ 王守仁：《绥柔流贼》，见《王阳明全集》二册卷 18，上海古籍出版社 2014 年版，第 720—721 页。
⑥ 王守仁：《绥柔流贼》，见《王阳明全集》二册卷 18，上海古籍出版社 2014 年版，第 721—722 页。
⑦ 这两种方法，是阳明在其长期的政治实践中不断总结完善的，如他在江西庐陵当县令时，即"与父老豪杰谋，
居城郭者，十家为甲；在乡村者，村自为保。平时相与讲信修睦，寇至务相救援。庶几出入相友，守望相助之
义。"而后推行于南赣，大行于广西。乡约之法可说起于十家牌法中的劝善功能，在南赣时发展为独立的乡约
之法，"故今特为乡约，以协和尔民，自今凡尔同约之民，皆宜孝尔父母，敬尔兄长，教训尔子孙，和顺尔乡
里，死丧相助，患难相恤，善相劝勉，恶相告戒，息讼罢争，讲信修睦，务为良善之民，共成仁厚之俗。"王
守仁：《告谕庐陵父老子弟》，见《王阳明全集》三册卷 28，上海古籍出版社 2014 年版，第 1133 页；《南赣乡约》，
见《王阳明全集》二册卷 17，上海古籍出版社 2014 年版，第 665 页。

十家互相监督，顽民自无藏身之地。乡约法主要是劝善，所谓良民日多，立约之民每月一会，对于约民行善予以表彰，作恶责其忏悔，以起到民间自我教化的作用。阳明行此二法，主要是为了助善，使良善民众的力量大于为盗的力量，从而使民间力量足以抵制动乱的发生。阳明在广西兼行十家牌法与乡约法，他说：

> 乡约事……使为有司者，皆能以是实心修举，下民焉有不被其泽，风俗焉有不归于厚者乎！……十家牌谕……编写人丁，惟在查考善恶，乃闻加以义勇之名，未免生事扰众，已失本院息盗安民之意。……先将牌谕所开事理，再四绸绎，必须明白透彻，真如出自己心，庶几运用皆有脉络，而施为得其调理。①

上所言表明，阳明推行两法，不是为了管制民众，而是希望官员对两法推行的因由"明白透彻"，如出己心，如此才不会变成"生事扰众"之法。阳明认为，通过良善之民的感染作用，新民就能逐渐走上真正的自新之路，从而达到更其心机的目的。事实上，阳明也意识到，对于中原礼制之法，土司官员内心天然会有抵触。因此要根据广西的地方实情，实行土流结合的官制，渐次改化广西的地方治理，不宜急行汉法。通过赋予流官以政治教化的职责，逐步同化土官，就可以使中原礼制在广西真正扎下根来，从而达到长治久安的目的。他说：

> 御之（土官）之道，则虽不治以中土之经界，而纳其岁办租税之人，使之知有所归效；虽不莅以中土之等威，而操其袭授调发之权，使之知有所统摄；虽不绳以中土之礼教，而制其朝会贡献之期，使之知有所尊奉；虽不严以中土之法禁，而申其冤抑不平之鸣，使之知有所赴诉；因其岁时伏腊之请，庆贺参谒之来，而宣其间隔之情，通其上下之义；矜其不能，教其不逮，寓警戒于温恤之中，消倔强于涵濡之内，使之日驯月习，忽不自知其为善良之归。盖舍洪坦易以顺其俗，而委曲调停以制其乱，此今日知府之设，所以异于昔日之流官，而为久安长治之策也。②

广西事件背后可说有安南的影子，无论是岑猛欲通安南，还是卢苏、王苏借兵安南，均说明了一点，若地方土司归心中原，则广西为中国之藩篱，若地方土司依恃安南，则广西为动乱之渊薮。阳明因此主张，改善广西地方行政规划，沿着左江建构一条"礼制通道"，通过经济交流促进文化融通，逐步使中原礼制在广西推广开来，从而使土民形成心向中原的良知，就能断绝安南的政治影响。

> 左江一带，自苍梧以达南宁，皆在流官腹里之地；自南宁以达于田宁，自田宁以通于云、贵、交趾，则皆夷村土寨。稍有疑传，易成阂隔。今田宁、思恩二府既皆改设流官，与南宁鼎峙而立，而又得此新创一县以疏附交连于其间，平居无事，商货流通，厚生利用，一旦或有境外之役，道路所经，皆流官衙门，从门庭中度兵，更无阻隔之

---

① 王守仁：《揭阳县主簿季本乡约呈》，见《王阳明全集》二册卷18，上海古籍出版社2014年版，第700页。
② 王守仁：《处置平复地方以图久安疏》，见《王阳明全集》二册卷14，上海古籍出版社2014年版，第535页。

患。此亦安民经国之事，势所当为者也。①

惩治顽民，安置新民，虽为当务之急，但培养良民才是根本。阳明认为，攻心之策的根本在于通过教育培养良民，"用夏变夷，宜有学校。"②建立学校，引导土民参与科举，是政治教化的有效手段。相比于传统的学校教育，阳明更注重带有心学色彩的书院教育，因为在阳明看来，通过教育建设良知社会，书院教育更为有效。他说：

> 惟我皇明，……其于学校之制，可谓详且备矣。而名区胜地，往往复有书院之设，何哉？所以匡翼夫学校之不逮也。……科举之业盛，士皆驰骛于记诵辞章，而功利得丧分惑其心，于是师之所教，弟子之所学者，遂不复知有明伦之意矣。……书院之设，……期我以古圣贤之学也。古圣贤之学，明伦而已。③

阳明大概吸取了在越地办理书院教学的成功经验，在南宁及相邻之地大办书院，建立了南宁、宾州、梧州等四五处敷文书院，"时当梗化之余，尤当敷文来远。"④阳明积极延聘名师，推动了广西南部地区的文教发展。阳明认为，广西事变的根本原因在于礼教缺失，"理学不明，人心陷溺，是以士习日偷，风教不振。"⑤建立书院的目的即在于传播良知之学，"阐明正学，讲析义理"⑥，教化当地民众，移风易俗，以"兴起圣贤之学，一洗习染之陋。"⑦因此，阳明在书院教学中，特别重视礼乐教化。他说：

> 安上治民，莫善于礼，冠婚丧祭诸仪，固宜家谕而户晓者，……况兹边方远郡，

① 王守仁：《处置八寨断藤峡以图久安疏》，见《王阳明全集》二册卷15，上海古籍出版社2014年版，第574页。此中所说的移置思恩府城，新建隆安县，后皆得以实行，"武缘都里，旧尝割属思恩者，其始多因路险地隔，不供粮差；今荒田就系武缘止戈乡一图二图之地，四望平野，坦然大道，朝往夕反，无复阻隔；则该府之官自可因城头巡检之制，循土俗以顺各夷之情，又可开图立里，用汉法以治武缘之众。夷夏交和，公私两便，则改筑思恩府成于荒田者，是亦保治安民，势不容已之事。""本院看得南宁自宣化县至于田宁，逆流十日之程，其间错以土夷村寨，奸弊百出，本爵近因躬抚南宁思龙诸图，乡民拥道控告，愿立县治，因为经理。相度得村名那久者，宽平深厚，江水萦迥，居民千余家，竹树森翳，且向武各州道路皆经由其傍，亦为四通之地，堪以设立县治，属之田宁；亦足以镇据要害，消沮盗贼。"王守仁：《处置八寨断藤峡以图久安疏》，见《王阳明全集》二册卷15，上海古籍出版社2014年版，第571页；《札付同知林宽经理田宁》，见《王阳明全集》二册卷18，上海古籍出版社2014年版，第708页。
② 王守仁：《案行广西提学道兴举思田学校》，见《王阳明全集》二册卷18，上海古籍出版社2014年版，第699页。
③ 王守仁：《万松书院记》，见《王阳明全集》一册卷7，上海古籍出版社2014年版，第282页。
④ 王守仁：《批广西布按二司请建讲堂呈》，见《王阳明全集》册二卷18，上海古籍出版社2014年版，第694页。"据金事李杰呈：'据梧州府并苍梧县学生员黎黻、严肃等连名呈，欲于县之侧，照依南宁书院规制，鼎建书院一所。'……合准于旧书院之傍，开拓地基，增建学舍。该道仍为相度经理，合用银两，亦准于该府库内照数动支。"王守仁：《批苍梧道创建敷文书院呈》，见《王阳明全集》三册卷30，上海古籍出版社2014年版，第1238—1239页。"不教而杀，帝所不忍。孰近弗绳，而远能准？爰进诸生，爰辟讲室。"王守仁：《南宁新建敷文书院记碑》，见《王阳明全集》补编，上海古籍出版社2016年版，第251页。
⑤ 王守仁：《牌行灵山县延师设教》，见《王阳明全集》二册卷18，上海古籍出版社2014年版，第701页。
⑥ 王守仁：《牌行委官季本设教南宁》，见《王阳明全集》二册卷18，上海古籍出版社2014年版，第703页。
⑦ 王守仁：《牌行委官季本设教南宁》，见《王阳明全集》二册卷18，上海古籍出版社2014年版，第703页。阳明在广西期间除了亲自到书院讲学外，还延聘季本、陈逅、陈大章等执教。参王守仁：《牌行灵山县延师设教》，见《王阳明全集》二册卷18，上海古籍出版社2014年版，第701页；《牌行委官陈逅设教灵山》，第702页；《牌行委官季本设教南宁》，第703页；《牌行南宁府延师讲礼》，第707页。

土夷错杂，顽梗成风，……若教之以礼，庶几所谓小人学道则易使矣。……诸生得于
观感兴起，砥砺切磋，修之于其家，而被于里巷，达于乡村，则边徼之地，自此遂化
为邹鲁之乡，亦不难矣。①

此外，阳明特别重视书院建设的原因还在于，书院师生之间提倡的是师友之道，"惟义所
在"②。书院师友之间不给对方留面子，只认真理，能够直面相互之间的质疑，因而起够起到互相
提点的作用，"其间纵有一二懈驰，亦可因此夹持，不致遂有倾倒。"③ 这样的话，师友间"时时
相讲习切劘，自然意思日新。"④ 阳明因此特别提醒学生定时会讲的重要，期望他们相互"提醒良
知"，他说：

> 人在仕途，比之退处山林时，其工夫之难十倍，非得良友时时警发砥砺，则其平
> 日之所志向，鲜有不潜移默夺，驰然日就于颓靡者。近与诚甫言，在京师相与者少，
> 二君必须预先相约定，彼此但见微有动气处，即须提起致良知话头，互相规切。凡人
> 言语正到快意时，便截然能忍默得；意气正到发扬时，便翕然能收敛得；愤怒嗜欲正到
> 胜沸时，便廓然能消化得；此非天下之大勇者不能也。然见得良知亲切时，其工夫又自
> 不难。缘此数病，良知之所本无，只因良知昏昧蔽塞而后有，若良知一提醒时，即如
> 白日一出，而魑魅自消矣。⑤

阳明在接到广西任命时，其犹疑不赴的一个重要原因，即在于时常"痛此学之不讲"，因此
他在赴广西军中亦讲学不辍，"思得天下之豪杰相与扶持砥砺。"⑥ 其书院讲学的内容，自然就是
他费尽一生心血得来的致良知之学。阳明在赴广西途中，曾用四句教来归纳自己的学说，并嘱其
弟子"再不可更此四句宗旨"，称其是"实用为善去恶功夫"。阳明说：

> 二君之见正好相取，不可相病。汝中须用德洪功夫，德洪须透汝中本体。二君相
> 取为益，吾学更无遗念矣。……二君已后与学者言，务要依我四句宗旨：无善无恶是心
> 之体，有善有恶是意之动，知善知恶是良知，为善去恶是格物。以此自修，直跻圣位；
> 以此接人，更无差失。……君以后再不可更此四句宗旨。此四句中人上下无不接着。
> 我年来立教，亦更几番，今始立此四句。人心自有知识以来，已为习俗所染，今不教
> 他在良知上实用为善去恶功夫，只去悬空想个本体，一切事为，俱不著实。此病痛不
> 是小小，不可不早说破。⑦

---

① 王守仁：《牌行南宁府延师讲礼》，见《王阳明全集》二册卷18，上海古籍出版社2014年版，第707—708页。
② 王守仁：《答储柴墟》，见《王阳明全集》三册卷21，上海古籍出版社2014年版，第893页。
③ 王守仁：《与钱德洪王汝中之二》，见《王阳明全集》一册卷6，上海古籍出版社2014年版，第249页。
④ 王守仁：《与陈惟濬》，见《王阳明全集》一册卷6，上海古籍出版社2014年版，第247页。
⑤ 王守仁：《与黄宗贤》，见《王阳明全集》一册卷6，上海古籍出版社2014年版，第244页。
⑥ 王守仁：《与郑启范侍御》，见《王阳明全集》三册卷21，上海古籍出版社2014年版，第911页。阳明与林富
　在广西相见，即与其切磋学问，"公事之余，相与订旧闻而考新得。予自近年偶有见于良知之学，遂具以告于
　省吾；而省吾闻之，沛然若决江河，可谓平生之一快。"王守仁：《送别省吾林都宪序》，见《王阳明全集》三册
　卷22，上海古籍出版社2014年版，第975页。
⑦ 钱德洪：《年谱三》，见《王阳明全集》四册卷35，上海古籍出版社2014年版，第1442—1443页。

三、生死事件

中庸有言，为政在人。倘若将人理解成文王武王，则难免会认为，好的政治依赖于圣人的治理，若圣人斯往，则好的政治亦不复存在。应当说，阳明也是有这种致思理路的，因而他对于广西之行的第一反应，就包括这样的质疑，"身在而后道可弘，皮之不存，毛将焉附？"① 但是如前所述，这样的质疑只是一闪念，最终阳明以家国之许克服了这种想法，这说明在阳明的理解中，为政在人之人，还有另一种理解思路，即人者仁道也，好的政治是人道政治，不必依赖于圣贤个体的存在与否。阳明曾说，他的良知学说是"从百死千难中得来，非是容易见得到此"。② 要达到对人的人道含义的理解，需要超越人的自我意识。超越人的自我意识的关节点在于，如何领会生死。人只有突破生死局限，才能超越自我，对此阳明是有深刻体认的，如他被贬龙场驿时，领悟"生死一念"是最后的关口，化解此执念的良药，即是"吾性自足"的良知；又如他在宸濠之变中，因独得大功，受到皇帝猜忌，权臣诬蔑，再次遭遇精神危机，但他依靠其坚定的良知信念，最终渡过个人与国家的双重难关，对于良知之说的体认则更加真切，而坚信良知确有"出生死"的作用。年谱记载说：

> 自计得失荣辱皆能超脱，惟生死一念尚觉未化，乃为石墩自誓曰：'吾惟俟命而已！'日夜端居澄默，以求静一；久之，胸中洒洒。……因念：'圣人处此，更有何道？'忽中夜大悟格物致知之旨，寤寐中若有人语之者，不觉呼跃，从者皆惊。始知圣人之道，吾性自足，向之求理于事物者误也。③

> 自经宸濠、忠、泰之变，益信良知真足以忘患难，出生死，所谓考三王，建天地，质鬼神，俟后圣，无弗同者。④

龙场悟道还只是个人的生死危机，而在宸濠之变之中，则事关千万人的生死，阳明因此特别提到依良知行事的公共性问题，所谓公共领域的"无弗同者"。在阳明看来，能够"出生死"的良知，不光是能够解决自身的各种问题，更是能够"疗得天下之病"，使天下"起死回生"，他说：

> 今天下事势，如沈疴积痿，所望以起死回生者，实有在于诸君子。若自己病痛未能除得，何以能疗得天下之病！⑤

显然，阳明将治疗天下病的希望放在"诸君子"之上。所谓诸君子，是指与阳明在师友关系

---

① 王守仁：《答黄宗贤之五》，见《王阳明全集》三册卷21，上海古籍出版社2014年版，第917页。

② 钱德洪：《刻文录叙说》，见《王阳明全集》四册卷41，上海古籍出版社2014年版，第1747页。"人生视死，诚大事哉！知生死，生死小矣。然营营者不大生死之事，何由知之？苟决华腴，营营相逐，如是乎忌讳生死，不闻生死之言，而日拖尸以趋死。死于宛娈金穴之缠羞鬼谴，比死于蓬室之酸邻烧纸，更难令人见，则安乐乃葬古今之石椁也。有言生死一大事者，岂非醒世第一铎乎？"方以智撰，庞朴注释：《东西均注释》，中华书局2016年版，第178页。

③ 钱德洪：《年谱一》，见《王阳明全集》四册卷33，上海古籍出版社2014年版，第1354页。

④ 钱德洪：《年谱二》，见《王阳明全集》四册卷34，上海古籍出版社2014年版，第1411页。

⑤ 王守仁：《与黄宗贤》，见《王阳明全集》一册卷6，上海古籍出版社2014年版，第245页。

之间的同志弟子。可以看出,良知不仅可以化解个人的"生死一念",从而成就其精神生命,亦可以救治天下人的"生死一念",而成为公共事件。也就是说,良知事件不但是能够超越肉体生死的精神事件,亦是能超越个人生死的公共事件。广西事件当然首先是一个良知事件,但他同时也是一个生死事件。在广西期间,阳明因身体长期生病,过于操劳,而在返回浙江的途中病逝。其病逝时留下的哲学遗言,大概代表了其个人对广西事件的双重理解。年谱中记载了阳明对门人周积言说的遗言,"此心光明,亦复何言?"① 这个遗言表明了阳明对其超越肉体生命的束缚,将广西事件转变为良知事件,获得精神生命成就的整体肯定。此外,一些人可能出于否定阳明广西功业的目的,而倾向于相信阳明另一段遗言的真实性,即黄绾在行状中记载的阳明另一段遗言,"他无所念,平生学问方才见得数分,未能与吾党共成之,为可恨耳!"② 不过,若我们能够从"出生死"的另外一个维度,即救治天下之病的角度来理解这一段遗言,就能体认到这段遗言的中心,不在于可恨与遗憾,而在于"吾党共成"的托付性,也就是说,阳明意识到了良知事件的公共性,即良知事件是超越个人生死的公共事件。阳明在这里是补充了一个哲学嘱托,针对他的弟子与同志,他希望他们继续他在广西事件中践行的致良知教,帮助自己完成"一生未了心事"③,尽管其中蕴含着不能"与诸友一面而别"④ 的遗恨。这种理解并非空穴来风,从阳明在离开前,对处理广西事件的一些安排中,是可以体会他的这份心思的。如他在建议要采取预防将来之患,以达到长治久安目的,而提出的对策时,就明言自己无法亲自董其成事,但仍不得不如此做,并期望后继者有以成之。

> 将来之患,不可以不预防,而事机之会,亦不可以轻失。臣因督兵,亲历诸巢,
> 见其形势要害,各有宜改立卫所,开设县治,以断其脉络而扼其咽喉者。若失今不为,

① 钱德洪:《年谱三》,见《王阳明全集》四册卷35,上海古籍出版社2014年版,第1463页。
② 黄绾:《阳明先生行状》,见《王阳明全集》四册卷38,上海古籍出版社2014年版,第1579页。陈来疑此两段论述不能并存,他说:"钱德洪为《哀感》作者,又主持《年谱》之纂,不论周积问遗言一段何人草成,《哀感》与之相异而两存之,岂察之未细之故耶,抑《哀感》作时未见周积而以后乃有闻于积之语耶?今俱录此,以俟后之辨者云。"参见陈来:《有无之境》,北京大学出版社2006年版,第325—326页。或有以翁素之言论其未竟,"副使翁万达曰,新建伯之将薨也,予适侍侧,言田州事非我本心,后世谁谅我者?"参田汝成,《炎徼纪闻·岑猛》,民国嘉业堂本。阳明全集中,与黄宗贤书(五癸酉)有"吾党间隙""吾党数人"语,答甘泉(己卯)有"吾党之学"语,与杨仕鸣(二癸未)有"吾党既知学问头脑"语,寄邹谦之(五丙戌)有"吾党自相求胜之罪"语,与郭善甫有"吾党之学廓然同途"语,与道通周冲书五通(三)有"吾党作文之弊"语,春行诗有"好将吾道从吾党"语,赠别黄宗贤诗有"嗟嗟吾党贤"语,有诗名"有僧坐岩中已三年诗以励吾党",刻文录叙说有"吾党学问""吾党志在明道"语,别方叔贤序(辛未)有"乐为吾党道之"语,别黄宗贤归天台序(壬申)有"吾党之良"语,祭杨士鸣文(丙戌)有"吾党之失助而未及见斯道之大行"语,未见共成之语。全集中用得更多的是同志,与陈国英(庚辰)言"同志之友日相规切""激励警发",答方叔贤(二癸未)言"并心同志,务求其实,以身明道学。虽所入之途稍异,要其所志而同,斯可矣",寄邹谦之(四丙戌)言"苟有兴起向慕是学者,皆可以为同志",答聂文蔚言"二三同志""切劘之益"、"豪杰同志之士扶持匡翼,共明良知之学于天下",显然,吾党共成之意,亦可表明为同志共成之意,然同志共成之意同样为晚出之意,阳明晚学中,在同时使用同志一词时,吾党的用法有所增多。
③ 王守仁:《答黄宗贤之五》,见《王阳明全集》三册卷21,上海古籍出版社2014年版,第917页。
④ 王守仁:《答何廷仁》,见《王阳明全集》一册卷6,上海古籍出版社2014年版,第250—251页。

则数年之间，贼以渐复，归聚生息，不过十年，又有地方之患矣。臣以多病之故，自度精神力量断已不能了此；但已心知其事势不得不然。①

切照广东右布政使王大用、湖广按察使周期雍，皆才识过人，可以任重致远。……乞敕吏部酌臣所议，于二臣之内选用其一，非惟地方付托得人，永有所赖，而臣等亦可免于身后之戮，地方幸甚。②

当然，阳明所说的疗治天下之病，并不单指广西事件的处理，而是更为广大的对违背良知之病的救治。阳明将良知之学的兴起寄望于"吾党"后学，对他们坚持良知会讲，寄望有加，认为只有通过弟子同志们的不断"切磋砥砺"，才能使良知之学"后或兴起亦未可知"。

莆中故多贤，国英及志道二三同志之外，相与切磋砥砺者，亦复几人？良知之外，更无知；致知之外，更无学。外良知以求知者，邪妄之知矣；外致知以为学者，异端之学矣。道丧千载，良知之学久为赘疣，今之友朋知以此事日相讲求者，殆空谷之足音欤！③

近来不审同志叙会如何？得无法堂前今已草深一丈否？想卧龙之会，虽不能大有所益，亦不宜遂致荒落。且存饩羊，后或兴起亦未可知。余姚得应元诸友相与倡率，为益不小。近有人自家乡来，闻龙山之讲至今不废，亦殊可喜。④

阳明认为皇帝与权臣，其思其行皆违良知，皆是病人，而他就是医心之人。再加上阳明具有"行不掩言"⑤的狂者胸次，即便是阳明的师友之人，亦难免为人所利用，而"幸吾党间隙"⑥，造成言语争端。何况是追逐功利的帝王权臣，自然就要否定阳明的广西事功及其良知学说。当权大臣桂萼因阳明没有帮助其实现谋取交趾的功业，而诋毁阳明，时任阁辅杨一清则疑阳明有入阁之志而心生疑惑，因而阴助桂萼之诋，嘉靖素不喜阳明之学说，遂而全面否定阳明的广西事功，并斥其学为伪学。

守仁既卒，桂萼奏其擅离职守。帝大怒，下廷臣议。萼等言：'守仁事不师古，言不称师。欲立异以为高，则非朱熹格物致知之论；知众论之不予，则为《朱熹晚年定论》之书。号召门徒，互相唱和。才美者乐其任意，庸鄙者借其虚声。传习转讹，背谬弥甚。但讨捕畲贼，擒获叛藩，功有足录，宜免追夺伯爵以章大信，禁邪说以正人心。'帝乃下诏停世袭，恤典俱不行。⑦

① 王守仁：《处置八寨断藤峡以图永安疏》，见《王阳明全集》二册卷15，上海古籍出版社2014年版，第567页。
② 王守仁：《举能抚治疏》，见《王阳明全集》二册卷15，上海古籍出版社2014年版，第551—552页。
③ 王守仁：《与马子莘》，见《王阳明全集》一册卷6，上海古籍出版社2014年版，第243页。
④ 王守仁：《与钱德洪王汝中之二》，见《王阳明全集》一册卷6，上海古籍出版社2014年版，第249页。
⑤ 王守仁：《语录三》，见《王阳明全集》一册卷3，上海古籍出版社2014年版，第132页。
⑥ 王守仁：《与黄宗贤之五》，见《王阳明全集》一册卷4，上海古籍出版社2014年版，第171页。
⑦ 张廷玉等撰：《列传第83·王守仁传》，《明史》卷195，中华书局2000年版，第3443页。"始，帝以苏、受之抚，遣行人奉玺书奖谕。及奏断藤峡捷，则以手诏问阁臣杨一清等，谓守仁自夸大，且及其生平学术。一清等不知所对。""萼暴贵喜功名，风守仁取交趾，守仁辞不应。一清雅知守仁，而黄绾尝上疏欲令守仁入辅，毁一清，一清亦不能无遗憾。萼遂显诋守仁征抚交失，赏格不行。"张廷玉等撰：《列传第83·王守仁传》，《明史》卷195，中华书局2000年版，第3442页。

　　针对这些指摘，阳明自然无法反驳，实际上依阳明的见解，他也不屑于去分辨，而坚信清者自清。① 不过，阳明的同志弟子仍然为其做了有力的辩护。因为针对阳明的诬蔑是从两个方面进行的，即否定广西事件的良知性及其学说的正统性，辩护也是从这两个方面进行的。第一个方面的辩护，其弟子黄绾可为代表，其辩护词在开头已引用，主要是说明阳明的知行合一、亲民、致良知诸说，皆是继承古"先民之说"，为儒家的正统之说，并非伪学。第二个方面的辩护，其弟子霍韬可为代表，他认为阳明在广西施政举措得宜，广西边陲得以安定，更为重要的是，他强调阳明处理广西事变，是为宣扬朝廷仁德，具有政治上的正确性，给朝廷赢得了政治声誉。霍氏言：

> 臣等是以叹服王守仁能体陛下之仁，以怀绥田州、思恩向化之民；又能体陛下之义，以讨服八寨、断藤峡梗化之贼也。仁义之用，两得之也。……今王守仁知田州、思恩可以德怀也，遂约其降而安定之；知八寨诸贼百六十年未易服也，遂因时仗义而讨平之。仁义之用，达天德者也；虽无诏命，先发后闻可也；况有便宜从事之旨乎？②

　　当然，在嘉靖朝，这些辩护并没有起到作用。但是，服膺阳明学说的弟子众多，尽管阳明之学被朝廷定为伪学，但其弟子仍不遗余力地传播其心学思想。他们继承阳明的遗愿，在全国各地成立以传播阳明学为中心的书院，定期举行会讲，研习阳明心学，从而使阳明思想在晚明成为主流思想，逐步改变了思想力量的对比，逐渐取得了思想主导权。阳明书院中，其弟子最早成立的是杭州的天真书院，天真书院可说打下了阳明书院的基本规制，成为后世阳明书院的模板，年谱中记载其规制道：

> 天真距杭州城南十里，山多奇岩古洞，下瞰八卦田，左抱西湖，前临胥海。……师……起征思、田，洪、畿随师渡江，偶登兹山，若有会意者。……侃奔师丧，既终葬，患同门聚散无期，忆师遗志，遂筑祠于山麓。……每年祭期，以春秋二仲月仲丁日，四方同志如期陈礼仪，悬钟磬，歌诗，侑食。祭毕，讲会终月。③

　　除了其弟子对其功业的辩护及对其学说的传播外，阳明在明晚期最终被官方所承认，还有一个重要原因，即事实证明，阳明出于良知所做的事情，也是颇有实效的。阳明去世后，继任者林富基本上执行了阳明所定之策略，但可能受到朝政的影响，阳明的一些策略没有完全得到实行，"所议迁郡割止戈里俱如公指，惟以三里当设卫而并凤化县裁之"④。不过，历史证明，王阳

---

① 阳明认为，世人不理解乃至诋毁良知之学，是因为旧闻旧习牵滞于心，若能平心而论，就会理解良知之说，"此学不明于世，久矣。而旧闻旧习障蔽缠绕，一旦骤闻吾说，未有不非诋疑议者。然此心之良知，昭然不昧，万古一日。但肯平心易气，以吾说反之于心，亦未有不洞然明白者。"王守仁：《答以乘宪副》，《王阳明全集》一册卷6，上海古籍出版社2014年版，第245—246页。

② 霍韬：《地方疏》，《王阳明全集》四册卷39，上海古籍出版社2014年版，第1623—1624页。

③ 钱德洪：《年谱三》，见《王阳明全集》四册卷36，上海古籍出版社2014年版，第1467页。阳明在南宁建立的敷文书院，至民国时犹存，"敷文书院，在北门街口，即县学旧址。明嘉靖七年，新建伯王守仁征思田驻邕时，建有正厅，东西廊房，后厅。日集诸生，讲学其中。后人因立公像于后厅，春秋祠之，名为文成公祠。后有田塘园地，前有讲学台。民国初犹存。"莫炳奎纂：《书院》，《邕宁县志》，成文出版社1975年版，第26页。

④ 苏濬：《广西郡县志》，见《粤西文载》卷11。

明的规制是有前见的，"八寨獞贼……占成十寨，气焰日张，虽一方剥肤之虞，共称孔棘。"① 为了解决这个问题，后来的广西地方长官又不得不恢复阳明的策略。

> 嘉靖七年，新建伯王守仁以抚定叛目卢苏王受之兵，稍略定八寨，又奏移入周安寨，弹压各官军已领有迁家银两，因守仁请告，随该接管都御史林富覆议，以南丹卫改于三里，曾筑有城而又以遗孽尚存，遂缘中止。今次大征，较前兵威倍振，合无查照原题议将该卫见存官军三百余名移于三里，与参将同城，仍建造卫所衙门。②

围绕阳明广西事件的争辩，实际上代表了"从道"与"从君"两条线路的对决，也即义与利的对决。③ 阳明对"从道"的理解有其特色，他将良知设定为最高的判定标准，无论是君臣还是民众，都应共同遵守这个标准，从而能够建构一个公共空间，以使君臣民之间形成一个妥协共治的空间。这是一个共赢方案，也可以看作是明代皇权过于扩张下的一个合理纠偏。阳明处理广西事件的有效性正是建立在民的合法权利得到保障的基础上的，而阳明学说与阳明书院的广泛流行正是文官行政权力遭到皇权过度剥夺的一个反动。明代晚期对阳明广西方案的认可，说明了建构政治权力、行政权力、社会权力三者之间的平衡，是社会正常运转的必然要求。明王朝的追认辞中，肯定了阳明处理广西事件的合法性，以及阳明亲民学说的正统性，说明了"从道"是社会稳定的基础。其辞曰：

> 尔故原任新建伯南京兵部尚书兼都察院左都御史王守仁，……身濒危而志愈壮，道处困而造弥深。绍尧、孔之心传，微言式阐；倡周、程之道术，来学攸宗。……既复抚夷两广，旋至格苗七旬。谤起功高，赏移罚重；……兹赠为新建侯，谥文成，锡之诰命。④

四、破贼心法

王阳明天泉问答中提及的四句教，"无善无恶心之体，有善有恶意之动，知善知恶是良知，为善去恶是格物"，是知行合一的完整过程。在阳明看来，人的本性是至善的，即无善无恶，是没有对体的概念；意向之动由所谓思虑产生，思虑产生就会计算利益，因此而产生了善恶选择的必要；人本有的是非之心，能够直觉地判断何善何恶，从而能够保证从善恶抉择中选择善；格物

---

① 张任：《十寨捷音叙功疏》，见《粤西文载》卷9。
② 张任：《十寨善后疏》，见《粤西文载》卷9。
③ 一些论者主张，阳明的"从道"主张与其之前的宋明理学家相较而言，由"得君行道"的路径转向了"觉民行道"的路径。
④ 钱德洪：《年谱附录一》，见《王阳明全集》四册卷36，上海古籍出版社2014年版，第1496页。除了明廷赐爵，阳明还被从祀孔庙，"万历十二年，御史詹事讲申前请。大学士申时行等言：'守仁言致知出《大学》，良知出《孟子》。陈献章主静，沿宋儒周敦颐、程颢。且孝友出处如献章，气节文章功业如守仁，不可谓禅，诚宜崇祀。'且言胡居仁纯心笃行，众论所归，亦宜并祀。帝皆从之。终明之世，从祀者止守仁等四人。"张廷玉等撰：《列传第83·王守仁传》，见《明史》卷195，中华书局2000年版，第3443页。

即是基于良知的判断，从善去恶，实现善的抉择。正如阳明所说，四句教的核心是第四句"为善去恶是格物"，也即致良知的进一步思索。为善去恶具有起死回生的功能，能够将功利事件转换成良知事件。致良知则生，求功利则死。在此意义而言，致良知是一种治病的学问，"涤磨心病便是致知"①。四句教可以看成是阳明对在江西所提心中贼问题的回答，破心中贼之说出于1517年阳明在江西与杨仕德书，阳明说：

> 即日已抵龙南，明日入巢，四路兵皆已如期并进，贼有必破之势。某向在横水，尝寄书仕德云：'破山中贼易，破心中贼难。'区区剪除鼠窃，何足为异？若诸贤扫荡心腹之寇，以收廓清平定之功，此诚大丈夫不世之伟绩。数日来谅已得必胜之策，捷奏有期矣。②

所谓心中贼，即是指良知走失的心病。在阳明看来，平息广西事件本身倒是小事，因为破山中贼易。但要达到长治久安的目的则非常之难，因为广西事变因激愤而起，而所谓激愤是事件双方均不守良知而起。因此，阳明在广西事件中所采用的策略，均是从破心中贼的角度出发进行设定的。自某种程度而言，阳明认为尚不及统治者的心病严重，在他看来，皇帝、权臣甚至阳明的同志，皆存在有违良知的心病，他说：

> 圣主聪明不世出，诸公既蒙知遇若此，安可不一出图报！今日所急，惟在培养君德，端其志向。③

> 群僚百司各怀谗嫉党比之心，此则腹心之祸，大为可忧者。……当事之老，亦未见有同寅协恭之诚，间闻有口从面谀者，退省其私，多若雠仇。④

> 依违观望于其间，则旧闻旧习又从而牵滞蔽塞之矣。此近时同志中往往皆有是病，不识以乘别后，意思却如何耳。⑤

破心中贼的问题，阳明在广西期间又重提此说⑥。其意可能在于，四句教虽是阳明总结其在江西破百姓心中贼与在越中通过书院教育破士人心中贼的实践经验的总结，但他并未在两者结合

---

① 王守仁：《与周道通答问书》，见《王阳明全集》补编，上海古籍出版社2016年版，第239页。
② 王守仁：《与杨仕德薛尚谦》，见《王阳明全集》一册卷4，上海古籍出版社2014年版，第188页。对所谓心中贼的理解，有一定的争议，大致有虚指与实指的不同，虚指一般认为是一种有违封建道德的念头，只是有的认为指"劳动人民的造反念头"，有的认为指"明代封建统治者钩心斗角、徇私败公、争权夺利、道德沦丧的现象"，有的认为包括前面两者指"不利于封建统治的思想念头"；实指则是指某种反叛势力，只是有的认为指"正在图谋叛乱的江西宁王"，有的认为指"刘瑾权阉集团"。按照实指则与山中贼之意近似，难易的对比就失去意义了。按虚指的话，全称判断的说法更为可信。参见任继愈：《中国哲学史》第三册；周术槐：《浅析王阳明破心中贼的主旨》，《贵州文史丛刊》1999年第4期；李明德：《王阳明的破山中贼与破心中贼》，《孔子研究》1995年第3期；陈卫平：《王守仁的破心中贼难应作何解》，《江西社会科学》1983年第4期；柯兆利：《阳明破心中贼新解》，《厦门大学学报》1990年第4期。
③ 王守仁：《答方叔贤》，见《王阳明全集》三册卷21，上海古籍出版社2014年版，第912页。
④ 王阳明：《与黄宗贤之二》，见《王阳明全集》三册卷21，上海古籍出版社2014年版，第914页。
⑤ 王守仁：《答以乘宪副》，见《王阳明全集》一册卷6，上海古籍出版社2014年版，第246页。
⑥ 此书与1517书内容相同，只最后四字有异，或为在广西时重新抄录。"即日已抵龙南，明日入巢，四路皆如期并进，贼有必破之势矣。向在横水，尝寄书仕德云：'破山中贼易，破心中贼难。'区区剪除鼠窃，何足为异？诸贤勉之。"王守仁：《与杨仕德薛尚谦》，见《粤西文载》卷54。

的基础上进行综合性的破心中贼的实践，而广西之行提供了这个机会。从这个意义上说，广西事件中蕴含着阳明对破心中贼的进步探索，展现了其破心中贼的关键心法。就笔者的看法，可从三个方面对其心法进行探究，即向善之能、渐次更化与实地用功。

1.向善之能，指阳明注重培育善的力量。阳明主张为善首在立志，但阳明所说的立志并不单单是指立定成圣成贤的目标，而是将立志看做一个不断增长向善的意志力的过程，所以他说"无师友之助者，志之弗立弗求者也"。① 阳明曾以石灰炼治之法为喻，以说明强大意志力的重要作用，"子未睹乎热石以求灰者乎？火力具足矣，乃得水而遂化。"② 正因为有此认知，阳明特别重视提升社会的善能量，以营造向善的氛围，助力社会个体坚定其向善之心。

> 本院屡经牌仰该道该府等官，将各向化良善村寨，加意抚恤怀柔，以收其散亡之势，而坚其向善之心，庶使远近知劝，而恶党自孤。③

此外，阳明主张树立善的榜样，以改善社会风气，他特别表彰当地的儒生岑伯高的德行，认为他的榜样作用，对鼓励当地形成尊视崇儒的风气，大有裨益。阳明也重视向湖广土兵阐明其事业的正义性，以鼓励土兵内在的报国之心，使其明了其行为的正当性，起到了很好的社会教化作用，他说：

> 儒士岑伯高素行端介，立心忠直，积学待时，安贫养母。一毫无所苟取，而人皆服其廉；一言不肯轻发，而人皆服其信；游学横州、南宁之间，远近士夫，及各处土官土夷，莫不闻风向慕，仰其高节。④

> 今尔等之死，乃因驱驰国事，捍患御侮而死，盖得其死所矣。……尔等徒侣或有征调之役，则尔等尚鼓尔生前义勇之气，以阴助尔徒侣立功报国，为民除患。岂不生为壮烈之夫，而没为忠义之士也乎！⑤

2.渐次更化，指阳明主张变化气质要采用积累而渐进的方法，要有耐心。阳明一生中，喜好

---

① 王守仁：《别三子序》，见《王阳明全集》一册卷7，上海古籍出版社 2014 年版，第 252 页。
② 王守仁：《赠周莹归省序》，见《王阳明全集》一册卷7，上海古籍出版社 2014 年版，第 261 页。
③ 王守仁：《抚恤来降》，见《王阳明全集》二册卷 18，上海古籍出版社 2014 年版，第 725 页。
④ 王守仁：《犒奖儒士岑伯高》，见《王阳明全集》二册卷 18，上海古籍出版社 2014 年版，第 712 页。阳明对于表彰贤善，不遗余力，有一得之善，即尽力表扬，如他对知州周墨屡次申请分俸的申请，即举其廉洁与孝道而表彰之，"据左州申：'知州周墨分俸回太仓州养亲。'看得本官发身科甲，久困下僚，虽艰苦备尝，而贫淡如故。虽挫折屡及，而儒朴犹存。凡所施为，多不合于时尚。而原其处心，终不失为善人。即其分俸一事，亦迄今之仕宦于外者所汲汲，而本官申乞不已。虽屡遭厌抑之言，而愈申恳切之请，固流俗共指以为迂，而君子反有取焉者也。"王守仁：《批左州分俸养亲申》，见《王阳明全集》三册卷 30，上海古籍出版社 2014 年版，第 1215 页。又如，阳明修复南宁五贤祠，以表彰巩固边疆的先贤，有意思的是，阳明殁后，亦被奉入此祠，直至民国，"据南宁府申称：'北门外高岭原有庙宇，以祠宋枢密使狄武襄公青，经略使余公靖，枢密直学士孙公沔，邕州太守忠壮苏公缄，推官忠愍谭公必缘，年久倾颓，止存基址；今思、田既平，所宜修复，以系属人心，以耸示诸夷。'看得表扬先哲，以激励有位，此正风教之首；况旧基犹存，相应修复，准支在库无碍官银，重建祠宇；其牌位祭物等项，照旧修举；完日具由回报。"王守仁：《批南宁府表扬先哲申》，见《王阳明全集》二册卷 18，上海古籍出版社 2014 年版，第 705 页。
⑤ 王守仁：《祭永顺保靖土兵文》，见《王阳明全集》三册卷 25，上海古籍出版社 2014 年版，第 1063 页。

玩易，"瞑坐玩羲易，洗心见微奥。"① 因而他对易学的积渐之学颇有心得，知晓"阴渐长，阳渐消"② 的道理。阳明认为，在大病大变之时，不宜骤下猛药，否则，不但起不到治病的作用，反而会因为对方难以适应，而伤害元气，带来不必要的对抗。

> 君子道长，则小人道消；疾病既除，则元气亦当自复。但欲除疾病而攻治太厉，则亦足以耗其元气。药石之施，亦不可不以渐也。③

> 大抵学绝道丧之余，人皆骇于创闻，必须包蒙俯就，涵育熏陶，庶可望其改化；诚本官平日素能孜孜汲引，则此行必能循循善诱。④

阳明认为，治病之所以是一个渐进的过程，是因为先要恢复心中善的生机。恢复生机是一个漫长的过程，不能采用强制的手段，也不能有速成的心思。因此要信任主事官员，"久其职任"，使其与民众之间建立信任，逐渐感化民众，从而使善的力量不断增加，最终改变社会之风气，才能真正改变人心。阳明主张，渐进的主张尤其适用于广西的实际情况，他还以转籴为耕之喻为例以说明，不要因为旁人的闲言碎语，以及结果的遥远，就怀疑渐化的道理。

> 两广地方……郡县之凋敝日甚，小民之困苦益深。巡抚之任，非得才力精强者，重其事权，渐其官阶，而久其职任，殆未可求效于岁月之间也。⑤

> 意以所论良是，而典礼已成，当事者未必能改，言之徒益纷争，不若姑相与讲明于下，俟信从者众，然后图之。⑥

> 昔有十家之村，皆荒其百亩，而日惟转籴于市，取其赢余以赡朝夕者。邻村之农劝之曰："尔朝夕转籴，劳费无期，曷若三年耕则余一年之食，数年耕可积而富矣。"其二人听之，舍籴而田。八家之人竞相非沮遏，室人老幼亦交遍归谪曰："我朝不籴，则无以为饔；暮不籴，则无以为餐。朝夕不保，安能待秋而食乎？"其一人力田不顾，卒成富家；其一人不得已，复弃田而籴，竟贫馁终身焉。今天下之人，方皆转籴于市，忽有舍籴而田者，宁能免于非谪乎！要在深信弗疑，力田而不顾，乃克有成耳。⑦

3. 实地用功，指阳明主张实事求是，即通过实地调查，寻找事情发生的原因，根据事情的真实情况，采用恰当的应对措施。阳明在赴广西的途中，即沿路调研，"访诸士夫之论，询诸行旅之口"⑧，因而对广西事变的因由了若指掌。阳明为了广西的长治久安，所奏改立、新立县治关寨，皆是其亲历探访所得，所谓"躬抚""相度"⑨ 而知其地理，因而规划得宜，惠

---

① 王守仁：《读易》，见《王阳明全集》二册卷19，上海古籍出版社2014年版，第747页。
② 王守仁：《五经臆说十三条》，见《王阳明全集》三册卷26，上海古籍出版社2014年版，第1078页。
③ 王阳明：《与黄宗贤之三》，见《王阳明全集》三册卷21，上海古籍出版社2014年版，第916页。
④ 王守仁：《牌行委官陈逅设教灵山》，见《王阳明全集》二册卷18，上海古籍出版社2014年版，第702页。
⑤ 王守仁：《辞巡抚兼任举能自代疏》，见《王阳明全集》二册卷14，上海古籍出版社2014年版，第518页。
⑥ 王守仁：《与霍兀崖宫端》，见《王阳明全集》三册卷21，上海古籍出版社2014年版，第918页。
⑦ 王守仁：《答以乘宪副》，见《王阳明全集》一册卷6，上海古籍出版社2014年版，第246页。
⑧ 王守仁：《赴任谢恩遂陈肤见疏》，见《王阳明全集》二册卷14，上海古籍出版社2014年版，第514页。
⑨ 王守仁：《札付同知林宽经理田宁》，见《王阳明全集》二册卷18，上海古籍出版社2014年版，第708页。

民长远。调研之法的本质在于能够体认到各地"风土之异气"与土人之"异禀"，从而做到"各得其所"。

> 今天下郡县之设，乃有大小繁简之别，中土边方之殊，流官土袭之不同者，岂故为是多端哉？盖亦因其广谷大川风土之异气，人生其间，刚柔缓急之异禀，服食器用，好恶习尚之异类，是以顺其情不违其俗，循其故不异其宜，要在使人各得其所，固亦惟以乱民而已矣。①

根据异气异禀而顺情循故，阳明因而特别重视考察当地民众的气质禀性。他认为当地民众不习惯中原礼制，如果在缺乏长期教化的基础上，强制当地民众遵守中原礼制，就必然会带来冲突。因此阳明主张，要通过限制措施，逐步使当地民众受到中原礼制的影响，而最终习惯中原礼制，也即所谓"仍土官以顺其情，分土目以散其党，设流官以制其势"，如此则可做到"四方之土官莫不畏威怀德，心悦诚服，信义昭布，而蛮夷自此大定矣"。② 其具体论述如下：

> 宜仍土官以顺其情，分土目以散其党，设流官以制其势。盖蛮夷之性，譬犹禽兽麋鹿，必欲制以中土之郡县，而绳之以流官之法，是群麋鹿于堂室之中，而欲其驯扰帖服，终必触樽俎，翻几席，狂跳而骇掷矣。故必放之闲旷之区，以顺适其犷野之性；今所以仍土官之旧者，是顺适其犷野之性也。然一惟土官之为，而不思有以散其党与制其猖獗，是纵麋鹿于田野之中，而无有乎墙墉之限，獭牙童楛之道，终必长奔直窜而无以维系之矣。今所以分立土目者，是墙墉之限，獭牙童楛之道也。然分立土目而终无连属纲维于其间，是畜麋鹿于苑囿，而无守视之人以时守其墙墉，禁其群触，终将逾垣远逝而不知，践禾稼，决藩篱，而莫之省者。今所以特设流官者，是守视苑囿之人也。③

阳明还认为，负有政治教化职责的流官，必须慎其人，要特别考虑选任官员对广西"异气异禀"的适应性，即一方面要了解当地的风土人情，尊重当地的习俗，另一方面也要适应当地的湿热气候，耐得瘴气，这样才能够久居其地，从而收获"积累之效"，也才能做到"流官之体统益尊，土俗之归向益谨，郡县之政化日新，夷民之感发日易"。④

> 反覆边夷之地，非得忠实勇果通达坦易之才，固未易以定其乱。有其才矣，使不谙其土俗而悉其情性，或过刚使气，率意径行，则亦未易以得其心。得其心矣，使不

① 王守仁：《处置平复地方以图久安疏》，见《王阳明全集》二册卷14，上海古籍出版社2014年版，第533页。
② 王守仁：《处置平复地方以图久安疏》，见《王阳明全集》二册卷14，上海古籍出版社2014年版，第537—538页。
③ 王守仁：《处置平复地方以图久安疏》，见《王阳明全集》二册卷14，上海古籍出版社2014年版，第534页。阳明立岑猛之后岑邦相为田州同知，而将其次子岑邦佐仍立武靖，也是出分土司之势的目的，"今日田州之立，无有宜乎邦佐者。但武靖当瑶贼之冲，而邦佐素得其民心，其才足能制御；迩者武靖之民以盗贼昌炽，州民无主之故，往往来告，愿得复还邦佐为知州，以保障地方。"王守仁：《处置平复地方以图久安疏》，见《王阳明全集》二册卷14，上海古籍出版社2014年版，第538页。
④ 王守仁：《处置八寨断藤峡以图久安疏》，见《王阳明全集》二册卷15，上海古籍出版社2014年版，第573页。

耐其水土，而多生疾病，亦不能以久居于其地，以收积累之效，而成可底之绩。故用人于边方，必兼是三者而后可。①

作者简介：郑朝晖，湖北黄冈人，广西大学哲学系教授，贵阳孔学堂签约入驻学者，主要从事中国哲学研究。

① 王守仁：《边方缺官荐才赞理疏》，见《王阳明全集》二册卷15，上海古籍出版社2014年版，第554页。

"回首江西亦故园"

——王阳明与江西关系考论

张宏敏

内容提要：明代大儒王阳明在江西为官从政的八年时间里，成就了他一生中最为辉煌的军事功绩、社会治理、教育活动、文献刊刻，尤其是"致良知"思想体系的建构，一举奠定了其本人作为"立德、立言、立功真三不朽伟人"和"中国历史上罕见的全能大儒"的人物形象的树立，所以说"阳明一生精神，俱在江右"。王阳明内心世界之于江西的眷恋是深厚的，"题诗忽忆并州句，回首江西亦故园"的诗句，也足以说明他把江西作为了自己的"第二故乡"。

关键词：破山中贼；南赣乡约；宁王之乱；忠泰之变；揭致良知之教

引　言

明代人文地理学家王士性认为："（阳明）先生勋名盛在江右，古今儒者有体有用，无能过之。故江右又翕然一以良知为宗。"[1] 明清之际伟大的史学家黄宗羲宣称："阳明一生精神，俱在江右。"[2] 审读《王文成公全书》（包括《阳明先生年谱》），就会发现，王阳明一生中最重要的政治业绩、军事行动、教育活动、文献刊刻、思想建构，主要是在江西成就。撮其要者，简述如下。

（1）弘治元年（1488），青年王阳明至江西南昌迎娶夫人诸氏，寓居南昌城达一年半；弘治二年（1489）十二月返归余姚途中，行至广信，谒一代大儒娄谅，告以宋儒格物之学，谓"圣人必可学而至"，阳明遂深契而始慕圣学。

（2）正德五年（1510）春，王阳明由贵州龙场驿驿丞升任江西吉安府庐陵县知县，并有惠政。正德十一年（1516）九月，因南赣汀漳各郡皆有巨寇，在时任兵部尚书王琼的举荐下，王阳明由南京鸿胪寺卿升任都察院左佥都御史，巡抚南赣汀漳等处，翌年（1517）正月至赣，九月改

---

① （明）王士性撰，朱汝略点校：《王士性集》，浙江古籍出版社 2013 年版（下同），第 304 页。

② （明清之际）黄宗羲撰，沈芝盈点校：《明儒学案》（修订版），中华书局 2008 年版（下同），第 331 页。

授提督南赣汀漳等处军务，直至正德十六年（1521）八月归省至越，此次任职江西时间长达五年半：先后荡平漳南、横水、左溪、桶冈、大帽、浰头诸寇，继而"以万余乌合之兵，而破强寇十万之众"，平定宁藩叛乱；在此期间，王阳明还广收门徒、兴立社学、讲学不辍，刊刻《古本大学》《朱子晚年定论》《传习录》；更为重要的是，历经"宸濠之乱""忠泰之变"的历练，王阳明在赣州提出"致良知"之说、在南昌阐绎"致良知"之教，完成良知心学体系的建构。

（3）嘉靖六年（1527），王阳明以南京兵部尚书兼都察院左都御史，总制两广、江西、湖广军务，前往广西征平思恩、田州之乱，过境江西南浦、吉安，聚徒讲学。翌年，在平定思、田之乱，破袭八寨、断藤峡诸蛮贼后，王阳明因病急而班师回朝；行至江西南安（今赣州大余县），留下了"此心光明，亦复何言"的八字遗言而辞世，时嘉靖七年十一月二十九日（公元1529年1月9日），享年58岁。

稍加计算王阳明在江西境内的活动时间，竟有八年之久。而王阳明作为"立德、立言、立功真三不朽伟人"和"中国历史上罕见的全能大儒"的历史人物形象的树立，悉数发生在江西境内。此外，阳明先生在江西的门生最多，留下的学术遗产较之他地，更为丰富。无怪乎，黄宗羲编撰《明儒学案》时专辟八卷（卷十六至二十三），来评述"江右王门"，并宣称："姚江之学，惟江右为得其传，东廓、念庵、两峰、双江其选也。再传而为塘南、思默，皆能推原阳明未尽之旨。是时越中流弊错出，挟师说以杜学者之口，而江右独能破之，阳明之道赖以不坠。"① 诚哉斯言！

一、知县庐陵

据《阳明先生年谱》（下文简称"年谱"），正德元年（1506）冬因开罪宦官刘瑾，王阳明由兵部主事贬谪为贵州龙场驿驿丞；正德二年（1507）春离京，在杭州滞留数月后，于年底经江西、湖南赴贵州；正德三年（1508）春三月抵龙场，面对荆棘丛生、虫兽出没、恶疾流行的恶劣环境，"动心忍性，曾益其所不能"，"因念圣人处此，更有何道"，忽悟"格物致知"之旨，始知"圣人之道，吾性自足，不假外求"②。这便是中国学术思想史上著名的"龙场悟道"。正德四年（1509），应贵州提学副使席书之聘，主讲贵阳文明书院，始揭"知行合一"之旨；这年闰九月，或许是京师的某位贵人相助，王阳明升任江西庐陵知县；年底，离开贵阳，经湖南（辰州、常德、长沙）至江西。

正德五年三月十八日，王阳明至庐陵县上任；是年冬，以朝觐入京后，便留在京师吏部供职。实际上，王阳明执政庐陵的时间就是七个月左右。《年谱》对王阳明执政庐陵的总结是："为政不事威刑，惟以开导人心为本。"③ 庐陵本系"文献之邦"，但是当地的老百姓却"以健讼称"，

① 《明儒学案》（修订版），第331页。
② （明）王守仁撰，吴光等编校：《王阳明全集》（简体版），上海古籍出版社2015年版（下同），第1006—1007页。
③ 《王阳明全集》，第1008页。

特别喜欢到官府告状。面对"狱牒盈庭"的局面，王阳明在上任伊始，并不急于审理案件、宣判定罪，而是依据明初制定的制度：慎选里正三老，在全县广建"申明亭""旌善亭"，明确规定，谁有善言善行，就在"旌善亭"大力表扬，谁干坏事则要在"申明亭"公之于众，并且由里正三老来具体执行。与此同时，还对诉讼双方进行委婉劝谕，乃至有涕泣而归者。如此一来，庐陵县的民风习俗逐渐好转，向善向上，进而"囹圄日清"。在执政庐陵的七个月里，王阳明还向父老子弟发布了十六道告谕①，大抵谆谆告慰父老，要孝敬父母，教训子弟，以养成敦厚淳朴的民风民俗。

王阳明还利用职务之便为老百姓办实事，比如为庐陵百姓免去了一种叫"葛纱"的摊派赋税②，庐陵百姓自是欢喜；庐陵城失火，王阳明身祷返风，以血襄火，大火即灭，借此在城中开辟火巷，修筑防火工程，使县城民居的火患降至最低；还治理驿道，杜绝横征暴敛；为治理县境盗贼，就与父老豪杰商议，在城郭、乡村中推行保甲制以弭盗。如此等等。王阳明在庐陵一县的基层执政经验，比如推行保甲制、建立旌善亭，为他日后在南赣平乱后，实施《南赣乡约》，推行儒家德政式的社会治理，都积累了宝贵的施政经验。

二、灭山中贼

正德初年，在江西、福建、广东、湖广四省交界的深林险谷，先后发生了规模较大、活动猖獗的山民"暴乱"。盘踞在江西南安的谢志珊、蓝天凤占领了横水、左溪、桶冈等地，广东龙川的池仲容占据浰头三寨，福建漳州的詹师富割占象湖山。他们依靠深山老林的天然屏障，占山为王，武装割据，互为犄角，彼此呼应，东追西窜，南捕北奔，与官府成分庭抗礼之势。

正德八年（1513），漳州的詹师富与广东的另一"贼首"温火烧召集了六千多"山贼"，在闽粤交界的漳南山区，攻城略池，转战于闽粤赣三省边界的山林中，"三省骚然"。朝廷也调遣两广狼达、湖广土兵进行剿捕，但是官军一至，"山贼"便依靠"地利人和"之便利，躲进深山；官兵一走，再度出山，烧杀抢掠，致使官府围剿形同虚设，进而成为朝廷的心头大患。时任南赣巡抚文森，为逃避朝廷的追责，只好称病致仕。

我们知道，正德六七年间（1511—1512），王阳明供职京师吏部，正德八年升任南京太仆寺少卿至滁州督马政，翌年（1514）又升任南京鸿胪寺卿。正德十一年九月，因南赣汀漳各郡皆有巨寇，在时任兵部尚书王琼的举荐下，升任都察院左佥都御史，巡抚南赣汀漳等处（江西的赣州、南安两府，广东的韶州、潮州、南雄、惠州四府，福建的汀州、漳州两府及湖广的郴州，简

---

① 《王阳明全集》，第847—850页。
② 《王阳明全集》，第850—852页。

称"八府一州"①），进行军事平叛活动。以一介书生文臣在外统兵，仅用一年多时间便剿灭了为患南赣汀漳等处"八府一州"数十年的巨寇盗贼，这在有明一朝也是罕见的，为此，《明史》有论："比任疆事，提弱卒，从诸书生扫积年逋寇，平定孽藩。终明之世，文臣用兵制胜，未有如（王）守仁者也。"②其"扫积年逋寇"的经过是这样的：

（一）"平漳寇"

在接到朝廷的任命后，正德十一年九月下旬，王阳明离开南都，顺道归省至越地（绍兴、余姚），探视家人，有九十七岁的祖母岑氏、致仕家居的父亲王华，以及自己的兄弟姐妹。十二月初三，离开家乡，经杭州、严州（桐庐、建德）、衢州（西安、常山），进入江西境内，旋经广信（玉山、上饶）、南昌、临江、吉安，正式抵达赣州，开府上任的时间是正德十二年（1517）正月十六日。

王阳明作为南赣巡抚，其首要任务就是坐镇提督府，主持四省交界山区的防剿军务，平定盘踞在此达数十年的山民"暴乱"。为此，王阳明甫到赣州，就颁《巡抚南赣钦奉敕谕通行各属》，通令"八府一州"大小衙门务必在一个月之内，做到"知己知彼"：调查了解各辖区内的城堡关隘是否坚固，军队操练是否正常，进而准确掌握"山贼"的动向③。同时，针对"洞贼耳目，官府举动未形，而贼已先闻"的情况，采取了"必以治内为先"的御"敌"之策，发布《十家牌法告谕各府父老子弟》《案行各分巡道督编十家牌》④，强化社会管理：仿保甲之制，编十家为一牌，开列各户籍贯、姓名、年貌、行业，日轮一家，沿门按牌，审察动静，遇有面目生疏之人、形迹可疑之事，马上报官究治。如有隐匿不报，十家连坐。这样，就切断了"山贼"与民众之间的情报往来。

再有，就是打破以往官府"每遇盗贼猖獗，辄复会奏请调土军狼达，往返经年，靡费逾万；逮至集兵举事，即已魍魉潜形；班师旋旅，则又鼠狐聚党，是以机宜屡失，而备御益弛"的行动惯例，整肃军队，调整行伍，具体做法是：使四省兵备官，于各属弩手、打手、机快等项，挑选骁勇绝群、胆力出众者，每县多或十余人，少或八九人，务求魁杰；或悬召募，大约江西、福建二兵备各以五六百名为率，广东、湖广二兵备各以四五百名为率，中间更有出众者，优其廪饩，署为将领；其兵备原额官军，汰老弱三分之一，各县贤能官统之，专守城隘。所募精兵，随各兵备官屯札，别选官分队统习之。于是，各县屯戍既足防守，而兵备召募者，又可应变出奇；盗贼渐知所畏，稍有收敛，不再明目张胆地攻城略池。

---

① 王士性《广志绎》卷四："南赣称虔镇，在四省万山中。辖府九，汀、漳、惠、潮、南、韶、南、赣、吉；州一，郴；县六十五，即诸郡之邑也；卫七，赣州、潮州、碣石、惠州、汀州、漳州、镇江，卫所官一百六十四员，军二万八千七百余名，寨隘二百五十六处，专防山洞之寇也。"（见《王士性集》，第310页）
② （清）张廷玉等撰：《明史》（简体字本），中华书局2000年版，第3444页。
③ 《王阳明全集》，第446—447页。
④ 《王阳明全集》，第449—451页。

同时，经过比较分析，王阳明认为盘踞在闽粤交界山区的以詹师富、温火烧为首的"山贼"，势力相对薄弱，且与江西的谢志珊、蓝天凤，广东的池仲容联系较少；决定采取"先易后难，各个击破"的军事战术，调集福建、广东、江西三省优势兵力，先行征剿"漳寇"詹师富、温火烧。二月，从赣州发兵，进军汀漳。三月，攻信丰、龙南流贼，连败之。贼突至信丰，令乘险设伏，厚集以待之，乃潜令兵往，径道夹攻。贼奔溃至象湖山拒守，又潜兵捣其巢穴，大败之。贼复溃入流恩、山冈等巢，寻遁去。至此，历经两个多月的围剿，官军肃清了盘踞在粤闽交界山区数十年的山民暴乱。是为"平漳寇"，也是王阳明军事生涯中的第一个军功[①]。四月，班师回赣。

五月二十八日，王阳明根据福建按察司兵备佥事胡琏的呈报，上书朝廷《添设清平县治疏》，认为"建立县治，固系御盗安民之长策"，可以收到"盗将不解自散，行且化为善良"的效果，恳请朝廷"俯念一方荼毒之久，深惟百姓永远之图"，建议割南靖清宁、新安等里，漳浦县二三等都，添设新县[②]。正德十三年（1518）十月十五日，再上《再议平和县治疏》，奏报建县筹备事宜，并就县治疆域、官员配置、财粮裁拨等，进行请示[③]。正德十四年（1519）三月，朝廷准设福建平和县，并改小溪巡检司为汀漳巡检司。

"平漳寇"的胜利，对于王阳明下一步征剿江西横水、桶冈，广东浰头等地的"贼寇"，积累了经验、奠定了基础。同时，也促使王阳明推动朝廷改革巡抚制度，要求朝廷改授自己为"提督南赣汀漳等处军务，给旗牌，得便宜行事"。远在京师的兵部尚书王琼，也极力促成此事。

（二）"平横水、桶冈诸寇"

南赣西接湖广桂阳，有桶冈、横水诸贼巢；南接广东乐昌，东接广东龙川，有浰头诸贼穴。横水、左溪大贼首谢志珊，号"征南王"，纠率大贼钟明贵、萧规模、陈曰能等，约乐昌高快马等"山贼"，大修战具，并造"吕公车"；闻广东官兵方有事府江，欲先破南康，乘虚入广。

此时，湖广巡抚都御史陈金向王阳明建议：集结江西、湖广、广东三省官军，夹击江西南赣诸匪。由于陈金的战略部署周详，王阳明决定按计而行。不过，王阳明并不赞成集结三省官军，一同剿匪。而是主张，首先应切断广东、江西、湖广三省交界山区贼匪之间的联系，再"各个击破"。对此，王阳明曾做如下论断："以湖广言之，则桶冈为贼之咽喉，而横水、左溪为之腹心。以江西言之，则横水、左溪为之腹心，而桶冈为之羽翼。今议者不去腹心，而欲与湖广夹攻桶冈，进兵两寇之间，腹背受敌，势必不利。今议进兵横水、左溪，克期在十一月朔。贼见我兵未集，师期尚远，必以为先事桶冈，观望未备。乘此急击之，可以得志。由是移兵临桶冈，破竹之

---

①　张山梁：《平和是王阳明立功第一站》，见张山梁：《心灯点亮平和》，中国文史出版社 2016 年版，第 116—124 页。

②　《王阳明全集》，第 267—270 页。

③　《王阳明全集》，第 322—325 页。

势成矣。"①

先前，为彻底切断诸"山贼"间的联系，王阳明制定了专门的作战方略，以剿灭"最为狡猾"的（广东龙川）浰头贼匪。王阳明深知，如不先安抚或剿平浰头之匪，待官军征剿桶冈、横水"山贼"时，浰头贼匪必会乘机作乱，从而影响江西南赣的"剿匪"计划。于是，在正德十二年五月，即征剿桶冈、横水"山贼"前夕，王阳明先将牛马、酒肉、钱粮、布匹等财物，赠予浰头以池仲容为代表的诸贼首；并发布了《告谕浰头巢贼》的文书，劝上、中、下三浰之贼归降朝廷。在告谕文中，王阳明以循循善诱的口吻，开导众匪："吾今特遣人抚谕尔等，赐尔等牛酒银两布匹，与尔妻子，其余人多不能通及，各与晓谕一道。尔等好自为谋，吾言已无不尽，吾心已无不尽。如此而尔等不听，非我负你，乃尔负我，我则可以无憾矣。呜呼！民吾同胞，尔等皆吾赤子，吾终不能抚恤尔等而至于杀尔，痛哉痛哉！兴言至此，不觉泪下。"②字里行间，流露出的仁爱、恻怛、至诚之意。浰头群匪读此告谕，深受感动，不少匪首下山归降。可见，战前劝降，为王阳明军事行动中常用的战术之一。因为，王阳明深知用兵之道应以"王道仁义"为本，不能一味追求地计谋策略，乃至蛮力镇压。毕竟《孙子兵法》有云："校之以计而索其情"，"百战百胜，非善之善者也；不战而屈人之兵，善之善者也。"③

于是，在暂时安抚浰头"山贼"后，王阳明决意先攻横水、左溪，正德十二年十月九日，率军抵南康。十一日，在距匪巢三十里处安营扎寨，同时命令士兵伐木、挖沟，修造栅栏及瞭望台，摆出长期驻军的姿态；当天夜里，又命报效听选官、义民分率乡兵及擅于攀爬的樵夫四百人，各与一旗，携带火枪、挠钩、套索等器物，由间道攀崖悬壁而上，分至远近山顶，以窥探贼匪动向。同时，下令张立旗帜，堆起数千堆茅草；待次日官军行动之时，发炮燃火，以做策应。十二日早，官军攻至十八面隘，贼匪据险迎战，骤闻远近山顶，礁声如雷，烟焰四起；官军又呼噪奋逼，铳箭齐发。贼匪惊慌失措，以为官军已尽入而破巢，遂弃险而逃。随后，官军又连续攻破长龙、十八面隘、先鹅头、狗脚岭、庵背等匪巢，并一举荡平横水、左溪匪巢。大匪首谢志珊在逃往桶冈途中，被官军活捉。至十月二十七日，官军共破贼巢五十余处，擒斩大贼首谢志珊等五十六人，从贼首级二千一百六十八人，俘获贼属二千三百二十四人④。

在平定横水、左溪后，众请乘胜进军桶冈。对此，王阳明持不同意见，认为：桶冈乃天堑要塞，进出之路仅有锁匙龙、葫芦洞、茶坑、十八磊、新池五处，而进入这五处要塞，仅能凭借栈梯攀缘而上，并且横水、左溪残匪已流窜至此，桶冈贼匪也加强了戒备。所以，官军到桶冈后，不宜立即开战，应先让军队就近驻扎休整，以壮军威；然后再设法劝降贼军，贼军见官军所向披靡，必然心生忌惮，而桶冈大匪首蓝天凤极有可能前来归降。

而在派义官游说蓝天凤归降，并动摇其军心之时，官军已开始准备强攻桶冈。十月三十

① 《王阳明全集》，第 1022 页。
② 《王阳明全集》，第 477 页。
③ （春秋）孙武著，刘国建注释：《孙子兵法》，中州古籍出版社 2008 年版，第 19、25 页。
④ 《王阳明全集》，第 1022—1023 页。

日夜，官军分批抵达锁匙龙、葫芦洞、茶坑、十八磊、西山界等关隘，并秘密布置好军队。十一月一日，天降大雨，蓝天凤等"山贼"认为官军不会在此时用兵，从而放松警惕。就在此时，官军突然发起进攻，贼军见状，大惊失色，仓促迎战。各路官军则在王阳明的统一调度下，奋勇杀敌，最终大败"山贼"。次日，官军乘胜追击，一举荡平桶冈、西山界、锁匙龙、黄竹坑等十多处匪巢。官军仅用一天时间就剿灭了桶冈匪患，王阳明又命官军严守各险要隘口，以彻底歼灭残匪。同时，王阳明亲率一支军队驻扎在茶寮这一战略要地。十一月五日至十三日，官军又相继攻破了上新地、中新地、下新地、天台庵、东桃坑、龙背等十处匪巢。桶冈大匪首蓝天凤在逃跑时，被追兵包围，最终跳崖身亡。

至此，仅用一个多月的时间，王阳明指挥的官军就一举荡平了南赣地区横水、左溪、桶冈的八十余处匪巢，抓获及斩杀谢志珊、蓝天凤等九十名大贼首，从贼首级三千二百七十二，另俘虏七千六百二十四人。① 十二月，班师回赣。为记录平横水、左溪、桶冈诸寇之功，王阳明在桶冈险要之地——茶寮隘的一块巨石（"纪功岩"）上勒石撰文，名曰"平茶寮碑"，碑文如下：

> 正德丁丑，猛寇大起江、广、湖、郴之间，骚然且四、三年，于是上命三省会征。乃十月辛亥，予督江西之兵自南康入。甲寅，破横水、左溪诸巢，贼败奔。庚辛，复连战，贼奔桶冈。十一月癸酉，攻桶冈，大战西山界。甲戌，又战，贼大溃。丁亥，与湖兵合于上章，尽殄之。凡破巢大小八十有四，擒斩二千余，俘三千六百有奇。释其胁从千有余众，归流亡，使复业。度地居民，凿山开道，以夷险阻。辛丑，师旋。於乎！兵惟凶器，不得已而后用。刻茶寮之石，匪以美成，重举事也。提督军务都御史王守仁书。纪功御史屠侨，监军副使杨璋，参议黄宏，领兵都指挥许清，守备郏文，知府邢珣、伍文定、季斅、唐淳，知县王天与、张戬；随征指挥明德、冯翔、冯廷瑞、谢昶、余恩、姚玺，同知朱宪，推官徐文英、危寿，知县黄文鸾，县丞舒富，千百户高睿、陈伟、郭璘、林节、孟俊、斯泰、尹麟等，及照磨汪德进，经历杭埕，典史梁仪、张淳，并听选等官雷济、肖庚、郭诩、饶宝等，共百有余名。②

"平茶寮碑"今存，位于赣州崇义县思顺乡齐云山村，系江西省文保单位。

在平定"横水、桶冈诸寇"后，闰十二月五日，王阳明上《立崇义县治疏》，奏设崇义县治，及茶寮隘、上堡、铅厂、长龙三巡检司："横水、左溪、桶冈诸贼巢凡八十余，界乎上犹、大庾、南康之中，四方相距各三百余里，号令不及，以故为贼所据。今幸削平，必建立县治，以示控制。议割上犹、崇义等三里，大庾、义安三里，南康、至坪一里，而特设县治于横水，道里适均，山水合抱，土地平坦。仍设三巡检司以遏要害。"③ 正德十三年十月，上《再议崇义县治疏》。④ 崇义县得以创设。因横水、桶冈军功，擢王阳明为都察院右副都御史。

---

① 《王阳明全集》，第 1023 页。
② 朱思维：《王阳明巡抚南赣诗文墨迹题刻》，中国文史出版社 2016 年版（下同），第 2 页。
③ 《王阳明全集》，第 295—297、1024 页。
④ 《王阳明全集》，第 319—322 页。

（三）"征三浰"

正德十三年正月，王阳明发兵广东龙川县，一举荡平浰头匪患；之后，又率军扫平九连山（今广东连平）匪寇，可谓："驱不练之兵，资缺乏之费，不逾两月，而破奸雄不制之虏，除三省数十年之患。"[①]"讨浰头贼"即"征三浰"的前后经过，是这样的。

前文已述，正德十二年九月即王阳明计划进兵（江西）横水、桶冈之时，因顾虑（广东）浰头贼匪乘机作乱，于是发布告谕，具述祸福利害，予以安抚，同时赏赐钱财货物。众贼多被感化，匪首黄金巢等表示愿意归降。王阳明遵守承诺，赦免了他们的罪行，并好言安抚。唯独大匪首池仲容，对此不屑一顾。

在正德十二年十、十一月，王阳明统兵一举荡平横水、桶冈匪巢后，池仲容已是如坐针毡，担心接下来官军会进攻三浰。于是，召集寨主池仲宁等商议对策。最后决定，先派其弟池仲安，率两百老弱残兵归降王阳明，并假意协助官军剿匪。然而，池匪的真正意图是探听虚实，并乘机里应外合，消灭官军。王阳明早已识破了池仲容的诡计，表面上却不动声色。在官军征剿桶冈之时，王阳明故意命池仲安绕远路堵截残匪，同时命官军对内加强戒备，使池仲安等无机可乘；对外，故意宽待池仲安等人，使其放松警惕。

与此同时，王阳明制定了"征三浰"的作战方案。十二月二十日，在平定横水、桶冈匪巢返回赣州城后，王阳明下令大摆宴席，犒赏三军。发布文告称："今南安贼巢皆已扫荡，而浰头新民又皆诚心归化，地方自此可以无虞。民久劳苦，亦宜暂休为乐。"[②] 随后，王阳明解散军队，使其回乡务农，似有不再用兵之势。同时，命池仲安带兵回浰头，以助其兄池仲容防守浰头。池仲安回浰头后，将赣州城事告与池仲容，池仲容欢欣不已，逐渐放松了对官军的警惕。之后，王阳明又派听选官雷济、指挥余恩、生员黄表前去犒劳池仲容，并颁历于三浰；池仲容受宠若惊。黄表、雷济遂对池言："今官府所以安辑劳来尔等甚厚，何可不亲往一谢？"[③] 于是，池仲容亲率四十余人赶往赣州谢恩。

闰十二月二十三日，池仲容到赣州后，见街市中张灯结彩，各营官兵已被解散，百姓则以听戏为乐。由此，他更加深信官军不会再攻打自己。王阳明又命人杀羊宰牛，犒赏池仲容，借以拖延归期。由于池仲容实在是顽固不化，正德十三年正月三日夜，王阳明在赣州城祥符宫（今赣州市文庙所在地）设宴，并在四周埋伏甲士，待池仲容一行入席后，将其悉数擒获。随后，列举出池匪罪行，众人闻此，皆认罪伏法。

翌日，即正月四日，王阳明亲自率兵从赣州城出发，经龙南赶赴池匪巢穴，同时命令参加征三浰的九路军队（统兵分别是指挥郏文、知府刑珣、陈祥、季斅、金事余恩、姚玺、推官危寿、千户孟俊、县丞舒富），于正月七日齐攻浰头匪巢。之前，池仲容通知浰头贼匪，赣州官兵已悉

① 《王阳明全集》，第 309 页。
② 《王阳明全集》，第 305 页。
③ 《王阳明全集》，第 305 页。

数解散。贼众以为官兵不会攻山，便放松了戒备。当贼众得知官军兵分多路，一齐攻打三浰时，皆惊慌失措，仓促迎战。官军从四面攻打浰头，各路军队还前后夹击，喊杀声响彻山谷。最终，贼众大败而逃，官军乘胜追击，相继攻克上中下三浰。各路大军得知三浰诸贼巢被攻破后，备受鼓舞，愈战愈勇。此后，各处残匪又退据九连山，妄图凭借九连山之天险，拼死一搏。王阳明认为，九连山横亘数百余里，地势极高、四面陡峭，官军很难攻山。但是也发现此时的九连山缺兵少将，若派兵偷偷潜入敌营，断其后路，则可于半月内肃清贼匪。于是，挑选精锐兵士七百余人穿上贼匪衣服，佯装溃败，并趁暮色急行通过崖下小路。山上贼匪见此，误以官军为溃败残匪，下山迎接，官兵也假意应承。次日，贼匪发现形势不对，方知"残匪"为官军，而退路已被切断。由于官军已占据有利地势，居高临下，贼匪不堪抵抗，只得"分队潜遁"。

正是王阳明的周密谋划、巧妙布局，官军得以顺利收复三浰、九连山。从正月七日至三月八日两个月的时间里，官军攻破匪巢三十八处，擒斩大贼首二十九人、小贼首三十八人、从贼二千零六人，俘虏贼属八百九十人。四月，班师回赣，上《浰头捷音疏》[1]。捷闻，赐玺书褒赏，余功赏赉有差。南赣亦自此无警。五月，上《添设和平县治疏》，奏设（广东）和平县，改和平巡检司于浰头，以遏要害。议上，悉从之。

"古之用兵，攻心为上。"对于"征三浰"胜利的总结，王阳明以为："'得先胜之算于庙堂，收折冲之功于樽俎'，实用兵之要道，制事之良法也。事每如此，天下之治有不足成者矣。"[2]20世纪著名的阳明学大家冈田武彦先生认为："得先胜之算于庙堂，收折冲之功于樽俎"，即是王阳明"袭平大帽、浰头诸寇"之役的军事指导思想。而王阳明对《孙子兵法》"也能做到活学活用"，例如"未战而庙算胜者，得算多也"，"兵者诡道"，"上兵伐谋"，"三军之众，可使必受敌而无败者，奇正是也"，"善战者，致人而不致于人"，"兵之形，避实击虚"，"兵以诈立"，"围地则谋"，[3]如此等等，王阳明在征剿南赣汀漳等处"山贼"的军事行动中，均得以熟练的驾驭与运用[4]。

三、破心中贼

王阳明在统兵打仗，平定"山中贼"之时，始终没有忽略通过办学、讲学、刻书等方式来助人"破心中贼"。

正德十二年十月、十三年正月，王阳明在带兵前往横水、三浰剿匪途中，写信给粤中王门弟子杨仕德、薛侃，讲述"破山中贼易，破心中贼难"的道理，意在告诫弟子门人当志于圣人之

---

① 《王阳明全集》，第300—310页。
② 《王阳明全集》，第309页。
③ 关于冈田武彦先生对《孙子兵法》的解读，可以参阅［日］冈田武彦著，钱明等译：《孙子兵法：王阳明兵学智慧的源头》，重庆出版社2017年版。
④ ［日］冈田武彦，杨田、冯莹莹、袁斌译：《王阳明大传》（中），重庆出版社2015年版（下同），第239页。

学，遄欲存理："即日已抵龙南，明日入巢，四路皆如期并进，贼有必破之势矣。向在横水，尝寄书仕德云：'破山中贼易，破心中贼难。'区区剪除鼠窃，何足为异？若诸贤扫荡心腹之寇，以收廓清平定之功，此诚大丈夫不世之伟绩！"①为了切实帮助门人乃至诸生、后学，包括童蒙辈"扫荡心腹之寇"，王阳明在南赣地区采取了兴办社学、刊刻书籍、扩建书院、聚徒会讲等形式，在推行童蒙教育的同时，大力宣讲儒家圣学之道。

（一）兴办社学

正德十三年四月，在平定三浰"山贼"，即南赣汀漳等处匪乱基本平定后，王阳明认为"（南赣）民风不善"的根本原因在于"教化未明"。为了有效地教化民众、移风易俗，必须采取切实可行的策略，为此，王阳明颁《兴举社学牌》，②告谕南赣下辖各县各乡村：尽快建立"教童蒙始学"的社学，同时，广延师儒以教民间子弟。

为了重振南赣社学，王阳明煞费苦心。在"征三浰"班师回赣，路经龙南县时，亲自督促指导龙南各乡村恢复社学，还特作《训蒙大意示教读刘伯颂等》（以下简称"训蒙大意"）一文，详细指导社学教师刘伯颂等如何进行儿童启蒙教育，并附有《教约》一则，对授课方法、课程安排等都进行了悉心指导。

在《训蒙大意》中，王阳明总结出童蒙教育应遵循的基本原则："古之教者，教以人伦。后世记诵词章之习起，而先王之教亡。今教童子，惟当以孝、弟、忠、信、礼、义、廉、耻为专务。其栽培涵养之方，则宜诱之歌诗以发其志意，导之习礼以肃其威仪，讽之读书以开其知觉。今人往往以歌诗习礼为不切时务，此皆末俗庸鄙之见，乌足以知古人立教之意哉！"③在王阳明看来，人伦教育才是童蒙教育的中心所在。所谓"人伦"即"五伦"为："父子有亲，夫妇有别，长幼有序，君臣有义，朋友有信。"而"人伦"教育之根本，即是《论语》《孟子》等儒家经典中一再强调的"孝、弟、忠、信、礼、义、廉、耻"，称"八德"，可以称之为传统儒家的"核心价值观"。④借此，王阳明提出，童蒙教育的课程包括歌诗、习礼、读书。其中，王阳明极为重视歌诗、习礼在儿童教育中的作用，甚至认为，歌诗、习礼比读书更为重要。

接着，王阳明在《训蒙大意》中提出：教育儿童不宜采取命令式的强制说教，应该尊重并顺从儿童喜爱嬉戏、害怕拘束的自然天性，通过启发与诱导的方式，使他们自然而然地在身心世界中养成"孝、弟、忠、信、礼、义、廉、耻"基本的道德观。而歌诗、习礼、读书的最终目的，就是要在儿童的身心世界涵养并培育"五伦""八德"。详而言之：引导儿童背诗、唱歌，不仅能

---

① 《王阳明全集》，第 1024 页。
② 《王阳明全集》，第 551 页。
③ （明）王阳明撰，邓艾民注：《传习录注疏》（简体本），上海古籍出版社 2015 年版（下同），第 174—175 页。
④ 2017 年 2 月，中共中央办公厅、国务院办公厅印发《关于实施中华优秀传统文化传承发展工程的意见》中，明确把"孝悌忠信、礼义廉耻的荣辱观念"作为"中华传统美德"。

提高他们的语言表达能力，还可以使他们在跳跃、吟唱中排解内心的不快，这无疑有利于儿童身心的健康成长；引导儿童学习礼仪，不仅能端正他们的仪表，还能提高他们的体质，进而起到舒筋壮骨的功效；引导儿童读书，不仅能帮助他们学习知识，还可以丰富他们的心灵世界，而抑扬顿挫的大声朗读，更能激发儿童的信心与灵感。进而，王阳明指出，读书（儒家经典）不仅仅是为了获取书本知识，而是为了陶冶情操，使儿童逐步确立自己的人生观、价值观，不知不觉中树立起"五伦""八德"的道德观，"知行合一"，并在日常生活中切实地遵循与践行。

为了切实地恢复"先王之教"并推行自己的童蒙教育理念，王阳明还特意制定出《教约》，介绍了老师（"教读"）和学生（"童蒙"）应遵循的基本守则："每日清晨，诸生参揖毕，教读以次遍询诸生：'在家所以爱亲敬长之心，得无懈忽，未能真切否？温清定省之仪，得无亏缺，未能实践否？往来街衢，步趋礼节，得无放荡，未能谨饰否？一应言行心术，得无欺妄非僻，未能忠信笃敬否？'诸童子务要各以实对，有则改之，无则加勉。教读复随时就事，曲加诲谕开发。然后各退，就席肄业。"① 简言之，老师在课前必须认真核查学生在日常生活中对各项礼仪的掌握与应用情况，并予以督导实践，是为"考德"。

对于儿童如何朗读诗歌，王阳明指出："凡歌诗，须要整容定气，清朗其声音，均审其节调。毋躁而急，毋荡而嚣，毋馁而慑，久则精神宣畅，心气和平矣。每学，量童生多寡，分为四班。每日轮一班歌诗，其余皆就席，敛容肃听；每五日，则总四班递歌于本学。每朔望，集各学会歌于书院。"② 对于如何教授儿童接受礼仪，《教约》有云："凡习礼，须要澄心肃虑，审其仪节，度其容止。毋忽而惰，毋沮而作，毋径而野。从容而不失之迂缓，修谨不失之拘局。久则体貌习熟，德性坚定矣。童生班次，皆如歌诗。每间一日，则轮一班习礼，其余皆就席，敛容肃观。习礼之日，免其课仿。每十日则总四班递习于本学。每朔望，则集各学会习于书院。"③ 对于如何授书，王阳明又介绍："凡授书，不在徒多，但贵精熟。量其资禀，能二百字者止可授以一百字。常使精神力量有余，则无厌苦之患，而有自得之美。讽诵之际，务令专心一志，口诵心惟，字字句句，绅绎反覆，抑扬其音节，宽虚其心意。久则义礼浃洽，聪明日开矣。"④ 总之，在王阳明看来，应根据儿童的资质、天赋来安排每日的学习量，宁可少些，也不要过多。最后，《教约》尾文对"考德""歌诗""习礼""授书"的次第进行总结："每日工夫，先考德，次背书诵书，次习礼或作课仿，次复诵书、讲书，次歌诗。凡习礼、歌诗之类，皆所以常存童子之心，使其乐习不倦，而无暇及于邪僻。教者知此，则知所施矣。虽然，此其大略也。神而明之，则存乎其人。"王阳明还指出，要提高童蒙教育的水平，一方面要充分发挥教师（"教读"）的主观能动性，另一方面要遵循儿童年龄特点和身心发展规律；而儿童教育的主要着眼点就是帮助儿童树立道德观念，"蒙以养正"，"立德树人"或曰"学以成人"。

① 《传习录注疏》（简体本），第176—177页。
② 《传习录注疏》（简体本），第177页。
③ 《传习录注疏》（简体本），第177页。
④ 《传习录注疏》（简体本），第177页。

总之，在南赣期间，王阳明亲自聘请名师"教读"，具体指导儿童读书、歌诗、习礼的方式方法。不多久，孩童在街上遇到官员、长辈，都会叉手拱立；当地百姓也受此影响，人人懂得礼让谦和。吟诗诵歌之声，不绝于耳，南赣地区的社会风气也大为改观。对此，《年谱》的记载是："久之，市民亦知冠服，朝夕歌声，达于委巷，雍雍然渐成礼让之俗矣。"①

（二）聚徒会讲

我们知道，王阳明之所以成为一位伟大的教育家，并在有明一代开宗立派（阳明学派），其一个重要的"法宝"就是聚徒会讲，口耳传授"圣学"（良知心学）之要旨。王阳明讲学的内容，主要是"立志立诚""事上磨炼""去欲存理""改过责善""省察克治"等体认圣学之道的具体工夫。

据《年谱》记载，正德十二、十三年间，王阳明在出入贼垒、未暇宁居时，来自粤中、江右（尤其是南、赣二府）的门人薛侃、欧阳德、梁焯、何廷仁、黄弘纲、薛俊、杨骥、郭治、周仲、周冲、周魁、郭持平、刘道、袁庆麟、王舜鹏、王学益、余光、王槐密、黄莹、吴伦、陈稷、刘鲁、扶敝、吴鹤、薛侨、薛宗铨、欧阳昱，皆讲聚不散。②在这众多门人之中，其中又以薛侃的资历最深，因为正德九年王阳明在南都讲学之时，薛侃已师从阳明；而王阳明提督南赣后，再加上薛侃的籍贯是广东潮州，属于王阳明管辖的"南赣汀漳等处"，故而又来南赣，协助业师打理官府的一些日常事务，同时还负责督促王阳明继子王正宪的学业。

在平定南赣汀漳等处"山贼"叛乱后，四方学人向赣州聚集，以亲炙阳明先生为荣。刚开始，众学人寓居赣州府学的射圃中，后来人数众多，实在容纳不下。王阳明就在赣州城的"文化地标"——郁孤台下，重修濂溪书院，作为讲学布道之处及门人的寓所，并让自己在正德二年、五年春因贬谪龙场驿丞，由江西经湖广至贵州、由贵州经湖广而至江西庐陵时，所收的高徒冀元亨（字惟乾，号暗斋，常德府武陵县人）做濂溪书院的主讲。正德十三、十四年间（1518—1519），王阳明曾与冀元亨一同冒雨寻问了赣县附近的栖禅寺，赋诗《栖禅寺雨中与惟乾同登》："绝顶深泥冒雨扳，天于佳景亦多悭。自怜久客频移棹，颇羡高僧独闭关。江草远连云梦泽，楚云长断九嶷山。年来出处浑无定，惭愧沙鸥尽日闲。"③在诗中，王阳明表达了自己对那些闭关度日的山中高僧的羡慕之情，也阐述了自己希望能有像沙滩上整日游玩的海鸥一般的闲适之境的心思。

王阳明在南赣征战时，也时常惦念着远在京师、南都的弟子动向。比如正德十二年五月，听闻门人蔡宗兖、许相卿、季本、薛侃、陆澄考中进士，喜不自胜，并有书函《与希颜台仲明德尚谦原静》，询问近况："入仕之始，意况未免摇动。如絮在风中，若非粘泥贴网，亦自张主未得。不知诸友却何如？想平时工夫，亦须有得力处耳。"④

---

① 《王阳明全集》，第 1027 页。
② 《王阳明全集》，第 1029 页。
③ 《王阳明全集》，第 623 页。
④ 《王阳明全集》，第 144 页。

然而，此时的王阳明最为惦念的弟子，还是自己的妹夫——徐爱。在平漳寇时，听闻徐爱告归，为诸友久聚之计，买田湖州雪上；王阳明特作诗歌《闻曰仁买田雪上携同志待予归》，表达谢意 ①。然而，命运弄人，"及门独先，闻道亦早"的徐爱，于是年（正德十二年）五月十七日暴卒于山阴寓馆，年三十一；七月十五日，远在南赣的王阳明闻讯，号啕大哭，"哽咽而不能食者两日"，撰《祭曰仁文》，数次发出"呜呼痛哉！予复何言"的感叹 ②。嗣后，阳明每语徐爱，皆有伤感。

（三）刊刻典籍

正德十三年秋，王阳明在赣州讲学之时，在其高足薛侃、袁庆麟等人的助缘之下，还刊刻了《传习录》《古本大学（傍释）》《朱子晚年定论》等阐发"心即理""知行合一""诚意""朱陆合同"等心学理论创建的文献典籍。这也为教学活动的开展，提供了不少便利。

1.《传习录》

正德十三年八月，薛侃于赣州刊行《传习录》。这就是通行本《传习录》上卷的内容，其中包括：（1）徐爱在正德七年秋冬于京师、正德八年春与阳明先生一道由京师返乡、正德八年夏同游四明山、正德九年四月至正德十一年九月在南都，这四个时间段所记录的阳明"语录"；（2）陆澄在正德九年、十年于南都，师从阳明先生之时所整理的阳明"语录"；（3）薛侃于正德九年四月至正德十一年九月在南都、正德十二年夏至十三年七月在赣州，侍从阳明先生之时，抄录下来的阳明"语录"。

徐爱、陆澄、薛侃，是王阳明早年、中年时期颇为心仪的弟子。比如在徐爱英年早逝后，王阳明对陆澄期望甚高，曾有"自曰仁没后，吾道益孤，致望（陆）原静者亦不浅" ③ 的感慨。薛侃于正德十三年在赣州刊刻的《传习录》，辑徐爱所录十四条（徐爱原录条数不止十四条，佚失甚多），陆澄所录八十条，薛侃本人所录三十五条，梓刻刊行。因徐爱生前，已经把所录阳明先生与自己之间的师生问答语，命名为《传习录》，故而薛侃不做改动，沿用其名。

2.《大学古本（傍释）》

正德十三年七月，在门人的帮助下，王阳明在赣州刊刻了《大学古本（傍释）》，并撰《序》文。在成文于"正德丙寅（十三年）七月丙午（九日）"的《大学古本（傍释）》"序"文中，王阳明把"立诚"（"诚意"）的工夫提升到一个新的高度，以有别于自己在（湖广）辰中、（南中）滁阳所主的"静坐"工夫，进而补充自己自南都以来所揭示的"立志""存理遏欲""省察克己""事上磨炼"

---

① 《王阳明全集》，第 620 页。
② 《王阳明全集》，第 788—789 页。
③ 《王阳明全集》，第 143 页。

等心学工夫论。

王阳明之所以重视《大学古本》,《年谱》中有这样的记载:"(阳明)先生在龙场时,疑朱子《大学章句》非圣门本旨,手录古本,伏读精思,始信圣人之学本简易明白。其书止为一篇,原无经、传之分。格致本于诚意,原无缺传可补。以诚意为主,而为致知格物之功,故不必增一'敬'字。以'良知'指示至善之本体,故不必假于见闻。"① 不难发现,"龙场悟道"后的王阳明,已经跳出程朱理学所宣讲的"求理于外"的理论窠臼,突出了《大学》所提揭的"以诚意为主,而为致知格物之功"的说法。《大学古本序》开篇即云:"《大学》之要,诚意而已矣。"很明显,赣州时期的王阳明,将《大学》的宗旨提炼为"诚意"二字。

需要说明的是,通行本《王阳明全集》卷七收录的《大学古本序》,并非"正德丙寅(十三年)七月丙午(九日),余姚王守仁书"之"序",而是正德十六年改定之"序",因为历经"宸濠之乱、忠泰之变"之苦难折磨的王阳明,已经提出了"致良知"新说;故而在正德十六年所改定的"序"文中,王阳明已经把《大学》"致知"之"知"看做"本体之知",将"致知"解释为"致本体之知",且以"致知"为"诚意"之本。在改定本"序"文末尾,又说:"乃若致知,则存乎心;悟致知焉,尽矣。"② 从这一点来看,正德十六年左右的王阳明,是以"致知"为为学宗旨。这里所说的"致知",正是阳明心学的核心命题——"致良知"。

3.《朱子晚年定论》

王阳明于正德十年左右在南都讲学时,为彻底改变时人尤其是以魏校、邵锐为首的朱子学者"是朱非陆"的传统看法,即已编辑完成了《朱子晚年定论》一书,并于(正德十年)十一月一日写下了"序"文。③ 在《朱子晚年定论》中,王阳明一再暗示自己的学说与朱子晚年的"定论"是一致的,想要借此来回应朱子学者(魏校,包括后来的罗钦顺、顾东桥等)对自己的非难。时在南都从学阳明先生的薛侃,曾手录《朱子晚年定论》一书。

正德十三年,来自赣州府雩都县的阳明门人袁庆麟,看到薛侃手录的《朱子晚年定论》,即决定刊刻之,并于"正德戊寅(十三年)六月望(十五日)"撰有"跋"文一通④,在雩都将《朱子晚年定论》刊刻流传。开始,王阳明并不支持袁庆麟刊刻此书,后来也表示支持,其在翌年即正德十四年所成《与安之书》中这样写道:"留都时偶因饶舌,遂致多口,攻之者环四面。取朱子晚年悔悟之说,集为《定论》,聊藉以解纷耳。门人辈近刻之雩都,初闻甚不喜;然士夫见之,乃往往遂有开发者,无意中得此一助,亦颇省颊舌之劳。"⑤ 一言以蔽之,王阳明辑编《朱子晚年定论》的根本目的,就是为自己的"和会朱陆论"辨正,进而为自己的心学正名。

---

① 《王阳明全集》,第1029页。
② 《王阳明全集》,第205页。
③ 《王阳明全集》,第112—113页。
④ 《王阳明全集》,第123—124页。
⑤ 《王阳明全集》,第148页。

四、南赣乡约

"乡约"，亦作"乡规民约"，是传统中国宗法社会所制定的介于国法与家规二者之间的宗族生活规则。从"乡约"的制定者来看，"乡约"有民立与官立之分。陕西蓝田《吕氏乡约》是中国最早的成文乡约，它也是民立乡约的典范文本，经朱熹介绍后对后世影响甚大[1]；萧公权指出："《吕氏乡约》于君政官治之外别立乡人自治之团体，尤为空前之创制。"[2] 学界一般以为，官立乡约的典型，则是正德十三年十月王阳明颁布推行的《南赣乡约》。

王阳明说过"破山中贼易，破心中贼难"，大意是：兵法谋略、武力征讨可以解决一时一地的纷扰动乱，但要整个社会保持长治久安的盛世局面，必须以"开导人心"为根本，"破心中贼"。相对于未成年人可以"明人伦之教"启蒙、成年读书人可以用"圣人之学"劝勉，那么，对于普通老百姓，尤其是对平定"山贼之乱"后投诚的"新民"而言，又应该采取什么样的教化方式，使之知书达礼，不再犯上作乱，进而"敦礼让之风，成淳厚之俗"，便成为政治家的王阳明最为关心的问题。鉴于自己知县庐陵时，有倡设"申明亭""旌善亭"以促成乡民自治的先例；王阳明决定在南赣地区试点推广以"彰善纠过""为善去恶"为基本要义的《南赣乡约》。

《南赣乡约》作为一部乡民自治手册，凡十六条，详细规定了南赣下辖各地的乡民理应共同遵守的道德公约，其中涉及家庭教育、家族治理、道德养成等内容。《南赣乡约》要求乡村民众，不论是否自愿，都必须入约："自今凡尔同约之民，皆宜孝尔父母，敬尔兄长，教训尔子孙，和顺尔乡里，死丧相助，患难相恤，善相劝勉，恶相告诫，息讼罢争，讲信修睦，务为良善之民，共成仁厚之俗。"[3]

从《吕氏乡约》起，乡约都倡导用乡民推选的方式，组成乡约领导层即具体执行者，《南赣乡约》也不例外。按照阳明的设想：同约之人，应推年高有德为众人尊敬信服者一人作为约长，二人为约副，推公正耿直、果断沉毅者四人为约正，推通情达理、善于观察者四人为约史，推身体健康、品行清廉者四人为知约，推熟悉礼仪者两人为约赞。

约众定期聚会，是乡约的惯例，《南赣乡约》规定：约众每月农历十五在约所聚会。聚会当天，约众在告谕牌前，听约正宣读告谕；约正读毕，对约众说："自今以后，凡我同约之人，祗奉戒谕，齐心合德，同归于善；若有二三其心、阳善阴恶者，神明诛殛。"约众亦附和其言。约正再宣读《乡约》，读毕，大声曰："凡我同盟，务遵守乡约。"约众皆曰"是"。然后就是"彰善""纠过"的具体环节。[4]

阳明设计的约众聚会，在"彰善纠过"的环节过后，还有聆听申诫的内容，约正向众人高

---

① 刘学智：《关学思想史》，西北大学出版社 2015 年版，第 148 页。
② 萧公权：《中国政治思想史》，辽宁出版社 1998 年版，第 496 页。
③ 《王阳明全集》，第 507 页。
④ 《王阳明全集》，第 509—510 页。

声说："人孰无善，亦孰无恶；为善虽人不知，积之既久，自然善积而不可掩；为恶若不知改，积之既久，必至恶积而不可赦。今有善而为人所彰，固可喜；苟遂以为善而自恃，将日入于恶矣！有恶而为人所纠，固可愧；苟能悔其恶而自改，将日进于善矣！然则今日之善者，未可自恃以为善；而今日之恶者，亦岂遂终于恶哉？凡我同约之人，盍共勉之！"①

由此可见，《南赣乡约》之于社会教化的规定是：在家庭守孝悌之义，在乡里则相助相恤，劝善戒恶，息讼罢争，讲信修睦，这显然就是自治、德治、法治"三治合一"的产物。毋庸置疑，"彰善纠过""为善去恶"是贯穿《南赣乡约》的主线。嗣后，王阳明提出"致良知"学说，试图对《孟子》的"良知"与《大学》的"致知"观念进行无缝黏合，并提出了"良知只是个是非之心""知善知恶是良知""为善去恶是格物"等心学命题。借此可以推断，旨在推行乡民自治的《南赣乡约》，也是王阳明日后提出"致良知之教"（包括"四句教"）的源头之一。

五、宁王之乱

前文述及，王阳明在彻底完成南赣平叛的使命后，尽管一再被升职、奖励，但返乡省亲、隐居讲学，始终是王阳明最大的心愿。正德十四年正月十四日，远在赣州的王阳明听闻祖母病危（正德十三年十月，岑氏已病故），日夜痛苦，故而拜《乞放归田里疏》②；三月有《思归轩赋》③，还多次上书兵部尚书王琼以达成自己的心愿。

这年春天，与江西临界的福建发生卫军叛乱，王琼令王阳明前去平叛。王阳明在与王琼的书信中提道："闽中之变，亦由积渐所致。始于延平，继于邵武，又发于建宁、于汀漳、于沿海诸卫所。将来之祸，不可胜言，固非迂劣如某所能办此也。又况近日祖母病危，日夜痛苦，方寸已乱。望改授，使全首领以归。"④或许是王琼已经意识到时在南昌府的宁王朱宸濠，终有一日会举旗谋反。故而，没有答应王阳明致仕归乡的请求。

此时的王阳明虽然提督南赣汀漳等"八府一州"，又升任都察院右副都御史，但是南昌作为江西的行政中心，并不属于王阳明的管辖范围；而盘踞于南昌城并在江西有"绝对话语权"的是皇室的藩王，即宁王朱宸濠。实则，宁王知道王阳明的能力与谋略。迅速平定南赣汀漳之乱，宁王心知肚明，也曾设想把王阳明招至南昌，为己所用。正德十三年宁王就有书信与阳明，希望王阳明到南昌来为自己讲学。因赣州尚有公务，王阳明不便离开，就委派自己的门生冀元亨（上文已述，冀元亨时任赣州濂溪书院主讲）前去，为宁王进讲。

冈田武彦先生以为：王阳明派冀元亨作"卧底"，是让其打探宁王谋反的内情。对于擅长打

① 《王阳明全集》，第511页。
② 《王阳明全集》，第329—330页。
③ 《王阳明全集》，第557页。
④ 《王阳明全集》，第1032页。

"间谍战"的王阳明来说，或许采取这样的措施也是理所当然的事。① 最终不幸的是，宸濠之乱平定后，正德帝身边佞臣宵小（张忠、许泰）为诬陷王阳明"交通"宁王，便嫁祸于冀元亨，将其打入京师大牢。冀元亨始终维持自己的业师，不认为自己、阳明先生与宁王之间有任何"瓜葛"，以致冤死于牢狱。冀元亨之死，与徐爱之死一样，最终也成为王阳明的一个"心病"。对于冀元亨与宁王之间所发生的"交涉"，《明儒学案·楚中王门学案》"冀元亨传"有云："（朱宸）濠谈王霸之略，先生（冀元亨）昧昧，第与之言学而已。濠拊掌谓人曰：'人痴一至是耶！'一日讲《西铭》，先生反复陈君臣之义，本于一体，以动濠。濠大诧之，先生从容复理前语。濠曰：'此生大有胆气。'遂遣归。"② 冀元亨看出宁王有谋反之心，回到赣州后，便将此事告知于王阳明。

（一）宁王谋反

因为明初有藩王朱棣起兵谋反取代明惠帝朱允炆的先例，再加上"大明朝最奇葩的皇帝"正德帝的所作所为，实在不敢恭维；故而盘踞于南昌的第四代宁王朱宸濠，受身边谗臣的怂恿——"殿下有贵为天子之骨相"——而对明朝的帝位觊觎已久。为了推翻正德帝之皇位，宁王花费了不少心力：把金银财宝运到京城，收买内侍官，与宦官刘瑾、谷大用等勾结，在朝中为自己宣扬善名；与此同时，在南昌豢养死士两万余人，招徕江湖大盗胡十三、凌十一、闵廿四等盗贼渠魁，为己所用；此外，还以重金招致隐士，如安福举人刘养正、致仕右都御史李士实。南昌的大部分官员，畏于宁王权势，不得已选择了屈从。然而，宁王的家臣乃至驻守南昌城的官员中，却也不乏忠臣；宁王的爱妃娄妃（王阳明早年业师娄谅之孙女），也时常规劝阻宁王要安分守己，不要谋反，但宁王执拗不听。

六月十三日是宁王的生辰，南昌府各路官员前来贺寿。在经过与李士实、刘养正密谋后，宁王决定在第二天起兵谋反。十四日一早，诸官员聚集一堂，向宁王道谢。礼毕，宁王出，坐立于露台之上，假托"太后有密旨，令我起兵监国"。巡按都御史孙燧表示质疑："天无二日，民无二王，此是大义，不知其它。"因孙燧不赞同宁王谋反之举，宁王命人绑住孙燧，欲击杀之。江西按察副使许逵见势不妙，叫道："朝廷所遣大臣，反贼敢擅杀耶！"骂不绝口。宁王即命校尉将孙燧、许逵二人，曳出惠民门外，斩首示众。另外一干朝廷忠臣，也被收监关押。宁王又自称伪帝，分封刘吉等为太监，李士实为太师，刘养正为国师，闵廿四等各为都指挥，王伦为兵部尚书，季敩（曾任南安府知府从王阳明平南赣诸寇，因功升任江西参政）暨金事潘鹏、师夔辈俱听役。胁江西布政使梁宸、按察使杨璋、副使唐锦、都指挥马骥，移咨府部，传檄远近，革年号，斥乘舆。分遣亲信娄伯、王春等四处募集兵马。③ 宁王豢养的死士有两万人，招致来的四方贼寇

---

① 《王阳明大传》（下），第 7 页。
② 《明儒学案》（修订本），第 634 页。
③ 《王阳明全集》，第 1034 页。

有四万人，加上募集兵马以及护卫等，合到一起，凑到七万余众（号称"十万"），军势颇甚。

（二）丰城闻变

前文提道，正德十四年春，福建发生卫军叛乱，王琼派王阳明前去镇压。六月九日，王阳明离开赣州，拟沿赣江北上南昌，再转道去福建。也有一种说法是，王阳明也收到六月十三日参加宁王寿宴的请帖，并打算前去祝寿；但是，行至吉安府，发现官印未带，又派人返回赣州去取，故而行程耽搁。

十五日，王阳明一行抵达南昌府丰城县。丰城距南昌城仅百余里，时任丰城知县顾佖告知王阳明宁王谋反叛乱事。此时，与王阳明随行的士卒不足，而叛军人数有七万之众，王阳明也不敢轻举妄动，打算按原路南归，先回吉安府再做军事部署，以牵制叛军。可是不巧，南风劲吹，舟行无以南归。于是，王阳明命取瓣香，亲至船头，焚香望北，拜曰："天若哀悯生灵，许我匡扶社稷，愿即反风。若无意斯民，守仁无生望矣。"祝罢，南风渐息，已转北风。

而王阳明对"丰城阻风"事，记忆深刻，翌年再次路经丰城时（正德十六年六月由南昌至赣州途中），赋诗《丰城阻风》："（前岁遇难于此，得北风幸免）北风休叹北船穷，此地曾经拜北风。勾践敢忘尝胆地，齐威长忆射钩功。桥边黄石机先授，海上陶朱意颇同。况是倚门衰白甚，岁寒茅屋万山中。"[1]应该承认，王阳明祈祷北风之举，实际上就是传统儒家士大夫惯用的一种"祭祀事天"的仪式而已。我们只要承认中国历史上存在一种叫"儒教"的宗教[2]，即可理解。

离开丰城，王阳明抵达临江府。知府戴德孺出迎，问："闻宁王兵势甚盛，何以御之？"阳明答："濠出上策，乘其方锐之气，出其不意，直趋京师，则宗社危矣。若出中策，则径攻南京，大江南北亦被其害。但据江西省城，则勤王之师四集，鱼游釜中，不死何为？此下策矣。"戴又问："以老大人明见度之，当出何策？"阳明答："宁王未经战阵中情必怯。若伪为兵部恣文发兵攻南昌，彼必居守，不敢远出。旬日之间，王师四集，破之必矣。"[3]因为临江府不便募兵，再加上离南昌太近；王阳明继续南下，于六月十八日抵吉安府。其实，王阳明引兵至丰城的信息，宁王已经得知，曾派兵追杀阳明，但是精通兵法的王阳明，巧用妙计，化险为夷。

再则，李士实、刘养正原本就建议宁王由南昌出兵攻取京师，其次是攻取留都南京，以南京为根据地，再谋取京师。宁王本也打算遵从李士实、刘养正的建议，但因后来看到王阳明故意放出的官文，以为朝廷的大军即刻由京师南下，所以在南昌城滞留数日，就错过了攻取京师（包括南都）的最佳时机。嗣后发现上当，才发兵攻打南康、九江府。南康、九江知府闻风而逃，城池陷落。随后，宁王的军队开始攻打安庆，但是安庆太守张文锦、都指挥杨锐宁死不弃城，守城

---

① 《王阳明全集》，第636页。
② 李申：《中国儒教论》，河南人民出版社2005年版。
③ （明）冯梦龙：《王阳明出身靖乱录》，浙江古籍出版社2015年版（下同），第81页。

军民也同仇敌忾，致使宁王的军队迟迟不能前进。

还有，王阳明尽管已经到吉安府，宁王还是希望阳明能归顺自己，所以派遣先前曾任南安府知府并从王阳明平南赣寇、因功升任江西参政的季敩（此时因妻女被执，不得已屈从宁王），前去招降王阳明。王阳明系一代忠臣，自然不会屈从宁王。季敩带着宁王发布的伪造檄文，前往吉安；行至半路，被王阳明安排的哨兵发现，遂被监禁。王阳明对季敩之举，甚为懊恼。

（三）吉安起兵

六月十八日，王阳明到吉安，即与知府伍文定商议牵制攻讨宁王的对策；同日，颁《牌行赣州府集兵策应》①，令赣州所辖各县召集士卒，应对事变。

六月十九日，上《飞报宁王谋反疏》②，向朝廷奏报宁王谋反事。与此同时，以"勤王"名义开始募集兵马："命巡按御史谢源、伍希儒纪功，张疑兵于丰城，又故张接济官军公移，备云兵部咨题，准令许泰、郤永分领边军四万，从凤阳陆路进；刘晖、桂勇分领京边官军四万，从徐淮水陆并进，王守仁领兵二万，杨旦等领兵八万，陈金等领兵六万，分道并进，克期夹攻南昌。"③

在六月十九日《飞报宁王谋反疏》中，王阳明还上报了自己在吉安府的募兵方案，陈述了与宁王叛军之间的作战计划，同时特别希望朝廷早日派兵前来："日望天兵之速至，庶解东南之倒悬。伏望皇上省愆咎己，命将出师。国难兴邦，未必非此。"④ 王阳明还担心六月十九日的奏疏可能会在中途被叛军截获，在六月二十一日上《再报谋反疏》⑤；同日，呈上《乞便道省葬疏》，讲述了自己对家人的思念（此时已知祖母岑氏病故），同时也表达了甘赴国难的决心："行至中途，遭值宁府反叛。此系国家大变，臣子之义不容舍之而去。又阖省抚巡方面等官，无一人见在者。天下事机，间不容发，故复忍死暂留于此，为牵制攻讨之图。俟命师之至，即从初心，死无所避。"⑥ 因为并不能确定自己起兵定会把叛军击败，故在七月二日成《上海日翁书》，向家父王华报告江西时局，也表达了自己作为人臣"誓死勤王"的决心："今竟陷身于难，人臣之义至此，岂复容苟逃幸脱！惟俟命师之至，然后敢申前悬。俟事势稍定，然后敢决意驰归尔。"⑦ 七月五日，王阳明又上《奏闻宸濠伪造檄榜疏》，奏陈宁王六月十三日发动谋反时况与叛军最新动向。⑧ 与此同时，王阳明有公移《咨两广总制都御史杨共勤国难》，请求两广总制都御使杨旦发

---

① 《王阳明全集》，第484页。
② 《王阳明全集》，第331—333页。
③ 《王阳明全集》，第1035—1036页。
④ 《王阳明全集》，第332页。
⑤ 《王阳明全集》，第333页。
⑥ 《王阳明全集》，第333页。
⑦ 《王阳明全集》，第813页。
⑧ 《王阳明全集》，第334—335页。

兵勤王。① 又有《行福建布政司调兵勤王》《预行南京各衙门勤王咨》等②，敦请临近江西的各军卫迅速出兵勤王。

此外，六月二十六日，王阳明发出《案行南安等十二府及奉新等县募兵策应》③，下令江西南安等十二府及奉新县调集士卒，参与镇压宁藩叛乱。六月二十七日，发告示《奖瑞州府通判胡尧元擒斩叛党》，褒奖胡尧元等人擒拿斩杀宁王姻亲李藩等九十四人之事。④ 七月一日，发《调取吉水县八九等都民兵牌》，特派致仕县丞龙光前往吉水县募集民兵。⑤ 七月四日，对福建布政使发《预备水战牌》，指示编成水战部队，以备在鄱阳湖或长江水域与叛军进行决战。⑥ 七月八日，王阳明又发布《行吉安府知会纪功御史牌》，要求巡按两广监察御史谢源、伍希儒纪功，以做日后论功行赏之依据，并下令如若有官兵危害百姓，或畏敌不前者，皆以军法论处。⑦ 七月八日，还颁《牌行吉安府敦请乡士夫共守城池》，邀请吉安府各县乡的名士壮丁协助官军守城。⑧

如上所述，为征宁藩，王阳明倾尽心力，精细谋划，做足了军事舆论与战前筹备。这也足以证实《明史》"终明之世，文臣用兵制胜，未有如守仁者也"云云，绝非戏语。毕竟王阳明在青年时期（弘治十年至十二年，1497—1499），即"苦学诸家兵法"⑨，编撰有《武经七书评》《兵志》《阳明兵策》《历朝武机捷录》等兵书⑩。

尤其是《孙子兵法》中的反间计，王阳明更是运用得得心应手、游刃有余。在正式发兵进攻南昌之前，还对宁王使用了"间谍战"。其结果，当然是宁王中计。"兵者，诡道也。"钱德洪辑《征宸濠反间遗事》文中，有钱德洪在听闻当年追侍阳明的随员龙光、雷济（二人亦系阳明门人）的口述后，记载的王阳明在征讨宁藩时的"反间"遗事。阳明先生殁后，钱德洪还编有《平濠记》一卷，主要是根据龙光、雷济及黄绾等人的口述，对王阳明在征讨宸濠时所用计谋（包括"反间计"）诸事予以汇纂⑪。《四库全书总目》"平濠记"提要云："初，王守仁之平宸濠也，其大纲具于《叙功疏》，其细目具于《年谱》。德洪受业守仁，据师友所见闻，其阴谋秘计及一切委曲弥缝之处，有《疏》及《年谱》所不详者，因作此记以补之。凡黄绾所说四条，龙光所说二条，雷济所说一条，附载德洪随事附论者五条，又《自跋》一条。大旨谓宁藩之败，由于迟留半月始发，其迟留半月则由于守仁多设反间以疑之。守仁在日，秘不言；守仁殁后，始得其间书、间牌

① 《王阳明全集》，第484—485页。
② 《王阳明全集》，第929页。
③ 《王阳明全集》，第486页。
④ 《王阳明全集》，第487页。
⑤ 《王阳明全集》，第488页。
⑥ 《王阳明全集》，第488页。
⑦ 《王阳明全集》，第930—931页。
⑧ 《王阳明全集》，第490页。
⑨ 《王阳明全集》，第1033页。
⑩ 束景南撰：《王阳明佚文辑考编年》（增订版），上海古籍出版社2015年版，第76—98、986—987页。
⑪ （明）钱德洪著，钱明编校整理：《钱德洪集》，凤凰出版社2007年版，第230—237页。

之稿于龙光。而驾驭峒酋叶芳及阴令知县陈冕诡渔舟以诱擒宸濠，皆当时所不尽知者云。"① 限于篇幅，本文对《平濠记》云云，不加赘述。

（四）发兵南昌

前文已述，宁王叛军被王阳明用计滞留南昌，在发现中计后，随即攻打南康府、九江府。由于守城太守逃遁，致使江西北部门户大开，叛军拟向南都开进，然而在攻打安庆城时却受挫。

此时的王阳明，已经在吉安府做足了进军北上、讨伐叛军的前期准备。王阳明在得知宁王七月三日率叛军沿长江而下，正在攻打安庆，而安庆城危在旦夕；此时，麾下众将中有人提议，应即刻发兵救援安庆。面对属下的建议，王阳明说道："今南康、九江皆为贼据，我兵若越二城，直趋安庆，贼必回军死斗，是我腹背受敌也。莫若先破南昌，贼失内据，势必归援。如此，则安庆之围自解，而贼成擒矣。"② 这就是兵书中经常提道的"围魏救赵"，袭击敌人后方的据点（南昌）以迫使进攻之敌撤退（安庆）的战术。

据《年谱》记载：七月十三日，王阳明于吉安府举义兵，率军进攻南昌。此时，临江知府戴德孺、袁州知府徐琏、赣州知府邢珣、瑞州通判胡尧元、童琦、南安推官徐文英、赣州都指挥余恩、新淦知县李美、泰和知县李楫、宁都知县王天与、万安知县王冕，各将兵来会。七月十五日，大会于樟树。十八日，至丰城，谍知叛贼设伏于新旧厂，以为省城（南昌）之应，乃遣奉新知县刘守绪领兵从间道夜袭，破之。十九日，次市汊，誓师。

二十日，拔南昌。"先是，城中为备甚严，及厂贼溃奔入城，一城皆惊。又见我师骤集，益夺其气。众乘之，呼噪梯绳而登，遂入城，擒拱樤、万锐等千有余人，所遗宫眷纵火自焚。"王阳明乃抚定居民，分释胁从，封府库，收印信，人心始宁。③ 有学者统计：攻夺南昌之时，王阳明的总兵员是三万四千七百五十一名，实际参战的就仅有一万四千人，与号称六七万之众的叛军相比，其人数只是叛军兵力的一半；而在生擒宁王后，官军阵亡者不过六十八人，所以得出结论："王阳明的用兵实在是巧妙神速。"④

（五）鄱阳湖大捷

南昌告急，宁王闻讯，自然从安庆回兵救援。宁王先派凌十一、闵廿四率兵两万，赶来救援；自己则亲率大军，随后赶到，这一天是七月二十二日。王阳明接到信报，向属下咨询用兵方策。大多认为："贼势强盛，宜坚壁观衅，徐图进止。"然而，王阳明却说："贼势虽强，未逢大敌，

---

① （清）纪昀等纂，四库全书研究所整理：《钦定四库全书总目》，中华书局1997年版，第746—747页。
② 《王阳明全集》，第1037—1038页。
③ 《王阳明全集》，第1037页。
④ 《王阳明大传》（下），第50—51页。

惟以爵赏诱之。今进不得逞，退无所归，众已消沮。若出奇击惰，不战自溃：所谓先人有夺人之气也。"① 并下令官军，准备在鄱阳湖与叛军进行决战。

这时，抚州知府陈槐、南昌进贤知县刘源清率兵前来增援。王阳明下令知府伍文定、刑珣、徐琏、戴德孺，各率五百精兵由四面并进，打叛军个措手不及。又命都指挥余恩率四百精兵于鄱阳湖上往来穿梭，引诱叛军。命知府陈槐，通判胡尧元、童琦、谈储，推官王暐、徐文英，知县李美、李楫、王冕、王轼、刘守绪、刘源清等各率精兵百余为四面伏兵，只等伍文定等与叛军一交战，就发动进攻。就这样，王阳明就完成在鄱阳湖决战宁王的军事部署。

《年谱》记曰：

七月二十三日，（官军）乘夜急进。伍文定以正兵当贼锋，余恩继之，刑珣绕出贼后，徐琏、戴德孺张两翼以分其势。

二十四日，贼兵鼓噪乘风逼黄家渡，气骄甚。伍文定、余恩佯北以致之。贼争趋利，前后不相及。刑珣从后横击，直贯其中。伍文定、余恩乘之，夹以两翼，四面伏起。贼大溃，退保八字脑。朱宸濠惧，厚赏勇者，且令尽发九江、南康守城兵益之。是日，建昌知府曾玙兵亦至。阳明以为九江不破，则湖无外援；南康不复，则我难后蹑。乃遣陈槐领兵四百，合饶州知府林瑊兵，攻九江，以广信知府周朝佐取南康。

二十五日，贼复并力挑战。我兵少却，伍文定立铳炮间，火燎其须，殊死战。炮入宸濠副舟，贼大败，擒斩二千余，溺死者无算。乃聚樵舍，连舟为方阵，尽出金银赏士。阳明乃密为火攻具，使刑珣击其左，徐琏、戴德孺出其右，余恩等设伏，期火发以合。

二十六日，朱宸濠方晨朝群臣，责不用命者，将引出斩之。争论未决，我兵掩至，火及宸濠副舟，众遂奔散。妃嫔与宸濠泣别，多赴水死。朱宸濠为知县王冕所执，伪太师、国师、元帅、参赞、尚书、都督、都指挥、千百户等官数百人，被擒获。此外，擒斩三千，落水二万余，衣甲器械财物与浮尸横十余里。

二十七日，战于昌邑，大破之。至吴城，复斩擒千余。

二十八日，得陈槐等报，各擒斩复千余。

三十日，返南昌，上捷音疏。②

在鄱阳湖大战中，取得胜利的王阳明挥笔赋诗《鄱阳战捷》："甲马秋惊鼓角风，旌旗晓拂阵云红。勤王敢在汾淮后，恋阙直随江汉东。群丑漫劳同吠犬，九重端合是飞龙。涓埃未遂酬沧海，病懒先须伴赤松。"③ 鄱阳湖战后，宁王被带入南昌城，乘马入，望见远近街衢行伍整肃，笑曰："此我家事，何劳费心如此！"见到阳明后，拱手施礼，说道："娄妃，贤妃也。自始事至今，苦谏未纳，适投水死，望遣葬之。"王阳明派人前往勘察，发现有渔舟载一具尸体，尸身穿着华

① 《王阳明全集》，第 1038 页。

② 《王阳明全集》，第 1038—1039 页。

③ 《王阳明全集》，第 626 页。

贵，但全身却被纸捻所绑，遂认定该尸身正是娄妃。钱德洪《阳明先生年谱》有云："娄为谅［孙］女，有家学，故处变能自全。"① 王阳明特差人用衣服盖住娄妃尸体，厚葬于湖口县城外。这就是今日南昌市沿江路华光庙 8 号门前"娄妃墓"。

总之，在王阳明的精心策划之下，"自起兵至破贼，曾不旬日"，竟能"以万余乌合之兵，而破强寇（宁王）十万之众"，② 这在军事史上堪称奇迹。同时也成就了王阳明立德立言立功"三不朽"和文武双全的"儒将"的历史声名。

六、忠泰之变

承上文，七月三十日王阳明凯旋入南昌城，上《江西捷音疏》《擒获宸濠捷音疏》③，详细报告了战况与经过。在这两篇捷音疏中，王阳明恳切地请求朝廷，对跟从自己参战的官兵论功行赏。如前所述，在遭遇宸濠之乱时，王阳明拜《乞便道省葬疏》；④ 平乱后的八月二十五日，王阳明又上疏乞便道省葬⑤，不允。

（一）疏谏亲征

在《江西捷音疏》《擒获宸濠捷音疏》中，王阳明已经把平定宁藩叛乱之功归于朝廷。然而，明武宗正德皇帝身边的奸佞小人却不买账，听闻宁王被王阳明生擒，太监张忠、安边伯许泰、平虏伯江彬等佞臣因无法在皇帝面前邀功，便秘密上疏，建议正德皇帝御驾亲征。看到佞臣的奏折，武宗大为欣喜，自封"总督军务威武大将军总兵官后军督府太师镇国公"，要御驾亲征。又下令太监张永、张忠，许泰、江彬率领军南征，讨伐宁王。尽管朝中有人谏阻南征，但武宗不听。

八月十七日，正德帝御驾亲征的消息传到南昌。得知此事，王阳明立刻上《请止亲征疏》："亲征反贼朱宸濠之举危险至极，请圣上立刻中止。今宁王已被擒，臣将亲自率军，押解朱宸濠前赴阙下。"⑥ 在阳明看来，宁王既已被擒，那么武宗再御驾亲征的话，不但会有无妄之灾，同时还会导致民力疲弊。令人遗憾的是，在佞臣的怂恿之下，武宗并没有听从阳明的谏阻。

---

① 《王阳明全集》，第 1040 页。
② 《王阳明全集》，第 342 页。
③ 《王阳明全集》，第 335—343 页。
④ 《王阳明全集》，第 333—334 页。
⑤ 《王阳明全集》，第 350—351 页。
⑥ 《王阳明全集》，第 335—336 页。

（二）献俘钱塘

生擒宁王后，王阳明本打算派人将俘虏押送朝廷，但又怕宁王的残党余孽暗中劫持，所以决定亲自押解宁王等一干要犯，前往京师。九月十一日，在武宗御驾亲征南下的同时，王阳明也率兵押解宁王北上，以求阻止武宗南下。

张忠、许泰暗中谋划，想让王阳明把宁王重新放回到鄱阳湖，然后由武宗亲自率兵督战擒拿，最后凯旋返京。对此，王阳明极力反对这一荒唐的设想，认为：若在鄱阳湖上释放了宁王，后果不堪设想，或许将招致天下大乱。王阳明不听张忠、许泰的安排，自然得罪了他们。

十月九日，宁王被押解到杭州。此时，张永候于杭城，王阳明见张永，谓："江西之民，久遭濠毒，今经大乱，继以旱灾，又供京边军饷，困苦既极，必逃聚山谷为乱。昔助濠尚为胁从，今为穷迫所激，奸党群起，天下遂成土崩之势。至是兴兵定乱，不亦难乎？"张永也认可阳明的看法，说道："吾之此出，为群小在君侧，欲调护左右，以默辅圣躬，非为掩功来也。但皇上顺其意而行，犹可挽回，万一若逆其意，徒激群小之怒，无救于天下大计矣。"[1] 于是，王阳明把宁王交给张永。王阳明的这一做法，彻底激怒了张忠、许泰，对王阳明憎恨之极，就在武宗面前进谗言："（阳明）先与宁王交通，曾遣门人冀元亨往见宁王，许他借兵三千，后见事势无成，然后袭取宁王以掩己罪。"[2]

王阳明本打算亲自押解俘虏至阙下，却受到奸佞小人的阻挠，因无法亲自面圣，就称病于西湖净慈寺。十月中旬，王阳明听闻武宗南巡的队伍已至淮扬，旋打算立刻前往，谏阻武宗继续亲征。王阳明又从杭州出发，计划经无锡赴京口（镇江），然后再赴淮扬去觐见。但是，致仕家居京口的杨一清，为王阳明着想，阻止了王阳明前去觐见的行动。

（三）巡抚江西

而张永也恪守承诺，在押解宁王回到武宗行在后，即对武宗讲明了王阳明的忠心。因顾虑到南昌城的社会治安，武宗还听从张永的建议，命王阳明兼任江西巡抚，即刻启程返回南昌。王阳明遂自京口，沿长江经南京、芜湖、池州、安庆、彭泽、九江、湖口、南康南下，回到南昌的时间大约是十一月中旬。

然而，许泰、张忠等佞臣又向武宗秘奏："宁王余党尚多，臣等愿亲往南昌搜捕，以张天威。"[3] 其实，许泰、张忠等人率领北军兵士，抢在阳明之前到了南昌。据《年谱》记载：王阳明回到南昌，许泰、张忠指示不明真相的北军肆坐谩骂，或借故挑衅。然而王阳明不为所动，待之以礼，还下令负责维持治安的巡捕，尽力维护南昌城的稳定。不仅如此，王阳明还为北军兵士沿

① 《王阳明全集》，第 1041 页。
② 《王阳明出身靖乱录》，第 103 页。
③ 《王阳明出身靖乱录》，第 104 页。

途劳顿着想，犒赏北军兵士以安抚军心。比如，在街上遇到北军病故士兵出丧时，就下马询问情况，赐予棺椁，与众兵士一同奔丧。因此，"北军无不思家，泣下求归"①。

在这里，还发生了一件趣事。许泰、张忠等自诩北方人擅长射箭，而王阳明出身南方，料其射箭功夫一定很糟，所以提出与王阳明比射箭。王阳明勉强答应了他们，只见阳明弯弓搭箭，三发三中。每见射出的箭头命中靶心，在场的北军兵士就大声赞叹，张忠、许泰大惧，曰："我军皆附王都耶！"遂班师。②自此，张忠、许泰更是痛恨王阳明。

（四）九华山之行

正德十五年（1520）正月，许泰、张忠回到南京，即向武宗进谗言，说王阳明企图谋反。武宗问张忠："以何验反？"对曰："召必不至。"一向敬重王阳明人品的张永，立刻派人把许泰、张忠的奸计，告知阳明。有诏面见，王阳明即离开南昌，前去南京觐见。张忠等恐语相违，借故拒王阳明于芜湖，达半月之久。王阳明在芜湖逗留期间，进不得、退不行，无奈之下只得上了九华山，每日于草庵中宴坐。适武宗遣人探视，曰："王守仁，学道人也，召之即至，安得反乎？"于是命王阳明返回江西。③

正月三十日，在返回南昌途中，王阳明游玩了九江庐山的开先寺，题《平宁王碑》，记录了征讨宁藩的大致经过："正德己卯六月乙亥，宁藩濠以南昌叛，称兵向阙，破南康、九江，攻安庆，远近震动。七月辛亥，臣守仁以列郡之兵复南昌，宸濠擒，余党悉定。当此时，天子闻变赫怒，亲统六师临讨，遂俘宸濠以归。於赫皇威！神武不杀，如霆之震，靡击而折。神器有归，孰敢窥窃？天鉴于宸濠，式昭皇灵，嘉靖我邦国。正德庚辰正月晦，提督军务都御史王守仁书。从征官属列于左方。"④今有摩崖石刻拓片存世。

二月，抵达九江府的王阳明还游历了东林寺、讲经台、白鹿洞等地，并应景赋诗，叙述内心的感怀，详见《庐山东林寺次韵》《游庐山开先寺》《又次壁间杜牧韵》《白鹿洞独对亭》等诗。⑤三月，王阳明往游九华山、齐山，并赋诗感怀。比如《游九华道中》之作，表明了自己希望能够生活在陶渊明笔下的"桃花源"里的意愿。⑥王阳明再次访问无相寺，以《重游无相寺次旧韵》为题赋诗⑦，表达了自己对陶渊明《桃花源记》中所描写的仙境的仰慕之情。此外，王阳明攀登了九华山的各山峰，以《登云峰望始尽九华之胜因复作歌》为题吟诗⑧。在游玩齐山之时，还赋

---

① 《王阳明全集》，第 1042 页。
② 《王阳明全集》，第 1042 页。
③ 《王阳明全集》，第 1042 页。
④ 《王阳明全集》，第 1043 页。
⑤ 《王阳明全集》，第 632—636 页。
⑥ 《王阳明全集》，第 637 页。
⑦ 《王阳明全集》，第 638 页。
⑧ 《王阳明全集》，第 638 页。

诗《春日游齐山寺用杜牧之韵》①。

（五）重上江西捷音

王阳明出游庐山、九华山等佛教名山大川的目的，一方面是为了调整自己的心态，宣泄自己的情绪；另一方面，也隐隐约约地透露出归隐山林，回归自然的心境。但是，王阳明毕竟是传统的儒家士大夫，其生命中最为牵挂的还是自己的亲人、弟子，还有黎民百姓。

正德十五年前后，江西一直没有降雨，田里的禾苗枯萎殆尽，再加上宸濠之乱，百姓的生活更是苦不堪言。于是，王阳明上《乞宽免税粮急救民困以弭灾变疏》："宽恤之虚文，不若蠲租之实惠；赈济之难及，不若免租之易行。"②旱灾刚过，正德十五年夏，江西各地又连降大雨，农田损害严重，于是乎，王阳明又上《水灾自劾疏》，说自己重病缠身，不堪重任。③有论者以为：王阳明之所以会上奏这样的自劾文，是因为武宗的车驾依旧停留于南京，所以希望能以水灾的事实令武宗开悟，关注黎民百姓的生计。④

直到是年七月，武宗依旧滞留南京。此时，张忠、许泰、江彬等佞臣，欲图将阳明擒获宁王的功劳说成是他们所有。张永得知此事后，曰："不可。昔未出京，宸濠已擒，献俘北上，过玉山，渡钱塘，经人耳目，不可袭也。"⑤于是以大将军钧帖，令王阳明重上捷音。七月十七日，王阳明乃节略前奏，入张忠、许泰等名于疏内，再上之，是为《重上江西捷音疏》⑥。得到了这份奏折，佞臣们才建议武宗还京。十二月十日，宁王伏诛，武宗班师。

以上所述，就是王阳明在平定"宁王之乱"后，所经历的"忠泰之变"。嗣后，御史黎龙认为："平藩事，不难于成功，而难于倡义。盖以逆濠之反，实有内应，人怀观望，而一时勤王诸臣，皆捐躯亡家，以赴国难。其后忌者构为飞语，欲甘心之，人心何由服乎？后有事变，谁复肯任之者？"⑦钱德洪在《阳明先生年谱》中，还这样写道："平藩事不难于倡义，而难于处忠、泰之变。盖忠、泰挟天子以偕乱，莫敢谁何？"⑧"宁王之乱""忠泰之变"之于王阳明身心的磨炼，昭然若揭，这也应了"天将降大任于斯人也，必先苦其心志，劳其筋骨，饿其体肤，空乏其身，行拂乱其所为也，所以动心忍性，增益其所不能"的圣训⑨。

---

① 《王阳明全集》，第 642 页。
② 《王阳明全集》，第 363 页。
③ 《王阳明全集》，第 365—366 页。
④ 《王阳明大传》（下），第 103 页。
⑤ 《王阳明全集》，第 1046 页。
⑥ 《王阳明全集》，第 367—370 页。
⑦ 《王阳明全集》，第 1074 页。
⑧ 《王阳明全集》，第 1074 页。
⑨ 杨伯峻译注：《孟子译注》，中华书局 1960 年版，第 298 页。

七、揭良知教

目前，阳明学界多以钱德洪《阳明先生年谱》（附载《王文成公全书》卷三十二至三十六）为准，判定王阳明于正德十六年（时年 50 岁），在江西南昌之时，"始揭致良知之教"①；还有，钱德洪在《刻〈（阳明先生）文录〉叙说》中亦有云："'良知'之说，发于正德辛巳年（正德十六年）"②。黄绾《阳明先生行状》认为："（正德）甲戌（即正德九年，时年 43 岁），（王阳明）升南京鸿胪寺卿，始专以'良知'之旨训学者。"③ 而今日贵州的阳明学研究者则倾向于正德三年，37 岁的王阳明在龙场悟道（"圣人之道，吾性自足"）后，即提出"良知"说，理由是钱德洪在《刻〈文录〉叙说》中转录王阳明的一句话："吾'良知'二字，自龙场已后，便已不出此意，只是点此二字不出，于学者言，费却多少辞说。"④ 近年来，江西赣州的阳明学者提出："阳明心学至为重要的'致良知'理念，是在南赣提出的。"⑤ 浙江大学束景南教授撰《王阳明年谱长编》，考定正德十四年是阳明平宸濠之年，也是其"始悟良知之谜"之年⑥。

不难发现，目前关于王阳明"始揭致良知之教"的时间、地点至少有四种提法：正德三年（贵州龙场）、正德九年（南京）、正德十四年（南昌）、正德十六年（南昌）。那么，王阳明正式提出"致良知"学说的确切时间与地点，到底是何时何地呢？

在考辨这一聚讼不已、悬而未决的史实难题之前，我们有必要了解一些基本的学术术语。首先，"良知"二字，并不是王阳明的发明，它的发明权属于孟子⑦，这是毫无疑问的；再次，"心即理"这一理学术语，既不是王阳明，也不是陆九渊最早提出来的，它最早见诸唐代的佛教典籍，如禅宗大照和尚在《大乘开心显性顿悟真空论》中有云："心即理，则是心外无理，理外无心。"⑧此后，宋明理学家将"心即理"作为理学家的学术范畴之一。而最早阐述"心即理"观念的理学家，则可能是陆九渊。他在《与李宰书》中说："大人者不失其赤子之心，四端者即此心也，天之所以与我者即此心也。人皆有是心，心皆具是理，心即理也。"⑨ 可见，陆九渊所说的"心"，就是具有仁、义、礼、智等价值内涵的道德本体。正德三年，王阳明在龙场悟道，自家所体悟出来的"心即理"与唐代佛教禅宗大照和尚以及陆九渊所说的"心即理"，其理论内核、基本精神则是一

---

① 《王阳明全集》，第 1050 页。

② 《王阳明全集》，第 1306 页。

③ （明）黄绾著，张宏敏编校整理：《黄绾集》，上海古籍出版社 2014 年版，第 461 页。

④ 《王阳明全集》，第 1307 页。

⑤ 张可、申欣、路榕、黄震、赵越洋：《"知行之旅·发现阳明"走进南赣：穿越 500 年，寻根"致良知"》，《贵阳晚报》2016 年 10 月 24 日。

⑥ 束景南撰：《王阳明年谱长编·叙》，上海古籍出版社 2017 年版，第 7—8 页。

⑦ 《孟子·尽心上》："人之所不学而能者，其良能也；所不虑而知者，其良知也。"在孟子这里，"良知"就是一种具有先验属性的道德判断力。

⑧ 转引自余海：《论王阳明对"禅"的吸收与排斥》，《新东方》2006 年第 2 期。

⑨ （宋）陆九渊著，钟哲点校：《陆九渊集》，中华书局 1980 年版，第 149 页。

致的，它是传统中国心性哲学的宇宙论、本体论及价值论的唯一依据。

还有，"致良知"作为一个完整、圆融的良知心学体系，既有"道德—本体论"层面的内容，又有"工夫—实践论"的意义。"致良知"之说与"致良知"之教，二者之间也有区别，前者是一种学术主张、理论建构，而后者则有教法（"教化之法"）的工夫论意蕴。再有，即便是王阳明本人明确提出了"致良知"之教，并视之为儒家意义上的"圣门正法眼藏"，但他并不排斥自己早年、中年所提倡与实证的教法，诸如"静坐""谨独"（"慎独"）、"知行合一""立志""立诚"（"诚意"）、"存理遏欲""省察克己""学问思辨行""事上磨炼"；即便是阳明晚年在绍兴讲学时所宣讲的"万物一体之仁""拔本塞源论""四句教"云云，也不一定是"致良知"之教的最终范本。因为王阳明在临终之前，家童问遗言，则是"他无所念，平生学问方才见得数分，未能与吾党共成之，为可恨耳"（黄绾《阳明先生行状》引语）云云①。

在明确了以上基本信息之后，拙文有理由证明：王阳明正式提出"致良知"之说的时间是正德十五年秋，王阳明在赣州与众弟子论学之时，在场者主要有陈九川、夏良胜、邹守益等江右王门学者。至于"致良知"之说提出的缘起，除却众所周知的"宸濠之乱""忠泰之变"等"百死千难"的人生砥砺与生死考验，正德十五年六月，王阳明离开南昌前往赣州而路经（吉安府）泰和之时，在舟中所成《答罗整庵少宰书》（见《传习录》中②，成文于正德十五年六月二十日，此书王阳明手迹尚存世③），也是王阳明正式提出"致良知"说的一大学术"诱因"。

（一）与罗钦顺论学

正德十五年夏六月，王阳明离开南昌，沿赣江乘舟南下，前往赣州，路经吉安府泰和县之时，收到了友人泰和籍学者罗钦顺的一封论学书信（见《困知记》附录《论学书信·与王阳明书[庚辰夏]》)④。起因是，王阳明先前即是年春天，向罗钦顺呈送了正德十三年七月其门人在赣州刊刻的《大学古本（傍释）》和《朱子晚年定论》两本书。作为朱子学者的罗钦顺，自然不能也不会同意王阳明在《大学古本（傍释）》和《朱子晚年定论》中揭示的"和会朱陆"的主张以及对朱子"格物致知传"中"即物穷理"说的批判。其实，在前一年（即正德十四年）的夏天，罗钦顺在某友人处，也看到了赣州刻本的《传习录》（今通行本《传习录》卷上）一书，对阳明学的理论旨趣有关了解。

对于罗钦顺这封站在朱子学的立场批判阳明心学的书信，王阳明在《答罗整庵少宰书》（《传习录》中卷）中，与之论辩，逐一加以反驳。其中，由《大学》的古本、改本的问题，到对《大学》"八条目"，即"格物""致知""诚意""正心""修身""齐家""治国""平天下"，基于自己

① 《黄绾集》，第481页。
② 《传习录注疏》，第150—155页。
③ 计文渊编著：《王阳明法书研究》，中国美术出版社2015年版，第118—120页。
④ （明）罗钦顺著，阎韬点校：《困知记》，中华书局1990年版，第141—146页。

的心学立场，王阳明均一一作出回应，即站在"心即理"的学术立场上，系统批判了朱子学"心外求理""即物穷理"的工夫论路数。这里，我们不妨看王阳明的一段回应："学岂有内外乎？《大学》古本乃孔门相传旧本耳。朱子疑其有所脱误而改正补缉之，在某（王阳明）则谓其本无脱误，悉从其旧而已矣。""求之于心而非也，虽其言之出于孔子，不敢以为是也，而况其未及孔子者乎！求之于心而是也，虽其言之出于庸常，不敢以为非也，而况其出于孔子乎？"① 由此可以看出，此时的王阳明秉持"学贵得之心"的基本理念，对自己"求之于心"而怡然自得的心学怀有高度的理论自信，和对朱子学批判态度之坚决："（《大学》）旧本之传数千载矣，今读其文词，既明白而可通；论其工夫，又易简而可入，亦何所按据而断其此段之必在于彼，彼段之必在于此，与此之如何而缺，彼之如何而补？而遂改正补缉之，无乃重于背朱而轻于叛孔已乎？"② 在阳明这里，《古本大学》作为先秦原始儒家的经典，其文词明白可通，所论修齐治平的工夫更是易简可行，完全没有"改正补缉"的必要。

限于篇幅，拙文不再对罗钦顺、王阳明的学术观点予以绍述③。毋庸置疑的是，王阳明良知心学的提出尤其是"致良知之教"的揭示，正是在与程朱理学家（包括明代中叶的朱子学者，如罗钦顺）以及尤其是朱子文献（《四书章句集注》《四书或问》等）的直接"对话"之中，才逐步酝酿并提出。此外，正德十五年春王阳明赠予罗钦顺的《大学古本》，系正德十三年七月的赣州刊刻本；正德十六年王阳明正式改定《大学古本序》（即《大学古本改序》），罗钦顺则是在阳明先生病卒之后，从《阳明先生文录》中读得，对亡友王阳明的"诚意"尤其是"致良知"说，依旧抱有成见，对此可以参考《困知记三续》第20、21条的相关记载④。

值得留意的是，王阳明与罗钦顺作为学术诤友，其二人学术立场虽然相"左"，但这并不妨碍二人之间所产生的深厚情谊，有研究表明：正德五年王阳明由贵州龙场驿丞升任江西吉安府庐陵知县，曾前往泰和县拜会罗钦顺及其父亲罗用俊；正德十年，罗钦顺升任南京吏部右侍郎，而在正德九年王阳明已在南京鸿胪寺供职，故而正德十、十一年间，王阳明与罗钦顺同在南都供职，二人即就"朱陆之辩"有过学术切磋；而在正德十一年春，即罗用俊八十岁寿辰之时，王阳明赋诗《寿西冈罗老先生尊丈文》⑤，谨表祝贺。正德十二年至十六年，王阳明在南赣"破山中贼"、平"宁王之乱"，罗钦顺自然对这位"学术诤友"的一举一动，密切关注。嘉靖六年冬，王阳明前往广西平乱，路经泰和之时亦有手书与赋闲家居的罗钦顺，并有日后相会、讲学之约；翌年冬，罗钦顺有作《与王阳明书》⑥，希望在好友在班师回朝之时，在泰和一会。然而，命运弄人，

---

① 《传习录注疏》（简体本），第151页。
② 《传习录注疏》（简体本），第151—152页。
③ 罗钦顺、王阳明的学术观点之异同，读者朋友可以参阅：蔡家和著《罗整庵哲学思想研究》第四章"罗整庵与王阳明的论辩：心学与理学之比较"（台湾花木兰文化出版社2010年版，第145—180页），赵忠祥著《归一与证实：罗钦顺哲学思想研究》第二章"与王阳明的争辩"（河北大学出版社2012年版，第77—97页）中的相关论述。
④ 《困知记》，第125—126页。
⑤ 《王阳明佚文辑考编年》（增订版），第455页。
⑥ 《困知记》，第146—148页。

王阳明病逝于南安府，在泰和论道切磋之约未能实现。

（二）赣州通天岩讲学

据《年谱》记载：正德十五年秋（七月、八月、闰八月）间，王阳明在赣州，主要是与陈九川、夏良胜、邹守益等弟子门人辈，进行讲学布道活动。①

八月，王阳明与陈九川、夏良胜、邹守益等人，来到赣州城郊外的通天岩进行游学活动。我们也知道，王阳明传播心学的一大途径即是，携门人、友朋畅游于青山绿水之间，进行"寓教于游"式的学术切磋。通天岩位于赣州市西北十公里外的大和山，三面绝壁环绕，周围有大小不一的十几个石窟，总称为"通天岩"。石窟中分为"忘归岩""观心岩""洞心岩""翠微岩""通天岩"等。

在通天岩之时，王阳明赋诗多首，《王阳明全集》卷二十"赣州诗""江西诗"中就有九首。其中有《通天岩》诗一首："青山随地佳，岂必故园好？但得此身闲，尘寰亦蓬岛。西林日初暮，明月来何早！醉卧石床凉，洞云秋未扫。"②此诗，今有石刻传世，落款处写有"正德庚辰八月八日，访邹（守益）陈（明水）诸子于玉岩题壁。王阳明山人王守仁书"的字样③。在这里，王阳明还作有《游通天岩次邹谦之韵》《又次陈惟濬韵》《忘言岩次谦之韵》《圆明洞次谦之韵》《潮头岩次谦之韵》《坐忘言岩问二三子》等诗篇④。

通行本《传习录》下"陈九川录""阳明语录"中，较为详细地揭示了正德十五年秋王阳明与陈九川、邹守益等门人在赣州讲学论道时，提出"致良知"之说的详细经过：

> 庚辰（正德十五年），（陈九川）往虔州（赣州），再见（阳明）先生，问："近来功夫虽若稍知头脑，然难寻个稳当快乐处。"
>
> 先生曰："尔却去心上寻个天理，此正所谓理障。此间有个诀窍。"
>
> 曰："请问如何？"
>
> 曰："只是致知。"
>
> 曰："如何致？"
>
> 曰："尔那一点良知，是尔自家的准则。尔意念着处，他是便知是，非便知非，更瞒他一些不得。尔只不要欺他，实实落落依着他做去，善便存，恶便去。他这里何等稳当快乐！此便是'格物'的真诀，'致知'的实功。若不靠着这些真机，如何去格物？我亦近年体贴出来如此分明，初犹疑只依他恐有不足，精细看，无些小欠阙。"⑤

① 《王阳明全集》，第 1044—1049 页。
② 《王阳明全集》，第 621 页。
③ 《王阳明巡抚南赣诗文墨迹题刻》，第 61 页。
④ 《王阳明全集》，第 621—623 页。
⑤ 《传习录注疏》（简体本），第 186—187 页。

通过陈九川记载、流传下来的这则"庚辰往虔州，再见先生"的问答语录，足以坐实："致良知"说系王阳明本人"近年体贴出来"的。而"近年"云云显系正德十五年秋以前的正德十四、十三、十二年。尽管"致良知"的"体贴"需要一个过程，然而我们可以明确这样一个基本事实："致良知"说，是正德十五年秋，王阳明第一次正式提出来并与自己的门人辈分享。再看《传习录》下"陈九川录"陈九川、邹守益、夏良胜于正德十五年秋侍从阳明先生在赣州论学的一个场景：

　　（陈九川）在虔（赣州），与于中（夏良胜）、谦之（邹守益）同侍（阳明先生）。

　　（阳明）先生曰："人胸中各有个圣人，只自信不及，都自埋倒了。"因顾于中曰："尔胸中原是圣人。"于中起，不敢当。

　　先生曰："此是尔自家有的，如何要推？"

　　于中又曰："不敢。"

　　先生曰："众人皆有之，况在于中，却何故谦起来？谦亦不得。"于中乃笑受。

　　又论："良知在人，随你如何，不能泯灭。虽盗贼，亦自知不当为盗，唤他做贼，他还忸怩。"

　　于中曰："只是物欲遮蔽，良心在内，自不会失；如云自蔽日，日何尝失了！"

　　先生曰："于中如此聪明，他人见不及此。"①

这年秋八月，陈九川在赣州（通天岩）生病，《传习录》下记有"九川卧病虔州"云云②；将回家（临川）养病，《传习录》下又有"虔州将归"云云。陈九川因在赣州详细听闻了业师阳明先生"近年体贴出来"的"致良知"说，受益颇多，故而在与乃师道别时，即以"良知"为题赋诗：

　　良知何事系多闻，妙合当时已种根。

　　好恶从之为圣学，将迎无处是乾元。③

王阳明接着陈九川的话头，说道："若未来讲此学。不知说'好恶从之'从个甚么？"王阳明的"来讲此学"的"此学"，显然就是"良知"之学。陈九川离开赣州返家（抚州府临川县）之时，王阳明赋诗《留陈惟濬》："闻说东归欲问舟，清游方此复离忧。却看阴雨相淹滞，莫道山灵独苦留。薜荔岩高兼得月，桂花香满正宜秋。烟霞到手休轻掷，尘土驱人易白头。"④此处"薜荔岩高兼得月"之"岩高"显然就是"通天岩"，而"兼得月"之"月"，以及下句"桂花香满正宜秋"之时，正好是（正德十五年）仲秋八月十五日左右。

此外，王阳明在嘉靖癸未（二年，1523）所成的《寄薛尚谦书》中，有这样的记载："'致知'二字，是千古圣学之秘。向在虔时，终日论此，同志中尚多有未彻。"⑤此处的"向在虔时，终日

---

① 《传习录注疏》（简体本），第187页。
② 《传习录注疏》（简体本），第191页。
③ 《传习录注疏》（简体本），第194页。
④ 《王阳明全集》，第623页。
⑤ 《王阳明全集》，第169页。

论此"云云，也可以佐证，正德十五年秋王阳明于赣州讲学之时，正式提出"致（良）知"之说。陈九川在《寿大司成东廓邹公七十序》文中也有王阳明在赣州通天岩向邹守益、陈明水等"同志"传授"良知"之训的记载："正德庚辰（十五年），余与东廓邹子再见阳明先生于虔，进授良知之训，遁居通天岩中，久之，咸若有得。"[1] 民国九年（1920），赣南道尹邵启贤编纂《赣石录》，其中录有邹守益、陈九川二人的《游通天岩记》（摩崖石刻，今尚存世）一文，记载了"正德庚辰八月"的这次通天岩游学场景："安城邹守益、临汝陈九川，受学阳明先生，闲坐通天岩。阴晴变态，林霏异观，相与历览往古之踪，穷尽岩谷之胜。发秘扁名，升高望远，逸兴不穷。客至，坐石咏觞，刻之石洞，陶然自适，不知天地之为大而岩谷之非家也。凡浃旬而归。先是游访者宪副王度，郡守丞盛茂、夏克义，邑令宋瑢；同游者盱江夏良胜；游而信宿者刘寅、周仲、刘魁、黄弘纲、王可旦、王学益、欧阳德、刘琼治、王一峰也。正德庚辰八月八日。"[2] 根据邹守益、陈九川提供的这份游访者名单，除却邹守益、陈九川、夏良胜之外，可以判定刘寅、周仲、刘魁、黄弘纲、王可旦、王学益、欧阳德、刘琼治、王一峰等门人，也是最早一批听闻阳明先生"良知之训"的阳明学者。

（三）南昌讲学

是年暮秋即正德十五年九月，王阳明由赣州还南昌。

先前，邹守益返家安福，王阳明即有书函召邹守益前来南昌，继续讲论良知之学："自到省城（南昌），政务纷错，不复有相讲习如虔中（赣州）者。虽自己舵柄不敢放手，而滩流悍急，须仗有力如吾谦之（邹守益）者持篙而来，庶能相助更上一滩耳。"[3] 据此可知，王阳明"致良知"之教的提出、阐绎，是在与弟子门人辈讲学论道过程中进行的，而"良知"本体的护持、"保任"则是一个漫长的修炼与实证过程。据《年谱》记载，泰州王银（王艮）、进贤舒芬亦前来南昌，向阳明请益，均被阳明的"良知"之训所折服，跃然执弟子礼。[4]

为了亲炙阳明先生而启悟"良知"之旨，是时，陈九川、夏良胜、万潮、欧阳德、魏良弼、李遂、舒芬、裴衍等门人，日侍讲席。而时任江西巡按御史唐龙、督学佥事邵锐，守程朱旧学、质疑良知心学，唐龙还以撤讲择交相劝。阳明先生答曰："吾真见得'良知'人人所同，特学者未得启悟，故甘随俗习非。今苟以是心至，吾又为一身疑谤，拒不与言，于心忍乎？求真才者，譬之淘沙而得金，非不知沙之汰者十去八九，然未能舍沙以求金为也。"[5] 当唐龙、邵锐等学术净友对"良知"之训大加质疑时，人多畏避，见阳明门人中有方巾中衣而来者，俱指为异物；唯独

① （明）陈九川撰：《明水陈先生文集》（江西省图书馆藏清抄本），见《四库全书存目丛书》集部第72册，齐鲁书社1997年版，第123页。
② 转引自朱思维：《王阳明巡抚南赣诗文墨迹题刻》，第67页。
③ 《王阳明全集》，第1049页。
④ 《王阳明全集》，第1049页。
⑤ 《王阳明全集》，第150—151、1050页。

王臣、魏良政、魏良器、钟文奎、吴子金等挺然不变，极力维护师说。

通过以上辨正，足以说明，王阳明提出"致良知"说，是正德十五年秋，在赣州（通天岩）与陈九川、邹守益、夏良胜等门人讲学之时；而较为系统地宣讲、阐绎"致良知之教"，则是正德十五年冬在南昌，乃至钱德洪《年谱》所说的正德"十有六年辛巳，先生五十岁，在江西。正月，居南昌。是年，先生始揭致良知之教"云云①。

总之，王阳明正是经历了"宸濠之乱""忠泰之变"的生死砥砺，益发相信："良知"足以使人"明心见性"，忘却患难，超越生死。于是乎，他在正德十六年写给弟子杨鸾的书信（《与杨仕鸣书》）中提到："区区所论'致知'二字，乃是孔门正法眼藏。于此见得真的，直是建诸天地而不悖，质诸鬼神而无疑，考诸三王而不谬，百世以俟圣人而不惑！"②

以"致良知"之"理"为宗旨，在王阳明这里，宋儒所谓的"格物穷理"（"即物穷理"）极其简易，皆因宋儒从"知解上"（"闻见之知"）求之，故而头绪纷繁，难以穷尽。一日，阳明先生独自喟然叹息，侍坐一旁的陈九川问其何故叹息，阳明先生说："此理简易明白若此，乃一经沉埋数百年。"陈九川接着说："亦为宋儒从知解上入，认识神为性体，故闻见日益，障道日深耳。今先生拈出'良知'二字，此古今人人真面目，更复奚疑？"阳明先生总结道："然！譬之人有冒别姓坟墓为祖墓者，何以为辨？只得开圹，将子孙滴血，真伪无可逃矣。我此'良知'二字，实千古圣圣相传一点骨血也。"③ 在阳明学中，以"致良知"为宗旨，就可以打通"心体"与"性体"的分疏，达致"万物一体之仁"的圆满境界。而"致良知"之教的揭橥，也标志着王阳明良知心学体系建构的基本完成。

一代哲人王阳明正是经历了诸如贬谪龙场、南赣征战、宁王之乱、忠泰之变等"百死千难"，才"体贴出来""良知"本体，视之为千百年来代代相传的"圣门正法眼藏"而信奉与践行。缘此之故，如果不了解王阳明这一独特的心路历程，而轻易随便地去口传"良知"、空谈本体、故弄玄虚，"把作一种光景玩弄"，反倒会产生诸多弊端。比照一下阳明后学"良知现成派"，自然明了。为此，王阳明在生前便谆谆告诫门人："某于此'良知'之说，从百死千难中得来，不得已与人一口说尽。只恐学者得之容易，把作一种光景玩弄，不实落用功，负此知耳！"④ 阳明先生在五百年前发出的告诫之语，在五百年后的今天，尤其对于当下这股方兴未艾但又喧嚣聒噪的"阳明热"而言，无疑是一剂清醒剂！

正德十六年六月，王阳明平定"宸濠之乱"，赴（嘉靖帝）内召，但因阁臣杨廷和等从中作梗，寻止之，升南京兵部尚书参赞机务。七月至杭州，遂疏乞便道至家省葬。八月，至越。九月，归余姚省祖茔。⑤ 随后，开启家居绍兴宣讲"良知"之教的讲学生活。直至嘉靖六年，以南

---

① 《王阳明全集》，第1050页。
② 《王阳明全集》，第157页。
③ 《王阳明全集》，第1050页。
④ 《王阳明全集》，第1050页。
⑤ 《王阳明全集》，第1052—1054页。

京兵部尚书兼都察院左都御史，总制两广、江西、湖广军务，前往广西征平思恩、田州。嘉靖七年，在平定思田之乱，破袭八寨、断藤峡蛮贼后，王阳明因病急而班师，行至江西南安（今赣州大余县）而病逝，临终留下了"此心光明，亦复何言"的八字遗言。

行文至此，我们可以说，王阳明一生之于江西的眷恋是深厚的。其中的意义，我们可以从王阳明的一首"江西诗"——《寄江西诸士夫》——中寻找到答案：

甲马驱驰已四年，秋风归路更茫然。惭无国手医民病，空有官衔縻俸钱。

湖海风尘虽暂息，江湘水旱尚相沿。题诗忽忆并州句，回首江西亦故园。[1]

好一句"题诗忽忆并州句，回首江西亦故园"，这足以说明王阳明的"江西情结"是多么地深情与浓重，因为在他的内心世界中，已经自觉地把江西视为自己的"第二故乡"啦！

作者简介：张宏敏，浙江省社会科学院哲学所副研究员，兼任浙江国际阳明学研究中心秘书长。主要从事中国哲学与浙江学术思想史研究。

---

[1] 《王阳明全集》，第 626—627 页。

王阳明十篇"制义"文字略述

黎业明

内容提要：俞长城论次的《可仪堂一百廿名家制义》第六卷，收录有号称王阳明的"制义"文字十三篇，其中十篇为阳明的作品。这十篇"制义"文字，虽然可能是王阳明参加弘治年间科举考试的答卷，或者是其准备科举考试而撰写的习作，未必能代表其对于"四书"的真正理解，但是这十篇"制义"文字对我们了解其早年在科举考试中对于"四书"、对于朱熹传注的态度，或许不无帮助；对于我们了解阳明后来的思想发展，或许有所启发。此外，值得一提的是，王阳明的这十篇"制义"文字，都是阳明的集外佚文；而在这十篇阳明的集外佚文当中，有七篇是此前未曾有人辑录的。

关键词：王阳明；制义；朱熹；四书章句集注；集外诗文

王守仁（1472—1529），字伯安，浙江余姚人，因其曾经筑室并讲学于阳明洞，学者称阳明先生。王阳明的诗文、著作主要见于钱德洪等编辑之《王文成公全书》。然而，王阳明尚有相当数量的集外诗文存世，散见于各种文献之中。近年，人们对于王阳明集外诗文的辑佚工作，已经取得了十分优异的成绩。其中又以钱明先生、束景南先生的贡献最大，他们辑录的王阳明集外诗文，篇章数量均以百计[①]。虽然人们在王阳明集外诗文的辑佚已经取得了优异的成绩，但是还有一些王阳明的集外诗文未能辑录。近承台湾"清华大学"游腾达先生帮助复印了俞长城论次的《可仪堂一百廿名家制义》第六卷"王阳明稿"，得见号称王阳明的"制义"文字十三篇[②]，包括"所谓大臣一节""子击磬于卫""志士仁人一节""彼为善之""诗云鸢飞……察也""舜其大孝一节""斋明盛服三句""河东凶亦然""老吾老以……四海""其为气也二句""子哙不得……子哙""周公之过二句""禹思天下四句"[③]。其中，"所谓大臣一节""斋明盛服三句""禹思天下

---

① 吴光、钱明等编校：《王阳明全集（新编本）》第五、第六册，浙江古籍出版社 2010 年版（下同）；束景南撰《阳明佚文辑考编年》上下册，上海古籍出版社 2012 年初版、2015 年增订版（下同）。
② 所谓制义，又称制艺，是明清时期科举考试的文字程式，即八股文。因其题目取于四书，故又称四书文。
③ 俞长城论次：《可仪堂一百廿名家制义》，清乾隆三年文盛堂刊本，第六卷，第 64—84 页。

四句"三篇，收录于《王文成公全书》卷三十一下之"山东乡试录"①，然而，彭鹏先生在《〈山东乡试录〉非出于王阳明之手辨》中，根据上海图书馆藏《弘治十七年山东乡试录》考证，证实"所谓大臣一节"为穆孔晖作品、"斋明盛服三句"为张九霄作品、"禹思天下四句"为柴世需作品，属于王阳明主持弘治十七年山东乡试时所选录的考生优秀答卷，并不是王阳明本人的作品；不仅这三篇文字不是王阳明作品，而且《王文成公全书》卷三十一下"山东乡试录"中所收录的所有答卷文字，都不是王阳明本人的作品②。至于《可仪堂一百廿名家制义》第六卷中的"志士仁人一节""诗云鸢飞……察也""子哙不得……子哙"三篇，任文利先生、钱明先生、束景南先生此前已经根据方苞等编《钦定四书文》，将其作为集外佚文加以辑录③。其余七篇，则尚未见有人加以辑录。为后文论述的方便，兹不揣浅陋，冒昧将《可仪堂一百廿名家制义》第六卷中属于王阳明的十篇"制义"文字，略加标点，抄录于后，并仅就见闻所及，对其中的一些相关问题稍加论述。

一

兹依据俞长城论次《可仪堂一百廿名家制义》第六卷"王阳明稿"所收录的属于王阳明的十篇"制义"文字，略加整理如下：④

---

① 王守仁撰《王文成公全书》，商务印书馆 1936 年"四部丛刊"缩印本，第四册，第 876—878 页。案：整卷"山东乡试录"，在隆庆六年刊本《王文成公全书》中，为独立一卷，即"王文成公全书卷之三十一下"；而《王阳明全集》（上海古籍出版社版）、《王阳明全集（新编本）》则将其改附于第二十二卷"山东乡试录序"之后。[王守仁撰：《王阳明全集》，上海古籍出版社 1992 年初版（下同），上册，第 841—871 页；2011 年修订版，中册，第 926—960 页；王守仁撰：《王阳明全集（新编本）》第三册，第 879—912 页]

② 彭鹏：《〈山东乡试录〉非出于王阳明之手辨》，《孔子研究》2015 年第四期。案：束景南先生在其 2017 年 11 月出版的《王阳明年谱长编》中，仍然认为收录于《王文成公全书》卷三十一下之《山东乡试录》"实为阳明是次主考山东所作程文范本，题自拟，文自作，盖在为乡举考试立式示范，供举子揣摩学习"；并特意选录其中的"人君之心惟在所养"与"策问（二）"两篇，以揭示阳明其时已由"五溺于佛氏之习"（逃禅）开始"归正于圣贤之学"之思想进程。（束景南撰《王阳明年谱长编》，上海：上海古籍出版社 2017 年版（下同），第一册，第 302—310 页）其实，根据彭鹏考证，"人君之心惟在所养"为穆孔晖作品，"策问（二）"为柴世需作品。又：束景南先生将"山东乡试录后序"之作者傅鼎，误作"陈鼎"。（束景南撰：《王阳明年谱长编》，第一册，第 322—323 页）然而，陈鼎为参加是年山东乡试的一名考生，《弘治十七年山东乡试录》选录其答卷三篇（"君子慎其所以与人者""拟唐张九龄上千秋金鉴录表""策问（三）"）。

③ 参见任文利撰《王阳明制义三篇》，《北京青年政治学院学报》2007 年第 1 期；钱明编校：《王阳明全集（新编本）》第五册，第 1868—1871 页；束景南撰：《阳明佚文辑考编年》，上海古籍出版社 2012 年版，上册，第 19—24 页；2015 年增订版，上册，第 23—28 页。

④ 说明：由于所见版本字迹比较模糊、缺字颇多，对于缺字、无法辨认之文字，以"□"标出。此外，其文末评语，则用仿宋字体且低二格，以示区别。

子击磬于卫

圣人作不易和之乐，寓不乐居之邦。夫磬以立辨，不易和之乐也；卫政衰乱，不乐居之邦也。圣人居是邦而作是乐，岂无所感而然哉？昔孔子以高厚之道德，值衰乱之春秋，周流而席不暖于一邦，传食而辙暂停于卫国。吾□□□庸君，难与有为，媚灶偕臣，终不可变。世道如此，吾道可知。然而中国一人之心不已，故假击磬以泄其几；四海一家之念无穷，故托乐声以发其密。彼八音以石为纲，象君之乐也，忧其君者作之；五音以石为角，为民之乐也，忧其民者奏之。有玉磬焉，有石磬焉，□虽未知为何磬也，子则或考或拊，而轻重之适宜；有编磬焉，有歌磬焉，磬虽未知为何名也，子则或戛或击，而疾徐之中节。磬声皇皇，即吾皇皇思君之心也，岂徒和平而足听哉？磬声隐隐，即吾隐隐思民之念也，岂徒铿锵而说耳哉？吁！所居寓衰乱之国，所感存忧世之心，夫子之用□明矣。大抵人必有所思，有所思必寓于物。古之人，有闻琴声而知□心者，有闻笛声而知怨心者。禹曰"谕寡人以忧者击磬"、传曰"君子闻磬声，则思死封疆之臣"，然则夫子一磬之击、一心之忧，即禹与君子之心也。荷蒉闻而知之，盖亦贤矣。卫之君臣，果知之否乎？

不呆写本题，语语为下"有心"句作□。正面做击磬，对面有人从门外听者，此为传神妙技。○若从击字生情、磬字搬演，即近时文字。

志士仁人一节 [①]

圣人于心之有主者，而决其心德之能全焉。夫志士仁人，皆心有定主而不惑于私者也，以是人而当死生之际，吾惟见其求无愧于心焉耳，而于吾身何恤乎？此夫子为天下之无志而不仁者慨也。故言此以示之，若曰："天下之事变无常，而死生之所系甚大，固有临难苟免而求生以害仁者焉，亦有见危授命而杀身以成仁者焉，此正是非之所由决而恒情之所易惑者也。吾其有取于志士仁人乎！"夫所谓志士者，以身负纲常之重，而志虑之高洁，每思有以植天下之大闲；所谓仁人者，以身会天德之全，而心体之光明，必欲有以贞天下之大节。是二人者，固皆事变之所不能惊、而利害之所不能夺，其死与生有不足累者也。是以其祸患之方殷，固有可以避难而求全者矣，然临难自免，则能安其身而不能安其心，是偷生者之为，而彼有所不屑也。变故之偶值，固有可以侥幸而图存者矣，然存非顺事，则吾生以全而吾仁以丧，是悖德者之事，而彼有所不为也。彼之所为者，惟以理欲无并立之机，而致命遂志以安天下之贞者，虽至死而靡憾；心迹无两全之势，而捐躯赴难以善天下之道者，虽灭身而无悔。当国家倾覆

---

① 此篇，又见方苞等编《钦定四书文》。［方苞等编：《钦定四书文》，见《景印文渊阁四库全书》，台湾"商务印书馆"1986 年版（下同），第 1451 册，第 30—31 页］

之余，则致身以驯过涉之患者，其仁也，而彼即趋之而不避、甘之而不辞焉，盖苟可以存吾心之公，将效死以为之，而存亡由之不计矣；值颠沛流离之余，则舍身以贻没宁之休者，其仁也，而彼即当之而不慑、视之而如归焉，盖苟可以全吾心之仁，将委身以从之，而死生由之勿恤矣。是其以吾心为重，而以吾身为轻，其慷慨激烈以为成仁之计者，固志士之勇为，而亦仁人之优为也，视诸逡巡畏缩而苟全于一时者，诚何如哉？以存心为生，而以存身为累，其从容就义以明分义之公者，固仁人之所安，而亦志士之所决也，视诸回护隐伏而觊觎于不死者，又何如哉？是知观志士之所为，而天下之无志者可以愧矣；观仁人之所为，而天下之不仁者可以思矣。此固夫子观时慨世之言，而其有关于气节者，岂浅浅哉？①

只志士仁人重讲，而成仁无害仁，势如破竹，□看此文寻大头脑处。（艾千子）

先生倡明圣学，其古文辞，绝近唐宋。□□制义，虽不多见，然已开鹿门、震川之先矣。（陈百史）

志士，是把持得定；仁人，是涵养得熟。一无字、一有字，有确然不改移意，有安然不勉强意。写两种人，各尽分量，而文更俊伟光明。②

彼为善之

小人之见悦于君，则专利之说售也。夫利之所在，君易溺焉，若何而不善小人之专利耶？且利为逆萌，公其利者绝其萌，是臣之忠也、君之幸也。而不意小人者起而务财用也，岂生财有数，上可僭乎？发财有戒，君可取乎？是故工聚敛者，在絜矩之君，惟知有屏去矣、放逐矣；而彼不曰良臣则曰忠国，竟贪心所使也。善附益者，在慎德之主，惟知有痛绝耳、严禁耳；而彼不曰奇谋则曰胜算，以尚亦有利也。开一利端，斯增一高爵，若谓非尔畴与致富也、非尔畴与足用也，而盗臣之不如者，且视为彦圣之流矣。进一利孔，斯博一厚禄，若谓奉公赖于尔也，富国赖于尔也，而四夷之可屏者，且慕为有秩之士矣。自彼之善之也，小人方幸计之得行而思以保其善，民间多受累也，盖君□臣奸者也；自彼之善之也，小人又虑后之不继而思以终其善，分外且增求也，盖臣逢君欲者也。朝而头会，夕而箕敛，府库虽充，其渐不可长也。民以见病，己以希宠，悖入可虞，非阶之为祸哉？卒之皆害荐臻，善人莫救。吾恐善者未几必继之以怒与？

先生文原本韩欧，此等作变为□体，亦非他人可拟。（陈百史）

---

① 方苞等编《钦定四书文》所收此文，无"此固夫子观时慨世之言，而其有关于气节者，岂浅浅哉"二十二字。（方苞等编：《钦定四书文》，见《景印文渊阁四库全书》第 1451 册，第 30—31 页）

② 方苞等编《钦定四书文》所收此文之末，亦有此段评语，且标明"原评"。其中"把持"，作"把握"。（方苞等编：《钦定四书文》，见《景印文渊阁四库全书》第 1451 册，第 31 页）

极写奸臣进用情状，精熟史学，□切时务。○彼者外之□□□□□以慎德絜矩有□□圣等意相形，深得题神。

诗云鸢飞……察也 [①]

《中庸》即《诗》而言，一理充于两间，发费隐之意也。盖盈天地间，皆物也；皆物，则皆道也。即《诗》而观，其殆善言道者，必以物欤！今夫天地间，惟理气而已矣。理御乎气，而气载乎理，固一机之不相离也，奈之何人但见物于物而不能见道于物、见道于道而不能见无物不在于道也？尝观之《诗》而得其妙矣，其曰"鸢飞戾天，鱼跃于渊"，言乎鸢鱼而意不止于鸢鱼也，即乎天渊而见不滞于天渊也。为此诗者，其知道乎！盖万物显化醇之迹，吾道溢充周之机，感遇聚散，无非教也；成象效法，莫非命也。际乎上下，皆化育之流行；合乎流行，皆斯理之昭著。自有形而极乎其形，物何多也，含之而愈光者流动充满，一太和保合而已矣；自有象而极乎其象，物何赜也，藏之而愈显者弥漫布濩，一性命各正而已矣。物不止于鸢鱼也，举而例之，而物物可知；上下不止于天渊也，扩而观之，而在在可见。是盖有无间不可遗之物，则有无间不容息之气；有无间不容息之气，则有无间不可乘之理。其天机之察于上下者，固如此乎！

道理明莹，文境挥洒。不待琢磨，自然精到。

舜其大孝（一节）

《中庸》称圣人为大孝，而著其德、福之隆焉。盖有德与福，人所难也，圣人兼而有之，其为孝之大也，宜哉！《中庸》明道之费者如此。且夫孝之为道，虽不外乎日用，而道之能尽，则惟在于圣人。舜也尽天理人伦之极，而非止服劳奉养之常；□至德要道之全，而可为天下后世之法，是其为孝，非大孝与？盖其至德有合天之妙，重华有协帝之光。浚哲文明，察□不容于勉勉；温恭允塞，存诚惟出于安安。德固圣人之德也，岂惟此哉？莫尊于天子也，舜则避丹朱而人心归，格文祖而□位陟；历数膺在躬之传，南面致恭己之治。所居者天子之位而□□，百揆不足□矣。莫富于四海也，舜则分九州而职贡定，则三壤而财赋成；近纳甸服之□□，远通岛夷之卉皮。所有者四海之内而成邑，□□不足言矣。在其前者有宗庙也，使无以光于前，或至于覆宗矣。舜惟其光大之业盛也，是以祖功宗德，百世不迁，而得以享其祭焉。不然，吾知有幕之祀，不待瞽瞍终而已失，况能及于虞渊之再封哉？在其后者有子孙也，使无以裕于后，则或至于灭嗣矣。舜惟其覆育之恩深也，是以孝子慈孙，万代如见，而得以保其绪焉。

---

① 此篇，又见方苞等编《钦定四书文》。（方苞等编：《钦定四书文》，见《景印文渊阁四库全书》第 1451 册，第 39 页）

不然，吾知陶正之职，不待夏后衰而已失，况能延于胡公之世守哉？是知德盛则无所亏亲之体，福全则有以显亲之名，舜之所以为大孝者如此，斯□□□□，非其大者而何哉？

不屑屑绾合孝字，古文老手为制义，自能独出巨眼。后二比开□掉之门。（陈百史）

就合五者以孝其亲说，但不纠缠辩驳，如后人自难自解陋态也。文章典贵，如颂如碑。

河东凶亦然

极尽心于河东，而见救荒无奇策也。夫河东诚荒，而救之必有道也。如以□□□□□之，不几于无策乎？想梁王自谓尽心，而言曰：寡人之于国也，不能必其无凶荒之岁，而能必吾有救荒之仁。是故前此□河内，以其凶而为之移民、为之移粟矣，然岂惟救河内为然哉？□□河东之凶，犹河内之凶也，则河东之有赖于我，犹河内之有赖于我也，拯救之术既已曲全于河内，则兼济之方当不容异于河东。其利于就食者民也，河内之民可移，河东之民亦可移也，吾以移河内之民者，移河东之民，一迁就之间，庶乎凶者不见其凶，而转祸为福，于河东乎其再见矣。其便于转输者粟也，河东之粟可移于昔，河内之粟亦可移于今也，吾以移河东之粟者，移河内之粟，一转移之间，庶乎天者可以人济，而通变宜民，于河东乎其再见矣。荒虽有异地，而救荒无异心。事变虽无常形，而济变则有常政。若曰厚于河内而薄于河东，则失之隘，寡人之心固不若是之隘也。救于河东者如此，救于河内者又如彼，则失之私，寡人之心又岂若是之私乎哉？吁！救荒一事虽不足以见治道之至，而兼济两河，寔可见吾仁民之意。治国如寡人，可谓不尽心乎？

股法前短后长，常格也。此独前长后短，势如剑阁鸟道，上有摩云之崖，棱棱层上，愈下愈削，可仰而不可攀，诚宇宙间一奇观。（茅鹿门）

他人拈此，铺叙亦字耳，点缀亦字耳，此妙即在亦字上，看出尽心，见博爱无私及良法□□不妆处，神致如生。

老吾老以……四海

观大贤晓时君之意，无非明保民而王之在于用恩也。甚矣，用恩在我而无难也。恩一举则四海皆吾度内矣，此孟子晓齐王之意也。盖谓齐王恩及禽兽，而功不至于百姓者，非不能也，为不用恩耳；而恩之所推，则必自近始。□吾之老，吾所当老也，则先老吾之老，而后推以及人之老，使人各得以老其老焉；吾之幼，吾所当幼也，则先幼吾之幼，而后推以及人之幼，使人亦得以幼其幼焉。夫如是，则天下之老不同，而老老之心则一，举天下之老，无不被吾老老之恩矣；天下之幼不同，而幼幼之心则一，举天下之幼，无不被吾幼幼之恩矣。其于天下也，不犹运诸掌乎？《诗》云："刑于寡妻，至于兄弟，以御于家邦。"是诗也，正谓是心在我，举而加之寡妻，则寡妻以刑也；举而加之兄弟，则兄弟以宜也；举而加之家邦，则家邦亦随而治矣。夫自寡妻而兄弟而家邦，皆不外乎是心之推，如此则夫自老老幼幼以及天下之老幼者，何莫而非是心之所扩充也哉？是故天下虽大，运以一心而有余；一心虽微，扩之天下而无外。苟一推其恩，则四海皆在所保矣。吾所谓运天下于掌，信乎其在我而无难矣。故曰"保民而王，莫之能御也"，又曰"是心足以王矣"，又曰"王之不王，不为也，非不能也"。王其知之乎？

阳融积雪，风卷残云，可想此文神境。

其为气也（二句）

观气之体用，其浩然也见矣。夫刚大塞乎天地，气体如是也，而养成则配乎道义焉，何浩然哉！孟子意曰：气之在人，天地其所从来者也，道义其所附丽者也。故语气而与天地不相似、与道义不相合者，非浩然也。并而观之，而知其惟善养斯得矣。盖天地有溥博之化，而是气得之，一乾之大坤之广也，何至大如之？天地有直遂之运，而是气得之，一乾之健坤之贞也，何至刚如之？苟能直养而无害焉，则其盛大之势何所不包，而此气之含弘，将与太虚相弥纶矣；流行之机何所不达，而此气之负荷，将与造化相终始矣，不塞于天地之间乎？然体之立者，必有征于用之行，而究其养成之后，亦岂徒哉！盖气载理以推行，必有以沛其道前之勇；理乘气以妙合，必有以作其果敢之能。义在天地间，本无时或息也，而吾刚大之所充者，自见义而必为焉；道在天地间，本运行不匮也，而吾刚大之所塞者，自遵道而必行焉。信乎，彻上彻下固皆道义之攸寓，而旋乾转坤，要亦充配之必然矣。其功用岂不伟哉？

句□字核而法律细密，庆历宗派兆于此矣，谁谓先辈尽朴略乎？

子哙不得……子哙 ①

举燕之君臣而各著其罪，可伐也。夫国必自伐，而人伐之也。燕也私相授受，其罪著矣，是动天下之兵也。今夫为天守名器者，君也；为君守候度者，臣也。名义至重，僭差云乎哉？故君虽倦勤，不得移诸其臣，示有专也；臣虽齐圣，不敢奸诸其君，

---

① 此篇，又见方苞等编《钦定四书文》。（方苞等编：《钦定四书文》，见《景印文渊阁四库全书》第1451册，第50—51页）

纪臣道也。燕也何如哉？燕非子哙之燕，天子之燕也，召公之燕也。象贤而世守之，以永燕祀、以扬休命，子哙责也。举燕而授之人，此何理哉？恪恭而终臣之，以竭忠荩、以谨无将，子之分也。利燕而袭其位，罪亦甚矣。尧舜之传贤，利民之大也。哙非尧舜也，安得而慕其名？舜禹之受禅，天人之从也。之非舜禹也，安得而袭其迹？自其不当与而言，无王命也，堕先业也，子哙是矣；自其不当受而言，僭王章也，奸君分也，子之有焉。夫君子之于天下，苟非吾之所有，虽一毫而莫取也，况授受之大乎？于义或有所乖，虽一介不以与人也，况神器之重乎？夫以燕之君臣，而各负难逭之罪如此，有王者起，当为伐矣。

文如法吏断狱，一字不可翻案，犹可能也。步骤层迭，愈转愈彻，此阳明笔神之妙。（黄贞父）

高肃、简毅凛不可犯，此陈琳檄、张汤案也。（吴雨来）

读忠肃公"不待三"篇，见守京师手段；读文成公此篇，见擒宸濠手段。○东乡谓"古文须长短句相间，此文纯用短句，非法"。然则《尚书》《周易》皆近今文耶？真拘迂之□也。①

周公之过（二句）

大贤论圣人之过，圣人所不免也。盖过非圣人之所欲也，而时或冒之，则亦不容于辞矣。过岂圣人所能免也哉？孟子因陈贾疑周公之不知而告之，意谓圣人之心，固未尝不欲立于无过之地。然或事变之来，未有能尽如吾意者。是故以周公之圣，而有管叔之使，卒之流言作而管叔之畔以成，孺子危而东征之斧斯缺，盖不惟当时之人议其知之不早，而后世亦以是而议之也，不惟夫人之心歉其图之不□，而公之心亦以是为歉也，天下安得不以过归周公，而周公亦安得以过辞于天下？虽然，处骨肉之至亲者，不可视以常人之情；而当天下之大变者，亦不容以常情测之也。使周公之弟而逆料其兄之□，则自处于忍而不弟之罪，周公先自为之矣。周公使叔而管叔畔之，则行不义者管叔也，周公之心固自若也。故以情而论，则使之之情安；以势而论，则不使之之势逆，周公亦安能逆其势、不安其情以□□□□也哉？观其迹也，容有所拂；揆之于理，则无所违。周公亦安能违其理、徒□其迹以自处于无过也哉？是知周公之过，过于爱者也；周公之爱，爱而过者也。周公虽欲□□□于天下，而天下虽欲以情恕乎周公，其可得乎？噫，是之谓周公之过也。是之谓周公之过，宜也。

全用散势成文，观其重发周公之心，见先贤曲体前圣一□恻怛至仁处，过于爱、爱而过，所谓"观过斯知仁"也。此文字字见血，可征至性。（艾千子）

---

① 梁章巨《制义丛话》引述俞长城此评语，"□"作"极"。（参见梁章巨撰：《制义丛话、试律丛话》，陈居渊点校，上海书店出版社 2001 年版，第 61 页）

信笔直书，宜乎粗浅，其用意□□□□。惟文极深挚，而读者得赏其信笔直书，所以为古文□□也。

在属于王阳明的这十篇"制义"文字当中，其题目出自《论语》者两篇（"子击磬于卫""志士仁人一节"），出自《大学》者一篇（"彼为善之"），出自《中庸》者两篇（"诗云鸢飞……察也""舜其大孝一节"），出自《孟子》者五篇（"河东凶亦然""老吾老以……四海""其为气也二句""子哙不得……子哙""周公之过二句"）。

俞长城在《可仪堂一百廿名家制义》第六卷"王阳明稿"之目录中，将号称王阳明的十三篇"制义"文字，标注时间为"弘治朝"①，而在这些"制义"文字的版心位置，除了将"其为气也"一文的撰作时间标为"弘治乙未"外，其余十二篇文字的撰作时间均标注为"弘治己未"。由于弘治年间无"乙未"年，因此"其为气也"一文所标注的撰作时间乃为"弘治己未"之误。"弘治己未"，即弘治十二年（1499）。《明史·选举志》云，明代的科举考试，乃"子、午、卯、酉年为乡试，辰、戌、丑、未年为会试。乡试以八月，会试以二月，皆初九日为第一场，又三日为第二场，又三日为第三场。初设科举时，初场试经义二道，四书义一道；二场，论一道；三场，策一道。中式后十日，复以骑、射、书、算、律五事试之。后颁定科举定式，初场试四书义三道，经义四道。《四书》主朱子集注，《易》主程传、朱子本义，《书》主蔡氏传及古疏，《诗》主朱子集传，《春秋》主左氏、公羊、谷梁三传及胡安国、张洽传，《礼记》主古注疏。永乐间，颁《四书五经大全》，废注疏不用。其后，《春秋》亦不用张洽传，《礼记》止用陈澔集说。二场试论一道，判五道，诏、诰、表、内科一道。三场试经史时务策五道。廷试，以三月朔"②。也就是说，依据明太祖洪武十七年（1384）颁行的科举定式，无论是乡试还是会试，初场试四书义三道。因此，号称王阳明的这十三篇"制义"文字，不可能均为"弘治己未"所作，然则俞长城在《可仪堂一百廿名家制义》中，将号称王阳明的这十三篇"制义"文字的撰作时间，在版心位置均标为"弘治己未"，显然是不合适的。

然则，属于阳明作品的十篇"制义"文字，似乎都应该是他参加弘治年间科举考试的答卷。根据钱德洪《阳明先生年谱》记载，弘治五年（1492），阳明先生"举浙江乡试"；弘治六年（1493）春，"会试下第"；弘治九年（1496）丙辰会试，"果为忌者所抑"；弘治十二年（1499）春，"会试举南宫第二人，赐二甲进士出身第七人，观政工部"③。束景南先生将王阳明的"志士仁人一节""诗云鸢飞……察也""子哙不得……子哙"三篇文字系于弘治五年，以为是王阳明在弘治

① 俞长城论次：《可仪堂一百廿名家制义》，清乾隆三年文盛堂刊本，第六卷，第63页。
② 张廷玉等撰：《明史》，中华书局2003年版，第6册，第1693—1694页。案：明程春宇辑《士商类要》亦有相近的说法，其言略云："洪武十七年，颁行科举成式，每三年一大比，遇子、午、卯、酉之年为乡试，遇辰、戌、丑、未之年为会试。乡试：八月初九头场，三篇《四书》、四篇《经》；十二日二场，表、判、论各一篇；十五日三场，策五道。会试：二月初九头场，《四书》三篇、《经》四篇；十二日二场，表、判、论各一篇；十五日三场，策五道。"（程春宇辑：《士商类要》，见杨正泰撰：《明代驿站考（增订本）》，上海古籍出版社2006年版，第408页）
③ 钱德洪编：《阳明先生年谱》，见《王阳明全集（新编本）》第四册，第1228—1230页。

五年参加浙江乡试时所作之四书文①。然而，根据上海图书馆藏《弘治五年浙江乡试录》，弘治五年壬子浙江乡试的四书题目为"荡荡乎民无能名焉""唯天下至诚，为能尽其性；能尽其性，则能尽人之性；能尽人之性，则能尽物之性；能尽物之性，则可以赞天地之化育；可以赞天地之化育，则可以与天地参矣""强恕而行，求仁莫近焉"②，分别出自《论语·泰伯》《中庸》《孟子·尽心上》③。显然，束景南先生关于"志士仁人一节""诗云鸢飞……察也""子哙不得……子哙"三篇文字，乃阳明在弘治五年参加浙江乡试时所作的说法，是不符合事实的。而且，根据《弘治五年浙江乡试录》记载，王阳明在这年的浙江乡试中，以第七十名中式④。既然"志士仁人一节""诗云鸢飞……察也""子哙不得……子哙"三篇，并不是阳明弘治五年参加浙江乡试时所作之四书文，那么属于王阳明的十篇"制义"文字，则似乎应当属于阳明在弘治年间参加会试时所作的四书文。

但是，事情并不是如此简单，而是更为复杂。经过查阅明代相关年份的科举考试记录，可以确定的是，弘治六年癸丑会试的四书题目为"有德此有人，有人此有土，有土此有财，有财此有用""譬诸草木，区以别矣。君子之道，焉可诬也""夫苟好善，则四海之内，皆将轻千里而来告之以善"⑤，分别出自《大学》《论语·子张》《孟子·告子下》⑥；弘治十二年己未会试的四书题目为"欲罢不能，既竭吾才，如有所立卓尔。虽欲从之，末由也已""知所以修身，则知所以治人；知所以治人，则知所以治天下国家矣。凡为天下国家有九经，曰：修身也，尊贤也，亲亲也，敬大臣也，体群臣也，子庶民也，来百工也，柔远人也，怀诸侯也""恻隐之心，仁也；羞恶之心，义也；恭敬之心，礼也；是非之心，智也"⑦，分别出自《论语·子罕》《中庸》《孟子·告子上》⑧。至于弘治九年丙辰会试的四书题目到底是哪三题，由于未能得见弘治九年会试录，对此我们不得而知。这就是说，在"子击磬于卫""志士仁人一节""彼为善之""诗云鸢飞……察也""舜其大孝一节""河东凶亦然""老吾老以……四海""其为气也二句""子哙不得……子哙""周公之过二句"这十篇王阳明的"制义"文字中，即使其中三篇是弘治九年会试时的答卷，也还有七

① 束景南撰：《阳明佚文辑考编年》，上海古籍出版社2012年初版，上册，第19—24页；2015年增订版，上册，第23—28页；束景南撰：《王阳明年谱长编》第一册，第82—85页。
② 《弘治五年浙江乡试录》，出版时间、地点不详，上海图书馆藏本，第5页。
③ 朱熹撰：《四书章句集注》，徐德明点校，上海古籍出版社、安徽教育出版社2001年版，第124、38、414—415页。
④ 据《弘治五年浙江乡试录》中式举人名单记载，"第七十名王守仁，余姚县学增广生。《礼记》。"（《弘治五年浙江乡试录》，上海图书馆藏本，第19页）案：束景南《王阳明年谱长编》云，"[弘治五年]八月，[阳明]赴杭参加乡试，中乡举第六名"。颇为奇怪的是，束先生明知《弘治十二年进士登科录》云阳明'浙江乡试第七十名'，《松窗梦语》谓'王第六'乃误"。（参束景南撰：《王阳明年谱长编》第一册，第78—79页）所谓阳明"中乡举第六名"的说法，确实有误。其实，第六名为山阴县学生高臺。
⑤ 《弘治六年会试录》，出版时间、地点不详（卷首有李东阳序），日本国会图书馆藏本，第5页。
⑥ 参见朱熹撰：《四书章句集注》（徐德明点校），第13、223、409页。
⑦ 《弘治十二年会试录》（龚延明主编：《天一阁藏明代科举录选刊·会试录》，宁波出版社2007年影印本），第5页。
⑧ 朱熹撰：《四书章句集注》，徐德明点校，第130、34、387页。

篇与会试答卷无关。或许，这些与科举考试答卷无关的"制义"文字，只是阳明弘治年间为准备科举考试而撰写的习作。至于这些与科举考试答卷无关的"制义"文字的具体撰作年月，由于文献不足，故无从考定。顺便说一句，根据上述的考察，王阳明应该还有多篇在弘治年间参加乡试、会试时的"制义"答卷（至少是弘治五年浙江乡试、弘治六年会试、弘治十二年会试的九篇）没有流传于世。

二

对于明代制义之变迁及其特征，清代学者颇有论述。例如，方苞曰："明人制义，体凡屡变。自洪、永至化、治百余年中，皆恪遵传注，体会语气，谨守绳墨，尺寸不踰。至正、嘉，作者始能以古文为时文，融液经史，使题之义蕴隐显曲畅，为明文之极盛。隆、万间兼讲机法，务为灵变，虽巧密有加，而气体茶然矣。至启、祯诸家，则穷思毕精，务为奇特，包络载籍，刻雕物情，凡胸中所欲言者皆借题以发之，就其善者可兴可观，光气自不可泯。凡此数种各有所长，亦各有其弊。故化、治以前，择其简要亲切、稍有精彩者，其直写传注、寥寥数语，及对比改换字面而意义无别者，不与焉。正、嘉则专取气息淳古、实有发挥者，其规模虽具、精义无存，及剽袭先儒语录肤廓平衍者，不与焉。隆、万为明文之衰，必气质端重、间架浑成、巧不伤雅，乃无流弊，其专事凌驾、轻剽促隘，虽有机趣而按之无实理真气者，不与焉。至启、祯名家之杰特者，其思力所造、途径所开，或为前辈所不能到，其余杂家则俪弃规矩以为新奇、剽剥经子以为古奥、雕琢字句以为工雅，书卷虽富、辞理虽丰，而圣经贤传本义转为所蔽蚀，故别而去之，不使与卓然名家者相混也。"①根据方苞的说法，自洪武、永乐一直到成化、弘治这一百多年的时间当中，其制义的特点是，"皆恪遵传注，体会语气，谨守绳墨，尺寸不踰"。然而，属于王阳明的、撰作于弘治年间的这十篇"制义"文字，是否也属于"皆恪遵传注，体会语气，谨守绳墨，尺寸不踰"呢？

要弄明白王阳明的这十篇"制义"文字，是否"皆恪遵传注，体会语气，谨守绳墨，尺寸不踰"，其惟一的途径就是将王阳明的"制义"文字，与相关的《四书》传注文字作比较。由于在明代科举考试当中，"《四书》主朱子集注"，也就是说，朱熹的《四书章句集注》在明代科举考

---

① 方苞等编：《钦定四书文·凡例》，《钦定四书文》，见《景印文渊阁四库全书》，第1451册，第3—4页。案：梁章巨《制义丛话》所引述方苞此段文字，颇有删改。（参梁章巨撰：《制义丛话、试律丛话》，陈居渊点校，第19页）又：《四库全书总目》"钦定四书文"之提要，亦有与《钦定四书文·凡例》相近说法，其言云："明洪武初，定科举法，亦兼用经疑。后乃专用经义，其大旨以阐发理道为宗。厥后其法日密，其体日变，其弊亦遂日生。有明二百余年，自洪、永以迄化、治，风气初开，文多简朴，逮于正、嘉，号为极盛。隆、万以机法为贵，渐趋佻巧。至于启、祯，精辟奇杰之气日胜，而驳杂不醇、猖狂自恣者，亦遂错出其间。于是启横议之风、长倾诐之习，文体蔽而士习弥坏，士习坏而国运亦随之矣。"（永瑢等撰：《四库全书总目》，中华书局1995年影印本，下册，第1729页）

试当中占有特殊的地位，因此要弄明白王阳明的这些"制义"文字，是否"皆恪遵传注，体会语气，谨守绳墨，尺寸不踰"，其捷径就是将王阳明的"制义"文字，与朱熹《四书章句集注》中相关章节的注释文字作比较。

将王阳明的"制义"文字，与朱熹《四书章句集注》中相关章节的注释文字作比较之后，我们发现，王阳明的这些"制义"文字，有些确实是恪守朱熹《四书章句集注》注释的，有些是在基本遵守朱熹注释的同时又稍有不同的，有些则是与朱熹注释不相应的。

在王阳明的"制义"文字中，其"子击磬于卫"一篇，主要是发挥朱熹对《论语·宪问》此章所谓"圣人之心未尝忘天下，此人闻其磬声而知之，则亦非常人矣""圣人心同天地，视天下犹一家、中国犹一人，不能一日忘也"之注释的[1]；其"志士仁人一节"一篇，主要是发挥朱熹对《论语·卫灵公》此章所谓"志士，有志之士；仁人，则成德之人也。理当死而求生，则于其心有不安矣，是害其心之德也。当死而死，则心安而德全矣"之注释的[2]；其"彼善为之"一篇，主要是发挥朱熹对《大学》此言所谓"此一节，深明以利为利之害"之注释的[3]；其"诗云鸢飞……察也"一篇，主要是发挥朱熹对《中庸》此节文字所谓"子思引此诗以明化育流行，上下昭著，莫非此理之用，所谓费也。然其所以然者，则非见闻所及，所谓隐也"之注释的[4]；其"子哙不得……子哙"一篇，主要是发挥朱熹对《孟子·公孙丑下》此节文字所谓"诸侯、土地、人民，受之天子，传之先君。私以与人，则与者、受者皆有罪也"之注释的[5]；其"周公之过（二句）"一篇，主要是发挥朱熹对《孟子·公孙丑下》此言所谓"言周公乃管叔之弟，管叔乃周公之兄，然则周公不知管叔之将畔而使之，其过有所不免矣"之注释的[6]。这六篇阳明"制义"文字，主要是发挥朱熹《四书章句集注》对相关章节文字之注释的，如果说它们是"恪遵传注，体会语气，谨守绳墨，尺寸不踰"的，似乎应该是不成问题的。

在王阳明的"制义"文字中，其"老吾老以……四海"一篇，主要是发挥朱熹对《孟子·梁惠王上》此言所谓"不能推恩，则众叛亲离，故无以保妻子。盖骨肉之亲，本同一气，又非但若人之同类而已。故古人必由亲亲推之，然后及于仁民；又推其余，然后及于爱物，皆由近以及远，自易以及难"之注释的[7]；然而，从阳明所谓"《诗》云：'刑于寡妻，至于兄弟，以御于家邦。'是诗也，正谓是心在我，举而加之寡妻，则寡妻以刑也；举而加之兄弟，则兄弟以宜也；举而加之家邦，则家邦亦随而治矣。夫自寡妻而兄弟而家邦，皆不外乎是心之推，如此则夫自老老幼幼以及天下之老幼者，何莫而非是心之所扩充也哉？是故天下虽大，运以一心而有余；

[1] 朱熹撰：《四书章句集注》，徐德明点校，第 186 页。
[2] 朱熹撰：《四书章句集注》，徐德明点校，第 192 页。
[3] 朱熹撰：《四书章句集注》，徐德明点校，第 15—16 页。
[4] 朱熹撰：《四书章句集注》，徐德明点校，第 26 页。案：方苞等编《钦定四书文》所收"诗云鸢飞……察也"文末，有评语云："清醇简脱，理境上乘。阳明制义，谨遵朱注如此。"（方苞等编：《钦定四书文》，见《景印文渊阁四库全书》，第 1451 册，第 39 页）
[5] 朱熹撰：《四书章句集注》，徐德明点校，第 288 页。
[6] 朱熹撰：《四书章句集注》，徐德明点校，第 289 页。
[7] 朱熹撰：《四书章句集注》，徐德明点校，第 244 页。

一心虽微，扩之天下而无外"之言看，其对于心的重视、对于心的强调，则是朱熹的相关注释中所没有的。阳明的这篇"制义"文字，基本上是发挥朱熹《四书章句集注》对相关章节文字之注释的，然而，如果说他完全是"恪遵传注，体会语气，谨守绳墨，尺寸不踰"的，则又是不合适的。

至于王阳明"制义"文字中的另外三篇，"舜其大孝（一节）"主要讨论"德盛福全"问题；"其为气也（二句）"主要讨论"理气体用"问题；"河东凶亦然"则主要批评梁惠王"救荒无奇策"，乃模拟梁惠王之口吻，敷衍成文，言带讥讽，迹近游戏。这三篇阳明"制义"文字，其论述之内容，在朱熹《四书章句集注》相关章节的注释文字中，并无相应的内容①。这三篇文字，显然不能说是"恪遵传注，体会语气，谨守绳墨，尺寸不踰"的。

王阳明这十篇"制义"文字，可能属于参加弘治年间科举考试之答卷，或者是为准备科举考试而撰写的习作，虽然未必能代表其对于"四书"之真正理解，但是这些"制义"文字对我们了解阳明早年在科举考试中对于"四书"、对于朱熹注释的态度，或许不无帮助。而且，在阳明的这些"制义"文字中，虽然多数属于"恪遵传注，体会语气，谨守绳墨，尺寸不踰"之作，但有部分篇章，并不完全是"恪遵传注，体会语气，谨守绳墨，尺寸不踰"的，而似乎是对传注有所偏离的，这对于我们了解阳明后来的思想发展，或许有所启发。对于王阳明的这些"制义"文字，俞长城《题王阳明稿》评论云："士之立于天下，曰气节、曰事业、曰文章，三不朽备而人以传。阳明先生始拒刘瑾，气节著矣；继定宸濠，事业隆矣；所作古今文，久而益新，文章可谓盛矣。而后世少之曰'道学伪矣'，道学竟在三者之外哉？良知之说发于孟氏，阳明以此教人，亦高明者所见太偏，以云尽非，殆未也。论者见其门人不类，追咎其师。夫卜子之笃实，而田庄变为虚无；荀子之正大，而韩李变为名法。周无曾孔、宋无程朱，鲜有得其传者，岂可独罪阳明哉？吕晚村善论时文，而攻阳明者太过，予故录其文而辩之。至其文谨守传注，极醇无疵，此又不待辩而自传者矣。"②俞氏的这些言词，并非全属虚语。此外，值得一提的是，王阳明的这十篇"制义"文字，都是阳明的集外佚文；而在这十篇阳明的集外佚文当中，有七篇是此前尚未见有人加以辑录的。

（作者附识：得知俞长城论次《可仪堂一百廿名家制义》中收录有王阳明的十来篇"制义"文字，已经有较长一段时间，限于条件，而未能得见。2017 年 11 月下旬在南海西樵山的一次学术会议上，有幸得与台湾"清华大学"游腾达先生、广州中山大学黄友灏博士相识。承游先生帮助复印《可仪堂一百廿名家制义》第六卷"王阳明稿"，此文始得以撰述；黄博士帮助复印"弘治十二年会试录"。华东师范大学的陈小阳博士则帮助复印"弘治五年浙江乡试录"。对于游腾达先生、黄友灏博士、陈小阳博士的帮助，谨致谢忱。）

---

① 参见朱熹撰《四书章句集注》，徐德明点校，第 30、35、236、270 页。
② 俞长城论次：《可仪堂一百廿名家制义》，清乾隆三年文盛堂刊本，第六卷，第 61—62 页。

作者简介：黎业明，1962 年出生于广西岑溪。现为深圳大学人文学院教授。主要从事中国哲学史、明代思想史研究。著作有：《梁漱溟评传（合著）》《湛若水年谱》《陈献章年谱》《明儒思想与文献论集》。

王阳明 "制义" 佚文十一篇 *

王学伟

内容提要：明末清初学者陈名夏所编的《国朝大家制义》中录有王阳明制义十一篇，其中八篇不见于现今出版的《王阳明全集》各种版本，具有十分重要的价值。王阳明的这十一篇制义，与弘治十二年（1499）他参加会试的四书类的三道题目没有一篇对应。这些制义，对于研究王阳明乡试（弘治五年，1492）会试（弘治十二年）这段时期的情况具有十分重要价值。通过这些制义，不仅可以管窥王阳明备考科举考试的具体情况，也可以据此考察王阳明早年的思想状况。

关键词：王阳明；会试；科举；明代

关于王阳明的佚文，学界的辑佚整理成果丰富。近来笔者发现明末清初学者陈名夏（1601—1654）编选的《国朝大家制义》，载有王阳明十一篇制义佚文。这些制义之文，不见于隆庆六年（1572）谢廷杰（1482—1556，字以中，号汝湖，浙江余姚人）所刊刻的《王文成公全书》，也不见于现今出版的《王阳明全集》各版本，也不见于其他学者对阳明文献的辑佚，于阳明学研究关系重大。

一、王阳明制义佚文的出处

陈名夏，字百史，一号伯史，号芝山、石云居士，江苏溧阳人，明崇祯十六年（1643）进士。《国朝大家制义》是由陈名夏从自己所存的一万多篇制义名稿编选而成，陈名夏在"选例"中说："予存先辈名稿至万余篇，入合选者，止七百年有奇矣。""合选之文，但见美好，有瑕者不入选。"① 所编选制义之文是明成化至万历年间的名家名稿，共计 42 卷。另外，清朝学者方苞

---

* 基金项目：国家社科基金一般项目"《传习录》与王阳明其他单刻本稀见孤本文献全国调研、影印出版与总汇总校"（19BZS007）。

① （明）陈名夏：《国朝大家制义》，明朝末年刊本，中国国家图书馆有藏。

（1668—1749）编选的《钦定四书文》，收录有王阳明三篇制义①，这三篇在陈名夏《国朝大家制义》亦有所录。不同的是，方苞在文末录有制义"原评"，并另撰评语。

所谓"制义"，即明代科举考试的专用文体——八股文，又称制艺、经义等。这种考试专用文体，是明朝初期沿用宋代经义取士的办法变化而来。据《明史》载："科目者，沿唐、宋之旧，而稍变其试士之法，专取四子书及《易》《书》《诗》《春秋》《礼记》五经命题试士。盖太祖与刘基所定。其文略仿宋经义，然代古人语气为之，体用排偶，谓之八股，通谓之制义。"②这种考试专用文体，在有明一代，风格上也经历多次变化。方苞说："明人制义体凡屡变，自洪、永至化、治百余年中，皆恪遵传注，体会语气，谨守绳墨，尺寸不逾。至正、嘉，作者始能以古文为时文，融液经史，使题之意蕴，隐显曲畅，为明文之极盛。隆、万间，兼讲机法，务为灵变，虽巧密有加，而气体茶然矣。至启、祯，诸家则穷思毕精，务为奇特，包络载籍，刻雕物情，凡胸中所欲言者，皆借题以发之。"③

王阳明制义所在卷册，封面题为"弘治，王阳明先生文，讳守仁，己未科"，扉页题为"弘治己未，阳明先生文"，之后是《王阳明先生制义序》《王阳明先生文目》，正文首页题有"王阳明稿，固城陈名夏百史手定"。陈名夏所撰《王阳明先生制义序》，具体内容如下：

> 昔人有称先生事功而讥其讲学，予心折先生惟讲学乃有事功，亦惟讲学乃有文章。茅鹿门于本朝独爱文成公论学诸书及记学、记尊经阁诸文，以为程、朱所欲为而不能。又称抚田州等疏，唐陆宣公、宋李忠定所未逮。又称其浰头、桶冈军功等疏，条次兵情，如指诸掌。
>
> 人皆称先生倡明绝学，使数百年知有师弟子之乐矣。而孰知其古文辞，乃可为古八家之续乎？予既读其古文辞，而又欲传其制义，区区制义之工与否，何足以论文成？然制义亦自殊绝矣。夫子曰："有德者，必有言。"其文成之谓与？
>
> 固城陈名夏题。

序文中提到的"茅鹿门"，是指明代著名学者茅坤。茅坤（1512—1601），字顺甫，号鹿门，湖州府归安（今浙江吴兴）人，嘉靖十七年（1538）进士。茅坤"善古文，最心折唐顺之。顺之喜唐、宋诸大家文，所著文编，唐、宋人自韩、柳、欧、三苏、曾、王八家外，无所取，故坤选《八大家文钞》。其书盛行海内，乡里小生无不知茅鹿门者"。④陈名夏序言中所说茅坤推崇王阳明之事，见于茅坤《唐宋八大家文抄论例》一文，文中写道："八大家而下，予于本朝独爱王文成公论学诸书，及记学、记尊经阁等文，程、朱所欲为而不能者。江西辞爵及抚田州等疏，唐陆宣公、宋李忠定公所不逮也。即如浰头、桶冈军功等疏，条次兵情如指诸掌，况其设伏出奇、后

① 束景南先生辑佚时已录出并刊发，见束景南：《阳明佚文辑考编年》，上海古籍出版社 2012 年版，第 19—24 页。
② （清）张廷玉等撰：《明史》卷 70《选举二》，中华书局 1974 年版，第 1693 页。
③ （清）方苞：《钦定四书文·化治四书文》，见《文渊阁四库全书》第 1451 册，台湾"商务印书馆"1983 年版，第 2 页。
④ （清）张廷玉等撰：《明史》卷 287《茅坤传》，中华书局 1974 年版，第 7375 页。

先本末，多合兵法，人特以其稍属矜功而往往口訾之耳。"① 他还曾说："王新建论学书及兵略诸疏，可谓千年绝调矣。"②

二、十一篇制义的具体内容

陈名夏编选王阳明制义时，并作了评论，清代学者方苞对其中的三篇也有评论。为方便研读，将各家评论集于文后。

1. 彼为善之

小人之见悦于君，则专利之说售也。夫利之所在，君易溺焉。若何而不善小人之专利耶？且利为逆萌，公其利者，绝其萌，是臣之忠也，君之幸也。而不意小人者起而务财用也，盖生财有数，上可僭乎？发财有戒，君可取乎？是故工聚敛者，在絜矩之君，惟知有屏去矣，放逐矣，而彼不曰良臣，则曰忠国，竟贪心所使也。善附益者，在慎德之主，惟知有痛绝耳，严禁耳，而彼不曰奇谋，则曰胜算，以尚亦有利也。开一利端，斯增一高爵，若谓非尔畴与致富也，非尔畴与足用也，而盗臣之不如者，且视为彦圣之流矣。进一利孔，斯博一厚禄。若谓奉公赖于尔也，富国赖于尔也，而四夷之可屏者，且慕为有技之士矣。自彼之善之也，小人方幸计之得行，而思以保其善，民间多受累也，盖君赏臣奸者也。自彼之善之也，小人又虑后之不继，而思以终其善，分外且增求也，盖臣逢君欲者也。朝而头会，夕而箕敛，府库虽充，其渐不可长也。民以见病，己以希宠，悖入可虞，非阶之为祸哉？卒之，灾害荐臻，善人莫救。吾恐善者未几，必继之以怨欤？

陈名夏：先生文原本韩、欧，此等作，变为劲体，亦非他人可拟。

2. 诗云鸢飞……察也

《中庸》即《诗》而言，一理充于两间，发"费""隐"之意也。盖盈天地间皆物也，皆物则皆道也，即《诗》而观，其殆善言道者，必以物与。今夫天地间，惟理气而已矣，理御乎气，而气载乎理，固一机之不相离也，奈之何？人但见物于物，而不能见道于物，见道于道，而不能见无物不在于道也。尝观之《诗》，而得其妙矣。其曰："鸢飞戾天，鱼跃于渊。"言乎鸢鱼，而意不止于鸢鱼也；即乎天渊，而见不滞于天渊也。为此诗者，其知道乎？盖万物显化醇之迹，吾道溢充周之机，感遇聚散，无非教也，成象

---

① （明）茅坤著，张梦新、张大芝点校：《茅坤集》第三册，浙江古籍出版社 2012 年版，第 821—823 页。

② （明）茅坤：《谢陈五岳序文刻书》，见（明）茅坤著，张梦新、张大芝点校：《茅坤集》第二册，浙江古籍出版社 2012 年版，第 321 页。

效法，莫非命也，际乎上下，皆化育之流行，合乎流行，皆斯理之昭著。自有形而极乎其形，物何多也。舍之而愈光者，流动充满，一太和保合而已矣。自有象而极乎其象，物何赜也。藏之而愈显者，弥漫布濩，一性命各正而已矣。物不止于鸢鱼也，举而例之，而物物可知。上下不止于天渊也，扩而观之，而在在可见。是盖有无间不可遗之物，则有无间不容息之气。有无间不容息之气，则有无间不可乘之理。其天机之察于上下者，固如此乎？

陈名夏：道成于躬，言发于心，当与先生《传习录》并观。

不从"飞跃"两字着机锋，是前辈见理分明处。（原评）①

方苞：清醇简脱理境上乘，阳明制义，谨遵朱注如此。

3."舜其大孝"一节

《中庸》称圣人为大孝，而著其德福之隆焉。盖有德与福，人所难也，圣人兼而有之，其为孝之大也宜哉！《中庸》明道之费者如此。且夫孝之为道，虽不外乎日用，而道之能尽，则惟在于圣人。舜也尽天理人伦之极，而非止服劳奉养之常，备至德要道之全，而可为天下后世之法，是其为孝，非大孝与？盖其玄德有合天之妙，重华有协帝之光，濬哲文明，察理不容于勉勉，温恭允塞，存诚惟出于安安。德固圣人之德也，岂惟此哉？莫尊于天子也，舜则避丹朱，而人心归，格文祖而帝位陟。历数膺在躬之传，南面致恭己之治，所居者天子之位，而四门百揆，不足言矣。莫富于四海也，舜则分九州而职贡定，则三壤而财赋成，近纳甸服之秸秸，远通岛夷之卉皮。所有者四海之内，而成邑成都，不足言矣。在其前者有宗庙也，使无以光于前，或至于覆宗矣。舜惟其光大之业盛也，是以祖功宗德，百世不迁，而得以享其祭焉。不然，吾知有幕之祀，不待瞽瞍终而已失，况能及于虞渊之再封哉？在其后者，有子孙也，使无以裕于后，则或至于灭嗣矣，舜惟其覆育之恩深也。是以孝子慈孙，万代如见，而得以保其绪焉。不然，吾知陶止之职，不待夏后衰而已失，况能延于胡公之世守哉？是知德盛则无所亏亲之体，福全则有以显亲之名。舜之所以为大孝者如此。斯道之费，此非其大者而何哉！

陈名夏：不屑屑绾合孝字，古文老手为制义，自能独出巨眼，后二比开反棹之门。

4.居则曰不……以哉

圣人即群贤之所言，而探其用世之志也。夫言之所发，志之所存也。谓人不己知者，其无可知之实乎？昔子路、曾晳、冉有、公西华侍坐，夫子使之言志，若曰："声闻过情，固君子之所耻，而没世不称，尤君子之所疾，尔四子之在平居，虽不违道以干

① （清）方苞：《钦定四书文》，见《文渊阁四库全书》第1451册，台湾"商务印书馆"1983年版，第39页。

誉也，而尝有不遇知己之叹，虽不曲意以求名也，而尝有人莫我知之言，其抱负非无可用也，是无能用也，其蕴蓄非无可知也，是无能知也。夫有其实者，必有其名，晦而不彰，则斯言也，亦非过矣。有其才者，必适于用，抑而不伸，则斯言也，亦宜有矣。然隐居也，君子则以求其志，行义也，君子则以达其道。汝四子者，使或见知于人，而用汝以为政，见取于世，而望汝以有为。当此之时，不徒托诸空言也，而必达之于实用，果将何以应人之求耶？不可诿于不知也，而将责之以成功，抑将何以副人之知耶？夫达之所施，穷之所志也，今虽未达于施，独不可知以语人乎？志之所存，行之所见也。今虽未见之行，独不可明以告我乎？四子其各陈所志，我将于此而观尔之所见也。"

陈名夏：不用山林庙堂，诸仕进机缘语，实见圣人用世分量。

5. 子击磬于卫

圣人作不易和之乐，寓不乐居之邦。夫磬以立辨，不易和之乐也。卫政衰乱，不乐居之邦也。圣人居是邦，而作是乐，岂无所感而然哉？昔孔子以高厚之道德，值衰乱之春秋，周流而席不暖于一邦，传食而辙暂停于卫国。吾想顾蚩庸君，难与有为。媚灶权臣，终不可变，世道如此，吾道可知。然而中国一人之心不已，故假击磬以泄其机；四海一家之念无穷，故托乐声以发其密。彼八音以石为纲，象君之乐也，忧其君者作之。五音以石为角，为民之乐也，忧其民者奏之。有玉磬焉，有石磬焉，时虽未知为何磬也，子则或考或拊，而轻重之适宜，有编磬焉，有歌磬焉，磬虽未知为何名也，子则或戛或击，而疾徐之中节，磬声皇皇，即吾皇皇思君之心也。岂徒和平而足听哉？磬声隐隐，即吾隐隐思民之念也，岂徒铿锵而盈耳哉？吁！所居寓衰乱之国，所感存忧世之心，夫子之用意深矣。大抵人必有所思，有所思，必寓于物，古之人有闻琴声而知杀心者，有闻笛声而知怨心者，禹曰："谕寡人以忧者，击磬。"传曰："君子闻磬声，则思死封疆之臣。"然则夫子一磬之击，一心之忧，即禹与君子之心也。荷蒉闻而知之，盖亦贤矣。卫之君臣，果知之否乎？

陈名夏：大儒识力，言圣人心事，千载如见。

6. "志士仁人"节

圣人于心之有主者，而决其心德之能全焉。夫志士仁人，皆心有定主，而不惑于私者也。以是人而当死生之际，吾惟见其求无愧于心焉耳，而于吾身何恤乎？此夫子为天下之无志而不仁者慨也，故言此以示之。若曰天下之事变无常，而死生之所系甚大，固有临难苟免而求生以害仁者焉，亦有见危授命而杀身以成仁者焉，此正是非之所由决，而恒情之所易惑者也，吾其有取于志士仁人乎！夫所谓志士者，以身负纲常之重，而志虑之高洁，每思有以植天下之大闲。所谓仁人者，以身会天德之全，而心体之光明，必欲有以贞天下之大节。是二人者，固皆事变之所不能惊，而利害之所不能夺，其死与生有不足累者也。是以其祸患之方殷，固有可以避难而求全者矣。然临难自免，则能安其身而不能安其心，是偷生者之为，而彼殆有所不屑也。变故之偶值，固有可以侥幸而图存者矣。然存非顺事，则吾生以全，而吾仁以丧，是悖德者之事，而彼皆有所不为也。彼之所为者，惟以理欲无并立之机，而致命遂志，以安天下之贞者，虽至死而靡憾，心迹无两全之势，而捐躯赴难，以善天下之道者，虽灭身而无悔。当国家倾覆之余，则致身以驯过涉之患者，其仁也，而彼即趋之而不避，甘之而不辞焉。盖苟可以存吾心之公，将效死以为之，而存亡由之不计矣。值颠沛流离之际，则舍身以贻殄宁之休者，其仁也，而彼即当之而不慑，视之而如归焉。盖苟可以全吾心之仁，将委身以从之，而死生由之勿恤矣。是其以吾心为重，而以吾身为轻，其慷慨激烈，以为成仁之计者，固志士之勇为，而亦仁人之优为也。视诸逡巡畏缩，而苟全于一时者，诚何如哉！以存心为生，而以存身为累，其从容就义，以明分义之公者，固仁人之所安，而亦志士之所决也。视诸回护隐伏，而觊觎于不死者，又何如哉？是知观志士之所为，而天下之无志者，可以愧矣；观仁人之所为，而天下之不仁者，可以思矣。此固夫子睹时慨世之言，而其有关于节气者，岂浅浅哉！

陈名夏：先生倡明圣学，其古文辞，绝近唐宋大家，制义虽不多见，然已□鹿门、震川之先矣。

志士仁，王。

志士是把握得定，仁人事涵养得熟，一无字，一有字，有确然不改移意，有安然不勉强意，写两种人各尽分量，而文更俊伟光明。（原评）①

方苞：有豪杰气象，亦少具儒者规模，高言不止于众人之心谅哉！气盛辞坚，已开嘉靖间作者门径。

7. 河东凶亦然

观尽心于河东，而见救荒无奇策也。夫河东诚荒，而救之必有道也。如以河内之治治之，不几于无策乎？想梁王自谓尽心而言曰：寡人之于国也，不能必其无凶荒之岁，而能必吾有救荒之仁。是故前此而河内，固以其凶而为之移民，为之移粟矣。然岂惟救河内为然哉？魏地河东之凶，犹河内之凶也，则河东之有赖于我，犹河内之有赖于我也。拯救之术，既已曲全于河内，则兼济之方，当不容异于河东，其利于就食者民也。河内之民可移，河东之民亦可移也。吾以移河内之民者，移河东之民，一迁就之间，庶乎凶者不见其凶，而转祸为福，于河东乎其再睹矣。其便于转输者粟也，河东之粟，可移于昔，河内之粟，亦可移于今也。吾以移河东之粟者，移河内之粟，一转移之间，庶乎天者可以人济，而通变宜民，于河东乎其再见矣。荒虽有异地，而

① （清）方苞：《钦定四书文》，见《文渊阁四库全书》第 1451 册，台湾"商务印书馆"1983 年版，第 31 页。

救荒无异心。事变虽无常形，而济变则有常政。若曰厚于河内，而薄于河东，则失之隘，寡人之心固不若是之隘也。救于河东者如此，救于河内者又如彼，则失之私，寡人之心，又岂若是之私乎哉？吁！救荒一事，虽不足以见治道之全，而兼济两河，实可见吾仁民之意，治国如寡人，可谓不尽心乎？

陈名夏：股法前短后长，常格也。此独前长后短，势知剑阁鸟道，上有摩云之崖，稜稜层层，愈下愈削，可仰而不可攀，诚宇宙间一奇观。（茅鹿门先生）牵连上文，势取下而能疎宕，不独以其短兵相接也。

8. 老吾老以……四海

观大贤晓时君之意，无非明"保民而王"之在于用恩也。甚矣，用恩在我而无难也，恩一举，而四海皆吾度内矣。此孟子晓齐王之意也。盖谓齐王恩及禽兽，而功不至于百姓者，非不能也，为不用恩耳。而恩之所推，则必自近始。彼吾之老，吾所当老也，则先老吾之老，而后推以及人之老，使人各得以老其老焉。吾之幼，吾所当幼也，则先幼吾之幼，而后推以及人之幼，使人亦得以幼其幼焉。夫如是，则天下之老不同，而老老之心则一，举天下之老，无不被吾老老之恩矣。天下之幼不同，而幼幼之心则一，举天下之幼，无不被吾幼幼之恩矣。其于天下也，不犹运诸掌乎？《诗》云："刑于寡妻，至于兄弟，以御于家邦。"是诗也，正谓是心在我，举而加之寡妻，则寡妻以刑也；举而加之兄弟，则兄弟以宜也；举而加之家邦，则家邦亦随而治矣。夫自寡妻而兄弟，而家邦，皆不外乎是心之推如此。则夫自老老幼幼，以及天下之老幼者，何莫而非是心之所扩充也哉！是故天下虽大，运以一心而有余；一心虽微，扩之天下而无外。苟一推其恩，则四海皆在所保矣。吾所谓运天下于掌，信乎其在我而无难矣！故曰："保民而王，莫之能御也。"又曰："是心足以王矣。"又曰："王之不王，不为也，非不能也，王其知之乎？"

陈名夏：此题至言举斯心处，方见题意。故以上溷浑讲下，而股数又要见正落，乃为入则。是作于首四句，只浑浑点过。至"可运于掌"处，便提出一箇心字，就连《诗》带下，至"保四海"处不讲，只咏叹回顾，真是一片文字，更无痕迹。

老吾老，王。

9. 其为气也……与道

观气之体用，其浩然也见矣。夫刚大塞乎天地，气体如是也，而养成则配乎道义焉，何浩然哉！孟子意曰：气之在人，天地其所从来者也，道义其所附丽者也，故语气而与天地不相似，与道义不相合者，非浩然也。并而观之，而知其惟善养斯得矣。盖天地有溥博之化，而是气得之。一乾之大，坤之广也，何至大如之？天地有直遂之运，而是气得之。一乾之健，坤之贞也，何至刚如之？苟能直养而无害焉，则其盛大之势，何所不包？而此气之含弘，将与太虚相弥纶矣。流行之机，何所不达？而此气之负荷，将与造化相终始矣，不塞于天地之间乎？然体之立者，必有征于用之行，而究其养成之后，亦岂徒哉？盖气载理以推行，必有以沛其道前之勇。理乘气以妙合，必有以作其果敢之能。义在天地间，本无时或息也，而吾刚大之所充者，自见义而必为焉。道在天地间，本运行不匮也，而吾刚大之所塞者，自遵道而必行焉。信乎，彻上彻下，固皆道义之牧寓，而旋乾转坤，要亦克配之必然矣。其功用岂不伟哉！

陈名夏："配道义"对着"天地之间"四字，理解通辟，故不必浮剿艳词。

10."子哙不得与人燕"二句

举燕之君臣，而各著其罪可伐也。盖国必自伐，人伐之也。燕也，私相授受，其罪著矣，是动天下之兵也。今夫为天守名器者君也，为君谨侯度者臣也，名义至重，僭差云乎哉？故君虽倦勤，不得移诸其臣，示有专也。臣虽齐圣，不敢奸诸其君，纪臣道也。燕也何如哉？燕非子哙之燕，天子之燕也，召公之燕也，象贤而世守之，以永燕祀，以扬休命，子哙责也。举燕而授之人，此何理哉？恪恭而终臣之，以竭忠荩，以谨无将，子之分也。利燕而袭其位，罪亦甚矣。尧、舜之传贤，利民之大也。哙非尧、舜也，安得而效之尤？舜、禹之受禅，天人之从也，之非舜、禹也，谁得而袭其故？自其不当与而言，无王命也，堕先业也，子哙是矣。自其不当受而言，僭王章也，奸君分也，子之有焉。夫君子之于天下，苟非吾之所有，虽一毫而莫取也，况授受之大乎？于义或有所乖，虽一介不以与人也，况神器之重乎？夫以燕之君臣，而各负难谊之罪如此。有王者起，当为伐矣。

陈名夏：有谓："读此文，便知先生有讨逆手段。"良然。

方苞：深得古文驳议之法，锋锷凌厉，极肖孟子语气，是谓辞事相成。①

11."周公之过"二句

大贤论圣人之过，圣人所不免也。盖过非圣人之所欲也，而时或冒之，则亦不容于辞矣。过，岂圣人所能免哉？孟子因陈贾疑周公之不知而告之意谓，圣人之心，固未尝不欲立于无过之地，然或事变之来，未有能尽如吾意者。是故以周公之圣，而有管叔之使，卒之流言作，而管叔之畔以成，孺子危，而东征之斧斯缺。盖不惟当时之人，议其辨之不早，而后世亦以是而议之也。不惟夫人之心，歉其图之不豫，而公之心，亦以是为歉也。天下安得不以过归周公？而周公亦安得以过辞于天下？虽然处骨肉之至亲者，不可视以常人之情，而当天下之大变者，亦不容以常情测之也。使周公之弟，而逆料其兄之恶，则自处于忍，而不弟之罪，周公先自为之矣。周公使叔而管

---

① （清）方苞：《钦定四书文》，见《文渊阁四库全书》第1451册，台湾"商务印书馆"1983年版，第51页。

叔畔之，则行不义者，管叔也。周公之心，固自若也。故以情而论，则使之之情安，以势而论，则不使之之势逆。周公亦安能逆其势，不安其情，以独辞其过也哉？观其迹也，若有所拂，揆之于理，则无所违。周公亦安能违其理，徒泥其迹，以自处于无过也哉？是知周公之过，过于爱者也。周公之爱，爱而过者也。周公虽欲求谊责于天下，而天下虽欲以情恕乎周公，其可得乎？噫！是之谓周公之过也，是之谓周公之过宜也！

陈名夏：抒写圣人心事，用笔深微，而又以古文参差法行之，不为比偶所拘，予尝论："公文辞，在文恪诸人之上。"

文恪，即王鏊（1450—1524），吴县（今江苏苏州）人，字济之，号守溪，学者称"震泽先生"。成化十一年（1475）进士，历任翰林编修、吏部右侍郎、户部尚书、文渊阁大学士、少傅兼太子太傅、武英殿大学士等职，谥号"文恪"，世称"王文恪"。

清代学者梁章钜（1775—1849）在《制义丛话》中说："读王文成公'子哙不得与人燕'篇，见擒宸濠手段。文尤如法吏断狱，愈转愈严。"又曰："艾东乡批王文成公'子哙不得与人燕'文后云：'古文须长短句法相间，此文纯用短句，非法。'按此文如此评论，东乡之拘迂极矣。即以文论，将《尚书》《周易》皆不得为古文乎？"[1] 艾东乡（1583—1646）是明朝散文家、文学评论家，名南英，字千子，号天佣，抚州府临川东乡（今属江西抚州市）人。

三、十一篇制义并非考试答卷

虽然陈名夏所编《国朝名家制义》王阳明卷册的封面上写着"弘治己未科"，但这十一篇并不是王阳明的会试答卷。

王阳明的这十一篇制义之文，题目都来自《四书》。"彼为善之"出自《大学》，"诗云鸢飞……察也""'舜其大孝'一节"出自《中庸》，"居则曰不……以哉""子击磬于卫""'志士仁人'节"出自《论语》，"河东凶依然""老吾老以……四海""其为气也……与道""'子哙不得与人燕'二句""'周公之过'二句"均出自《孟子》。可以说这十一篇制义之文，是王阳明的"四书文"。所谓"四书文"，即科举考试的文体"八股文"。这种文体格式，顾炎武在《日知录》中有详细介绍，具体如下：

经义之文，流俗谓之八股，盖始于成化以后。股者，对偶之名也。天顺以前，经义之文不过敷演传注，或对或散，初无定式，其单句题亦甚少。……发端二句，或三四句，谓之破题。大抵对句为多，此宋人相传之格。下申其意，作四五句，谓之承题。然后提出夫子为何而发此言，谓之原起。……篇末敷演圣人言毕，自抒所见，或

---

① （清）梁章钜撰：《制义丛话》卷四，中国国家图书馆有藏。

数十字，或百余字，谓之大结。①

王阳明于弘治十二年春参加会试。据《阳明先生年谱》记载："弘治十二年，是年春会试，举南宫第二人，赐二甲进士出身第七人。"②明朝的会试每年二月举行，据《明史》记载："会试以二月，皆初九日为第一场，又三日为第二场，又三日为第三场。"具体考试科目在《明史》也有明确记载："初场试四书义三道，经义四道。……二场试论一道，判五道，诏、诰、表、内科一道。三场试经史时务策五道。"③每个参加会试的考生总计有二十二道考卷。

不过，上述十一篇四书文没有一道是弘治十二年会试的"四书文"考题。据《弘治十二年会试录》记载，此年的会试第一场，《四书》类出题共有三道，第一道是："欲罢不能。既竭吾才，如有所立卓尔。虽欲从之，莫由也已。"第二道是："知所以修身，则知所以治人；知所以治人，则知所以治天下国家矣。凡为天下国家有九经，曰：修身也，尊贤也，亲亲也，敬大臣也，体群臣也，子庶民也，来百工也，柔远人也，怀诸侯也。"第三道是："恻隐之心，仁也；羞恶之心，义也；恭敬之心，礼也；是非之心，智也。"④可见，陈名夏所谓"弘治己未科"只能理解为是对王阳明己未科进士出身的介绍，所录王阳明的十一篇制义之文，并不是王阳明的会试答卷，而是王阳明四书文习作中水平最高、影响最大的几篇。

关于王阳明的会试答卷，见于《弘治十二年会试录》，其中载有王阳明的两篇会试答卷，一题出自《礼记》，为"乐者敦和，率神而从天；礼貌者别宜，居鬼而从地，故圣人作乐以应天，制礼以配地"；一为"论"，题为"君子中立而不倚"，出自《中庸》。这两篇会试文章，已有学者将全文录出刊发。⑤有学者在清代学者方苞（1668—1749）奉乾隆皇帝之命编选的《钦定四书文》中发现了"志士仁人一节""诗云'鸢飞戾天'一节""'子哙不得与人燕'二句"三篇制义之文并将其录出刊发，并视为弘治五年（1492）王阳明参加乡试的答卷，其根据是将此三篇归入"化治四书文"，即是指成化、弘治年间的科举考试之四书文⑥。这个观点需要商榷，理由如下：一是因为方苞编的《钦定四书文》并没有将《弘治十二年会试录》中王阳明的两篇答卷录入，难道王阳明的会试答卷还不如乡试答卷的水平？可见，这三篇制义是不是阳明的乡试答卷，并不能据《钦定四书文》判定。二是如果将方苞所录阳明制义之文视为他的乡试答卷，同样可以将陈名夏所录的十一篇四书文作为王阳明的会试答卷，因为《国朝大家制义》中王守仁的卷册上明明写着"弘治己未科"。笔者认为，被视为乡试答卷的三篇制义之文，是否是阳明乡试答卷，在发现《弘治五年浙江乡试录》之前，只能暂时存疑。可以将这三篇作为王阳明的制义之文进行研究，不宜

① （清）顾炎武著，（清）黄汝成集释：《日知录集释》卷16，岳麓书社1994年版，第594页。
② 吴光、钱明、吴震、姚延福编校：《王阳明全集》，上海古籍出版社2014年版，第1350页。
③ （清）张廷玉等撰：《明史》卷70《选举二》，第1693—1694页。
④ 《弘治十二年会试录》，见龚延明主编，闫真真点校：《天一阁藏明代科举录选刊·会试录》，宁波出版社2016年版，第568页。
⑤ 参见束景南：《阳明佚文辑考编年》，上海古籍出版社2012年版，第48—53页。并见束景南、查明昊：《王阳明全集补编》，上海古籍出版社2016年版，第83—86页。
⑥ 参见束景南、查明昊：《王阳明全集补编》，上海古籍出版社2016年版，第79—82页。

将其视为乡试答卷并展开研究和历史叙事。

《弘治五年浙江乡试录》难觅踪迹，《弘治五年顺天府乡试录》《弘治五年江西乡试录》《弘治五年湖广乡试录》第一场四书类的考题均为三道①，据此可知，王阳明的乡试第一场四书类考题亦为三道。虽然数量上与《钦定四书文》所录阳明制义刚好吻合，但也不能据此判定所录即阳明乡试答卷。

四、十一篇佚文所反映的王阳明早期思想

王阳明的这十一篇虽是制义之文，但其中也阐发了他的思想。笔者就其中所论身心仁理关系、理气关系、治道思想等进行初步研究。

（一）身心仁理关系

关于身心仁理关系，主要在《"志士仁人"节》中有讨论。"志士仁人"出自《论语·卫灵公》："子曰：'志士仁人，無求生以害仁，有殺身以成仁。'"朱熹的注解是："志士，有志之士。仁人，则成德之人也。理当死而求生，则于其心不安矣，是害其心之德也。当死而死，则心安而德全矣。○程子云：'实理得之于心自别。实理者，实见得是，实见得非也。古人有捐躯陨命者，若不实见得，恶能如此？须是实见得生不重于义，生不安于死也。故有杀身以成仁者，只是成就一个是而已。'"②

朱熹对"志士、仁人"的界定较为简洁，王阳明作了更为具体的界定。在他看来，"所谓志士者，以身负纲常之重，而志虑之高洁，每思有以植天下之大闲。所谓仁人者，以身会天德之全，而心体之光明，必欲有以贞天下之大节。"有志之士身负伦理纲常之重任，志向崇高而纯洁，应深入思考如何树立有益于天下世人的基本准则。仁德之人，身通天德之全备，心体纯净而光明，应致力于培养有益于天下世人的临难不苟且的正直节操。在王阳明看来，如果理欲交战，应"致命遂志以安天下之贞"，虽死无憾；如果志向与遭遇难以两全，应"捐躯赴难以善天下之道"，灭身无悔。

王阳明论仁论理，贯穿一个"公"字。前面界定"志士、仁人"，既谓"天下之大闲"，又谓"天下之大节"，实际蕴含着"廓然大公"的理路。他说："当国家倾覆之余，则致身以驯过涉之患者，其仁也，而彼即趋之而不避，甘之而不辞焉，盖苟可以存吾心之公，将效死以为之，而存亡由之不计矣。"国家倾覆，致身赴难，之所以趋之不避、视死如归，是因为这样做才可以存有"吾心

---

① 参见龚延明主编，闫真真点校：《天一阁藏明代科举录选刊·会试录》，宁波出版社 2016 年版，第 1 册第 93 页，第 6 册第 4815 页，第 7 册第 5489 页。

② （宋）朱熹：《论语集注》，见朱熹：《四书章句集注》，中华书局 1983 年版，第 163 页。

之公"。王阳明又说:"是其以吾心为重,而以吾身为轻,其慷慨激烈,以为成仁之计者,同志士之勇为,而亦仁人之优为也。""以存心为生,而以存身为累,其从容就义,以明分义之公者,固仁人之所安,而亦志士之所决也。"在阳明看来,志士仁人以捍卫"分义之公"为毕生追求,才能无愧于心。可见,王阳明在遵循程朱"义重生轻"的同时,悄悄开出了"吾心之公""吾心为重"的思想理路。后来王阳明思想的拓展和构建,与此应有重要关系。

(二) 理气关系

关于理气的讨论,主要集中于《其为气也……与道》《诗云鸢飞……察也》两篇制义。"其为气也……与道",出自《孟子·公孙丑上》论"浩然之气"一节:"其为气也,至大至刚,以直养而无害,则塞于天地之间。其为气也,配义与道。"朱熹的注解是:"至大初无限量,至刚不可屈挠。盖天地之正气,而人得以生者,其体段本如是也。惟其自反而缩,则得其所养;而又无所作为以害之,则其本体不亏而充塞无间矣。""道者,天理之自然……言人能养成其此气,则其气合乎道义而为之助,使其行之勇决,无所疑惮。"[1] 朱熹认为,"有是理后有是气","天下未有无理之气,亦未有无气之理","有是理便有是气,但理是本","理形而上者,气形而下者",关于理气先后,朱熹认为"要之,也先有理"[2]。

王阳明认为"观气之体用,其浩然也见矣",通过考察"气"的体用,才能将"浩然"的特点呈现出来。他认为人若想具有气充塞天地之间那样"至刚至大"的浩然气象,需要一段"养成"的工夫,"语气而与天地不相似、与道义不相合者,非浩然也",浩然气象,"惟善养斯得"。王阳明并未纠缠于理气孰先孰后,而是着重论述"气"的"至刚至大"的品性如何落实到人身上,即如何"养成"。王阳明创造性地从《易》之《乾》《坤》两卦展开讨论,他将《乾》卦的"大""健"特性、《坤卦》"广""贞"特性,与"气"的"至大至刚"特性勾连起来,形成了一个宏阔的讨论空间。他说:"盖天地有溥博之化,而是气得之—乾之大、坤之广也,何至大如之?天地有直遂之运,而是气得之—乾之健、坤之贞也,何至刚如之?"所谓"乾之大""乾之健",即指《乾·彖》《乾·象》《乾·文言》所论之义。《乾·彖》说:"大哉乾元,万物咨始,乃统天。云行雨施,品物流形。大明终始,六位时成。时乘六龙以御天。乾道变化,各正性命,保合太和,乃利贞,首出庶物,万国咸宁。"《乾·象》说:"天行健,君子以自强不息。"《乾·文言》说:"乾始能以美利利天下,不言所利,大矣哉!大哉乾乎!刚健中正,纯粹精也。""夫大人者,与天地合其德,与日月合其明,与四时合其序,与鬼神合其吉凶,先天而天弗违,后天而奉天时。天且弗违,而况于人乎?况于鬼神乎?"所谓"坤之广""坤之贞",即指《坤·彖》《坤·象》《坤·文言》所论之义。《坤·彖》说:"行地无疆,柔顺利贞。"《坤·象》说:"地势坤,君子以厚德载物。"《坤·文言》说:"《坤》至柔而动也刚,至静而德方,后得主而有常,含万物而

---

① (宋)朱熹:《孟子集注》,见朱熹:《四书章句集注》,中华书局1983年版,第231页。
② (宋)黎靖德编:《朱子语类》卷一,中华书局1986年版,第2—4页。

化光。坤道其顺乎，承天而时行。""君子黄中通理，正位居体，美在其中而畅于四支，发于事业，美之至也。"① 王阳明论气之"浩然"、论气之"至大至刚"，《乾》《坤》两卦是他展开讨论的重要思维图式。

关于理气二者之间的关系，在王阳明看来，它们是相辅相成的。他说："盖气载理以推行，必有以沛其道前之勇；理乘气以妙合，必有以作其果敢之能。"（《其为气也……与道》）所谓"气载理以推行"，是说"气"并不仅仅是一种自然气息，而是富涵"理"的一种能量体；所谓"理乘气以妙合"，是说"理"必须借助"气"这种载体才能发挥"妙合"作用。这样的观点，在《诗云鸢飞……察也》中也有阐发，他说："今夫天地间，惟理气而已矣，理御乎气，而气载乎理，因一机之不相离也。"因此，在阳明看来，孟子所谓"其为气也，配义与道"，即是指"义在天地间，本无时或息也，而吾刚大之所充者，自见义而必为焉。道在天地间，本运行不匮也，而吾刚大之所塞者，自遵道而必行焉"，义、道如天地之间的"气"一样生生不息，人只有"见义必为""遵道必行"，才能拥有"浩然之气"，才能不断地抵近并拥有"至刚至大"的天地品性。

王阳明论"气"与《乾》《坤》勾连起来，可以窥见他早期论学的的易学底色。

（三）治道思想

所谓"治道"，即治国理政之道。在《彼为善之》制义中，王阳明认为小人取悦君主最善于用"利"这种手段，而君主也最容易陷溺其中。治国理政，需要增加社会财富，但"生财有数，上可僭乎？发财有戒，君可取乎？"社会财富的增加有其自身的规律，不能重用善于聚敛的"小人"来增加社会财富。若重用聚敛之人，则"民间多受累也""朝而头会，夕而箕敛，府库虽充，其渐不可长也"，经常巧立名目对老百姓征收苛捐杂税，虽然国库充实，但并不是长久之计，最终会造成"灾害荐臻，善人莫救"的混乱局面。

王阳明在《居则曰不……以哉》中说，圣明的治国理政的大臣"言之所发"应是"志之所存"，"志之所存"应是"行之所见"，不能"托诸空言"，而要"达之于实用"。这些论述，可以窥见王阳明拈出"知行合一"之前关于知行关系的阐发。

在阳明看来治国理政有其内在规律可循，即必须以民为本。他在《河东凶亦然》中说："荒虽有异地，而救荒无异心。事变虽无常形，而济变则有常政。"土地荒芜虽有河东河西之分，但救荒赈济灾民却不能有河东河西之分，治国理政过程中事情变化层出不穷变化万端，并无规律可循，但应对各种事变、赈济百姓造福百姓，是恒久不变的法则。在阳明看来，孟子所谓"保民而王"的策略，实际上就是"推恩"而治，他在《老吾老以……四海》中说："观大贤晓时君之意，无非明'保民而王'之在于用恩也。甚矣，用恩在我而无难也，恩一举，而四海皆吾度内矣。""而恩之所推，则必自近始。彼吾之老，吾所当老也，则先老吾之老，而后推以及人之老，使人各得

---

① （清）阮元校刻：《十三经注疏》，中华书局 1980 年版，第 13—19 页。

以老其老焉。吾之幼，吾所当幼也，则先幼吾之幼，而后推以及人之幼，使人亦得以幼其幼焉。夫如是，则天下之老不同，而老老之心则一，举天下之老，无不被吾老老之恩矣。"在阳明看来，能否做到推恩而治，"是心在我"，即在于治国理政者自己内心深处的志向和意愿。因此阳明说："天下虽大，运以一心而有余；一心虽微，扩之天下而无外。苟一推其恩，则四海皆在所保矣。吾所谓运天下于掌，信乎其在我而无难矣。"

阳明所论"推恩"是阐发孟子思想，但他所论"是心在我""运以一心而有余"，与他后来所论"圣人气象不在圣人而在我""良知在我"①等在理路上有内在的相似之处。

陈名夏所录阳明制义十一篇，其中八篇是首次发现。这些制义，对于研究王阳明乡试（弘治五年）会试（弘治十二年）这段时期的情况具有十分重要价值。通过这些制义，不仅可以管窥王阳明备考科举考试的具体情况，也可以据此考察王阳明备考科举时期的思想状况。这些制义佚文，是研究王阳明一生思想演变全貌的珍贵文献资料。

作者简介：王学伟，1979 年生于河南省扶沟县。现为广西师范大学马克思主义学院副教授，哲学博士。主要从事中国哲学史、明代思想史、中国文化与现代化等方面的研究。

---

① 吴光、钱明、董平、姚延福编校：《王阳明全集》，上海古籍出版社 2014 年版，第 66、229 页。

白沙心学中的自然概念探微*

——兼与道家自然概念比较

萧平

内容提要：陈白沙经过多年探寻，未能契入圣学，最终通过静坐，体验到心体隐然呈现，进而在人伦日用中从心所欲，浩然自得，由此确立"学以自然为宗"。白沙心学中的"自然"主要有三层含义：其一指天地万物依其本性的存在状态，其二指人在道德实践中率性而为的自由状态，其三指诗文创作上的真诚与淳朴，没有任何矫揉造作与雕饰。在物性自然上，白沙积极吸收了道家的自然观念，主张大块无心，天道自然；在人性自然上，他未能理解道家的自然蕴含着自由精神，因而批判黄老只从养生上谈"自然"，而他推崇的"自然"是指融贯儒家圣人之学后在道德修养上所达到的自由状态。

关键词：陈白沙；心学；自然；道家

引　言

陈白沙是明初儒学的重要代表人物，通常被认为是明代心学的开启者，刘蕺山曾对其有过一番评价：

> 愚按：前辈之论先生备矣，今请再订之学术疑似之际。先生学宗自然，而要归于自得。自得故资深逢源，与鸢鱼同一活泼，而还以握造化之枢机，可谓独开门户，超然不凡。至问所谓得，则曰"静中养出端倪"。向求之典册，累年无所得，而一朝以静坐得之，似与古人之言自得异。孟子曰"君子深造之以道，欲其自得之也"，不闻其以自然得也。静坐一机，无乃浅尝而捷取之乎？自然而得者，不思而得，不勉而中，从容中道，圣人也，不闻其以静坐得也。先生盖亦得其所得而已矣。道本自然，人不可以智力与，才欲自然，便不自然，故曰"会得的活泼泼地，不会得的只是弄精魂"。静中

---

* 本文是国家社科基金项目"魏晋以前道家自然观念的演变及其历史影响研究"（13CZX030）的研究成果。

养出端倪，不知果是何物？端倪云者，心可得而拟，口不可得而言，毕竟不离精魂者近是。今考先生证学诸语，大都说一段自然工夫，高妙处不容凑泊，终是精魂作弄处。盖先生识趣近濂溪而穷理不逮，学术类康节而受用太早，质之圣门，难免欲速见小之病者也。似禅非禅，不必论矣。①

在这一段文辞中，刘蕺山以"学宗自然""归于自得"对陈白沙的学术进行了概括，此两语也为后世学者所沿袭。然而这里的"自然"与"自得"究竟是什么意思？按照蕺山的看法，"自得"之说本来于古有征，孟子就曾言及"自得"②，可见"自得"是儒者修养的重要方式。然而通过何种方式来自得，以及最终所"得"者为何，则不得不辨明。陈白沙所谓的"得"乃是"静中养出端倪"，亦即通过"静坐"的方式实现自得。而刘蕺山则认为，通过静坐来实现"自得"，恐怕只是一种浅尝辄止的捷径。孟子固然说"自得"，但那是君子之学，君子之学不是通过"自然"来"得"。真正自然而得者，是无思无虑，从容中道，那是圣人的境地，不是学者的修养方式。蕺山认为儒者的修养之道本是自然的，但不可通过智力来追求，着意追求自然，就已经不自然了。所谓"自然而得"的境界，用程颐的话来讲就是："会得时，活泼泼地，不会得时，只是弄精魂。"③刘蕺山认为，陈白沙所谓的"静中养出端倪"过于玄虚，所讲的"自然功夫"固然很高妙，但终究是鼓捣精神弄出来的。因此，他认为陈白沙的精神旨趣接近周敦颐，然而穷理功夫缺乏，学术思想与邵雍相似，却得益太早。如果将白沙的学问与圣门相质证，则难免有"欲速见小"④之病。由此亦不难理解，陈白沙出于吴与弼之门，而其学风截然不同，故相比明初诸儒，刘蕺山对吴与弼的评价最高："薛文清多困于流俗，陈白沙犹激于声名，惟先生醇乎醇。"⑤

总之，在这段评述中，刘蕺山并不否认儒门亦有"自然而得"，但那只是圣人境界；而陈白沙通过静坐方式所达到的自得，则有走捷径、欲速见小之病，终究缺乏笃实践履的功夫。刘蕺山的这番评价是否恰当，有待于重新考察白沙的自然之学。本文的问题是：白沙推崇自然的机缘何在？白沙心学中的"自然"有何含义？与道家的自然有何区别？下文尝试对此进行一番探究。

一、陈白沙崇尚自然的机缘

首先需要指出的是，陈白沙实际上并没有专门的理学著作，"不事著述"⑥可以说是吴与弼和

① 刘宗周：《师说》，见《明儒学案》，中华书局 2008 年版（下同），第 4—5 页。
② 孟子曰："君子深造之以道，欲其自得之也。自得之，则居之安；居之安，则资之深；资之深，则取之左右逢其原。故君子欲其自得之也。"（《孟子·离娄下》）
③ 语本二程："'鸢飞戾天，鱼跃于渊，言其上下察也。'此一段子思吃紧为人处，与'必有事焉而勿正心'之意同，活泼泼地。会得时，活泼泼地；不会得时，只是弄精神。"（《河南程氏遗书》卷三，《二先生语三》，见《二程集》，中华书局 2004 年版（下同），第 59 页）
④ 语本《论语·子路》："子夏为莒父宰，问政。子曰：'无欲速，无见小利。欲速，则不达；见小利，则大事不成。'"
⑤ 刘宗周：《师说》，见《明儒学案》，第 4 页。
⑥ 刘宗周：《师说》，见《明儒学案》，第 3 页。

陈白沙的一个共同之处，今传下来的《文集》收录的主要是其诗文①。黄宗羲撰《明儒学案》，选取的材料主要是他的书信、语录、题跋。

白沙为何倡导静坐呢？这中间有一个曲折。他自己回忆道：

> 仆才不逮人，年二十七始发愤从吴聘君学。其于古圣贤垂训之书，盖无所不讲，然未知入处。比归白沙，杜门不出，专求所以用力之方，既无师友指引，惟日靠书册寻之，忘寝忘食，如是者亦累年，而卒未得焉。所谓未得，谓吾此心与此理未有凑泊吻合处也。于是舍彼之繁，求吾之约，惟在静坐。久之，然后见吾此心之体隐然呈露，常若有物。日用间种种应酬，随吾所欲，如马之御衔勒也；体认物理，稽诸圣训，各有头绪来历，如水之有源委也。于是涣然自信，曰："作圣之功，其在兹乎！"有学于仆者，辄教之静坐，盖以吾所经历粗有实效者告之，非务为高虚以误人也。②

吴聘君即吴与弼，刘宗周曾评价曰："先生之学，刻苦奋励，多从五更枕上汗流泪下得来。"③吴与弼生性严毅④，其学多勤苦，然而这种为学进路未能触动白沙，故白沙虽出其门，但实际上已经是"别派"⑤了。因未能契入圣学，白沙在吴与弼门下待了不久就返回了故乡⑥。回家后闭门读书多年，也未有所得。但正是通过多年的循序渐进功夫，儒家圣人之学的精神已经在他心中潜移默化，故一朝舍繁归约，通过静坐直窥本心，顿时有豁然贯通之悟。后世学者多批评白沙之学近禅，却忽视了他多年读书求学不断探寻的过程。⑦静坐不过是一时的契机，何况"静存"⑧亦是儒家修养之方。正是通过静坐涵养，多年的求学与积累真正内化为个体的道德自觉，进而从心所欲，率性而为，从容中道。这种境界有似于孔颜之乐、曾点气象。宋代理学家中，唯有周敦颐"窗前草不除"⑨、程颢的"万物静观皆自得"⑩境界近之⑪。在白沙的这段自述中，他并

---

① 陈白沙的诗文是其表达哲学的重要方式，其弟子湛若水作《白沙子古诗教解》，序曰："夫白沙诗教何为者也？言乎其以诗为教者也。何言乎教也？教也者，著作之谓也。白沙先生无著作也，著作之意寓于诗也，是故道德之精必于诗焉发之。"（参见《陈献章全集》，黎业明编校，上海古籍出版社 2019 年版（下同），第 995 页）

② 陈献章：《复赵提学金宪》，见《陈献章全集》，第 195—196 页。

③ 刘宗周：《明儒学案·师说》，第 3 页。

④ 当世及后世学者对此均有所描述，如陈白沙弟子张诩曰："康斋性严毅，来学者未与语，先令躬稼，独待先生异，朝夕与之讲究，如家人父子。"（《翰林检讨白沙陈先生行状》，见《陈献章全集》，第 1162 页）

⑤ 黄宗羲：《明儒学案·崇仁学案上》，第 14 页。

⑥ 关于白沙在吴与弼门下的时长，林光认为是"居半载即归"，杨启光、屈大均认为是"数月"，详见黎业明：《陈献章年谱》，上海古籍出版社 2015 年版，第 14 页。

⑦ 白沙亦强调笃实功夫的必要性："舞雩三三两两，正在勿忘勿助之间。曾点些儿活计，被孟子一口打并出来，便都是鸢飞鱼跃。若无孟子工夫，骤而语之以曾点见趣，一似说梦。"（《与林郡博》六，《陈献章全集》，第 282 页）

⑧ 此语本自黄宗羲："或者谓其近禅，盖亦有二，圣学久湮，共趋事为之末，有动察而无静存，一及人生而静以上，便邻于外氏，此庸人之论，不足辨也。"（《明儒学案·白沙学案上》，第 80 页）

⑨ 语本二程："周茂叔窗前草不除去，问之，云：'与自家意思一般。'"（《河南程氏遗书·二先生语三》，见《二程集》，第 60 页）后来王阳明亦曰："周茂叔窗前草不除，是甚么心？"[详见萧无陂：《传习录校释》，岳麓书社 2020 年版（下同），第 53—54 页。]

⑩ 程颢：《秋日偶成二首》，《河南程氏文集》卷三，见《二程集》，第 482 页。

⑪ 黄宗羲亦曾指出，白沙之学，"远之则为曾点，近之则为尧夫，此可无疑也。"（《明儒学案·白沙学案上》，第 80 页）

未使用"自然"来概述他的学术宗旨，而是反复谈"静坐"。显然，"静坐"是呈现本心的机缘，而本心运用于日常人伦的过程或状态正是自然。

总的来看，陈白沙的"失误"可能在于，初来求学者，并非都有他那番经历①，一旦缺乏前期功夫的积累，而直接进入"静坐"，则极易凌空蹈虚，沾染明心见性之流弊，发展到极端则有如泰州后学"能以赤手搏龙蛇""非名教之所能羁络"的程度。然而白沙门下甚少出现这种人。②这是因为：其一，明代心学在陈白沙这里还比较简陋，属于草创阶段。白沙之学与阳明之学"最为相近"③，然白沙心学的理论建构明显不足，加上他不事著述，又较少参加讲学活动，客观上限制了其学术思想的传播、阐发和深化，因而也就谈不上心学之流弊。其二，白沙之学实际上并不仅仅强调"静坐"，而是"以日用、常行、分殊为功用，以勿忘、勿助之间为体认之则"④，这本身就是笃实的功夫。因此，看似随意洒脱的背后，实际上仍然遵循着儒家道德修养的根本原则与精神。也正是基于此，刘宗周和黄宗羲都不同意将白沙之学归入"禅"⑤。

二、白沙心学中"自然"概念的三层含义

如前所述，刘蕺山以"学宗自然"概括陈白沙之学，这一讲法实有所本。"以自然为宗"这一表述，从已有材料来看，白沙本人使用了三次：

> 盖廷实之学，以自然为宗，以忘己为大，以无欲为至，即心观妙，以揆圣人之用。其观于天地，日月晦明，山川流峙，四时所以运行，万物所以化生，无非在我之极，而思握其枢机、端其衔绥，行乎日用事物之中，以与之无穷。然则廷实固有甚异于人也，非简于人以为异也。若廷实清虚高迈、不苟同于世也，又何忧其不能审于仕止、

---

① 这一点陈白沙与王阳明颇有相似之处，只是白沙经历的丰富程度与曲折程度不及阳明而已。王阳明早年有静坐的体验，也曾教人静坐，但那只是权宜之法。如王阳明曰："教人为学，不可执一偏。初学时心猿意马，拴缚不定，其所思虑，多是人欲一边，故且教之静坐，息思虑。久之，俟其心意稍定。只悬空静守，如槁木死灰，亦无用，须教他省察克治。"参见《传习录校释》，第 27 页。晚年王阳明专讲致良知，极少谈静坐："吾昔居滁时，见诸生多务知解，口耳异同，无益于得，姑教之静坐。一时窥见光景，颇收近效。久之，渐有喜静厌动、流入枯槁之病。或务为玄解妙觉，动人听闻。故迩来只说致良知。良知明白，随你去静处体悟也好，随你去事上磨炼也好，良知本体原是无动无静的。此便是学问头脑。我这个话头，自滁州到今，亦较过几番，只是'致良知'三字无病。医经折肱，方能察人病理。"（《传习录校释》，第 167—168 页）
② 仇兆鳌曾指出："白沙之学在于收敛近里，一时宗其教者，能淡声华而薄荣利，不失为暗修独行之士。"（《明儒学案·仇兆鳌序》，第 5 页）
③ 黄宗羲：《明儒学案·白沙学案上》，第 79 页。
④ 黄宗羲：《明儒学案·白沙学案上》，第 80 页。
⑤ 有明一代，有不少学者批评陈白沙之学遁入禅学。如关中理学家吕柟就断言白沙为禅："邓诰问：'白沙之时，有太虚为友，何如？'先生曰：'白沙之友太虚，犹东坡之友佛印，退之之友大颠。惟其友太虚，是以白沙之学被引入禅。至孟子之时，不闻有此人也；周程张朱之时，不闻有此人也。'诰复问：'白沙果禅学乎？'先生曰：'然。'"（《泾野子内篇》，中华书局 1992 年版，第 234 页）

进退、语默之概乎道也。①

"廷实"即张诩，字廷实，号东所，陈白沙的弟子，二人有大量的书信往来以及诗词唱和之作。此处的"以自然为宗"被用来概括张诩的学术，实际上也是源于白沙自己的学术风格。在与湛若水的书信中，白沙曰：

> 人与天地同体，四时以行，百物以生，若滞在一处，安能为造化之主耶？古之善学者，常令此心在无物处，便运用得转耳。学者，以自然为宗，不可不着意理会。②

> 此学以自然为宗者也。承谕"近日来颇有凑泊处"，譬之适千里者，起脚不差，将来必有至处。自然之乐，乃真乐也。宇宙间复有何事？③

在这两封信中，白沙都提及"以自然为宗"，这可以看做是他的学术主旨。然而白沙并没有对"自然"进行过多的解释，因此，从其诗文中探究"自然"的含义十分必要。

通过考察传世白沙文献可知，他所说的自然主要有以下三层含义④。第一，"自然"指天地万物依其本性的发展趋势或状态。如：

> 天地自然之利，人得而取之，何分彼我？⑤

> 正翁眼时元活活，到敛散处自乾乾。谁会五行真动静，万古周流本自然。⑥

> 一痕春水一条烟，化化生生各自然。七尺形躯非我有，两间寒暑任推迁。⑦

天地万物有自然之性，于人有用，则为自然之利。天地万物运转不息，一切变化无不是自然的结果，人这种特殊的物种，也要参与这种自然的演化过程，所以即便是七尺形躯，又岂能据为己有？⑧ 这种"自然"就是对天道运行的描述，体现为天地万物各依其性的存在状态。天道的运行不息，万物的自然生长，这些都成为了诗人的素材。从白沙的诗文中可以看出，他常常以天地间花草树木的自然生长为题来抒发自己的胸臆。闭门多年未曾有得之后，他开始了一种新的生活方式："于是迅扫夙习，或浩歌长林，或孤啸绝岛，或弄艇投竿于溪涯海曲，忘形骸，捐耳目，

---

① 陈献章：《送张进士廷实还京序》，见《陈献章全集》，第14页。
② 陈献章：《与湛民泽》七，见《陈献章全集》，第252页。
③ 陈献章：《与湛民泽》九，见《陈献章全集》，第253页。
④ 亦有不少学者关注到陈白沙所讲之"自然"的多层含义，如黄明同认为，陈白沙所言的自然是指自然而然地存在和发展的物质性的自然世界。但另一方面，"自然"在陈白沙的哲学里具有非单一性，"自然"又是指"水到渠成，鸢飞鱼跃"，而这"真机活泼"的一切，便是"天命流行"。"天命"即"天理"，于是，"自然"又与"天理"画上了等号。参见《陈献章评传》，第80页。刘兴邦则指出陈白沙之"自然"具有三层意蕴，详见《白沙心学》，社会科学文献出版社2012年版，第58—63页。黄明浩亦提出白沙"自然"的三层含义，详见《陈白沙自然之学的定位问题》，《岭南思想与明清学术》，景海峰、黎业明主编，上海古籍出版社2017年版，第34—39页。
⑤ 陈献章：《与周用中兄弟》，见《陈献章全集》，第313页。
⑥ 陈献章：《枕上漫笔》，见《陈献章全集》，第918页。
⑦ 陈献章：《观物》，见《陈献章全集》，第962页。
⑧ 白沙此诗旨意与《庄子·知北游》中的一则寓言相近："舜问乎丞曰：'道可得而有乎？'曰：'汝身非汝有也，汝何得有夫道？'舜曰：'吾身非吾有也，孰有之哉？'曰：'是天地之委形也；生非汝有，是天地之委和也；性命非汝有，是天地之委顺也；子孙非汝有，是天地之委蜕也。故行不知所往，处不知所持，食不知所味。天地之强阳气也，又胡可得而有邪！'"

去心智，久之然后有得焉，于是自信自乐。"①这种生活方式体现了白沙向天地万物自然之性的亲近。三十九岁这年，白沙游历南北，写出了《湖山雅趣赋》：

> 丙戌之秋，余策杖自南海循庾关而北，涉彭蠡，过匡庐之下，复取道萧山，沂桐江舣舟望天台峰，入杭观于西湖。所过之地，盼高山之漠漠，涉惊波之漫漫；放浪形骸之外，俯仰宇宙之间。当其境与心融，时与意会，悠然而适，泰然而安，物我于是乎两忘，死生焉得而相干？亦一时之壮游也。②

此赋无论是文辞还是意境，于王羲之的《兰亭序》皆有所取，就境界而言，乃是一种典型的类似于魏晋士人的生存状态，诗人超越了尘世俗务的羁绊，解除了心灵的束缚，畅游于天地之间，因而自由自在。至此，我们不得不追问，天地万物的这种自然存在状态为何能引起陈白沙的关注，进而激起主体的自由感悟呢？这便进入了"自然"概念的第二层含义。

第二，"自然"指人在道德实践中率性而为的自由状态。这种自由是人的道德本心真诚显现的状态。道德主体体验到万物之理（自然之理）的畅然呈现，感受到天命的流行，宇宙万物生生不息，从而将"仁爱"的"人心"扩充③，率性而为，达到"民胞物与""万物一体"的境界，这就是"主体性的自然"（人性自然）与"客体性的自然"（物性自然）的交融。白沙"以自然为宗"正是从这个意义上而言的。④除此之外，白沙还反复谈到道德主体出于自然的行为状态：

> 出处语默，咸率乎自然，不受变于俗，斯可矣。⑤

> 承喻出处与逃患两事，此重则彼轻，足下之论伟矣。但须观今日事体所关轻重大小，酌以浅深之宜。随时屈信，与道消息，若居东微服，皆顺应自然，无有凝滞。⑥

> 天下未有不本于自然，而徒以其智收显名于当年，精光射来世者也。《易》曰"天地变化草木蕃"，时也。随时屈信，与道翱翔，固吾儒事也。吾志其行乎，猗欤休哉！⑦

在儒家哲学中，道德是主体实现自由的场域，而"自然"正是主体达到道德自觉后，随心所欲不逾矩的状态。这种道德自觉并不体现为居敬、矜持、戒惧，相反，主体将道德上的自觉完全内化为人性，一言一行都不再是反复理性思考后的结果，而是率乎本性而为。故不论是居家还是外出，不论是言谈之中，还是沉默之时，都是一种自然率性的状态。在这种自然状态下，主体

① 张诩：《白沙先生墓表》，见《陈献章全集》，第1180—1181页。
② 陈献章：《湖山雅趣赋》，见《陈献章全集》，第373页。
③ 陈献章曰："仁，人心也。充是心也，足以保四海；不能充之，不足以保妻子。"（《古蒙州学记》，见《陈献章全集》，第34页）
④ 侯外庐等人指出，陈献章所谓的"自然"，乃是指万事万物朴素的、无着任何外力痕迹的、本然的存在状态。"以自然为宗"实是指一种无异同、得失、生死，即无任何负累的、本然的绝对自由自在的精神状态。参见《宋明理学史》下册，人民出版社1987年版，第165页。
⑤ 陈献章：《与顺德吴明府》三，见《陈献章全集》，第273页。
⑥ 陈献章：《与张廷实主事》三五，见《陈献章全集》，第232—233页。
⑦ 陈献章：《题吴瑞卿采芳园记后》，见《陈献章全集》，第96页。

率性而为，而不受变于俗，故能体现出卓然独立的精神。白沙与张诩探讨了周公居东与孔子微服两事。客观地讲，考虑到周公与孔子所处的情势，他们做出那种选择确实有不得已的一面，但他们的行为又并非完全被迫，而是自主与自由的选择。周公固然可以不顾流言蜚语而摄政，但必然会导致内乱，远不如"居东二年""罪人斯得"（《尚书·金縢》）合理。孔子固然可以无视桓魋的厌恶与追杀，但强行居宋并不能推行礼乐，所谓"乱邦不居"（《论语·泰伯》），因此微服过宋反而是保守善道的最佳选择。在白沙看来，"自然"并非不受任何外力影响，但决定性的选择仍然在于主体自身，随顺时势而有屈伸浮沉，持守大道而有消长盛衰。主体自觉与自由地选择是自然的，其间并无凝滞。总之，陈白沙的"以自然为宗"主要是指人在道德实践中的一种自由行动状态，更为确切地说，是主体心灵所达到的自由境界。

实际上，宋儒早已论及主体在道德实践中实现人性自由的状态，他们以《中庸》第十二章所引《诗经》中的"鸢飞鱼跃"为中心展开，如二程曰：

> 子曰："鸢飞戾天，鱼跃于渊，言其上下察也。"此子思开示学者，切要之语也。孟子曰"必有事焉，而勿正心，勿忘"，其意犹是也。有得于此者，乐则生，生则乌可已也？无得于此者，役役于见闻，知思为机变之巧而已。①

朱熹在注释《中庸》此章时曰："子思引此诗以明化育流行，上下昭著，莫非此理之用，所谓费也。然其所以然者，则非见闻所及，所谓隐也。故程子曰：'此一节，子思吃紧为人处，活泼泼地，读者其致思焉。'"②"鸢飞鱼跃"意味着物皆各得其所，本性畅然，"化育流行"亦即天道流行，进而言之，主体所感受的即是天命流行，天理流行。处在这种情境之下的道德主体是自然的，也是自由的。二程正是在这个意义上使用"自然"：

> 今学者敬而不见得，又不安者，只是心生，亦是太以敬来做事得重，此"恭而无礼则劳"也。恭者私为恭之恭也，礼者非体之礼，是自然底道理也。只恭而不为自然底道理，故不自在也。须是恭而安。今容貌必端，言语必正者，非是道独善其身，要人道如何，只是天理合如此，本无私意，只是个循理而已。③

程颐主敬，但如果敬而内心不能自得，不能心安，那么这种"敬"就显得不自然，甚至会导致道德虚伪。主体在道德实践中，如果只是强迫自己保持一种"持敬"的心灵状态，内心缺乏真诚与虔敬，尤其是缺乏积极的体验与认同，那么往往徒有恭敬之心，人并不自由。"自然底道理"亦即"天理"，必然是兼顾物性与人性的道理。由此可见，在宋儒那里，道德实践是人实现自由的场域，是人性自由的体现。白沙主张的"自然"盖有所本，从儒学内部找源流，如黄宗羲所言，近则邵雍，远则曾点。

第三，"自然"指没有矫揉造作与雕饰，完全是真实情感与胸臆的抒发。白沙多以"自然"来评价诗文的创作。如：

---

① 程颢、程颐：《河南程氏粹言》卷二，见《二程集》，第 1261—1262 页。
② 朱熹：《四书章句集注》，中华书局 1983 年版，第 22—23 页。
③ 程颢、程颐：《二先生语二上》，《河南程氏遗书》卷二，见《二程集》，第 34 页。

古文字好者，都不见安排之迹，一似信口说出，自然妙也。其间体制非一，然本于自然不安排者便觉好。①

近承寄示手稿，读之比旧稍胜，莫有悟入处否？秉常亦每有新得，大抵辞气终欠自然。②

大抵诗贵平易洞达，自然含蓄不露，不以用意装缀，藏形伏影，如世间一种商度隐语，使人不可模索为工。③

这种意义上的"自然"与"安排""做作""雕琢"相对，强调主体在诗文创作时，心灵自由，情意真诚。白沙在诗歌创作上较为推崇陶渊明，曾作《和陶十二首》。而陶诗的重要特征是"质性自然，非矫厉所得"（《归去来兮辞》），白沙的诗文亦崇尚自然，但这种"自然"不是模仿陶渊明而来的"自然"，而是源于诗人自身的生命体验与感悟，如白沙曰："自然五字句，非谢亦非陶。"④ 这种诗文创作上的自然与前两种含义有何关联呢？尽管白沙也曾说"道德乃膏腴，文辞固粃糠"⑤，然而儒家的传统是"修辞立诚""文以载道"，即"德行文章要两全"⑥，这就注定了不可孤立地来解读白沙心学中"自然"的第三层含义。湛若水就说过：

白沙先生之诗文，其自然之发乎！自然之蕴，其淳和之心乎！其仁义忠信之心乎！夫忠信仁义淳和之心，是谓自然也。夫自然者，天之理也，理出于天然，故曰自然也。在勿忘勿助之间，胸中流出而沛乎丝毫人力亦不存。故其诗曰："从前欲洗安排障，万古斯文看日星。"以言乎明照自然也。夫日月星辰之照耀，其孰安排是？其孰作为是？定山庄公赞之诗曰："喜把炷香焚展读，了无一字出安排。"以言其自然也。又曰："为经为训真谁识，非谢非陶莫浪猜。"盖实录也。夫先生诗文之自然，岂徒然哉？盖其自然之文言，生于自然之心胸；自然之心胸，生于自然之学术。自然之学术，在于勿忘勿助之间，如日月之照，如云之行，如水之流，如天葩之发，红者自红，白者自白，形者自形，色者自色。孰安排是？孰作为是？是谓自然。⑦

在湛若水看来，诗文创作上的"自然"源头蕴含在人心之中。诗文不过是人心的体现，是天理的呈现。自然的文字本于自然之心胸，而自然之心胸原本于自然之学术，自然之学术则是一种勿忘勿助的道德修养境界。同时，他也指出天地万物的自然之性亦是天之理，是天然之理的呈现。天地万物的自然之性与诗人的自由心灵相融合，才能有鸢飞鱼跃的境界，发之于文，则是"诗文之自然"。由此可知，在白沙心学中，"自然"概念的三层含义是互相融贯的。

---

① 陈献章：《与张廷实主事》九，见《陈献章全集》，第218页。
② 陈献章：《与张廷实主事》三十，见《陈献章全集》，第230页。
③ 陈献章：《批答张廷实诗笺》，见《陈献章全集》，第100页。
④ 陈献章：《饮陂头》，见《陈献章全集》，第465页。
⑤ 陈献章：《和杨龟山此日不再得韵》，见《陈献章全集》，第379页。
⑥ 陈献章：《答张梧州书中议李世卿人物、庄定山出处、熊御史荐刻》，见《陈献章全集》，第898页。
⑦ 湛若水：《重刻白沙先生全集序》，见《陈献章全集》，第896页。

三、陈白沙之自然与道家自然概念的比较

陈白沙学宗自然，其所言之"自然"无疑受道家自然观念之影响，但又有区别。

首先，在物性自然上，白沙与道家的观点基本相似，都认为天地万物有其自身本性，并且依照这种本性发展。但道家讲"自然"明确有一种价值取向，"道法自然"意味着"自然"作为一种价值观念建立在"道"的基础上，事物只有保持自然之性才是符合道的。老子倡导"见素抱朴"（《老子·第十九章》），"以辅万物之自然"（《老子·第六十四章》），庄子主张"常因自然而不益生"（《德充符》），又曰"顺物自然而无容私焉"（《应帝王》），都是对这种自然之性的推崇。白沙在探讨天地万物的自然之性时明显受道家自然观念的影响，尤其是庄子的自然物化论，主张"大块无心"，天道自然，只是没有赋予这种"自然"特别的价值。如他说：

> 泣谏天应见，坑降地不知。自然殃庆至，天道不须疑。①

> 何百年之未半，与众木而同朽？大块无心，孰夭孰寿？消息自然，匪物有咎。委变化于浮云，达荣枯于疎柳。②

> 大块无心任去来，先生何事独兴哀。生前只对一樽酒，死后须埋几尺灰。③

"大块"本于《庄子·齐物论》："大块噫气，其名为风。"又见于《大宗师》："夫大块载我以形，劳我以生，佚我以老，息我以死。故善吾生者，乃所以善吾死也。"成玄英疏曰："大块者，造物之名，亦自然之称也。"④可见大块就是指造物主，造物本无心，人为万物之一，也只是造物主的作品，"虽有夭寿，相去几何？"（《知北游》）生死消息都是自然的变化而已，并非物自身有罪责。白沙多次使用"大块"这个概念，如言"大块本无心"⑤，"大块终同尔"⑥，"尝疑大块本全浑"⑦等等。大块无心，表达的是万物自然生成演化的思想，白沙由此多次谈到"化"，如：

> 孔子曳杖歌，逍遥梦化后。我梦已逍遥，六字书在牖。圣愚各有尽，观化一遭走。

> 问我年几何？春秋四十九。死生若昼夜，当速何必久？即死无所怜，乾坤一刍狗。⑧

这首诗深受道家自然观念的影响，"死生若昼夜""观化"皆源于《庄子·至乐》⑨，"刍狗"

---

① 陈献章：《吴主簿诗三首·军门止杀》，见《陈献章全集》，第 770 页。
② 陈献章：《祭黄君朴文》，见《陈献章全集》，第 156 页。
③ 陈献章：《次韵缉熙河源道中闻林琰凶问》，见《陈献章全集》，第 728 页。
④ 郭庆藩：《庄子集释》，中华书局 2004 年版，第 243 页。
⑤ 陈献章：《八月二十四日飓作，多溺死者》，见《陈献章全集》，第 410 页。
⑥ 陈献章：《题容氏帨册》，见《陈献章全集》，第 503 页。
⑦ 陈献章：《云封寺有曲江遗像戏题》，见《陈献章全集》，第 957 页。
⑧ 陈献章：《梦观化，书六字壁间曰"造物一场变化"》，见《陈献章全集》，第 386 页。
⑨ 《庄子·至乐》中有一个寓言："支离叔与滑介叔观于冥伯之丘，昆仑之虚，黄帝之所休。俄而柳生其左肘，其意蹶蹶然恶之。支离叔曰：'子恶之乎？'滑介叔曰：'亡，予何恶！生者，假借也，假之而生生者，尘垢也。死生为昼夜。且吾与子观化，而化及我，我又何恶焉！'"

则本自《老子·第五章》"天地不仁，以万物为刍狗"。人作为一"物"，无论圣愚，都不过是造物一场变化而已，生死如同昼夜更替。天地无情，生不喜，死不悲，造化视人为刍狗一般。由此可见，白沙对于道家的物性自然思想采取了积极吸收的姿态。

其次，在人性自然方面，客观地说，白沙所讲的"自然"与道家之自然都指向人的自由。但道家之自然并非指道德实践领域中的自由，而是从人的存在角度而言。然而陈白沙并没有理解道家"自然"概念中的主体性意蕴与自由精神[①]，如：

> 不着丝毫也可怜，何须息息数周天。禅家更说除生灭，黄老惟知养自然。昔与蜉
> 蝣同幻化，只应龟鹤羡长年。吾儒自有中和在，谁会求之未发前。[②]

在这首诗中，白沙认为黄老所讲的"自然"是指"养生"上的自然，即物性自然，而与他所讲的道德主体在修养上所达到的自然状态不同。"吾儒自有中和在"表明儒家的道德修养追求一种中和状态，亦即主体在道德实践中所达到的自由状态。由此可知，白沙所讲的"自然"，主要是指道德主体修养所达到的自由境界，虽然借用了道家的"自然"概念，却赋予了儒家的圣学精神。再如：

> 拈一不拈二，乾坤一为主。一番拈动来，日出扶桑树。寂然都不拈，江河自流注。
> 濂洛千载传，《图》《书》乃宗祖。昭昭《圣学篇》，授我自然度。[③]

周敦颐、二程传承下来的儒家圣人之学才是授予我"自然"的尺度，亦是成就道德修养上率性自然的法宝。然而要在道德实践中达到率性而为的自由状态，在修养进路上有不同的方法，白沙曰：

> 古人弃糟粕，糟粕非真传。眇哉一勺水，积累成大川。亦有非积累，源泉自涓涓。
> 至无有至动，至近至神焉。发用兹不穷，缄藏极渊泉。吾能握其机，何必窥陈编。学
> 患不用心，用心滋牵缠。本虚形乃实，立本贵自然。戒慎与恐惧，斯言未云偏。后儒
> 不省事，差失毫厘间。寄语了心人，素琴本无弦。[④]

湛若水对这首诗有详解，兹节录如下，以见其大旨：

> 若夫贤人之学，由积累而至者，如一勺之水可成大川，程子所谓"庄敬持养"者
> 是也；至于圣学心得之妙，不由积累，如源泉之出，自涓涓而不息，程子所谓"质美者
> 明得尽，渣滓便浑化"者是也。然此至无而至动、至近而至神，若得此欛柄入手，则
> 陈编不必窥矣。古人读书，不过以开发聪明，不可牵缠此心也。……盖圣学以自然为
> 本，本立则未发而虚、已发而即实，亦周子静无动有之意。又言戒谨恐惧，若求之太
> 过，则失其自然之本体矣。[⑤]

---

① 道家的自然蕴含着自由，学界多有讨论，笔者亦有详细论证，参见拙作《老庄自然观念新探》，新北：花木兰文化出版社 2015 年版，第 50—53 页。
② 陈献章：《夜坐》，见《陈献章全集》，第 583 页。
③ 陈献章：《读张地曹偶拈之作》，见《陈献章全集》，第 412 页。
④ 陈献章：《答张内翰廷祥书，括而成诗，呈胡希仁提学》，见《陈献章全集》，第 379 页。
⑤ 湛若水：《白沙子古诗教解》，见《陈献章全集》，第 1008 页。

　　贤人的求学之路由积累而至，循序渐进，先有一番实实在在的功夫，最终才汇集而成大川。程颐所讲的持敬之学是如此，吴与弼的那种勤学进路亦是如此。然而白沙未能通过此种方式契入圣学，这才引出他的"从静中坐养出个端倪来"①。他认为圣人之学并不必然通过积累达成，还有某种直接契入的方式，即直溯本心，将那源源不竭的泉源开辟出来。为学关键在于"用心"，这个"心"就是人的道德本心。在这首诗中，"源泉""机"都是用来比喻"本心"，"本虚"意味着本心在未曾发用流行时乃是处在"虚"的状态，故静时乃是虚；然本心并不是悬空的，它并不能脱离"实"，故动时乃发用流行于人伦日常之中。圣学以"自然"为本，即以自然状态下的"心"为根本。这个"心"本是活泼泼的，戒慎恐惧也是心的一种自然状态，但后儒往往产生误解，持敬太过，反而限制了本心②。

　　白沙给湛若水的另外一首诗也有助于我们理解他的"自然"：

　　　有学无学，有觉无觉。千金一瓠，万金一诺。于维圣训，先难后获。天命流行，真机活泼。水到渠成，鸢飞鱼跃。德山莫杖，临济莫喝。万化自然，太虚何说。绣罗一方，金针谁掇。③

　　湛若水详解这首诗曰：

　　　天命，即天理也。"有学""有觉"二句，皆谓泥于记诵、滞于见闻者，虽有学如无学，虽有觉如无觉也。"千金一瓠"，《鹖冠子》"中流失船，一瓠千金"，此借引以言本心也。言学当超于言语之外，而致力于不睹不闻之体，《中庸》所谓"天下之大本"也。大本立，则有一瓠千金之重；此言一诺，则重于万金矣。如曾子唯"一贯"之旨是也。然必先用功艰难而后可获。果能先难后获，则天理流行；其真机活泼，水到渠成，无非鸢飞鱼跃之妙，将见万化皆从此出，如太虚之无言，何用如得山、临济二僧以杖喝为教者乎？又借引绣罗以比千变万化皆从本心应用。然则金针在我，又谁掇乎？盖佛氏所谓"莫把金针度与人"者。以金针比心，此心人人各具，我不能授之于人，人亦不能掇之于我。④

　　在这首诗的解读中，湛若水明确以"本心"来诠释白沙所讲的"真机""金针"。天命流行，人的道德本心就有如真机，原本活泼泼的，向上接引天命天理，向下开启出人的道德行为。上下贯通，就好比水到渠成，鸢飞鱼跃。这一个过程是自然的，世间千变万化无不源于本心，无不是自然的。湛若水借用《论语》中的"先难后获"，表明如果没有经历一番扎实用功、艰难探究的过程，则很难有"真机活泼""鸢飞鱼跃"的自由境界。白沙的自然之学恰恰是以其多年追寻圣学的经历为基础，自然是本心呈现之后的从容中道，悠然自得。从这个角度来看，刘蕺山对白沙

---

① 陈献章：《与贺克恭黄门》二，见《陈献章全集》，第 180 页。
② 白沙曾曰："戒慎恐惧，所以闲之而非以为害也。然而世之学者，不得其说而以用心失之者，多矣。斯理也，宋儒言之备矣。吾尝恶其太严也，使著于见闻者不睹其真，而徒与我哓哓也。"（《复张东白内翰》，见《陈献章全集》，第 179 页）
③ 陈献章：《示湛雨》，见《陈献章全集》，第 377 页。
④ 湛若水：《白沙子古诗教解》卷之上，见《陈献章全集》，第 1000 页。

的"受用太早""欲速见小"之评价或可商量。

作者简介：萧平（1979—　），字无陂，湖南长沙人，武汉大学哲学博士，湖南师范大学公共管理学院哲学系副教授，主要研究道家哲学、宋明理学。

五百年来良知学的历史境遇与学理进路

孙德仁

内容提要：自王阳明拈出"良知"之学后，"良知"在不同时期的历史境遇中表现出不同的学理进路，而学理进路的不同择取与面相又是对"良知"历史境遇问题的补正。在历经明清之际的思想纠偏与近现代的话语转型后，"良知"在古今中西维度的现代呈现使得人们困惑不已：今人之"良知"还是不是古人之"良知"？这一追问不是历史向度的差别，而是存在本身的变化。良知内在品性与历史境遇的相互砥砺使得"五百年来王阳明"的问题省思，不仅涉及对良知自身绝对价值的叩问，也是关乎现代性视野下如何认领良知本真的重要问题。

关键字：王阳明；良知；历史境遇；学理进路

阳明学伴随中国人文化主体意识的自觉，自 20 世纪 90 年代以来研究成果甚为丰富，日益成为中国现代化进程中的重要精神资源。如果说现代化进程中的"富强"首先是近代以来中国在器物、制度文明方面的希冀，那么在社会文化心理上，"富强"则投射出人们对"成功"的情绪期待与行为追求。正是在这样一种文化心理诉求中，王阳明其人其学的某些特征就日益成为现代人追求"成功"的精神动力与不二法门。市面上广泛流行的阳明学读物可见一斑：从"明朝一哥王阳明"的历史功绩，到"向王阳明学习成为一个很厉害的人"的修行秘籍，再到"五百年来王阳明"的圣人成就。阳明心学已然成为当代中国人"浮躁现实里最好的心灵解药""恶劣环境中强大的精神武器"。如果仔细阅读，就会发现，这些论述的展开一定是以王阳明立功、立德、立言的"三不朽"事业作为现代人成功的标杆，并就如何成就传奇人生提出"知行合一""致良知"的方便法门。试想，如果王阳明复生而遭遇这样的"现代性"设问，看到自己被冠以"伟大的思想家、哲学家、教育家、军事家、文学家、书法家"之名，不知是否会有一种"现代性的尴尬"？

从阳明学的近代发展来看，"现代性的尴尬"并非只是一种情绪假设，而是阳明学在中国三千年未有之大变局中的一种历史境遇。这既关乎阳明学在不同时代境遇下的价值指向，也涉及阳明学解决问题所形成的不同学理进路。返观而论，"良知"在不同时期的历史境遇中都表现出不同的学理进路，而学理进路的不同择取与不同面相又是对"良知"历史境遇问题的纠偏与补正。沿着这一向度进行探索无疑有益于我们检视阳明学的"过去"与"现在"，并足以说明"五百年来王阳明"的基本问题意识以及阳明学所面临的"现代性的尴尬"。

一、明清之际阳明学的三层纠偏

自阳明殁后，王学由龙溪、泰州而风行天下。明清之际，阳明学遭遇了第一次"围剿"，而阳明学之所以会在明清之际遭遇"围剿"，与王门后学的流弊不无关系。黄宗羲在《姚江学案》中指出："然'致良知'一语，发自晚年，未及与学者深究其旨，后来门下各以意见掺和，说玄说妙，几同射覆，非复立言之本意。"[1] 由此可见，门人后学对"致良知"意旨的不同体会，既是对阳明心学最早的思想阐发，也成为日后产生王学流弊的端绪。阳明后学的流弊在晚明思想界引起了大震荡，学者在批评王门后学流弊的同时将矛头直接指向了阳明心学本身。有揭露阳明心学的内在弊病，"如陆、王之自以为立大体、致良知矣，而所为、所诲，皆猖狂傲悍，日鹜于功利、权诈是也。凡诸谬害，皆从不穷理而空致知来。"[2] 有直接否定阳明良知之功，认为"（阳明）天资高，随事成就，非全副力量如周公孔子专以是学，专以是教，专以是治也。"[3] 更有甚者，认定王学亡国，"以明心见性之空言，代修己治人之实学。股肱惰而万事荒，爪牙亡而四国乱，神州荡覆，宗社丘墟。"[4] 这些批评也就成为明清之际世人对阳明学的主流定位。

但值得注意的是，在诸多士大夫们的批评中，形成了朱子学与阳明学两种不同方向的纠偏与补正。其中，顾宪成、高攀龙为代表的东林党人以朱子学的工夫纠偏王学玄虚之弊，而刘宗周则意识到只从外在工夫的落实难以真正纠偏，反而以主体道德实践为根基，从心学内部进行补正。当晚明王朝君权的崩溃，从内在道德精神上难以抗衡君权时，黄宗羲则继承师学，以心学的立场与做人的原则，对明王朝的政治体制作出了深刻反思与尖锐批评，这是黄宗羲由反思政治制度对阳明学更进一步的推进。因此，明清之际由东林学派、刘宗周、黄宗羲的层层纠偏，也就构成了近代阳明学流衍中的第一次转进。

晚明政治的腐败与王学的流弊成为当时士大夫不得不面对的时代问题，以顾宪成、高攀龙为代表的东林学派在政治生态的压迫下，以讲学的方式直面晚明社会政治与思想的弊病，展开批驳与矫正。其中对王学流弊的纠偏具有一定代表性，

众所周知，顾宪成、高攀龙在学理上顺承明代朱子学的发展，但又对当时广泛传播的阳明学有着清晰的认识。如顾宪成所说，"当士人桎梏于训诂辞章间，骤而闻良知之说，一时心目具醒，恍若拨云雾而见白日，岂不大快。"[5] 这也就意味着，东林学派并非直接盲目地否定阳明学，

---

[1] 黄宗羲：《姚江学案》，见《明儒学案》，中华书局 1985 年版（下同），第 178 页。

[2] 吕留良：《吕晚村先生四书讲义》，见《续修四库全书》第 156 册，上海古籍出版社 2002 年版，第 374—375 页。

[3] 颜元：《存学编》，《颜元集》，中华书局 1987 年版，第 45 页。

[4] 顾炎武：《日知录集释》，岳麓书社 1994 年版，第 240 页。

[5] 顾宪成：《小心斋札记》卷三，见《顾端文公遗书》第一册，清光绪三年重刻本（下同），第 5 页。

而是在认可其积极意义的同时指出后学的玄虚与猖狂，所以，在此基础上的评价也就非简单的朱王门户之见。

顾宪成一方面批评王门后学拈得高明话头，人人言说良知，却无实致良知之功。另一方面又以后天功夫扭转良知的思辨玄虚。在顾宪成看来，本体的追求是通过下学上达的功夫实践而成，离开功夫而言说本体，本体就会流为"光景""意见""议论"。因此，注重后天功夫，在功夫中达致本体与工夫的合一，就成为顾宪成对王学流弊开出的"药方"。而这一"药方"的具体内容与方法就是持守朱子学读书穷理以至于尽性。他在《东林会约》中写道：

> 学者诚能读一字便体一字，读一句便体一句，心与之神明，身与之印证，日就月将，循循不已，其为才高意广之流欤，必有以抑其飞扬之气，必敛然俯而就，不淫于荡矣。①

显然，顾宪成所倡读书穷理的功夫是针对王门后学的流弊而发，其立根处是以致知的方式进学。这也就意味着顾宪成是基于朱子学的立场对阳明学的问题作出省思，即以朱子学的"格物"之致知纠偏阳明学的"诚意"之致知。就狭义而言，所谓"格物"与"诚意"，实为两种不同进路的"致知"，前者表征朱子学的即物穷理，后者表征阳明学的正心诚意。虽然二者"致知"的指向相同，或为明人伦、通世故；或为致吾心之良知，但"致知"方式的不同则导致了最终实现结果的差异。因此，我们可以说，朱子学与阳明学的功夫分歧也就在于"格物"与"诚意"的不同进路。而顾宪成的纠偏看似是将本体落入功夫中而成就本体功夫，实则仍然面临着两种"致知"的鸿沟，其纠偏只是一种外在夹持、补充。

这一问题在同为东林道友的高攀龙那里，得到了进一步的解决。关于高攀龙的格物之学，黄宗羲曾概述：

> 先生（高攀龙）之学，一本程、朱，但程、朱之格物，以心主乎一身，理散在万物，存心穷理，相须并进。先生谓"才知反求诸身，是真能格物者也。"颇与杨中立所说"反身而诚，则天下之物无不在我"为相近。是与程、朱之旨异矣。②

可见，高攀龙虽然本于程朱之格物，但又并非以程朱之即物穷理的方式展开，反而由"反求诸身"达致格物。在此基础上，高攀龙指出"吾辈格物，格至善也；以善为宗，不以知为宗也。"③当格物以"反求诸身"为基本进路，以善为终极追求，也就不再是一种简单的外向求知活动，而是"以善为宗"的道德活动。由此来看，高攀龙的格物之学，一方面，以程朱的格物穷理纠偏王学因过分强调内在灵明而缺乏外向穷理的规范；另一方面，以阳明诚意之致知修正"以知为宗"从而转向了"以善为宗"。在朱子学与阳明学的双向矫正过程中最大限度地实现了对王学流弊的纠偏。

顾宪成、高攀龙作为东林学派的代表，针对阳明后学的"玄虚""猖狂"而以朱子学的实在

---

① 顾宪成：《东林会约》，见《顾端文公遗书》第五册，第 10 页。
② 黄宗羲：《忠宪高景逸先生攀龙》，见《明儒学案》，第 1402 页。
③ 高攀龙：《答王仪寰二守》，见《高子遗书》卷八，清文渊阁四库全书，第 68 页。

功夫进行纠偏，这就表现出明代理学朱王互纠其偏的努力。对于当时的王学流弊而言，这无疑具有扭转方向的作用。但方向的扭转并不意味着朱子学与阳明学内在矛盾的解决，从顾宪成以朱子后天功夫的纠偏，到高攀龙在朱王互救中的双向矫正，无不面临着这一矛盾的张力。而刘宗周则意识到仅仅在朱王的互救互补上难以真正解决王学流弊的问题，于是反向追溯，认为王学流弊的根源就在于良知本身，因此从心学内部对阳明学进行了省思与补正。

作为明代心学的殿军人物，刘宗周思想的心学定位是毫无疑问的，但其心学旨趣的形成并非来自于程朱理学与阳明心学的理论"门户之见"，而是缘于其人生际遇与学术性格。刘宗周在具体的人生遭际中实用自得之功，层层透显，无不归于心性之涵养。对于这一点，其子刘汋有所说明：

> 先生从主敬入门，敬无内外，无动静，故自静存以至动察皆有事而不敢忽，即其中觅主宰曰独，谓于此敬则无所不敬，于此肆则无所不肆，而省察于念虑皆其后耳。故中年专用慎独工夫，谨凛如一念未起之先，自无杂念，既无夹杂，自无虚假。慎则敬，敬则诚，工夫一步推一步，得手一层进一层。①

可见，刘宗周在心上用功，工夫层层推进，从存静之主敬到无杂念之慎独都是心学的工夫进路。而心学工夫进路的形成，既是其学问根系的确立，也是由此对阳明学作出了重大补充。从刘宗周对阳明学的批评来看，其论主要由朱、王《大学》之辩切入，对良知本身进行了反思："'良知'之说，本不足讳，即闻见遮迷之说，亦是因病发药。但其解《大学》处，不但失之牵强，而于知止一关全未勘入，只教人在念起念灭时，用个'为善去恶'力，终非究竟一着。"② 刘宗周批评阳明于《大学》"知止"一关未破，其意在于：阳明虽主"诚意"是大学之道，但所诚之意却为心之所发，在发用流行中仅表现为意念起灭。如此意念之起灭，无所主宰便容易在"为善去恶"中冒领良知，甚至"认贼作父"。这就会产生阳明后学"现成良知"之弊。刘宗周就阳明"认意为念"之失，提出"意根"之说以补其偏：

> 《大学》之教，只要人知本。天下国家之本在身，身之本在心，心之本在意。意者，至善之所止也，而工夫则从格致始……格致者，诚意之功，功夫结在主意中，方为真功夫，如离却意根一步，亦更无格致可言。③

"意根"之"意"，是就发心动念之用上言心之所存的先天形上本体，即体上言"心之所存"，并非用上言的"心之所发"。"心之所存"方能在发用流行中有"心之所主"的真功夫。在此意义上的"意"既是本根之所存所主，又是先天形上本体的发用落实，如此真正地"知善知恶"才能在道德实践中真真切切地"为善去恶"。值得注意的是，刘宗周虽然从"意之所存"的角度提振"意"作为本体主宰的作用，但这并不意味着其所谓的"意"就是一种抽象的本体存在，反而是一种"即形色以求天性"，即将形上追求完全落实于形下的具体实践之中。而此种工夫形态的层层推进，

---

① 刘汋：《蕺山刘子年谱》，见《刘宗周全集》第三册，浙江古籍出版社2007年版（下同），第83页。
② 刘宗周：《答韩参夫》，见《刘宗周全集》第三册，第359页。
③ 刘宗周：《学言》上，见《刘宗周全集》第二册，第372页。

最终必然由"意体"指向"慎独"："古人慎独之学，固向意根上讨分晓，然其工夫必用到切实处，见之躬行。"① 所谓"慎独"也就是既要落实为具体工夫上的心有所发，又要在意根上心有所存，因为只有在意根的存养中才能真正挺立、主宰心有所发的现实世界。在此意义上的"慎独"也就成为修正王学流弊之形上思辨与现成良知的立根之基，从而真正回归人的真实存在与工夫日用之中。这不仅是对阳明学流弊的修正，也是对阳明学重大的突破与推进。

刘宗周对阳明学的修正，主要就表现为深入心学内部，对"天植灵根"的良知作更进一步的夯实，而这一指向就在于将良知从"光景""效验"中回归真切的现实人生，这也就意味着刘宗周是以主体做人的精神夯实良知底线。但到明朝灭亡后，黄宗羲继承师学，则又不得不面对由晚明政权的崩塌与新政权的建立所带来的王学困境。而在此意义上的反思，也就不仅仅停留在现实人生中做人精神的凝结，而是转向了主体德性对君权专制体制的突破与反击。

明王朝的覆灭将阳明学推向了风口浪尖，士大夫纷纷将矛头对准阳明及其后学，直指王学误国、亡国。批评声中以顾炎武的经世之学与颜元的实学最具代表性。② 而作为心学传人，黄宗羲对阳明学的态度则不得不受到两方面的影响：一方面是心学思想谱系中刘宗周的思想遗产，另一方面则是明代政权的溃败与满清新政权的建立。如果说承接刘宗周的思想遗产是坚实他内在精神生命的基础，那么政权的更迭则成为刺激他对阳明学作出反思的直接力量。在刘宗周回归现实人生、注重后天实践工夫的影响下，黄宗羲恪守德性的具体落实，试图以个体做人精神的凝结深化心学、纠偏王学流弊。但明王朝的崩塌已经不允许黄宗羲同刘宗周一样，只是以个体的做人精神来面对阳明学的时代困境。因为明王朝的覆灭对于心学传人的黄宗羲而言，不只是故国不在的悲叹，更是对其心学底色的精神生命的釜底抽薪。如果说，东林学派、刘宗周对王学流弊的批评还可以是一种基于现实流弊的学理纠偏，那么黄宗羲则不得不以自己心学的身家性命来反思明清之际的政权更迭、社会变革。这也迫使黄宗羲从主体的道德实践走向了对明代专制集权体制的根本性反思。在《明夷待访录》中，黄宗羲直言："天下之大害者，君而已矣。"③ 从明代现实政治的批评到对中国几千年来专制集权的反思，黄宗羲直指政治君主，认为三代以后的君王背离"三代之治"的德性政治，走向了权力的私有化：

> 后之为人君者不然，以为天下利害之权皆出于我，我以天下之利尽归于己，以天下之害尽归于人，亦无不可。使天下之人不敢自私，不敢自利，以我之大私为天下之大公。④

这些"振聋发聩"的反思并非只是一种学理式的逻辑批驳，而是有其深厚、真切的人生基础。黄宗羲身处"天崩地裂"的转型时代，历览千年君权的治乱兴衰，又遭遇父亲黄尊素为阉党所害、老师刘宗周为明绝食守节、自己举兵反清而落草四明山等一系列遭际。这些人生际遇让黄

---

① 刘宗周：《正学杂解》，见《刘宗周全集》第二册，第 264 页。
② 参见陈立胜：《入圣之机：王阳明致良知工夫论研究》的"导言"部分，文中展开对明清之际阳明学境遇的评述。
③ 黄宗羲：《明夷待访录》，见《黄宗羲全集》第一册，浙江古籍出版社 1985 年版（下同），第 3 页。
④ 黄宗羲：《明夷待访录》，见《黄宗羲全集》第一册，第 2 页。

宗羲始终固守心学的道德实践之根基，并以此展开了对中国千年专制集权的反戈一击。所以在《明夷待访录》中，黄宗羲对专制集权祸根的直接揭露，不再像董仲舒那样以"天人感应""灾异谴告"的方式试图为大一统君权的烈马套上笼头；也不再像程朱那样以"格物穷理""正心诚意"的方式寄希望于得君行道，而是走向了对制度本身的反思与批评，这无疑是发千年儒者之未发。黄宗羲与专制王权的决裂并非空穴来风，如果说在明代专制集权与政治生态日益严峻的情况下，王阳明绝望于"得君行道"，转而撇开君主与政治，杀出了一条"觉民行道"的血路。那么，阳明虽然失望于朝廷与君主，但并未真正意识到治乱兴衰的根源所在。直至黄宗羲，身处于政权的变革、立足于心学的主体德性精神，才发出了"天下之大害者，君而已矣"的彻底决裂之声。所以说，从王阳明对个体道德理性的落实而走向觉民行道，到黄宗羲以主体道德精神的具足而对专制集权进行反戈一击，这样一个走向无疑是对阳明学最大的纠偏与推进，也成为阳明学在明清之际最大的回响。

二、近现代阳明学的话语转型与范式确立

明清之际对阳明学的纠偏与补正延续至清初，当时天下士子尽皆诋毁阳明学，但仍有如孙夏峰、李二曲等人在力主驳正。随着满清政权对道学的强压，至乾、嘉而后，汉学风行，王学其势衰微。然而，清末救亡图存的诉求又一次为阳明学带来了转机。中日甲午海战直接刺激了国人的神经，阳明精神的唤醒在近代日本明治维新中发挥了重要作用，让国人迫切地感受到阳明学主体实践品格在救亡图存中是一剂良药。因此，率先吹响复兴阳明学号角的一定是清末的维新派。康有为直言："言心学者必能任事，阳明辈是也。大儒能用兵者，惟阳明一人而已。"[①] 强烈的事功实践品格成为阳明学在清末复兴的主要内容，而这一品格也同样受到保国保皇的保守派推崇："历代理学名人，如宋之胡瑗、明之王守仁、国朝之汤斌、曾国藩等，能本诸躬行实践发为事功，足为后生则效。"[②] 可见，不论维新派还是保守派，都看到了阳明学主体实践性格对救亡图存的意义，这与晚明王学"空疏""误国"之论大相径庭。而近代士大夫对阳明学的这一诉求，一直延续至民国初年政治、学术的纷争，不论是孙中山、宋教仁为代表的革命党人，还是章太炎、陈天华为代表的学人，都将阳明学视为打破枷锁的精神资源，让阳明学打上了"革命"的烙印。正如陈立胜先生所总结的："阳明学进入现代人的视野，首先是在清末民初的维新与革命的狂风骤雨之中形成的，阳明学作为一个象征、一个符号在现代中国重新被启动，深深打上了民族主义、爱国主义、党国主义、尚武主义与军国民主主义的色彩。"[③]

阳明学在清末民初的影响更多地体现在救亡图存的政治家、社会活动家以及关怀天下的士

---

① 康有为：《南海师承记》，见《康有为全集》第 2 集，上海古籍出版社 1990 年版，第 523 页。
② 冯克诚主编：《清代后期教育思想与论著选读》（中），人民武警出版社 2011 年版，第 268 页。
③ 陈立胜：《入圣之机：王阳明致良知工夫论研究》，上海古籍出版社 2019 年版，第 15 页。

大夫身上。除此之外，还存在着作为学术思想深化的阳明学，而这一深化就集中表现为古今中西问题激荡下的"哲学化"。如果说阳明学的革命精神是一种"不肤挠，不目逃，思以一毫挫于人"的"血气担当"，那么，阳明学的哲学深化，则是一种"自反而缩，虽千万人，吾往矣"的"义理担当"。从"血气担当"走向"义理担当"，标志着现代语境下阳明学的第一次话语转型。

阳明学作为一种学术研究对象的登场，离不开近代百年儒学之变的背景。近代儒学的剧变一方面来自于古今之变，即儒学在中国古代传统社会向现代社会的过渡转型中何去何从。而这一问题的激化则来自于另一个方面——中西之争，即在西学东渐中儒学的存在方式与诠释范式应该何去何从。而这古今与中西的问题也就成为生成阳明学现代语境的两系话语坐标，决定着阳明学的话语转型与范式确立。

因此，这一时期阳明学的学术著作，无不显示出古今之变与中西之争问题的双向纠结。而作为处于传统与现代社会变革中的一代学人，在古今中西问题的激荡下，不得不对古今之变的困境作出反思。这也就首先形成了以古今之变的历史视角看待阳明学以及儒学之变的进路，以钱穆先生为代表。作为中国古代历史的研究者，思想与文化是钱穆先生治史的主要方向。如果说，思想与文化的方向是他一生忧心文化传统的关怀所在，那么历史铺陈则是其舒展关怀的具体方法与进路。钱穆先生旗帜鲜明地主张以历史的眼光展开传统儒学的解读与儒学传统的诠释，他说："什么是中国文化？要解答这问题，不单要用哲学的眼光，而且更要用历史的眼光。"①"求深切体会中国民族精神与其文化传统，非治中国史学无以悟入。若如宗教、哲学、文学、科学其他诸端，皆无堪相伯仲，相比拟。"②可见，钱穆先生对历史眼光的肯定是相较于当时的哲学眼光而言，他认为传统文化的理解首先是一个古今之变的历史视角，而并非断裂历史传统的哲学性的诠释。因此主张对文化精神的把握应当回归历史，在历史中呈现、启动文化的生命力。这也就决定了他在阳明学的理解上一方面由否定哲学性的抽象诠释走向了历史传统的再现；另一方面由历史学术传统的呈现而主张以心学解心学。在《阳明学述要》的序言中讲道：

> 讲理学最忌讳的是搬弄几个性理上的字面，作训诂条理的工夫，却全不得其人精神之所在。……尤其是讲王学，上述的伎俩，更是使不得。③

可见，在把握阳明学的基本进路上，钱穆先生对西方的哲学眼光与清儒的训诂方式进行了"双遣"，将中西之争压缩为古今之变的历史问题，以历史之经验、具体的方式来呈现阳明学的生命力。如果我们从古今之变的历史视角来看，钱穆先生的方法有从清学复归宋学的倾向，这无疑是对清学衰微后学术走向问题的一种回应。

在近代古今中西问题的激荡中，钱穆先生试图以古今的历史视角解决中西之争的问题。但在西学的冲击之下，以牟宗三、唐君毅、徐复观为代表的现代新儒家意识到文化传统的接续，不能仅仅以回到历史场景的方式展开具体而微的历史研究。因为对中国文化精神的透显，是在超越

---

① 钱穆：《国史新论》，三联书店 2001 年版，第 347 页。
② 钱穆：《现代学术中国论衡》，三联书店 2001 年版，第 106—107 页。
③ 钱穆：《阳明学述要》，九州出版社 2011 年版，第 1 页。

具体的社会历史条件基础上，指向形上的价值理想，以此超越性的价值维度提振中国文化精神。这是以历史之求真的方式很难获得的。因此，现代新儒家的层层超越、层层提振，其意在于如何在儒学现代转型的时代境遇中启动文化传统，在文化价值之损益中推陈出新、续接慧命。这也就形成了以中西之争的哲学视角解决古今问题的基本进路，在新儒家群体中以牟宗三先生的探索最具代表性。

牟宗三先生对"哲学视角"的择取并非出于西学的知识好感，而是在儒学的百年剧变中看到了传统文化中客观与超越面相的缺失。但其对西学的吸收又是建立在民族文化本位、尊重儒家成德传统的基础上完成的。因而选择以客观了解与生命涵养并重的视角与方法，对王阳明"致良知"一语的分析中，牟先生这样说：

> 良知本明，知是知非。良知是个起点。良知以外无有起点。此直指玉连环而为可解之窍也。良知既是个起点，故不待"复"而待"致"。致者至也、充也、推也、通也，"复"是致以后的事，或从致上说。非良知全隐而待复也。如全隐而待复，则能复之机何在耶？是则良知不可为起点矣。如复之机即在觉，则觉即良知矣。是复之机即良知之自己，则良知固不能全隐也。是以复在致字上说，乃属致以后者。①

不难看出，牟先生对"致良知"的把握是以分解的理论思辨方式展开的，由直立良知本体之自性转至逻辑之层层剥离，在剥离过程中不仅将思想之转进处与易滑转处点出，更是以抽象的方式深化良知的本体意义。在此意义上的诠释，无疑走向注重本体分析的理论演绎，由此上达极致就会得出这样的结论："致良知教中，一方面恢复感应之原几而透涵盖原则与存在原则；一方面坎陷感应之几而遂成客物之了别。此即由行为宇宙之参赞，一方透露宇宙之本体，一方统摄知识也。"②在本体分析的理论演绎中，将良知本体的达致纳入超越形上学何以可能的问题，以此彰显"致良知"的理论意义。但注重本体分析的理论演绎并不意味着一味地理论思辨化，而是强调在肯认生命涵养的基础上，不偏离阳明学的实功。以此成德生命之涵养而统摄、融纳客观之了解，才能真正意义上实现对阳明真精神的透显，并赋予其新的时代意义。牟先生在阳明学诠释上的哲学视角，让近代阳明学的发展完成了话语转型与范式确立的双重转向，既是从"历史视角"走向"哲学视角"的哲学话语转型；也是由哲学话语的建构实现了现代哲学诠释范式的确立。这对近代阳明学研究有转折性的意义。

牟宗三先生的"哲学视角"诠释，虽有很强的西学形上思辨意味，但其意在于恢复哲学古义的实践智慧，以开中国哲学自身发展之路。但牟先生在本体分析中的思辨化、抽象化、概念化也遭到人们的批评与反思，同为现代新儒家代表人物的徐复观先生就曾对此有所反思。如果从现代新儒家的成就来看，熊十力的《新唯识论》、牟宗三的《心体与性体》、唐君毅的《生命存在与心灵境界》，都勤于道德形上学的本体建构。而徐复观则离开本体形上学的建构，取径思想史而著

---

① 牟宗三：《王阳明致良知教》，见《牟宗三先生全集》第 8 册，台北：联经出版公司 2003 年版（下同），第 15—16 页。
② 牟宗三：《王阳明致良知教》，见《牟宗三先生全集》第 8 册，第 96 页。

成《中国人性论史：先秦篇》。徐复观先生对抽象的观念辨析导致脱离现实而深表忧虑，这种方式无疑让儒学从作为教化形态的存在走向了知识形态的存在，成为诉诸于概念的"空言"。徐复观先生对"哲学视角"的反思虽涉及中国哲学史方法论的问题，却并未以此进路解读阳明学。如果我们将视野放至海外阳明学研究，就会发现，日本学人冈田武彦先生正是以此进路对阳明学作出了回应，可以视为 20 世纪阳明学研究中对"哲学视角"的一种补正。

冈田武彦先生对阳明学的研究，从《王阳明与明末儒学》的学理判析，走向《王阳明大传：知行合一的心学智慧》的传记体认，无疑来自于其研究方法的自觉。冈田武彦先生在晚年穷极心力所著阳明学大作，并未发力于阳明学的理论建构与阐发，反而选择以传记体的方式再现阳明人生、思想之转进。传记体的展开正是建立在以体验的方式追阳明之所思所虑，还原阳明学之本真。冈田先生试图通过体认阳明之经历来展现阳明的精神世界，而在此基础上所理解的学理也就显得真切而鞭辟入里。他在《王阳明大传：知行合一的心学智慧》的序言中说：

> 我们这些研究东方哲学思想的人，如果不去了解先哲们的生涯，不去体体验他们的经验，那么我们就无法深刻理解东方哲学思想区别于西方哲学思想的特点，所做的学问也就无法变成"活学"。①

这里所谓的"活学"既涉及以什么样的进路理解阳明学，又关乎什么是阳明学真精神的问题。当试图以内在性的体认方式进入阳明学时，阳明学所呈现的也就不仅仅是一套学理或是知识，而是一种实有诸己的身心实践之学。这无疑是对阳明学真精神的启动。在此基础上，冈田先生始终将阳明学定位为"知行合一"的实践之学，他说："阳明学被认为是行动哲学，其实还与王阳明独创的'知行合一'说有关。'知行合一'说的中心是'行'，而不是'知'，这是一种实践主义的思想。"② 对阳明学实践品格的把握正是其体认进路对阳明"身心之学"的精准阐发。阳明在晚年与罗钦顺的激辩中指出其学问的立根所在："世之讲学者有二：有讲之以身心者；有讲之以口耳者。讲之以口耳，揣摩测度，求之影响者也；讲之以身心，形着习察，实有诸己者也，知此则知孔门之学矣。"③ 身心之学的身心、内外并在指向，让阳明学始终不离"行着习察，实有诸己"的道德实践向度。在此意义上的阳明学也就是一种主体的道德实践之学。因此，以内在性的体认方式启动阳明学的真精神，既是对阳明学学理的真切把握，也是将阳明精神转化为一种自我精神。

三、现代语境下的"真假良知"

不同的历史境遇使得人们认领良知的方式也不尽相同，而现代语境的生成是由古与今、中与西的问题相互交织在一起所构成的，在此维度下的"良知"却面临着一定程度的落实困境，即

---

① 冈田武彦：《王阳明大传：知行合一的心学智慧》，重庆出版社 2015 年版（下同），第 2 页。
② 冈田武彦：《王阳明大传：知行合一的心学智慧》，第 5 页。
③ 王守仁：《答罗钦顺少宰书》，见《王阳明全集》，上海古籍出版社 2011 年版（下同），第 75 页。

在传统与现代的转型过渡中，人们将"良知"加以对象化的聚焦和近己之身的诠释时，就会产生不同形态的良知。对于学者而言，良知是一个概念命题或理论形态；对于一般人而言，良知既可以是一种酸腐过时的"道德规范"，也可以是一种"于我心有戚戚焉"的成功法门。而在"一千个读者，就有一千个哈姆雷特"的现代视角之下，今人之"良知"还是不是古人之"良知"？这一追问不是历史向度的差别，而是存在本身的变化。因为这既涉及良知自身的绝对价值，也关乎在现代性视野下如何认领良知本真的重要问题。

所以，看似无意义的追问，却蕴含着良知本来面目的遮蔽。今人的"良知"可以是老人跌倒后扶与不扶的"利害算计"；可以是赤裸裸抢劫后的"自然坦率"；可以是浮躁现实与恶劣环境之中的"精神安宁"。此类种种良知的"呈现"正如阳明所痛心疾呼：

> 后世良知之学不明，天下之人用其私智以相比轧，是以人各有心，而偏锁僻陋之见、狡伪阴邪之术，至于不可胜说。外假仁义之名，而内以行其自私自利之实，诡辞以阿俗，矫行以干誉；掩人之善而袭以为己长，讦人之私而窃以为己直；忿以相胜而犹谓之徇义，险以相倾而犹谓之疾恶；妒贤忌能而犹自以为公是非，恣情纵欲而犹自以为同好恶。①

而在现代语境下，这样一个追求"成功"的时代已然不同于古代的"成人"追求，加之价值的多元性与道德的模糊性，让"良知"成为"冒领"的对象，即人人可以言良知，人人却又不信其良知，所言所行只是"认欲作理""认贼作子"。"良知"在现代语境中变得真假难辨，这也就成为"良知"存在的困境所在。而"真假良知"在当代的表现大致有以下三种情形。

一种是良知的知识化。儒学自形成之初就有其自身的知识系统，"就传统儒学作为知识系统的功能而言，它不但包含一套完整的世界观，也包含安排社会秩序与政治秩序的制度性思考。"②而良知在现代知识论的解释中逐渐蜕化为一种知识性的存在，从切于身心的实有诸己渐渐成为学院化的理论与社会化的道德规范，表现出价值层面的断裂。早在熊十力先生与冯友兰先生争论良知是"假设还是呈现"的问题中，就已经表现出来。所谓"假设"即是在经验知识层面的理论推演与预设，良知在此层面只是一种直觉的知识，本身不具有呈现之可能。良知也因此成为一种无具体生命情实的外在伦理规范。更进一步而言，知识化使得良知成为人们心中一种陈旧、过时的道德条目，人们生活在良知人人本有而受遮蔽之中，认为良知非人之本有，仅为外在道德规范之论。而当人人讲道德、讲良知时，也就如孟子所言的"率天下之人而祸仁义者"。真正的"良知"之于人一定是真实无妄与真实拥有的。其"真实"并非认识论意义上的求客观事物之"真"，而是对其所是的真实拥有。不论是"乍见孺子入井"当下直感，还是"求仁得仁"的内在本己，都是落于生命情感与意志中而为人所内在实有。这也是为什么阳明在《拔本塞源论》的结尾坚定地说："所幸天理之在人心，终有所不可泯，而良知之明，万古一日。"③即一当良知成为知识性的

① 王守仁：《答聂文蔚》，见《王阳明全集》，第 90 页。
② 李明辉：《儒学的知识化与现代学术》，《中国人民大学学报》2010 年第 6 期。
③ 王守仁：《语录》二，见《王阳明全集》，第 64 页。

存在后，就仅仅表示主体的一种知识性拥有，至于自己是否真实认同良知便是另一码事，其认同或是由利益决定的。

一种是良知的鸡汤化。"鸡汤化"的指谓无疑是良知之于现代人有"精神补品"的效用。现代人信奉"知识就是力量"，或者"知识服务于力量"，多以工具理性的方式看待知识与道德，从而对"良知"的认识走向了功利主义的现代追求，成为追求"成功"的一种力量与工具。因此，在急于"成功"的功利主义笼罩下，心学成为讲之于口耳的心灵修养之学，它是"欲成大事，必读王阳明"的秘籍宝典；是"浮躁现实里最好的心灵解药"；更是"恶劣环境中强大的精神武器"。心学俨然成为无所不通无所不能的"成功学"与"心灵鸡汤"。但殊不知鸡汤化让良知成为"光中之景""海中之浪"，"景"虽美丽、"浪"虽可爱却离不开光之折射与海之翻腾，如若醉心于"光中之景"与"海中之浪"，心学功夫也就沦为一种"作秀"与"表演"。正如阳明在拈出"良知"时就说："某于此良知之说从百死千难中得来，不得已与人一口说尽，只恐学者得之容易，把作一种光景玩弄，不实落用功，负此知耳。"① 我们可以说，心学确有其事功之用，但与其说心学能打仗，破山中贼，不如说心学在不断地夯实人生底线，破心中贼。因为人生底线的夯实，正是做人主体精神的挺立。朱宸濠初反时，阳明与弟子曾对其相互熟悉的人有一番讨论，弟子问："彼从濠，望拜封，可以寻常计乎？"先生默然良久曰："天下尽反，我辈固当如此做。"② 真正的良知正是一种不动心的大丈夫人格。心学也确有"心灵解药"之功效，但与其说心学可以让你逃于浮躁现实而归于心态安宁，不如说心学让你知是知非、心有所主。"古之人所以能见善不啻若己出，见恶不啻若己入，视民之饥溺犹己之饥溺，而一夫不获若己椎而纳诸沟中者，非故为是而以蕲天下之信己也，务致其良知求自慊而已矣。"③ 真正的良知是在视人犹己、公是公非中有其"当生则生，当死则死"的义理担当。

一种是良知的权威化。现代语境中，权利意志的突显为良知的权威化提供了可能。尼采从权利意志的角度揭示出人类道德谱系中的非道德，他认为权利意志在"主人道德"是内在生命的赞扬，"奴隶道德"则是对本己生命的扼杀。尼采对"主奴道德"的划分以及对"权力意志"的推崇虽然意在强调权利意志的生命动力，但却涉及了本真良知与权威良知问题。就此而言，主人在权利意志的突显下成为价值的决定者，凡对他有害的，其本身就是恶的；凡对其有利的，其本身就是善的，此时的良知就成为最高的价值权威。而权威对于个体生命的规范不在于伦理领域，在于是否于服从权威。在这样一种道德规范中，良知也就丧失其本来面目的个体有效性，成为"为人类谋福利"而牺牲个人"小爱小利"的"高尚价值"。这样一种"权威良知"无疑是对"本真良知"的非道德性裹挟，而"本真良知"一定是建立在每一个个体生命的内在情志之中，即使是圣人之爱，也是对个体生命的感通与尊重："夫圣人之心，以天地万物为一体，其视天下之人，

---

① 钱德洪：《年谱》二，见《王阳明全集》，第 1412 页。
② 钱德洪：《年谱》二，见《王阳明全集》，第 1393 页。
③ 王守仁：《答聂文蔚》，见《王阳明全集》，第 90 页。

无外内远近，凡有血气，皆其昆弟赤子之亲，莫不欲安全而教养之，以遂其万物一体之念。"①正是基于对个体生命的感通与尊重，真正的良知决不会与权威主义的世俗权利意志合作，反而是以主体做人精神冲破权威主义。正如阳明在与罗钦顺的激辩中所言："夫学贵得之心。求之于心而非也，虽其言之出于孔子，不敢以为是也，而况其未出及孔子者乎！求之于心而是也，虽其言之出于庸常，不敢以为非也，而况其出于孔子者乎！"②毫无疑问，"不以孔子之是非为是非"是基于人生底线而挺立的主体道德精神，以此冲破权威主义的"假大空"，这可以说是一种真正的致良知精神。

四、结语

从明清之际阳明学的三层纠偏到近现代阳明学的话语转型，使得"五百年来王阳明"的问题省思指向了一个更为核心的问题——"如何守护良知"？但如阳明所说："良知之在人心，无间于圣愚，天下古今之所同也。"③知是知非的"良知"就当下落实于每个愚夫愚妇心头，个个心中有仲尼，即良知人人本有而亘古不变。所以，良知绝不会因时代变迁与制度更迭而丧失其生命力，反而是在不同时代境遇中的激荡，显发出良知作为人之存在的道德底线与价值根源的意义。这既是良知万古一日的真精神，也是现代人认领阳明心学价值的不二门径。

作者简介：孙德仁，男，1990年生，内蒙古阿拉善人，陕西师范大学哲学系博士生，主要从事宋明理学研究。

---

① 王守仁：《语录》二，见《王阳明全集》，第61页。
② 王守仁：《答罗整庵少宰书》，见《王阳明全集》，第88页。
③ 王守仁：《答聂文蔚》，见《王阳明全集》，第90页。

陶奭龄的心学思想 *

——兼论与刘宗周的思想差异

刘泽亮

内容提要：陶奭龄作为明末阳明后学的重要代表人物之一，长期以来其思想面貌处于浑沌模糊状态，理论特质也笼罩在"杂禅""坏旨"的所谓定论之下。本文结合新发现的《宗镜录具体》以及相关传世文献，对其识认本体的工夫学，不属见闻的良知论，以及为善去恶的迁改说进行初步系统性地梳理，在明晰与刘宗周学术进路差异的同时，揭示陶奭龄心学思想的完整面貌及其对阳明学传承所作的理论努力，还原其在晚明思想史中应有的历史地位。

关键词：陶奭龄；刘宗周；心学；阳明后学；《宗镜录具体》

近十数年来，因聚焦于唐末五代佛学思想家延寿及其《宗镜录》的研究，在梳理《宗镜录》抄撮史的过程中，注意到陶望龄、陶奭龄兄弟均有节抄之作，然学界众口一词地认为"已佚"，遍寻无果之中，托友人之助，从东瀛寻得存世藏本。在整理完毕进入思想研究之际，意外地发现，学界对于有明一代阳明学殿军刘宗周的阐述堪称宏富，而与之影响不相伯仲的陶奭龄却仅在讨论与刘氏本体工夫论的分歧时方才偶有提及，其理论特质长期以来被笼罩于所谓"杂禅""坏旨"的定论之下，其全面、完整的思想面貌处于混沌、模糊的状态，俨然是一位被"遗忘""搁置"的思想家。这种对陶奭龄及其心学思想轻描淡写、主观臆断的简单化处理，与其在思想史上的地位极不相称。

本文拟依据新发现的《宗镜录具体》及其他传世文献，将陶奭龄置于阳明学开展的脉络之中，对其心学思想作一初步的系统性梳理，在明晰与刘宗周学术进路差异的同时，揭示陶奭龄心学思想的完整面貌及其对阳明学传承所作的理论努力，还原其在晚明思想史中应有的历史地位。

---

* 本文为国家社科基金项目"新发现《宗镜录具体》整理与研究"（项目编号：10BZJ013）阶段性成果。

一、穷理为先、即心无心的工夫学

关于良知本体与致良知工夫，是陶奭龄与刘宗周争议、分歧最为集中的理论焦点。

陶奭龄在证人社讲会中，公开宣称"识得本体，则工夫在其中"：

> 陶先生曰："学者须识认本体。识得本体，则工夫在其中。若不识本体，说甚工夫？"①

这一即本体即工夫的主脑，具体体现在其居敬穷理、即心无心、摄行归知等观念之中。

首先，在居敬、穷理这一儒学核心问题上，他主张穷理为先。

当有人问居敬、穷理何者为先时，他认为"还当以穷理为先。譬如行路，必先识路"②。但是，陶奭龄所谓的穷理，并非着意于穷究人伦物理，而在于穷究生死的终极之理，此即所谓行路先识路。为此，他专门撰述《知生说》以论生死，云：

> 学何事？穷理、尽性、致命焉已矣。穷理者，知生死者也；尽性者，善生死者也；致命者，无生死者也。吾命原无生死，而何以忽有生死，此理之可不可穷也；吾命原无生死，而究竟不免生死，此性之不可不尽也。穷理而后知吾身与天地万物之皆妄有终始而实无去来，尽性而后知吾身与天地万物之皆真无住著而不遗利济。穷理尽性以至于命，而后知天地之惟吾范围、万物之惟吾曲成，而吾身与天地万物之昼夜惟吾通知。所寄似有方，而吾之神实无方也；所托似有体，而吾之易实无体也。有方故有往来，有体故有成坏。无方无体者，无往来、无成坏，而又何生死之有？明乎此，而后识吾身天地万物始终于吾命，而吾命不随吾身与天地万物为始终，迥然无对，超然独存，至尊至贵，无首无尾，此吾儒生死之极谈，无事假途于葱岭者也。③

吾命原无生死，穷忽有生死之理，是谓知生死；尽不免生死之性，是谓善生死；致神无方、易无体之命，是谓无生死。穷理、尽性以至于命，则知吾命与"天地万物为始终"。将传统的穷理变成穷生死之理，考索其源，显然是沿袭王阳明以至陶望龄一脉"良知了生死"的理论进路而来。

阳明之学本诸千难百险的生死磨砺，因之视透得生死为心性至命之学，《传习录》云：

> 先生（王阳明——引者注）曰："学问功夫，于一切声利嗜好俱能脱落殆尽，尚有一种生死念头毫发挂带，便于全体有未融释处。人于生死念头，本从生身命根上带来，故不易去。若于此处见得破，透得过，此心全体方是流行无碍，方是心性至命之学。④

① （明）刘宗周著，吴光主编：《刘宗周全集》（全十册）第三册《语类》十四《会录》，浙江古籍出版社2012年版（下同），第458页。以下凡出集者，只简注著作名、册次及页码。
② 《刘宗周全集》第三册《语类》十五《证人社语录》第十会，第524页。
③ 《刘宗周全集》第三册《语类》十五《证人社语录》第九会，第523—524页。
④ （明）王阳明著，吴光、钱明、董平等编校：《王阳明全集》卷三《语录》三《传习录》下，上海古籍出版社1992年版（下同），第108页。

这是说，所谓心性至命之学，乃是要在生身命根处、生死念头处"见得破，透得过"。王龙溪、周海门沿此一进路，遂有"良知了生死"之说。如海门在与李樗山的书信中云：

> 不肖近岁来独参自证，益信阳明"良知"二字是千圣真血脉。近闻有良知非本体者，先生以为何如哉？良知无知无不知，无知，至矣，而更何以进？岂为无不知犹在分别事上耶？古德云："知而无知，不是无知，而说无知。"舍无不知而言无知，不啻千里也已。尝观邓子《南询录》，亦以良知不足了生死。惟人睡着不做梦时，方是妙心真脉。是此非彼，边见为祟，卒至枯槁沦陷而无归，学术之谬，只在毫厘，辨不可早乎哉！①

周海门以良知可了生死，并斥邓豁渠"良知不足了生死"之论是使学问"枯槁沦陷而无归"的"边见"。陶奭龄心学思想的直接导师、乃兄陶望龄也认为，穷理在于穷究无死无生的至理：

> 问："物元非物，生亦无生，但须究了一心，即是曲成万物。投崖割肉，尚属有为，赎蚌放螺，徒滋劳费。"答："究穷至理，虽何死何生？"②

由此观之，陶奭龄的《知生说》，不过是对"究穷至理，虽何死何生"之言更为具体的展开性阐释。在他看来，只要扭住了知生死、善生死、无生死这一"识路"工夫，迥然无对、超然独存的本体便自在其中。这一点在与刘宗周的论辩中得到更进一步的显豁：

> 友以生死为问，陶石梁先生取《系辞》"精气为物，游魂为变"，及"原始反终"之道，娓娓言。（一曰"以腊月三十日言之。"）先生微示一语曰："腊月三十日，谓一年之事以此日终，而一年之事不自此日始，直须从正月初一日做起也。"③

所谓"友以生死为问"，概指"司讲王予安讲'季路问事鬼神'章，以生死一事为问"④。"腊月三十日"是佛家惯用语，指了生脱死的人生终极关怀之理。与刘宗周"直须从正月初一日做起"的立于现实之"一年之事"工夫略有不同，陶奭龄强调立于"腊月三十日"即一年终了之日处观照生死，由类似于孟子"先立其大"的究竟处体证良知以"天地万物为始终"的"原始反终"之道。换句话说，在生死观上，刘宗周着眼于"事"上了，而偏重于外在人伦日常的工夫磨勘；陶奭龄则侧重于"心"上悟，偏向于内在原始反终的本体亲证。

其次，在知行关系上，陶奭龄认为致知不必复言行，主张销行于知，强调知能掩行。

在证人会中，陶奭龄阐述"致知在格物"之义，其云：

> 明德朗诵《大学》之首章，既卒业，特问"致知在格物"之义。……奭龄曰："行不至处，正是知不至处。致知在格物，则不必复言行矣。"⑤

---

① （明）周汝登：《寄赠李樗山先生》，见张梦新、张承中点校：《周汝登集》上册《周海门先生文录之五》，浙江古籍出版社 2015 年版（下同），第 136 页。

② （明）陶望龄《歇庵集》卷十《放生辩惑》，明万历乔时敏、王应遴刻本，续修四库全书编纂委员会编：《续修四库全书》1365 集部别集类，上海古籍出版社 2002 年版，第 374 页。陶望龄另云："贪佛与贪名，等为贪所因。吾生朝露耳，何当生眉头。"表达了同样的思想意趣。参见（明）陶望龄《别袁六休七章》其七，《歇庵集》卷一，第 192 页。

③ 《刘宗周全集》第三册《语类》十四《会录》，第 455 页。

④ 《刘宗周全集》第三册《语类》十五《证人社语录》第九会，第 519 页。

⑤ 《刘宗周全集》第九册《附录》《年谱》，第 334 页。

在他看来，致知格物的真义，在于知至处即行处，既言知至，不必言行。也就是说，知可摄行，行在知中。

陶奭龄将识认工夫归摄于本体、于无善无恶中体认良知这一主张的困境在于：讲"识得本体，则工夫在其中"，未免失之过高；即本体即工夫，易言难行。若缺乏善解，其弊则或陷于蹈虚而空，或沦入情肆而荡。因此，识得本体之后，并非意味着就"一无事事，可以纵横自如，六通无碍"。否则，必然导致"猖狂纵恣，流为无忌惮之归"。刘宗周正是清醒地认识到这一点：

> 先生（刘宗周——引者注）曰："不识本体，果如何下工夫；但既识本体，即须认定本体用工夫。工夫愈精密，则本体愈昭荧。今谓既识后遂一无事事，可以纵横自如，六通无碍，势必至猖狂纵恣，流为无忌惮之归而已。"①

为此，刘宗周有针对性地提出了"学者只有工夫可说""言工夫而本体在其中"②，"功夫结在主意中，方为真功夫"③，并试图以此对治、摆脱佛教"荡而无归"的空寂、俗学"猖狂纵恣"的情见之病。不过，刘宗周的这一主张，是建立于旨在修正王学"意为知奴"之弊而另立以"意"为本的"诚意"说，即对四句教的心、物、意、知作了全新诠释的基础之上的，与陶奭龄承袭龙溪一脉将良知视为绝待的根源性存在已然有了不同。

最后，陶奭龄之所以坚守穷理为先、摄行归知的理论主张，是因为其沿着龙溪一脉顺流而下，在禅家的"即心无心"说中找到了足以类似旁通阳明心学这一进路的理论依据，并由此将阳明学引向禅学的极端一途。

考索陶、刘在本体与工夫论上的分歧之由，乃是因为他们在思想传承与理论进路上的区别。刘宗周沿着钱绪山、许孚远的脉络，并痛切意识到阳明后学的流弊，意在修正、完善他自认为的阳明学思想之中"未允当"处；陶奭龄则因循龙溪、海门一脉所开掘的路向，不过，与其前辈相比，他在借鉴、涵泳禅家思想上走得更为深远。这一点，从其对《宗镜录》的抄撮可见一斑。

在为这部耗费其一生大量心血的抄撮性著述《宗镜录具体》④所作的 347 处眉批之中，陶奭龄不乏对佛教"守""观"之类工夫宜加"熟玩""善会"等字眼，可见其对佛家工夫论的欣赏与借重。从其在"即心无心，是为通达佛道；即物不起见，名为达道。逢物直达知其本原，此人慧眼开"句上眉批"儒门格物之指，愚意窃谓全此"⑤，即由离相无心而直达本原方可谓达道之类理念的高度认同，可以发现，他沿着龙溪一脉的进路，在佛家"即心无心"的本体工夫论中，找到了会通阳明心学的思想依据。

揭示陶氏思想的这一底层代码，不仅可以更为清晰地呈现出其理论主张之所以然，以及将

---

① 《刘宗周全集》第三册《语类》十四《会录》，第 458 页。
② 《刘宗周全集》第五册《文编》中《答履思》二，第 274—275 页。又见同书第九册附录三《刘宗周年谱》，第 343—344 页。
③ 《刘宗周全集》第三册《语类》十二《学言》上，第 351 页。
④ 该书经陶氏二十余年精心董理，"原稿共三十三卷，兹并为二十四卷。"参见《宗镜录具体》凡例，京都大学藏日本内阁文库明崇祯刻本。
⑤ 《宗镜录具体》卷二十四，京都大学藏日本内阁文库明崇祯刻本。

阳明学引向禅学一途并极端化开展的理论轨迹与心路历程，也可以进一步明了、彰显其与刘宗周思想路向上的差异。换句话说，陶奭龄与刘宗周从两个思想面向、逻辑维度上穷尽了阳明所开辟心性论路向的逻辑可能性，成为在理论上最后终结晚明阳明学的两种代表性的思想样本。

二、动静一如、不属见闻的良知论

陶奭龄的学说，不仅立足于工夫论，而且还有其本体论的根据，这个根据就是阳明所说的"知善知恶是良知"。其对良知本体的阐释，大致可以约为动静一如、不属见闻、先言知止等三个理论层面。

首先，作为绝待之体的广义的良知本体是动静一如，因而不属见闻。

在证人会时，陶奭龄与刘宗周的分歧已露端倪。在"白马别会"之后，其思想主张则更加鲜明。据祁彪佳记载：

> 闰四月……初三日……主会者为王士美，举有用道学为说，石梁先生阐明致知之旨。……初四日……别出，赴白马山会。予询以"学问须鞭辟向里，学人每苦于浮动，如何？"石梁先生言："入手如此。若论本体，则动静如一也。"[1]

> 七月……初四日，与沈、管两先生及季超兄同舟入城，……至白马山房，陶石梁先生已至，讲"三月不违仁"一章，予问难数语，大约言："心无不在，所谓至者，何处又添一仁？"三先生为之首肯。[2]

在陶奭龄看来，致知的方向是"鞭辟向里"，入手工夫有动静之别；若论良知本体，则动静一如。既然良知"迥然无对，超然独存，至尊至贵，无首无尾"，且动静一如，以至加诸一"仁"字亦属多余，那么，良知自然也就"不属见闻"：

> 程子曰："天理二字，是我自家体认出来。"阳明先生曰："某于良知二字，从百死千难中得来。"盖世儒每以安排为理、闻见为知，二子之学，用力久而一旦恍然有悟，知夫理之不属安排、而知之不属见闻也，故于理上加一"天"字，知上加以"良"字，皆就其自然而然者言之耳。[3]

"无善无恶心之体"是阳明四句教的首句，也是陶奭龄所承袭的龙溪一脉理论进路的重心所在。为此，他援引程子、阳明为说，对于程子之理属"天"、阳明之知系"良"，以"就其自然而然"为释。言"理之不属安排"，是为了进一步显明"知之不属见闻"，从而对"良知"超越性的绝对道德本体地位做进一步的阐发。

---

① （明）祁彪佳：《山居拙录》，见李德龙、俞冰主编：《历代日记丛钞》第七册《祁忠敏公日记》，学苑出版社 2006 年版（下同），第 418 页。

② （明）祁彪佳：《山居拙录》，见李德龙、俞冰主编：《历代日记丛钞》第七册《祁忠敏公日记》，第 436 页。

③ （明）陶奭龄：《小柴桑喃喃录》卷下，明吴宁李为芝崇祯乙亥（1635 年）刻本一，第 41 页。

其次，不属见闻、动静一如的良知具有知善知恶、衡定是非的能力：

> 先生（刘宗周——引者注）曰："大抵发心学问，从自己亲切处起见，即是良知。若参合异同，雌黄短长，即属知解。"陶先生曰："雌黄参合，亦是良知。如一柄快刀子，能除暴去凶，亦能逞凶作盗，顾人用之何如耳。"先生曰："恐良知之刀止能除盗，不能作盗。"①

与刘宗周将"参合异同，雌黄短长"归属于第二义的"知解"不同，陶奭龄认为，"参合""雌黄"异同、长短，正是良知作为第一义的知善知恶、判断是非的功用和体现，是判断这把"快刀子"是"除暴去凶"抑或"逞凶作盗"的衡定准则②。

为此，他引入以带有鲜明释家色彩的理论工具——"觉"，以释良知之"知"：

> 颜子有不善，未尝不知。知之，未尝复行，如此而已。人不能无过，如身不能无痛痒，有过便觉，便是知痛知痒；一觉便改，便是痛处摩、痒处搔；一改便了，便是本无痛痒，亦无摩搔。③

在这里，陶奭龄以儒家颜子为例，意在展开对良知的诠释。认为良知具有"有过便觉""一觉便改""一改便了"的功用，正如人"知痛知痒"，于是"痛处摩、痒处搔"，最终达致"本无痛痒，亦无摩搔"的"无善无恶"的绝待之体一般。个体道德觉醒的关键，即是对这一不属见闻、知善知恶的良知的体悟。

最后，体悟良知本体也就是为学之道，在于致知先言知止，而其根本在于"缮治其心"。

陶奭龄认为，为学的根本就在于对良知的体悟，即"知止"以体道：

> 晚而吾党始奉先生（陶奭龄——引者注）登致知之堂，揭良知之说以示学者，曰："《大学》言致知，必先言知止。止在何处？"一时闻者汗下，……先生灵心映发，无意相遭于千载之下，至微窥崖略，独于知止一著工夫，终自谓过之。知止，斯真止矣；真止，斯真圣矣。④

这里，他依据《大学》之道言致知必先言知止，认为"知止一著工夫"的自我转化可以导向至善。值得注意的是，援《大学》以阐释致"无善无恶"的良知（心）之道的"知止"之说，来自龙溪、海门一脉的传统。这一段本诸刘宗周的说法，至为可信。

为此，他援"佛之为教，原止修缮性灵"⑤的道理，主张缮治其心：

> 百谷草木皆生于土，欲百谷草木之滋茂，只应封其土。世间万法皆生于心，欲身相具、世界平，一切万法如意，只应缮治其心。今人身及世界求事事如意之故，斫丧

---

① 《刘宗周全集》第三册《语类》十四《会录》，第460页。
② 刘宗周意识到了陶奭龄此一理论上的危险性：依此逻辑，良知很可能成为乱臣贼子打着良知的旗号为自身作合理性辩护的借口。在刘宗周看来，一心之良知，是人的道德实践的动力源泉与本体依据。为保持良知第一义的绝对纯粹性，刘宗周认为，良知如果说是一把快刀子，则只能除盗（去恶），而不可能作盗（行恶），这也是刘宗周侧重于倡导"改过"的原因之一。
③ 《刘宗周全集》第三册《语类》十四《会录》，卷下，第37页。
④ 《刘宗周全集》第五册《文编》六《陶石梁今是堂文集序》，第549页。
⑤ 《刘宗周全集》第五册《文编》六《陶石梁今是堂文集序》，卷上，第26页。

其心，亦何异欲滋茂草木，而反培削其土？吾见其日就凋落也已。①

他认为，"人身及世界求事事如意"，是对良知的"斫丧"，正如"欲滋茂草木，而反培削其土"一样。面对良知"日就凋落"的现实困境，他主张"缮治其心"，方能"身相具、世界平，一切万法如意"，正如"欲百谷草木之滋茂，只应封其土"、固其本一样。

陶奭龄与其同一理论脉络的前辈一样，所面临的问题在于：四句教中"知善知恶"的良知，既然从"有善有恶"的意之动而来，那么，"良知"显然就落在"意"之后；"知"既为"意"所奴役，"良在何处"②，就成为理论上的一大问题，这是自阳明以来在理论未予厘清之处。对此，刘宗周以"一机而互见""两在而异情"③加以重构。所谓"意之好恶，一机而互见"，存发总是一机即意，相当于阳明的"良知"，意之发用体现为"好善恶恶"同时运行，故谓之"互见"；所谓"起念之好恶，两在而异情"，两在即经验意识的具体"好"或"恶"意念，或昏或明，有善有恶，起于一念，相当于阳明的"意"。以之消解后学因"知善知恶"导致对"无善无恶"良知本体滑入第二义所引发的误解与纷争，从理论上更加清晰地显示出良知心体至善的主体性。然而，不可忽视的是，将"意字认坏""知字认粗"④的责任归咎于阳明的刘宗周，走的仍然是阳明心学一系的路线。

事实说，刘宗周对阳明的指责，实为误解。阳明的良知，是自身历经千难万险之后的理论结晶，工夫与本体本来一贯，以良知为超越性的根源或主宰，而具"好善恶恶""知善知恶"之用，"为善去恶"则为良知的形下落实与践履。但在所谓四句教中，"无善无恶"一词，阳明没有作出清楚明晰的说明，因而成为不明所以的后学横生歧解的主要议题之一。从这个意义上说，蕺山恢复了王学的真精神，但未免失之拘执，不如阳明之博大；陶奭龄谨守阳明"无善无恶心之体"之说，主张心为意的本源性存在，也其来有自。

三、自照自录、为善去恶的迁改说

心学的使命或意义，并不在于提出一种主张或流于自我的道德转化与提升，而在于通过这种主张转化为改造社会的力量，所谓"为善去恶是良知"。在这一点上，陶奭龄与刘宗周一样，未尝高悬解而遗实践。在关心个人的道德世界、内省化道德生活的同时，也关注家国天下的安宁祸福，并着力于为成德之学寻找一套落实于现实社会的具体操作方式，这具体体现在其《迁改格叙》一文之中。

受当时劝善思潮影响，陶奭龄"仿《太微仙君功过格》、云栖大师《自知录》法，稍更其条例，

---

① 《刘宗周全集》第五册《文编》六《陶石梁今是堂文集序》卷上，第32页。
② 《刘宗周全集》第三册《语类》十《良知说》，第286页。
③ 《刘宗周全集》第三册《语类》十二《学言》中，第371页。
④ 《刘宗周全集》第九册《附录》一《子刘子行状》，第41页。

以附大易之义，为吾儒希圣达天之梯级。"① 著有《迁改格叙》②，其内容共有四章：

> 始之《理性情》以端其本，次之《敦伦纪》以践其寔，次之《坊流俗》以固其堤，
> 终之《广利济》以流其泽。③

陶奭龄为该书所作的序言中，有释难者九疑，颇具代表性。其中除第九疑只"唯唯"二字、表示疑问结束之外，前面八疑均针对蕺山一派的疑点逐层展开响应，实是"深信唯心之指"的陶奭龄一脉迁善改过的宣言书。其为善去恶的迁改说，大致可以约为以下三端：

首先，在迁改与唯心的关系上，陶奭龄认为，"但得良知，自能迁改"，但迁改不废唯心之旨，并且是致良知的下手工夫。

针对"既曰唯心，则只应从事于心，又奚事宾宾于迁改之迹为也？"也就是说，唯心为主，迁改为宾。既立本体，应不劳工夫。陶奭龄的回答是：

> 正唯心耳，吐之于口谓之言，设之于躬谓之行，举而措之天下之民谓之事业。迁
> 与改皆心也，无心外事，无事外心也。④

他认为，迁善改过都是唯心之体的显现，并以《易传·系辞上传》"举而措之天下之民谓之事业"以证"无心外事、无事外心"的唯心之旨。不仅如此，迁改乃致良知的下手工夫：

> 迁善改过，正以还吾无善无恶之体，风雷鼓动，云雾廓清，而太虚之体复矣。⑤

迁善改过，正是"还吾无善无恶之体"的下手工夫，并非如眼中金屑反为目翳般完全多余。由此可以看出，陶奭龄不仅与"良知现成论"者存在重大的区别，而且从思想导向上体现出克治这些流弊的理论自觉。

其次，在迁、改关系上，陶奭龄主张迁改不二。

迁善与改过作为两个具体的事相、德目，主张既改过又复迁善，似有叠床架屋之嫌，但在陶奭龄看来，改过不废迁善：

> 迁与改皆无住义，皆去翳法，非以改为去翳、迁为求明也。⑥

针对"心如目然，翳去即明。吾从事于改，似不必复从事于迁，盖去心之外，当无求明法耳"之疑，陶奭龄以佛家不二思维加以破解：迁非求明，改非去翳，迁与改"皆无住义，皆去

① （明）刘鳞长辑：《浙学宗传》，见四库全书存目丛书编纂委会编：《四库全书存目丛书》史部第 111 册，明崇祯十一年自刻本，齐鲁书社 1996 年版，第 140 页。《太微仙君功过格》，今载张继禹：《中华道藏》第 42 册（华夏出版社 2004 年版（下同），第 811—815 页），属道教洞真部戒律类，有功格三十六条（救济门十二条，教典六七条，焚修门五条，用事门十二条）和过律三十九条（不仁门十五条，不善门八条，不义门十条，不轨门六条）等，创作时代与作者学界存有争议。《自知录》二卷，明云栖袾宏编，收于《嘉兴藏》《云栖法汇》。内容分善（忠孝、仁慈、三宝功德、杂善）、过（不忠孝、不仁慈、三宝罪业、杂不善）二门，并列举善行、恶行的种类与轻重，该书于万历三十三年（1605）刊行，在当时民间产生了深远影响。
② 该文署"明石梁先生陶奭龄"撰。（明）刘鳞长辑：《浙学宗传》，见四库全书存目丛书编纂委会编：《四库全书存目丛书》史部第 111 册，第 140—141 页。
③ （明）刘鳞长辑：《浙学宗传》，见四库全书存目丛书编纂委会编：《四库全书存目丛书》史部第 111 册，第 140 页。
④ （明）刘鳞长辑：《浙学宗传》，见四库全书存目丛书编纂委会编：《四库全书存目丛书》史部第 111 册，第 140 页。
⑤ （明）刘鳞长辑：《浙学宗传》，见四库全书存目丛书编纂委会编：《四库全书存目丛书》史部第 111 册，第 140 页。
⑥ （明）刘鳞长辑：《浙学宗传》，见四库全书存目丛书编纂委会编：《四库全书存目丛书》史部第 111 册，第 140 页。

瞽法"。

但迁改并行，尤其是不废悬善以明道计功，则不免功利之嫌。对此，陶奭龄以"迁改相资"释疑：

> 迁与改相资，如养身之有吐茹，如治国之有刑赏。吐故而不茹新，则形枯；进司辟而退司勋，则人情惮矣。夫所恶于功利者，为其所营者私而得之不以道也；即正谊谋利，即明道计功，则何利、又何恶焉？……但圣人所谓功利，非世之功利，而其所以求功利之道，非世所以求功利之道耳。必曰耕耳不必获，炊耳不必食且饱也，人其谁服畎亩而司饔哉！①

悬善以迁，客观上或会增益功利之念。但此中关键，有"圣人功利"与"世之功利"的不同。世人的功利，"为其所营者私而得之不以道"；圣人的功利，"即正谊谋利，即明道计功"，犹耕而获、食而饱。毫厘千里的区别在于，明道计功，抑或以道营私。

从现实操作的角度而言，其问题在于，按照阳明至陶望龄以至陶奭龄一系的理路，在逻辑上确有陷入功过消折、以善折过的理论危险而动摇道德的纯洁性、腐蚀人的道德动机的可能；在现实性上，当时诸如袁了凡《功过格》之类所倡导的迁善得福观念，风行一时，也确实俘获了不少的人心。倘若放任此种风气的蔓延，或可诱人将善恶当作商品以善邀福而堕入功利之途，甚至放浪形骸、玩世不恭的现实危机。因此，刘宗周主张不言迁善，只言改过，并认为《迁改格》中"《广利济》一格宜除"，"有意为善，亦过也。"② 但同样地，刘宗周的问题在于：刻意排除功利，其结果也会使世俗道德实践失去内在的驱动力，刘宗周可以做到，但不能保证世俗社会都能做得到。这就注定了缺乏内驱力与现实性的单纯改过之学不可持续的命运，从而也在事实上窒息了阳明学的生机。

最后，迁改的方法与征验、效用。

在迁改的方法上，陶奭龄活用佛家、道家的思想资源，主张内以对心的自照、自录工夫：

> 外以对人，或可诬也；内以对心，不可诬也。在释氏为业镜吾心也，……以彼照此，虽明不无丝发之差；以彼录此，虽至亲不无纤隙之漏，以心自照而自录，而又何遁焉？扬且隐，将安所施？③

扬善隐过之说，只是"外以对人"的为人之学，可以自欺欺人；若"内以对心"，以心自照自录，善、过自彰，扬、隐无迹，方为为己之学，诚不可诬。这种"自"照、"自"录、"自"彰的方式，貌似缺乏客观外在证验的标准，但在陶奭龄看来依然是可征、可验的：

> 子诚自力于迁改，吾见心为之广，体为之胖，天为之高明，地为之博厚，同类为之加亲，而草木鸟兽亦为之咸若。记曰：清明在躬，志气如神，嗜欲将至，有闻必先。

---

① （明）刘鳞长辑：《浙学宗传》，见四库全书存目丛书编纂委员会编：《四库全书存目丛书》史部第111册，第140—141页。
② 《蕺山刘子年谱》，《刘宗周全集》第九册《附录二》，第103页。
③ （明）刘鳞长辑：《浙学宗传》，见四库全书存目丛书编纂委员会编：《四库全书存目丛书》史部第111册，第141页。

天降时雨，山川出云，斯皆其功效之可征者，子又何疑焉！①

遵其途者，半而贤，满而圣，至于忘而天且神。盖体之者善，基之者信，积之者充实，发之者光辉，大而化，圣而不可知，皆于是乎成之，有生熟，无彼此也。②

迁善改过之功，有如"天降时雨，山川出云"一般可以校验。若遵循迁改之则，定能成贤成圣，以至于齐于天、化而神。

可以看出，与陶奭龄心态上道家式的超越与思维上佛家式的不二恰相异趣的是，作为入世更深的刘宗周确实更为痛切地感受到明末令人担忧的思想危机，因此在心态上更为积极干世，在立场上挺身而出以弘儒、试图扭转明末思想界的危机。陶、刘二人在化道成德的思想进路上的共同点在于，都面临着道德主张无法证验的困境，因而均笼罩在功过格的典范之下；所不同的，只是刘宗周将陶奭龄涉及果报及现实功利的因素加以排除而已。

总之，在所谓"无善无恶心之体，有善有恶意之动，知善知恶是良知，为善去恶是格物"的阳明四句教中，作为陶望龄思想的承祧者，陶奭龄沿袭了王龙溪、周海门一脉重本体、重体悟的传统，其心学思想，始于其穷理为先、即心无心的工夫论，终于其自照自录、为善去恶的迁改说，中间则通过对动静一如、不属见闻的"良知"的体悟。在这一思想的开展过程中，受其删述《宗镜录》即《宗镜录具体》创作的影响，使其融入了更多的禅佛教思想色素，以致使晚明阳明心学不可避免地滑向心学的极端一途，在遭致多方责难的同时，也最终从逻辑上终结了龙溪一脉王学路向的理论空间。

主要参考文献：

[1]（明）王阳明著，吴光、钱明、董平等编校：《王阳明全集》，上海古籍出版社1992年版。

[2]（明）陶望龄：《歇庵集》，明万历乔时敏、王应遴刻本，见续修四库全书编纂委员会编：《续修四库全书》1365集部别集类，上海古籍出版社2002年版。

[3]（明）陶奭龄：《宗镜录具体》，京都大学藏日本内阁文库明崇祯刻本。

[4]（明）陶奭龄：《小柴桑喃喃录》，明吴宁李为芝崇祯乙亥（1635年）刻本。

[5]（明）刘宗周著，吴光主编：《刘宗周全集》（全十册），浙江古籍出版社2012年版。

[6]（明）祁彪佳：《山居拙录》，见李德龙、俞冰主编：《历代日记丛钞》第七册《祁忠敏公日记》，学苑出版社2006年版。

[7]（明）刘鳞长辑：《浙学宗传》，见四库全书存目丛书编纂委会编：《四库全书存目丛书》

① （明）刘鳞长辑：《浙学宗传》，见四库全书存目丛书编纂委会编：《四库全书存目丛书》史部第111册，第141页。
② （明）刘鳞长辑：《浙学宗传》，见四库全书存目丛书编纂委会编：《四库全书存目丛书》史部第111册，第140页。

史部第 111 册，明崇祯十一年自刻本，齐鲁书社 1996 年版。

[8] 劳思光：《新编中国哲学史》第三卷（上下），广西师范大学出版社 2005 年版。

[9] 吴震：《明末清初劝善运动思想研究》（修订版），上海人民出版社 2016 年版。

作者简介：刘泽亮，哲学博士，厦门大学哲学系教授，厦门大学佛学研究中心主任。研究方向为中国哲学、中国佛教哲学。目前主要从事《宗镜录》及其历代抄撮本的整理与研究。

李贽责任伦理思想管窥 *

涂可国

内容提要：李贽的责任伦理思想既包括隐含的、实质的，又包括由"责""任""务"等明言范畴所表征的。它大致包括五个方面：一是"责任"的内涵，二是自责的疑问，三是责人的规整，四是重任的要求，五是要务的追求。

关键词：李贽；责任；伦理；思想

李贽虽然一定意义上存在非孔反儒的倾向，虽然具有某些佛家思想、道家思想以及伊斯兰教思想，虽然大肆揭露了耿定向等人的伪道学言行，但总体上他还是属于儒家，儒家思想占其思想的主导地位，属于阳明后学的激进派。李贽思想较为丰富，其中责任伦理思想具有一定的特色。研究李贽责任伦理思想大致可以从两方面着手：一则是隐含的、实质的，二则是从由"责""任""责任"以及"济""肩""天职"和"担当"等明言范畴所表征的。迄今国内李贽思想研究主要侧重于他的"个性说""童心说"以及是非思想、反道学思想、人类平等思想、婚姻自由思想和妇女解放思想等，尚未有探讨其责任伦理思想的论著。据笔者所见，李贽未使用"责任"范畴，因此笔者试图主要结合"责""任""务"等明言范畴从五个方面窥视李贽的相关责任伦理论说：一是"责任"的内涵，二是己任的理念，三是责志的要求，四是责人的规整，五是责过的要求。

一、"责任"的内涵

李贽的"责任"主要通过"责""任""务"三个概念加以表征，下面试对它们的内涵进行梳理。

---

* 本文系国家社会科学基金项目"中西伦理学比较视域中的儒家责任伦理思想研究"（项目编号：14BZX046）的阶段性成果。

（一）"责"

李贽言说的"责"被赋予多种意涵，主要有：

一是过失。论及《藏书》之所以秘不示人的原因时，李贽指出由于它涉及人数众多，必定有不尽妥当之处，但他认为这是"《晋书》《唐书》《宋史》之罪，非余责也"①。此处之"责"当为"过失"或"错误"之意。

二是谴责。谈到赵贞吉、胡直指责邓豁渠乞讨，李贽深表痛苦、羞耻。分析其中的原因，李贽讲大概是胡直认定只有辞官才是最高境界，放弃功名富贵才最有学养，因此，赵贞吉才"痛责渠之非以晓之，所谓言不怒，则听者不入是也"。② 显然，这里的"责"是训斥、谴责等意思。

三是批评。邓石阳要求李贽销毁《南询录叙》一文，李贽说不是不可以但无必要，他认为"人各有心，不能皆合。喜者自喜，不喜者自然不喜；欲览者览，欲毁者毁，各不相碍，此学之所以为妙也。若以喜者为是，而必欲兄丈之同喜；又以毁者为是，而复责弟之不毁，则是各见其是，各私其学，学斯僻矣"。③ 据此表达了他对"世儒伪情"的不接受。不难看出，李贽所说的"复责弟之不毁"中的"责"应理解为"批评"。

四是要求。面对耿定向对邓豁渠的非难，李贽指出邓豁渠对耿定向"责望亦自颇厚"④，而实际上耿定向并非邓豁渠的知己，且以过于追逐功名利禄之心而对李贽也是要求过高："答责望于我者之深意"。⑤ 可见，李贽这一语境中的"责"即是要求、期望。

（二）"任"

儒家所说的"任"，既作为动词，如任用、委派、担任、负担、担当、使用、负责、主持、承受、担保等；也作为名词，如是指担子、行李、任务、责任、职位、能力、劳役、使命、职责等；还作为副词，如听凭、听随、听信、由着、听凭、纵使、即使等。⑥ 李贽使用的"任"范畴，大体也体现了如此这般的意涵。

一是承受、自许。在诠释《大学》中头一章"大学之道，在明明德，在亲民，在止于至善"时，讲到"奈之何遽以知止自许、明德自任，而欲上同于大人亲民之学也！"⑦ 此一"任"即是承受、认领，所谓"自任"与"自许"同义，即是自我承受。整段话的意思是，怎么能急于以知止自许、以明德自任，并试图与大人的亲民之学相同。此外，李贽批评耿定向所说的"自孔子后，学孔子

① 《焚书·答焦漪园》，见《焚书》（上），张建业译注，中华书局2018年版，第40页。
② 《焚书·复邓石阳》，见《焚书》（上），张建业译注，中华书局2018年版，第61页。
③ 《焚书·复邓石阳》，见《焚书》（上），张建业译注，中华书局2018年版，第64页。
④ 《焚书·又答耿中丞》，见《焚书》（上），张建业译注，中华书局2018年版，第101页。
⑤ 《焚书·又答耿中丞》，见《焚书》（上），张建业译注，中华书局2018年版，第101页。
⑥ 参见涂可国：《儒家责任伦理考辨》，见《哲学研究》2017年第12期。
⑦ 《焚书·答周若庄》，见《焚书》（上），张建业译注，中华书局2018年版，第12页。

者便以师道自任"① 和"所求于人者重，而所自任者轻，人其肯信之乎?"② 其中的"自任"即是自觉承担、自己承受，或是当作自身的职责。

二是担任、担当。例如，李贽讲的"自有受命治水之禹，承命教稼之稷，自然当任己饥己溺之事，救焚拯溺之忧"③，其中的"任"即为担任、担当之义，它表明大禹和后稷具有关心民事民瘼的责任感。

三是责任、使命。李贽揭露耿定向伪道学时指出，邹守益不是耿定向所能相比的，他致力于发挥王阳明的"良知"宗旨，并"以继往开来为己任，其妙处全在不避恶名以救同类之急"④。李贽指责耿定向对何心隐见死不救，表彰邹守益不仅把传播阳明良知说当做自己的责任，还敢于为朋友不避恶名。

(三)"务"

中国古代典籍里，"务"既指作为名词的事情、事务；也指作为动词的从事、致力、追求，还指作为副词的必须、一定、务必，这三种含义与现代义务都具有一定的关联性。李贽运用的"务"字有时指必须、一定、务必，如他说的"务图吉地以履荫后人"⑤ "务欲穷之于其所往"⑥，其中的"务"即是必定、务必的义项。不过，大多数情况下李贽使用的"务"是指从事、致力、追求。

在《答周二鲁》的信中，李贽讲："士贵为己，务自适。如不自适而适人之适，虽伯夷、叔齐同为淫僻，不知为己，惟务为人，虽尧、舜同为尘垢秕糠。"⑦ 这段话尽管对儒家的为己之学有所误解，却体现了他追求自由、个性的思想特质。李贽强调读书人重要的不是追求为人而是为己，是注意按照自己的意愿待人处世，否则，就是伯夷、叔齐也会走上邪路，就是尧、舜也会成为废物。显然，此处的"务"应解为致力、追求。

二、自责的疑问

《幽愤诗》是三国时期嵇康因吕安事而被系狱以后忧愤不平而作的四言诗。李贽引了此诗并做了评论，他认为，诗中有许多不可理解的自责之词，于是从义气、畏死与自责三者关系角度阐

---

① 《焚书·答刘宪长》，见《焚书》(上)，张建业译注，中华书局 2018 年版，第 133 页。
② 《焚书·答耿司寇》，见《焚书》(上)，张建业译注，中华书局 2018 年版，第 161 页。
③ 《焚书·答周柳塘》，见《焚书》(上)，张建业译注，中华书局 2018 年版，第 133 页。
④ 《焚书·答耿司寇》，见《焚书》(上)，张建业译注，中华书局 2018 年版，第 133 页。
⑤ 《焚书·答刘方伯书》，见《焚书》(上)，张建业译注，中华书局 2018 年版，第 282 页。
⑥ 《焚书·与周友山书》，见《焚书》(上)，张建业译注，中华书局 2018 年版，第 289 页。
⑦ 《焚书·答周二鲁》，见《焚书》(上)，张建业译注，中华书局 2018 年版，第 457 页。

述了自责思想。笔者首先把该文加以引述然后给予分析。

> 康诣狱明安无罪，此义之至难者也，诗中多自责之辞何哉？若果当自责，此时而后自责，晚矣，是畏死也。既不畏死以明友之无罪，又复畏死而自责，吾不知之矣。夫天下固有不畏死而为义者，是故终其身乐义而忘死，则此死固康之所快也，何以自责为也？亦犹世人畏死而不敢为义者，终其身宁无义而自不肯以义而为朋友死也，则亦无自责时矣。朋友君臣，莫不皆然。世未有托孤寄命之臣，既许以死，乃临死而自责者。"好善暗人"之云，岂别有所指而非以指吕安乎否耶？当时太学生三千人，同日伏阙上书，以为康请，则康益可以死而无责矣。钟会以反虏乘机害康，岂康尚未之知，而犹欲颐性养寿，改弦易辙于山阿岩岫之间耶？此岂嵇康颐性养寿时也？余谓叔夜何如人也，临终奏《广陵散》，必无此纷纭自责，错谬幸生之贱态，或好事者增饰于其间耳，览者自能辩之。①

嵇康的《幽愤诗》有许多自责之词，譬如"感悟思愆，怛若创痏。欲寡其过，谤议沸腾。性不伤物，频致怨憎""昔惭柳惠，今愧孙登。内负宿心，外恶良朋""实耻讼免，时不我与""奉时恭默，咎悔不生"等。嵇康是"竹林七贤"中主张"越名教而任自然"思想的最为激烈的斗士，不仅非薄汤武周公、攻击虚伪名教，性格上既"俯仰自得，游心太玄"，追求遗世放达，又刚肠疾恶、轻肆刚直。为朋友之义而锒铛入狱，本不该自责，而多有自责之情，李贽甚为不解。

一是入狱再去自责，为时已晚。李贽认为如果不怕自责，就不应为朋友两肋插刀，前去作证，要知道，那是要冒很大风险的。可是，嵇康大义凛然为朋友无罪辩护，这本是重义气的表现。然而，《幽愤诗》却处处表露出自责、后悔，这是畏死的表现。李贽很不理解。

二是乐义忘死，不应自责。李贽认为，不论朋友还是君臣之间，天下有许多人一生为了仗义而不畏死，嵇康也是见义勇为，为此应该感到快乐，完全没有必要自责。要知道，世界上没有既以死相许而一旦面临死亡又自责的托孤寄命之臣。

三是三千太学生上书为他请愿，不该自责。那么多太学生请求赦免他的死罪，李贽以为如此受到尊崇，嵇康应当觉得死而无憾，完全没有必要自责。

四是嵇康是一个勇敢无畏的人，不会自责。嵇康面对死亡毫无畏惧，临终前还弹奏《广陵散》之典，一定不会有《幽愤诗》流露出的种种自责和贪生怕死的丑态。最后，李贽得出结论是：一定是好事之徒对《幽愤诗》做了编造，而非嵇康的真作。

笔者这里不考究李贽把《幽愤诗》称为伪作是否恰当，关心的是李贽的评述呈现的自责思想。他的评论从特定方面表明，见义不为、胆小畏死，才应该自责；自己陷入困境却无人关心、施救，才应该自责；反之应该感到自豪。

自先秦儒家始直到李贽之前，除了司马迁《史记·项羽本纪》说过"尚不觉悟而不自责，过矣"，绝大多数儒家使用的是律己、责己、自讼，很少采用"自责"概念，后世焦循注解《孟子》

---

① 《焚书·与周友山书》，见《焚书》（上），张建业译注，中华书局 2018 年版，第 289 页。

时说过"易子而教，不欲自责以善。父子主恩，离则不详莫大焉"。① 因此，可以说李贽的自责思想是对责任伦理思想的重要发展。

三、责人的规整

在李贽看来，对于那些急于追求功名而忘记亲人的不出家的人，才应该加以责备。他指出，如果说邓豁渠有什么不当，不是因为他出家，而是"一出家即弃父母矣"。② 不过，当世一些"学道圣人，先觉士大夫"常常为功名利禄不顾家庭伦理，他们理应受到责备：

> 往往见今世学道圣人，先觉士大夫，或父母八十有余，犹闻拜疾趋，全不念风中之烛，灭在俄顷。无他，急功名而忘其亲也。此之不责，而反责彼出家儿，是为大惑，足称颠倒见矣。③

因循儒家一贯推崇的重视亲情的家族主义世俗伦理，李贽认为对好功名利禄而不顾亲情的人不加责备反而一味指斥出家的人，是一种天大的糊涂，是一种颠倒是非的偏颇之见。这说明，李贽并不反对责人，只是强调应当规劝、谴责、追究、督查满口仁义道德、实则追名逐利的伪道士。

然而，如同众多宋明儒家一般，李贽也反对一味责人之过。李贽为张居正并没有杀害何心隐做了辩护，不仅把他俩分别称赞为"宰相之杰"和"布衣之杰"，并强调如果对他们不求全责备，就可以引为自己的老师："不论其败而论其成，不追其迹原其心，不责其过而赏其功，则二老者皆吾师也。"④ 李贽尽管性格怪异，难免诳诞悖戾、不容于世，如同袁中道《李温陵传》所言："中燠外冷，风骨棱棱。性甚卞急；好面折人过，士非参其神契者不与言"，却在评价张居正和何心隐的人格问题上表现出理智的、不轻易责人之过的宽容大度情怀。李贽表露出"躬自厚而薄责于人"（《论语·卫灵公》）的思想倾向。在告诫杨定见不要去与人争辩以免陷入是非场中时，他调侃地说，待人真诚已经属于不明智，如果再去谴责别人背信弃义，就更加愚蠢了："且我以信义与人交，已是不智矣，而又责人之背信背义，是不智上更加不智，愚上加愚。"⑤ 李贽既肯定"纸上陈语"的参证作用，又强调要做"心志颇大"的上士，为此他恳求宋太守宽恕："兄若恕其罪而取其心，则弟犹得免于罪责；如以为大言不惭，贡高矜己，则终将缄默，亦容易耳。"⑥

不论是李贽指明的邓豁渠对耿定向"责望亦自颇厚"⑦，还是批评耿定向"答责望于我者之深

---

① （清）焦循：《孟子正义》，沈文倬点校，中华书局1987年版，第524页。
② 《焚书·又答耿中丞》，见《焚书》（上），张建业译注，中华书局2018年版，第71页。
③ 《焚书·又答耿中丞》，见《焚书》（上），张建业译注，中华书局2018年版，第71页。
④ 《焚书·答邓明府》，见《焚书》（上），张建业译注，中华书局2018年版，第86页。
⑤ 《焚书·与杨定见》，见《焚书》（上），张建业译注，中华书局2018年版，第106页。
⑥ 《焚书·复宋太守》，见《焚书》（上），张建业译注，中华书局2018年版，第123—124页。
⑦ 《焚书·又答耿中丞》，见《焚书》（上），张建业译注，中华书局2018年版，第71页。

意"①，都说明李贽主张不能脱离实际对人要求过高。李贽批评耿定向所说的"不容已"是强人所难，而自己倡导的"不容已"是任其自然；认为耿定向自我夸耀"尔为自己，我为他人，尔为自私，我欲利他"实则言行不一；连孔圣人自称未能尽到子、臣、弟、友的全德，而不像有些人明明根本不知道自己是否能够尽到全责，却用四种道德要求和教育别人："不似今人全不知己之未能，而务以此四者责人教人。"② 在《寄答留都》一文中，李贽立足于自我从责我与责人关系的维度驳斥了耿定向缺乏自我标榜的万物一体仁爱之心，指出"彼责我者，我件件皆有，我反而责彼者亦件件皆有"，③因而表示不服。反之，李贽认为建昌先生真正具有万物一体之心，因此他有资格责备李贽。在李贽看来，一个人只有自己没有毛病，才能要求、责备他人："夫责人者必己无之而后可以责人之无，己有之而后可以责人之有也。"④

尤其是，像王阳明一样，李贽更为凸显"责己"（"责己之过"），体现了严以律己、宽以待人的己他观。他为龙湖芝佛院订立了《豫约》，其中的《感慨平生》条目指出："唯以不受管束之故，受尽磨难，一生坎坷。"⑤然而，吊诡的是，李贽因性格的无拘无束屡屡在待人处世上与人发生冲突，但他任云南姚安知府时却劝导骆问礼说："但有一能，即为贤者，岂容备责？但无人告发，即装聋哑，何须细问？盖清谨勇往，只可责已，不可责人。若尽责人，则我之清能亦不足为美矣，况天下事亦只宜如此耶！"⑥ 在李贽看来，诸如廉洁谨慎、敢作敢为之类的名教只能要求、劝导自己而不能一味强求于他人，否则就会使自己的清正贤能"不足为美"了。由此可见，李贽主张不要对人求全责备，不要轻易责人之过，而应严以律己、宽以待人。

四、重任的要求

（一）处以重任

在《答耿中丞》书信中，李贽与耿定向展开了中国学术史上的一场大辩论。针对耿定向以礼教正脉自居，赞誉孔子为"万世师表"、孔孟之道是不可移易的"万世家法"，李贽提出了"天生一人，自有一人之用"⑦"孔子未尝教人之学孔子"⑧"惟其由已，故诸子自不必问仁于孔子；惟其为己，故孔子自无学术以授门人。是无人无己之学也。无已，故学莫先于克己；无人，故教惟

---

① 《焚书·又答耿中丞》，见《焚书》（上），张建业译注，中华书局 2018 年版，第 71 页。
② 《焚书·答耿司寇》，见《焚书》（上），张建业译注，中华书局 2018 年版，第 161 页。
③ 《焚书·答耿司寇》，见《焚书》（上），张建业译注，中华书局 2018 年版，第 486 页。
④ 《焚书·答耿司寇》，见《焚书》（上），张建业译注，中华书局 2018 年版，第 488 页。
⑤ 《焚书·豫约》，见《焚书》（下），张建业译注，中华书局 2018 年版，第 1010 页。
⑥ 《焚书·豫约》，见《焚书》（下），张建业译注，中华书局 2018 年版，第 1010 页。
⑦ 《焚书·答耿中丞》，见《焚书》（上），张建业译注，中华书局 2018 年版，第 89 页。
⑧ 《焚书·答耿中丞》，见《焚书》（上），张建业译注，中华书局 2018 年版，第 91 页。

在于因人。"① 等由已为己之学，并批评主张假道学的"仁者"力图用德礼政刑约束、禁锢人的言行结果导致人举措失当。② 随后，李贽阐明了"各从所好，各骋所长，无一人之不中用"③ 的各尽其职、各尽其责的个性化思想：

> 夫天下之民物众矣，若必欲其皆如吾之条理，则天地亦且不能。是故寒能折胶，而不能折朝市之人；热能伏金，而不能伏竞奔之子。何也？富贵利达所以厚吾天生之五官，其势然也。是故圣人顺之，顺之则安之矣。是故贪财者与之以禄，趋势者与之以爵，强有力者与之以权，能者称事而官，愞者夹持而使；有德者隆之虚位，但取具瞻；高才者处以重任，不问出入。各从所好，各骋所长，无一人之不中用。④

李贽认为必须顺从人对富贵利达的感性需求，根据不同的才性、品格、角色和职业，设置相应的奖励机制。与责任伦理有关的有两点，即对于有能力的人按照事业的需要给予适当的官做——"能者称事而官"和对于才能高的人委以重任，并不加干涉——"高才者处以重任"。

（二）当任饥溺

面对 1589 年湖广大旱、麻黄饥疫，李贽在给周柳塘的信中说天灾流行，每个人难以躲避，但各有各的活法：

> 盖自有受命治水之禹，承命教稼之稷，自然当任己饥已溺之事，救焚拯溺之忧，我辈安能代大匠所哉！我辈惟是各亲其亲、各友其友。各自有亲友，各自相告诉，各各尽心量力相救助。若非吾亲友，非吾所能谋，亦非吾所宜谋也。何也？愿外之思，出位之诮也。⑤

这段话就责任伦理而言，有三点值得关注：一是大禹和后稷以强烈的视民众的饥溺为自己的饥溺的使命感，担当起救民于水火的重大责任；二是面对灾难，亲友之间应尽心尽力地相互救助，体现了儒家推崇的亲情责任伦理；三是各守本分，不僭越自己的职责范围。

不论是"我辈安能代大匠"，还是"若非吾亲友，非吾所能谋，亦非吾所宜谋也。"抑或是"愿外之思，出位之诮也。"虽然表面上属于正当的境界，而不是应当的崇高的道德境界，但是它们毕竟体现了符合人性、人情实际的理性态度，表征了每个人必须各尽本分的基本责任感。"愿外之思"语出《中庸》。《中庸》有言："君子素其位而行，不愿乎其外。素富贵行乎富贵，素贫贱行乎贫贱，素夷狄行乎夷狄，素患难行乎患难，君子无入而不自得焉。"意谓安于现在所处的位置，不愿意有外慕之心。"愿外之思"就是没有做本分之外的事情的想法。"出位之诮也"语

① 《焚书·答耿中丞》，见《焚书》（上），张建业译注，中华书局 2018 年版，第 91 页。
② 《焚书·答耿中丞》，见《焚书》（上），张建业译注，中华书局 2018 年版，第 94 页。
③ 《焚书·答耿中丞》，见《焚书》（上），张建业译注，中华书局 2018 年版，第 95 页。
④ 《焚书·答耿中丞》，见《焚书》（上），张建业译注，中华书局 2018 年版，第 95 页。
⑤ 《焚书·答周柳塘》，见《焚书》（上），张建业译注，中华书局 2018 年版，第 141 页。

出《周易·艮》"君子以思不出其位"，犹如孔子说的"不在其位，不谋其政"（《论语·泰伯》）。考虑事情不要超过自己的职责、能力范围之外，知道什么是自己该做的、什么是不该做的。所谓"诮"，即是责备。李贽之所以主张非亲友不助，一则考虑到人的能力难以承担如此责任，二则不适合为亲友之外的人谋助。

五、要务的追求

儒家历来重视知人，孔子担心不知人："不患人之不己知，患不知人也。"（《论语·学而》）《中庸》把"知人"当做事亲的前提条件："思事亲，不可以不知人。"李贽同样注重知人，把它当做一项人生的责任、事务凸显出来。他专门写了一篇《不患人之不己知患不知人也》，且在答复焦弱侯的信中揭示了知人的责任观点。他指出，世间许多人自认为自己知人，殊不知，孔子最为忧虑的恰恰是能不能知人，帝尧也深感知人困难；追求学问只要贴近实际就能知人，而知人就能自知；然后他说：

> 是知人为自知之要务，故曰"我知言"，又曰"不知言，无以知人"也。于用世上亲切不虚，则自能知人；能知人由于能自知。是自知为知人之要务，故曰"知人则哲，能官人"，"尧、舜之知而不偏物，急先务也"。先务者，亲贤之谓也。亲贤者，知贤之谓也。自古明君贤相，孰不欲得贤而亲之，而卒所亲者皆不贤，则以不知其人之为不贤而妄以为贤而亲之也。故又曰"不知其人，可乎"。知人则不失人，不失人则天下安矣。①

对李贽来说，知人与自知相互作用、相互依存，各为对方的重要事务和关键；正如孟子说的，要知人就必须知言，如果能够知人，就会聪明睿智，就能够管理好人；知人就不会失去人才，拥有人才就会使天下安定；尧、舜之类的圣贤虽然并非全知全能，但他们知道首要的任务就是善于知人善任、亲近贤人。

李贽《鬼神论》着重阐述了敬鬼神和务民事之间的关系，它诠释孔子讲的"务民之义，敬鬼神而远之"（《论语·雍也》）时说：

> 夫有鬼神而后有人，故鬼神不可以不敬；事人即所以事鬼，故人道不可以不务。则凡数而渎，求而媚，皆非敬之之道也。夫神道远，人道迩。远者敬而疏之，知其远之近也，是故惟务民义而不敢求人于远。②

李贽把敬鬼与敬人、事人与事鬼视为一体，认为两者都是人应当做的事情；由于神道远、人道近，因此必须致力于尽人道、务民义，务必将从事民众的事务当做自己重要的追求或责任。

---

① 《焚书·复焦弱侯》，见《焚书》（上），张建业译注，中华书局2018年版，第250页。
② 《焚书·鬼神论》，见《焚书》（上），张建业译注，中华书局2018年版，第91页。

作者简介：涂可国，男，山东社会科学院国际儒学研究与交流中心主任、研究员，研究方向为儒学、中国哲学和中国文化。兼任中国实学研究会副会长、山东孔子学会副会长、山东省哲学学会副会长、国际儒学联合会理事、中国人学学会常务理事等。

孟子心性论的天道理路 *

林桂榛

内容提要：孟子的心性论是上通天道的，心性的工夫在觉知天道天德及天命之性，天道天德降命于性而性有仁义礼智并显发为"四心"之端（"四心"只是仁义礼智四性之端表端显）。"性"是与生俱有的，孟子就天言性，以性有仁义礼智等，仁义礼智等是"天之所予我""我固有之"，这是孟子"性善论"的基本逻辑与观念理路。思孟学派认为天道是"德"，仁义礼智只是人道之"善"，仁义礼智圣五行各自形于内心才是"德之行"且五者和合方谓"德"（即天德即天道），而缺圣仅有仁义礼智四和只是"善"，且五者不形于内心也只是"行"而非"德之行"。"德"与天道及心觉相关，孟子认为"德"的一头在天道，一头在心觉或心识，中间沟通者就是"圣"（诚）。天人间的沟通通过"圣"（诚），"圣"的本字"聖"是从口从耳从人，强调人的听觉感通，"圣之于天道"是强调"圣"的感通对于体证天道的重要性。孟子就仁义礼智等的本源是"天→性→心"的思想理路，就仁义礼智等的工夫是"心→性→天"的思想理路，于天、天道、天德是"知天—事天—立命"对待态度。孟子的思想精神已将仁义礼智圣五者天人贯通一体，天道在德，天德在性，天性在心，天心在志，所以言行一致、身心一统的孟子呈现出一种浩气齐天的思想境界与元气淋漓的精神状态。

关键词：孟子；心性；天道；五行；天德；圣（聖）；浩气

今天与大家交流的题目是"孟子心性论的天道理路"，分四部分：其一，就天言性，善乃天予（关键词：固有，天予）。其二，就善言天，天非绝望（关键词：天德，五行）。其三，性的心觉与天的知通（关键词：诚圣，知天）。其四，元气淋漓与浩气齐天（关键词：浩气，持志）。

孟子擅长心性论，这个是大家的共识，这里不再讨论了。那么孟子讲的这个"性"是什么呢？孟子大讲"性善"云云，他为什么这么讲呢？于此，可能学人各自有自己的说法，学界的说法也已经有很多，甚至有很多分歧。今天我来谈谈我的理解，我的拙见，请大家批评指正。

今天我谈四个问题：第一是孟子讲性是就天来讲性，而这个性是天所赋的，是从天而来的，

---

* 本文系作者 2019 年 7 月 12 日在"珞珈山—空中杏坛"第 137 讲的演讲录音整理稿，刊登时有删节。录音整理者系中南财经政法大学博士生卢斌典，且全文由讲者校订补充一过。

这是一个意思。

第二是孟子讲天是就善言天，天是纯善的，甚至比仁义礼智还善，因为还有"圣"，所以是天德天道；天是有希望有光明的，用孟子原话就是有仁义礼智等正面礼义的，所以孟子的天像墨子的天，是有意志有是非的。性来自天命或天赋，天善故性也善，这在推演逻辑上没问题，当然是哲理的逻辑，非数理的逻辑。

第三是孟子讲天赋善性靠心识去觉知，既然性是天所赋予的、人身本有的、人人具有的、是善的、是有仁义礼智的，那么心是怎样的呢？心识心知无非是觉知、觉察、回到我们的性，返回、觉知我们人身天赋本有的仁义礼智，如此天性良知之仁义礼智等才不会放逐、迷失。性是天赋的，所以我说是"性的心觉与天的知通"，我们要去感通、通达、上达那个天，这样心性与上天才能真正打通，程朱理学继承的就是这样一个思路。

第四是孟子讲觉知天命天道后浩气齐天，既然天是善的，性是天所赋予的，天与性是有仁义礼智而谓善的（甚至有"圣／诚"），那么我们每一个人的性都是从天而来，是天所蕴赋，那么我们本有的原性，我们本有的原善，那就是"良知良能"，"良"就是充盈本有的意思，本有而充足的知与能。所以孟子的性格或者说他言语的气象、精神的气象，体现出一种元气淋漓的状态。"元气"即初气、本气，孟子讲气，讲存心养气，所以在心性上是这样"元气淋漓"，最后上达于天，即"浩气齐天"，"上下与天地同流"了。

一、就天言性，善乃天予（固有，天予）

我们先说第一点，"就天言性，善乃天予"。我们现在学界一些人解释孟子"性善"，觉得人的心性也不是纯然是善的，为什么他人常干坏事呢，诸如此类。所以现在学界对孟子的"性善"论有点质疑，甚至提出新的解释，甚至说孟子不是主张"性善"，甚至说孟子是讲"情善"，孟子说"乃若其情则可以为善矣，乃所谓善也；若夫为不善，非才之罪也"嘛。还有说孟子"性善"是向善，是可以善，是能善，是有善的种子，有善或能善的因素，有善或能善的潜质，甚至说孟子心性论里的"性善"是一种引导性、生长性、目标性的概念，不是讲心性本来就是善，不是讲心性本来就是纯善。

所以孟子心性论里面的"性善"，现在学界有的解释为"心善"，是相对于禽兽而言，是就有善端而言，有善根而言，有善质而言；"性善"是有善材，材不是非善，材非不善；善是有善的种子，是有善的端倪，是有善的因素，有善的潜质，诸如此类的解说。我认为这类解释是违背孟子本意的，用孟子的话来说是没有得孟子之"大体"，不是"大人"之见，是得"小体"而已，是没有把握孟子学说的思维理路和精神气质。

因而，现在从经验主义和科学主义去解释孟子的"性善"论，甚至试图从逻辑上（数理逻辑和形式逻辑），从科学主义的角度试图去解释、论证、证明孟子讲的"性善"是成立的乃至是非常高明无误，这种思路其实有一点南辕北辙的味道。当然也不一定是南辕北辙，或者说还是用孟子的话，是不得"大体"的一种思路。也就是说，还是没有从本根上和大体上把握孟子的心性论，尤其是讲善这样一种价值内涵的心性论。所以现在学界对孟子的心性论解释有很多，问题也有很多，所谓新解大多也值得商榷。

孟子的思路是很清晰的，孟子认为仁义礼智这些德或德义或道义，这些正面的良好的价值，他说得很清楚："仁义礼智，非由外铄我也，我固有之也，弗思耳矣。故曰：求则得之，舍则失之。或相倍蓰而无算者，不能尽其才者也。"意思是我们心中能不能觉知到仁义礼智在性，这是我们有没有思考而已；仁义礼智是我们内在的、固有的，不是外在所给予的。所以孟子说是"此天之所与我者"，我们只要"先立乎其大者，则其小者弗能夺也"，小者不能夺就是大人，"此为大人而已矣"。也就是说，仁义礼智这些德义是上天赋予我们的，那么这些上天赋予我们身心之中的、人性之中的这些仁义礼智的德义道义，孟子说得很清楚，是"人之所不学而能"，是"不虑而知"，是"良能良知"。

我们每个人都有仁义礼智等，但是是否在心里面知觉、明了它，孟子认为这心的问题，不是性的问题。性本身，我们是有良知良能的，"良"是本有的意思，不是良好的意思。我们从甲骨文可知，"良"是本有的意思，本指充溢、充满的这样一个状态。因而，孟子《尽心》上下篇说得很清楚，他说："尧舜性之也，汤武身之也，五霸假之也。"仁义礼智这些德义，尧舜这样的人是性之，是天所赋予，是生性的充盈展现；汤武身上也是有的，也是践形之的，所以孟子说我们与尧舜有什么区别？没有区别。

我们和尧舜这样"性之也"也就是仁义礼智"性之也"，是天生所赋予的这样一个状态，其实是人人一样，有点类似于荀子说的"君子小人"都有什么的意思。其实孟子是说现实中的"君子小人"本来都有仁义礼智，都有善。因而孟子《尽心上》篇继续说："君子所性，虽大行不加焉，虽穷居不损焉，分定故也。君子所性，仁义礼智根于心。……"君子身上的性，天赋的性，是仁义礼智根于我们的心识中，我们只要用心去觉悟，那么性就流显出来了，宛如良知良能展现出来一样。所以君子或圣人要把这些本有的仁义礼智，这些根于心的、本乎性的、源乎天的道义，要把它觉知及显现出来，所以叫做"惟圣人然后可以践行"。

总之，就第一点而言，孟子认为性是本有的。仁义礼智这些德义，这些道义，在我们的性中也是与生俱来的，至于是否被遮蔽或人有无觉知、挖掘、明了它，那是每个人自己的事，被遮蔽或未觉知不等于它的本性是不好的。当然，从某些科学主义的角度，似乎很难理解，甚至是不同意。但是孟子是宗教主义、精神主义哲学的思路，孟子这样讲，从精神哲学的角度，从宗教意义或宗教理论的角度，它完全是顺理成章的、贯通的、没有问题的。

二、就善言天，天非绝望（天德，五行）

接下来讲第二点："就善言天，天非绝望。"孟子说我们的性是有仁义礼智的，这样的性是天所赋予的。那么天是什么呢？天为什么会赋予人以这样的仁义礼智呢？为什么仁义礼智是天所赋予的呢？天赋予人仁义礼智，那意味着天里有仁义礼智，有道义有德义，为什么孟子这么讲呢？

我想讲述一个很简单的道理，类似于天主教，他能说上帝是恶的吗？上天能被说成是恶的吗？这种说法很恐怖，如果说天是恶的，上天是恶的，那很恐怖。为什么说很恐怖？因为如果世界这样，那就没希望了，人类就要绝望了。像我们老百姓遇到苦难，最后都像《窦娥冤》故事里面讲的，上天应该是明白事理的，应该是有道义的，应该是有良知良能的，应该是支持善恶有别的，而不是善恶不分、是非不分、仁义丧失、礼智灭绝。所以孟子说善在天，或者说善的本源或终极在天，其实要表达的是这样一种信念，一种价值信念：天是一种希望、光明，不是一种绝望、虚妄。

那么对于这个问题，孟子一个最核心的观念是"天是有道""天是有德"的，是"善"是有"仁义礼智"的，而贯穿这个观念的就是孟子的"五德"理论，也就是思孟学派的"五行"理论。伦理性"五行"或"五德"是理解思孟学派尤其孟子"善天"或"天善"观念的一个最根本的核心，最根本的概念，也是理解其言"性善"之所以然的基石。这个核心，荀子准确把握到了，尽管荀子从科学主义的角度（荀子讲"天人相分"嘛）不赞同孟子的宗教主义或者精神哲学的"天善""天德""五德""五行"这样的观念或思想，但荀子抓到了思孟学派讲"天"的要义，讲"天"的核心。

大家知道思孟学派，知道帛书竹简《五行》篇，它说仁义礼智这些："形于内谓之德之行，不形于内谓之行。德之行五和谓之德，四行和谓之善。善，人道也；德，天道也。……不安则不乐，不乐则无德。"这句话大家很熟悉很了解，那这句话什么意思呢？仁义礼智每一种德它显形于我们的心内，展现呈现在我们的心觉之内，那么这是"德"（德＝天道）的一种"行"，是"天道"之行，宛如后人说的"天理流行"式之"天道／天德流行"。我德中的仁义礼智（此德当然和天道天德相贯通），每一种德能形于我们心觉，这是德之行；不形显、不呈现在我们的心觉之内，那只是行。

仁义礼智不形于心是行而已，不是德之行；形于心才是德之行，也就是天德之行宛如天德行于心、形于觉、呈于性。五种德都是这样的德，都是德之行，都是德行于内，都是天德形于内之行，这才叫做"德（天道也）"。也就是最高的德是五种形于内的综合或并有，也即仁义礼智圣或者仁义礼智诚都通达、展现于身心内才是德，才是天道；光有"四行和"只是善，还不是德与天道问题。"德"与"善"它们间的差别就是有没有一个"圣"或"诚"，就是有没有天人沟通的"圣"或"诚"。仁义礼智圣五德共同展现、觉显于心知或身内，这是通天自天之"德"；仁义理智四者没有"圣"或"诚"，这只是人间人道之"善"。

思孟学派很关键的这句话："善，人道也；德，天道也。"这是什么意思呢？前面已经讲过"德—善"的区别或区分了，这里再补充几句：孟子认为，人世间人道中的善是仁义礼智，而德是仁义礼智圣共有，善到德的飞跃就是尤其有最关键的"圣"。这样的德，这样的五种人德，五者形于心而共和共有叫天道。什么意思呢？其实很简单：思孟学派认为天道是一种德，天道就是天德，天德就是天道；那么天道、天德通过圣、诚这样一个最关键东西，下降上通，下达上达，在天人之间上下沟通回转。

那么仁义礼智圣这样共有的东西，是我们《孟子》书里讲的什么呢？我们这些仁义礼智以及圣，是通达于天道，这就是德，这就是天道。故孟子说："仁之于父子也，义之于君臣也，礼之于宾主也，智之于贤者也，圣人之于天道也，命也，有性也，君子不谓命。"那么仁义礼智四德，四种伦理之德，是人间的善。"圣人之于天道也"，出土的《五行》等证明是它本是"圣之于天道也"，这个"人"字是衍文，朱熹等早已觉察出问题来了，清代段玉裁则早已明确推断校勘出来了，没有出土文献就准确推理校定出来了。这样"仁义礼智圣"五德相提并论，父子之间的仁，君臣之间的义，宾主之间的礼，贤者的知，天道的圣，这些都是人人所具有的，是天所赋予的，是我们天性中所有的，这是孟子他们的意思，他们的思想或观念。

为什么荀子会批评思孟学派？为什么会在《非十二子》篇说思孟"案往旧造说谓之五行"？那么"五行"这样属思孟学派的思想，是把人间的仁义礼智圣沟通于天，并且是利用往旧之说灌装成了新说（旧"五行"→新"五行"）。思孟的新"五行"说是思孟于天人之间相沟通的一个重要概念，是思孟学派最深邃的思想，是思孟精神最核心的东西。仁义礼智圣是通达于天的，是天德也是天道，这是思孟的五行。而原始的五行是什么？是历数。那么思孟学派的五行为什么改造得很好呢？思孟学派为什么改造、创造一个新的五行学说呢？这涉及到五行的原始含义，这里我不具体展开，我写过很多这方面的论文，简单赅言之："五行"概念的本意或初义是来描述天道、天体运行的一个历数概念，所以五行是和阴阳、四时、八正、九解等等天文概念结合在一起讲的。

至于后来的五行概念，金木水火土或水火木金土这样的五行，那是后来的含义，是"五材→五行"的演绎或附会，这里我也不展开说了。说到这，我想表达什么意思呢？就是五行的本意是描述天道规律、天道现象的一个天文历数学说之概念，是十月制历法的周年分十分五的天道历数概念。那么既然原始五行论是描述天道的，尧舜的时代，夏朝的时代，一直到周秦时代，祭祀田猎大事都用夏历，这时候的五行概念就是远古十月制历法的天道历数问题。既然"五行"为大家耳熟能详，是这样一个学术概念、思想概念的一个常态，那么思孟学派把伦理性的仁义礼智圣灌入到描述天道的原始历数五行之五行概念上，从而创造了天德、人德贯通为"五行"的新五行说，这也就再正常不过了。

为什么要这样创造学说？帛书《周易》里讲的"五行"就是历数五行，帛书《周易》里孔子讲的金木水火土其实是五材，这是确凿无疑的（详见我《天道天行与人性人情》一书）。那么为何思孟学派要这样把五德打包而整体地灌注到天道五行上？其实思孟这样做是为了让人间五德（仁义礼智圣）来沟通天道。那么五德之和的"五行"就是孟子他们所谓的"天德—天道"，而人身的"德之行"也就是"仁义礼智圣"五德之行，可谓是天道天德的人"行"。所以仁义礼智圣、仁义礼智诚就是天道的话，那么伦理天道天德就环绕运行、充盈布满着像浩然之气一样。那么这样的天不就是富有、充盈、充满着仁义礼智圣，充满着道义充满着价值，充满着善的精神和善的价值，而这就是伦理之天道，人不过是"上下同流"，人德即是天德下行，天德实是人德上行，天人沟通，天人一体，精神圆满，道义弥身。

所以荀子式的天文学天道论"五行"，在思孟学派是被改造、阐释为伦理的仁义礼智圣这样的五行。因而，如果不懂得"五行"的本义是描述天道历数、天道运行的中国三代甚至尧舜时代最基本的天道思想概念、思想纽结、思想核心，而沉湎于、遮蔽于五行是金木水火土五材之类，那么我们就永远无法理解思孟学派为什么是荀子批评的"案往旧造说谓之五行"，为什么荀子批评子思说"我的五行等说是先君子所言"（是孔子所言）。为什么荀子这样批评？因为孔子讲的五行和思孟讲的五行根本不是一回事，思孟讲的五行只是仁义礼智圣，因为不理解孔子或孔子时代的五行，即经过漫长时间的演变而思孟不能理解中国天文学的五行，或者说他们有意篡用，有意把自己的仁义礼智圣、仁义礼智诚、仁义礼智信这类人间的人德之五德，为了贯通上达到天，为了表述天道就是这样的善，就是仁义礼智圣之类，思孟造了一个新的五行说，也就是人德这样的五行学说。

我前面大概讲了思孟学派旧瓶装新酒地造新五行说是为了人心人德打通天道，是为了与天道主义、历数天道论对话，是为了占有历数天道论的这种天道论高度。也就是说思孟学派为了人间的五德获得与天道的贯通，就将历数五行说的这样一种外壳注入了人德，注入了仁义礼智圣五德。为什么这么讲？为什么这样注入？为什么这样改造？因为"五行"是当时最基本的天道概念，不得不讲。既然天道历数五行在描述天道，天道有五行，天文学家或者当时的黄帝以来有这样的天道五行思想，有这样的最基本的天道观念，那么如果五德也是五行，自然五德也是天道了，所谓叫做"德，天道也"，"德之行五和，谓之德"，于是"仁义礼智圣（五行）＝德（五行）＝天道（五行）"，也即"仁义礼智圣（五行）＝天道（五行）"了。

最初的"五行"概念本来是描述天道的，至于说金木水火土五材也叫五行，那是后来的事，那是一个五材屡入、插入的、衍生到五行的事，这里不讨论了。回到话题本身，思孟的五行就是仁义礼智圣，那么思孟学派于天人之间不就打通了吗？就善来言天，就天来言性，这是很清楚的。当然，思孟学派原话是"善，人道也；德，天道也"，天道是德，兼有圣的仁义礼智五者是"德之行"。这样思孟学派在人德与天道间就沟通了，人与天与天道与天德的沟通是他们一个很清晰的观念，很清晰的思路。

也就是说"五行"是理解思孟学派天人贯通的要门，为什么要把这样的仁义礼智圣谓之"五行"，谓之"德之行"，为什么要上升到天道五行的高度？或者为什么要表述为天行之五行，这是一个最核心的关键处、关节点，我们这个要理解，理解了就好办了，就理解了思孟学派天人贯通的仁义礼智圣五德论或五行论，否则就难免隔靴搔痒、不知底里。

三、性的心觉与天的知通（诚圣，知天）

前面谈孟子心性论的天道理路谈了两点，第一是谈到孟子就天以言性，谈到善是天所赋予，关键词是性是"固有"的，善是"固有"的，是"天予"的，是天所给予、赋予的。第二点是就善言天，天是有希望的，是光明的，是有道义的，是不会让人绝望的，关键词是"天德／天道"与"五行"，天德天道就是仁义礼智圣。总而言之是就善言天，天非绝望，是天德，是五行。那么下面继续谈第三点和第四点。

第三点是"性的心觉与天的知通"，那为什么说是性的知觉与天的知通呢，因为我们前面讲了，性是天所赋予的性，里面有仁义礼智等，而且这个仁义礼智等来自天，来自天德，来源于天道天行而人本有仁义礼智圣这些道义。这个有点像墨家了，类似墨家这个问题我不展开，我们继续我们的主题。

既然性与天是打通的，那么我们如何让天所赋予的这样伦理、这样天道、这样天德被人知觉到呢？也就是说仁义礼智这样的道义之性，我们如何知觉它呢？说仁义礼智等本有，在哲学理路上，在精神哲学的理路上，在宗教的意义上，这个没有问题。可是我们如何来觉知它？尤其是普通人如何来觉知它，因为一般的人未必理解，甚至未必赞同。所以思孟学派尤其孟子，主张通过性来展开、呈现、知道、知晓、知觉它。那么怎么知晓、知觉呢？因为是本有，所以"尽心"等，穷尽心以"知性"，所以说："尽其心者，知其性也。知其性，则知天矣。存其心，养其性，所以事天也。夭寿不贰，修身以俟之，所以立命也。"仁义礼智圣是本有的，是"有性焉"。他说"心之所同然者"是什么？就像耳目口鼻身欲于好的目标一样，心也与耳目口鼻身有所同好一样，那就是悦于理义或道义。他说有的人只是先于我心而得，但是心里所同是一样的同，心里面大家是一样的，无非先得与否的问题，也就是先知先觉的问题，这就是孟子一再强调的先知先觉，说先知先觉者来启后知后觉者。

所以他说了，我是天民之先觉者，说"天之生此民也，使先知觉后知，使先觉觉后觉"。民之先觉也是天民，我们是齐天或者上天赋予我们，都是天民！天民有点像"上帝的子民"的意思，当然这类比不恰当。但是天民，大家都是跟天有贯通的，都是天所生养的，天所赋予的，我只是其中的先知先觉者，我将来以这样的方式来觉醒大家，我不来觉醒，谁来觉醒？那么觉醒什么呢？肯定是觉醒到道义，所以为什么说思孟学派是道统正统，到在思孟那里就是讲道讲伦理。思孟的知"道"不是知天文之道，也不是科学之道，也不是数学之道，那怎么来觉知它呢？一个总体的说法，孟子说得很清："学问之道无他，求其放心而已矣。"这个学问之道肯定不是我们今天的高校写论文的学问之道，而是精神的、伦理的学问之道；所谓"无他，求其放心"是找到我们放逐了的、遮蔽了的、丢失了的、被外物所遮蔽或掩盖的心。

那找回我们的心干嘛？是通过我们心来找回我们的性，或来觉知我们的性，这就是《尽心上》的那句名言："尽其心者，知其性也。知其性，则知天矣……"通过"尽其心"来知晓、知觉本有的性。那怎么知那个性就知天呢？因为性是天所赋的，当然性是仁义礼智这样的道义，这样的理义之性，或者说是宋儒们、道学们、理学家们所说的是天理之性、天地之性、义理之性、礼义之性等，或者《孟子》里面说的是"理义"是"理"和"义"。理义之心是天所赋予的，那么我们只有通过心才能发掘、察觉、知道、明白、呈现那个身性，我们人人赋有仁义礼智这个性，这是天所赋予的，通过心来知性，通过性来知天。

所以思孟学派或者孟子说的找回我们的本心，或者说尽我们的心，求其放心，尽其心，穷尽穷达我们的心，掘进或掘尽我们的心识以逼近、复显我们的性等等。掘尽、穷达心识是为了知道那个性，知道了那个性当然就知道了那个天。所以我们觉知那样的理义之性，自然而然就觉知了、明白了、通达了那个天，也就是那个天道、天德。当然思孟学派的五行本身就是天人沟通的，你只要认识到思孟的五行概念，那么这个地方就明白的，不需多说。

基于通过心来知性，通过知性来知天，基于这样一个天赋与性有，所以我们倾听于天，所以我们要尽心，所以我们要存心，然后以心来沟通，来上溯，来到达性，来到达天。这样的修养，或者说我们中国哲学的这样的工夫论，无非是说我们的仁义礼智心性是天道、天德赋予的，所以思孟学派于修身的进入或进路，无非是理义或者宋儒说的天理的一种反转，这样天赋予我们，我们无非是予以上溯到达就是了。

那怎样尽心呢？怎么样让我们的心来觉知仁义礼智之性呢？那么思孟学派一个重要的概念就是"圣"就是"诚"。我们知道《孟子》有一句话，"诚身有道：不明乎善，不诚其身矣。是故诚者，天之道也；思诚者，人之道也。至诚而不动者，未之有也；不诚，未有能动者也。"那么诚身有道，诚我们的身，诚身也就尽心，也有诚尽、穷尽我们的心、我们的身心；穷尽、发掘我们的身心就能知道那个性，就能到达那个天。而诚是天之道，圣是天之道，也就是说天道是圣是诚以到达，天德是圣是诚而感通。我想我们不必展开，最基本的应该是明确天道天德层面就是伦理那样一个内容，思孟学派推崇的是一种伦理的东西。所以我们无非是来诚其身，来尽其心，来诚尽我们的身心，然后我们就觉察或体知天赋给我们的仁义礼智之性了。

那这样说，是不是有点含糊？好像没有说清怎么来"诚"？也就是说思孟学派的问题是怎么来"诚"？这个很清楚么？其实思孟的书或者说出土的思孟学派的书里面已经讲了，"圣"和"诚"是一个关键点，是一个根本路径。什么是"圣"？从文字上说，"圣"是有"口"和"耳"，那是繁体的"聖"字。繁体"聖"下面那个"壬"字，其实就是一个"人"字，人通过口和耳，那么这个就是声音，就是要倾听别人的声音。孟子讲"金声玉振"，思孟讲"乐"，讲"听"讲"闻"，实际上就是讲感通，倾听就是在于感通，尤其是感通天界，音乐或声音是人们感通上界或天界的重要媒介。

对于感通"天"（天道天德）这个问题，我做过这一些研究，因为《乐记》我写过一本书，到现在也没出版，躺着五六年了，我专门讨论过"感通"这个问题。《乐记》讲感通，这是通过声音、通过音乐来感通天界或神灵；《白虎通》也讲过了，《白虎通》说祭祀里通天的音乐要金声玉振，是因为清虚的需要。"金声玉振"音乐正是倾听、感通、沟通上天的需要，需要这样才能感动天、打动天。所以青铜器之乐是来感通、打通天的，是感通神灵的，不是纯用来民乐享受的。这在音乐的感受上是可以理解，如果喜欢或懂得音乐的话，这不难理解。

感通的感字来自"咸"字（咸卦即感卦），咸后来加了个心字符，以指心里面的感、心里面的咸。那"咸"字本是什么意思呢？这个咸不是我们今天甜咸的咸（今咸字是醎字简化而来的，鹹字从卤从咸），而是"咸亨利贞"的咸，出自周易，这个咸有"都"的意思，也有"感"的意思。因为这个从"口"的"咸"字接近于"成"字（咸成皆从戌部），古字写法里它本是斧钺砍斫之相。"咸"是砍向某物，"成"是砍去某物，斧钺即斧头，正砍即撼动震动，砍去即完毕全部，所以"咸"字的"全—都"意思之外，就是触动感动的意思了，《周易》咸卦即感卦义。

那么怎样来感通呢？要精神性的倾听、体悟、冥想。所以孟子讲，不用太多的话，要倾听，有点像民国时的音乐家讲"音乐是上界的声音"，是上天的声音。上天的声音要通过倾听，所以金声玉振所要表达的是一种圣，是通达天的圣。告子说："不得于言，勿求于心；不得于心，勿求于气。"孟子就批评他，说"不得于言，勿求于心，不可"。那么告子是什么意思我们先不管，孟子的意思也涉及说我们要善于"得于言"，更讲善于倾听感悟，我们就可以得我们的心，我理解是这个意思。而不是说像维特根斯坦在《逻辑哲学论》中说的："凡是能够说的事情，都能够说清楚；而凡是不能说的事情，我们应该沉默。"孟子的意思是我们倾听，倾听了就理解，不是说我们不能得其言就不要求心，我们要通过倾听找回我们的心来，我们在沉默中依然能得于心。

前面讲到感，它首先是一个砍伐、砍斫、振动，所以有物理的震动、生理的振动、思想的振动几个层面。那么要震动就需要一个接触，说知道善于听善于言，要我们注意金声玉振，要重视圣，以感通天。天的意思何在？天呈现在某些现象，一直到董仲舒，我们讲天会呈现什么现象？我们倾听，我们觉察。这个就是感知的问题、沟通的问题，那么这是一种体悟，一种感通，一种体证。既然先知先觉者来觉后知后觉者，那么这些先知先觉者是怎么来把这个性，由心来知道它，因为我们先知先觉者先诚心，先求其放心，先尽其心，感通、倾听天的声音，体悟天的意义、意志和精神。领悟、觉察天的这样的意义，这样的天是伦理的，这样我们就通天了，就达性、通天、知天了。

我们通过心觉，通过感知，通过上溯，来达性，甚至来显性，甚至是孟子说的"践行"。让这些天命在我们的心上显形呈现出来，那么和天性这样的展现，如此天人之间就这样沟通了。所以这个是仁义礼智这些伦理的东西，再加上"圣之于天道也"，"圣"是最根本的关键词（《中庸》《孟子》里也讲"诚"），就是这样的一个天人沟通，认为天德里就有圣，而且认为天德里就有诚，而人可思圣思诚而致圣致诚。

总而言之，我想表达什么呢？孟子认为性要通过我们的心，通过觉识、觉省、觉悟，来找到我们本有的仁义礼智之性，来找到天所赋予的仁义礼智之性，就是穷尽善性、恢复善性、呈现善性、扩充善性，孟子性善论就是这样一个基本哲学逻辑。我们一方面要诚尽、穷尽、格致，如后儒说的格我们的心，然后我们就知道道了。因为我们践行，我们呈现我们的性，当然我们就获得了性，也就是落实了性，下达的那个天就落实了；下达天性于心，则我们就知道天了，就心性上达于天乐，所以是这样的一个天人之性的知觉与天人之间的实有与知通。

孟子认为他自己感觉到了，感知到了，我相信孟子说的是实话，他不会说假话，但是别人未必能感受到、感悟到。所以我们现在学界很多没有达到孟子精神状态或境界的人，没有达到孟子思想、孟子气质、孟子胸怀、孟子气象的人，他们来谈思孟，我觉得不靠谱。

下面我要谈到的"元气淋漓与浩气齐天"的问题，没有达到孟子境界的人，当然很难理解思孟的理路，尤其难于理解孟子对天与性的那种认识、判断、叙述或信念。我相信很多人讲孟子并没有明白孟子思想精髓，当然有不少学者也明白了孟子（具体我就不点名妄评了）。"横看成岭侧成峰，远近高低各不同"，每个人的眼界或眼力不一样，理解孟子有多有少，有深有浅，有到位不到位，这就是孟子说的"从大体—从小体"的问题。

四、元气淋漓与浩气齐天（浩气，持志）

孟子主张：穷尽我们的心，发掘我们的心，来掘显我们的性，来明晓我们的性，来知天所赋予我们的性，即与天沟通的那种性、天性、性命等，通过这样"心→性→天"链条回溯式的内掘、上升来觉察、沟通、践显仁义礼智圣天性天德天道，这个天道天德赋予人的仁义礼智圣之性是人皆有的，本是天所赋予的，所以这个性就是如天道元气一样的东西了。

我们内心中是有本性元性的，本性元性是我们人人具有的，这些性是仁义礼智圣。所以思孟学派是元气淋漓，就是宋儒程子他们说的孟子很有"英气"，英雄的雄气、英气、锐气迸发的，元气淋漓的，宛如身心本有充盈一样，宛如我身通体就有一样，良有的也就是本有的，本有而充溢的（良是本有充足义）。所谓"通体就有"就是孟子说的："君子所性，仁义礼智根于心。其生色也，睟然见于面，盎于背，施于四体，四体不言而喻。"仁义礼智等在我们心里，仁义礼智等深根于我们的心，也就是在心里面就有那个仁义礼智的知觉，且这个知觉无非是"心"知觉或显现了这个仁义礼智之性，所以叫"心性"叫"践形"（践履的践），就是"心→体""内→外"。如此由"天→性→心"再到"心→面背→四体"而天人一体、天心一体、心身一体、神形一体、上下一体、内外一体，总之浑然一体。

孟子的"心"和"性"不是一个意思，心更多是指心之知觉、辨识（这是心的功能，孟子说"心之官则思"），而性是本有的、与生俱来的，甚至跟"材（才）"有关，即"性"基于"材（性）"。孟子说："乃若其情则可以为善矣，乃所谓善也；若夫为不善，非才之罪也。"又说："君子所性，虽大行不加焉，虽穷居不损焉，分定故也。君子所性，仁义礼智根于心。"还说："仁之于父子也，义之于君臣也，礼之于宾主也，智之于贤者也，圣之于天道也，命也，有性焉，君子不谓命也。"君子"所性"是仁义礼智在心中了，那么这个是通体、浑身、浑体都充满了仁义礼智，那就是一种本有，是一种性体、道体，如此元气淋漓、浩气齐天。这个仁义礼智元性是天赋的，发扬天赋本性，发掘天赋本心，就是齐天通天。孟子的元气淋漓、浩气齐天，我们一读《孟子》这书就知道了。

民国一些大学问家，比如傅斯年等，傅斯年其实很批评思孟，认为孟子是儒家的歧出，一个怪胎，一个异端，他有这么个批评（见《性命古训辨正》等），因为傅斯年有他的科学主义的一些立场。可是他到台大后，去了台湾以后，就号召大家读《孟子》，希望大家学孟子以培养浩志浩气。在精神气象方面，傅斯年还是非常欣赏孟子的；包括胡适也是，胡适也要大家读孔子、孟子，要大家学习那个卓立不倒的精神。那么孟子的精神气象，就是我们大家都知道的那句话，"富贵不能淫，贫贱不能移，威武不能屈，此之谓大丈夫"，特别大气、硬气、英气。

我们也知道孟子说"我善养吾浩然之气"，孟子和公孙丑有个有关"言—心—气—志"的讨论，孟子也非常欣赏告子先得了"不动心"。孟子说自己不动心，是因为自己善养浩然之气。所以孟子是大丈夫气象，是浩然之气。我们看他说"浩然之气"是怎么一个情况？什么叫浩然之气？敢问何谓浩然之气？孟子说"难言也"，就像孟子说的"尽心"，你要具体怎么讲不好说，包括孟子讲的我们要"养气"，那怎么养，当然这个也是"难言也"，所以孟子说："难言也。其为气也，至大至刚，以直养而无害，则塞于天地之间。其为气也，配义与道；无是，馁也。是集义所生者，非义袭而取之也。行有不慊于心，则馁矣。我故曰告子未尝知义，以其外之也。……"

注意他讲的气，貌似自然的气，但是他又说配道义，一语道破要门：没有道义的气，那不行呐。"是集义所生者"，他讲的气是盈塞、充塞于天地之间的气，是有道义的气，集义所生成，是道义聚集在一块。这个就有点类似于墨家讲的"天志"，天有义的啊。所以他还批评告子什么？告子说义是外在的，孟子说告子不对，浩然之气充塞于天，是跟伦理精神、道义、礼义结合在一起的，是义的一个集合或全体。那么这个义气也在我心中，也是在我们心性中有的，这个气不要暴其气，这个气就是内在的气，所以孟子说"持其志，无暴其气"。类似我们说的"志气"，要以"志"帅"气"，不要"泄气"。

我们坚守我们的志（志是心志义，这个志就是"诗言志"的志，相当于感情、意识、精神），就不会让我们的气泄了、跑了、丢了，那个气是至大至刚的，是塞于天地之间的。我们的心性心志是通气的，是与天地之间完全是一体的，天地义气与我身一体，我之志气即通天地义气，这样讲是不是有点道家？咱们也不管什么家，的确思孟学派还是吸收了墨家这种讲天意、天志的思想，吸收了道家讲的上同天地万物以及我们存性保性的思想。思孟说性和道家言性是有些思维相通的，这里不展开，其他地方我专门谈过。当然我这么一谈，可能有很多人就非议，咱们就先不讨论这个了。

总而言之，我想表达的是什么？就是孟子是一个元气淋漓的一种精神状态，是我身我性我心富有仁义，充塞着仁义；而且天地之间有德，天道就是天德，是有仁义的，是这样的道与德。所以孟子说了"浩气存身"的意思，塞乎天地，达乎天地，又达于充于施于万物，是这样个情况，是这么个意思。所以孟子要我们这个气不要丢，我们本有，那我们怎么才能不丢？他说是养夜气的问题，《告子上》说"夜气不足以存，则其违禽兽不远矣"，也就丢掉了气，暴其气了，就堕落了。《告子上》还说"夜气不足以存""牛山之木尝美矣"，大家如牛山，本有很多花草树木，因为牛羊因为砍伐，所以山就不美了。孟子说，人们看见它光秃秃的，便以为牛山从来没有茂美的树木树林，这难道是牛山的本性么？他说不是的。因为外在东西把它灭失了砍掉了，于是茂美的牛山才变光秃秃了。

孟子说人性也是这样的，我们本来就有仁义礼智等，我们可能因砍伐丢掉了丧失了，而变没有了。他说："虽存乎人者，岂无仁义之心哉？其所以放其良心者，亦犹斧斤之于木也，旦旦而伐之，可以为美乎？"他还说："苟得其养，无物不长；苟失其养，无物不消。孔子曰：'操则存，舍则亡，出入无时，莫知其乡'，惟心之谓与？"说仁义这些东西本来就有，操存完全靠心志，以心回到那个性发掘那个性就是了。只要用我们的心志去控制我们的气，去控制以回到我们的性，就能恢复或保存牛山之美一样的性。我们的性，像牛山这样一个森林茂密的山一样，我们本有森林茂密的"山之性"一样，我们不要砍伐它磨蚀它，而要养护它滋长它，然后树木森林长得更好，让它不断地蔓延，不断地扩张。

孟子认为山有材美之性，心有仁义之性，维护我们的"性"要通过我们的心，他说"惟心之谓与"，引孔子的话"操则存，舍则亡，出入无时，莫知其乡"。也就是说，我们只有依靠这个操守行动，我们的性才能存，舍了就没有了。那么存这个靠什么呢？靠我们的心。我没有心的话，我们就出入无向，不知道它的方向，乱了，乱套了，放任了，跑掉了。性或心性都放失掉了，那么心与天道也就被遮蔽了。所以要通过我们的心来操控，通过我们的心来掘进，从而来呈现那个性与天。思孟学派尤孟子的心性论？为什么为陆九渊、王阳明所强调？陆九渊说心和天道沟通，说"宇宙便是吾心，吾心即是宇宙""宇宙内事乃己分内事，己分内事乃宇宙内事"，王阳明说"心之理无穷尽，原是一个渊，只为私欲窒塞，则渊之本体失了；如今念念致良知，将此障碍窒塞一齐去尽，则本体已复，便是天渊了"，这都是心与天道沟通论。

各位朋友，如上就是我理解的孟子心性论的天道理路问题。总而言之想表达什么呢？孟子这个心论是孟子性论的一个延伸，而孟子的性论是孟子天论的一个延伸，是从天而降，又从地而起。天道天德或文明降临于、命赋予我们的性，我们的性再落实或蕴含在我们的心里，我们的心又可回溯性回溯天。以心知性，由性知天，天人之间就这样上下贯通了。所以思孟学派注重"求心→求性→求天"的宗教主义伦理进路，而科学主义的学理进路之派就反对他们，比如略晚思孟的弓荀学派就明确反对他们，当然反对是学理而不是反对价值，这里就不展开了。

以上就是个人对思孟心性论、思孟天道天德与人性人心贯通论、思孟于天人之间如何理论贯通、精神通达之论的看法，我个人的感知或认知或认识很肤浅，甚至在师长朋友看来是完全错谬荒诞的。每个人于孟子思想精神的理解可能有差异，以上只是我的个人理解，或对或错，或浅或薄，仅供大家参考，也供大家指正。

有位朋友曾用一句话来评我，我觉得比较到位，说我什么呢？他说我这个人"做学问锐气，做人厚道"，我觉得这位朋友给我这样一个评价是到位的。什么意思呢？就是做学问，见解一定要鲜明，可能很尖锐，可能别人多不赞同，甚至很伤人很恼人，这都无所谓了，学术探索本来就该这样。但我们做人要厚道，待人不搞歪门邪道、小气度量。"做学问要尖锐，做人要厚道"，我欣赏朋友给我的这个评价这个措辞，我也赞同这种立场。所以前面所谈可能很尖锐，或者说是尖新得荒诞不恭，请大家海涵宽谅吧。我的见解总体上是鲜明的，大家容易抓核心，容易明白与批评，容易提出异议或讨论。

最后说明一下，前面交流孟子心性论的天道理路、天人沟通这个问题时的引文，因为时间的关系，因为口述的关系，我就从简征引或概括性地间接引了。交流时提到的思孟学派文献，比如《孟子》之外的《中庸》或出土简帛文献，再比如我多次提到的《荀子》文献，我就不展开或多引了，因为引文多反而可能会导致交流障碍，不简便简明直接。不过，我觉得我口述时也引了不少了。好，今天我的主题发言就到这里，请大家批评指正，谢谢大家！

〖 附讨论问答 〗

【向昊秋】十分感谢林老师的倾情奉献，林老师先立其大，正本清源，就天言性，就善言天，天命性心相贯通，对思孟学派五行观念，对孟子性善论、对"圣/诚"的感通之维等很多方面的论述都极具创造性和开拓性，让我们很受教育和启发。林老师的讲座铿锵有力，字正腔圆，源泉混混，壁立万仞，颇有孟夫子大丈夫精神，借用林老师的话来概括今晚的讲座就是"元气淋漓，浩气齐天"，谢谢林老师，您辛苦了！下面，进入第二项议程，即讨论交流阶段，请各位师友积极提问，请林老师用语音回答，以方便我们整理和保存。谢谢！

【刘海成】林老师好，我先来抛砖引玉：林老师提到孟子在"距杨墨，放淫辞"的同时吸收了墨子"天志"论和杨朱"存性"论，请林老师能否具体讲讲孟子是如何吸收、转化墨子思想来形成其"性善"论的。我对这个问题很感兴趣，谢谢！

【林桂榛】好的，刘海成朋友提了一个问题，说在我文章或刚才口述时提到孟子"距杨墨，放淫辞"时吸收了墨子的天志论及杨朱的存性论，他说能不能具体讲讲孟子是如何吸收转化墨子的思想来形成性善论的？对于这个问题，我的博士论文《先秦儒家"性与天道"论考原》分析过，我这书只讲孔孟荀三章，第二章的"孟子天论、性论辨"以及第三章的结语"孟荀天人论的差异"里谈到了，谈到了我前述这个观点，但是没有具体展开，为什么没有具体展开呢？因为我觉得我研究不够。

我从孟子讲天是有这样哪样的伦理的，是有一种道义或德义的，得出孟子天论与墨家脱不了干系，当然这个干系也可推到《尚书》或《尚书》时代。我们知道孔子的时代，"天"概念有可能是神灵天，当然也可能是伦理天，甚至有其他的很多含义；但是在思孟里面，在孟子里面，天多是伦理的，不是那种神灵意义上的、那种所谓上帝式的人格神之天，我认为墨子"天志"论里的"天"也是有道义辨伦理的，这个墨孟是完全相同的，我推测两者是有瓜葛的，这是我的一个基本的判断，虽然判断不一定对或靠谱。

为什么这么讲？我这个判断是比附或附会吗？可能有朋友说我这是附会。但是，墨孟的"天"确有内容相同，而且墨家墨子是先于孟子的。而且孟子这种思想很独特很鲜明，但在孔子儒学里不很共同不很明显，而恰恰在墨家很明显。孟子此种思想从哪里来？这就是宋儒、清儒谈到的，理学家们宋道学们在批评佛老的时候，也恰恰会受佛老影响，即我在批评你，我在抢夺话语权，我自然常落入你的话题你的思维，但我要充实或注入我的精神我的价值；也就是说，你的思维你的理路我可能会用，但里面的内涵可能会变化。所以孟子的存性养性和杨朱的存性养性有思维相同性，也有差别性，孟子所要存养扩充的性终究是儒家的仁义礼智之性，而道家恰是反对生命异化或伦理固化对生命本性的戕贼戕害的（这个戕本思维也为孟子所用）。

孟子在批评当时流行的墨子学说时，他难免像清儒所讲到的，宋儒在批评老庄时，在批评佛禅时，在批判道佛以建立自己思想时，难免带上了道佛的话语思维，难免沾上了道佛的思想理路。那么在孟子里面，那么他在"距杨墨"的时候是不是也有这样的情况？我觉得完全是可能的，甚至是很成立的。孟子所批评的墨子，恰在批评儒家的天是没有神的，这是《淮南子》里说过的。墨子的批评话语，说明墨家所知道的当时流行的儒家思想是没有以天为神的，当然我们也知道孔子里面也是"祭神如神在"，鬼神还是很少说的，甚至是敬而远之的，保持分际或分寸的。那么孟子里面其实也没有多少神鬼化的东西，可是有明显的、确凿的、完全天人贯通的、上天赋予人以伦理道义或礼义的观念，这如同墨家"天志"观念以天有礼义是非之分辨或精神一样。孟子的天人伦理学说为宋儒所着重发挥，宋儒理解或阐发的天理是礼义，天理之性即礼义之性，天与性有天理有道义，这个和思孟完全吻合，所以宋儒说思孟是正统道统是有道理的，是有它根据的。

那么孟子吸收利用杨朱存性论问题，那么道家最基本思想、杨朱最基本思想就是性是好的，是本有的，我们就是存性，我们要复性，我们说唐代韩愈的弟子李翱著《复性论》三篇。复性即孟子讲的"反性"，此"反"不是反动的反义，而是返回的返义，返即复回，复即返回，就是性要回到身心本有之中的意思。孟子说我们人人都像汤武、尧舜一样，尧舜是"性之也"，汤武是"身之也"，而五霸是"假之也"，如此等等，就是说仁义在人身上"性之—身之—假之"。

李翱讲"复性"就是从孟子"反性"而来。孟子讲反性，性本来是好的，这种本有某性而主张"存性"的观念，跟道家是有些瓜葛的，是道家思想或精神所长，我的《天道天行与人性人情——先秦儒家"性与天道"论考原》这书里，还有其他一些文章，都提到这了，但未充分展开。好多先儒也讲过这个问题，包括冯友兰先生。这个仁义礼智之性于我们每人本来就有，我们找回来，我们去复性，我们来返性，性本来就是好的，要复性存性，不要害性戕性，不要失性丧性，如此等等。思孟复性存性论跟道家还真是有一定的渊源，是有假借或浸染道家长处的地方，如同前述孟子假借或浸染了墨家"天志"长处一样。当然我这样讲，很多崇奉孟子纯洁道统地位的人难免反感，无法接受说孟子批杨墨竟然自己杨墨化了，这就需要冷静辨析了。

孟子讲"养夜气"之修炼，我以为也是很有一些道家色彩的。包括《孟子》里面的有些话，是有星占色彩的，有神秘体验色彩的，这种星占色彩内容一如两汉的谶纬神学似的，这不是什么危言耸听，你去看《孟子》书里的"天时不如地利""五百年必有王者兴"的"天时""五百年"之原委就清楚了，去看子思所作的《中庸》说"至诚之道，可以前知：国家将兴，必有祯祥；国家将亡，必有妖孽"以及思孟都大讲"圣 / 诚"就明白了。齐国本盛行道家思想，长期活动于齐的孟子不会无动于衷于流行的道家思想，不会不与他们好辩及求胜。

总而言之，刘海晨朋友这个问题我还没有更深入研究，我目前掌握的材料还不够，只是很粗浅的看法或感想。当然，我多年前说的个观点，我还在继续扩展补充中，我想在其他的作品或著作里再详细展开，再深入探讨，谢谢刘海晨朋友的问题和意见。

【詹良水】林老师，您好！请教一个问题：关于孟子的"尽心知性知天"章，朱子和阳明的解释次第正好是相反的，阳明认为"尽心知性知天"是生知安行事，是圣人境界，而"夭寿不二，修身以俟"为困知勉行事，是初学者境界。对此您怎么看？

【林桂榛】詹良水朋友提了一个很好的问题，问朱熹和王阳明解孟子某章究竟谁对谁错。《孟子·尽心上》首章"尽其心者，知其性也。知其性，则知天矣。存其心，养其性，所以事天也。夭寿不贰，修身以俟之，所以立命也"这章是完整一体的，前两句讲"知性知天"，后两句讲"事天立命"，且后者是前者的继续，即唯有知性知天后，才会坦然存养心性以对待上天、对待我命。所以，这章不能如你说的王阳明那样三一句分（实应二二句分），更不是前三句是讲圣人境界，后一句式是讲初学境界，王阳明于《孟子》此章句的修辞条理及思想含义的理解是不到位的，应予以否认（王阳明治学其实比较粗糙，意胜学常见）。《孟子》此章是讲"心→天"与"知→立"的一个递进的修进过程，是通往圣通的过程，全是过程，不是说前面哪一步就圣人境界了，实际上唯有最后坦然"立命"才是孟子说的真正圣人境界，故后面一章孟子又说"尽其道而死者，正命也；桎梏死者，非正命也"云云。

【郭坦】林老师好，向您请教两个问题：思孟学派五行仁义礼智圣有渐次关系吗？思孟学派五行与相生相克的五行之间有区别与联系？

【林桂榛】郭坦朋友问思孟学派的仁义礼智圣五德或五行有渐次关系么？还问思孟学派的五行跟相生相克的五行有区别和联系么？我的看法是：思孟学派五行其"圣"最高级，思孟学派五行和相生相克的五行是有区别和联系的。思孟学派的"五行"就是仁义礼智圣或仁义礼智诚，它们五者之间当然是有层次的，至少仁义礼智常常捆绑在一块叫四德四行；而圣或诚是单标的且也是最高端的，因为天人之间的沟通完全是靠这个"圣"，靠听感、感听、感知、感通，而"圣"字的繁体"聖"就统摄了这个意思，这个可能，"聖"是靠人靠口耳的。思孟五行或五德中，仁义礼智是一个相对的整体，其中仁义是捆绑的，无疑纯涉伦理；礼智也是相对捆绑的，也涉伦理；"圣"则最后最高提出来，"圣"是非常重要的关键点，是理解思孟天人论的钥匙，也实是思孟天人沟通的桥梁。

　　思孟学派的五行是五种"德之行"，五种德行和具，谓之通天道之"德"；无圣之四种德行和具，谓之在人道之"善"。当然这个"五行"是天道天德也是人道人德，是天人沟通、天人一体，所以这个"案往旧造说谓之五行"的思孟新五行叫五行是比附原始天道历数五行概念而来的。原始"五行"是描述天道变迁，那么这个沟通天人的思孟学派的新五行，还有我们习惯说的金木水火土五德说之五行，它们之间有什么区别和联系呢？

　　我前面讲的时候已经谈到了，思孟学派是用五德比附天道五行论，然后造出了人德人伦五行论；而那个金木水火土五材为何变成弥漫、统摄天地万物的材质五行论？那是因为金木水火土在孔子之后的时代是星占术一样以五材比附到天德上（五星称金木水火土就是如此而来），今天天运于你是木德，今年的天运于你这国家是水德，诸如此类是邹衍的学说，当时叫"五德"而不叫"五行"。所以孟子天道天德论的仁义礼智圣五行（五德）和邹衍天道天德论的金木水火土五行（五德）是两回事，邹衍应该是思孟后学，邹衍五行说应该是后流，邹衍是把金木水火土五材援引进入了天道论而言金木水火土五德。司马迁说"齐有三邹子"，孟子前后有邹忌、邹衍，三邹子的共同特点就是"游说""游学干诸侯"，这是大有意味的历史记述。

　　思孟学派把伦理性的五德注入到天道五行，邹衍学派把材质性的五材注入到天道五行，实际上都有注入和比附的情况。他们演绎新理论，或他们"理论创新"，其实都是比附，或换句话就是注入与转换而已。天道天德是什么情况？邹衍说是金德木德水德火德土德，如此不就"说客"般将金木水火土五材注入天道天德层面而变成了刘向说的"五星之所犯各以金木水火土为占"一样了？孟邹二说二流应是先和后的关系，他们之间紧密的是旧的天道历数"五行"被分别注入什么新内容或内涵，其思维机制是什么关系，这是个深入的问题，这里不展开。

　　【刘海成】再向林老师请教一个问题：就天言性，借天立说，在中国古代确实具有十分悠久的传统和说服力。但是在天道信仰淡薄甚至丧失的今天，如何接续传统儒家来讲"性善"论？如何让现代人相信、接受"性善"论呢？

　　【林桂榛】这个问题不好回应，因为信仰问题各有所取，不可勉强。我想这个问题就是人性的本始本源在哪里或是什么的问题，孟子说人性在天，荀子说人性在人。善的东西，比如孟子说的仁义礼智圣，从本源上讲究竟在哪里？说在天，说在人，说在神，如果是一种哲学上的理论，我觉得各有各的理解或说法都无所谓，这个都无所谓，不一定某家就对或不对，因为这涉及到价值信仰与思维模型的问题，或者说涉及理论思维的抽象概括总结问题。

　　那么思孟学派讲感通讲音乐讲礼乐，儒家说"明则有礼乐，幽则有鬼神"，所以思孟学派有这样的精神气质的话，他肯定是重视礼乐的。所以孟子讲性善，从哲理上从逻辑上讲性善，你赞不赞同，我觉得并不要紧，但是孟子通过修养的工夫或路径也即通过感通方式来讲天讲性讲道讲德，我想可以给我们很多启发：就是我们应该重视礼乐，重视仪式，重视感知，重视感听，重视听觉，注重体悟；要给人一些环境，我们才能理解领悟、体证获得、感知感通，我想这是我们要向基督教学习的，要向很多宗教学习的，我们儒家对各种宗教是理解宽容的。

《乐记》说"明则有礼乐，幽则有鬼神"，通过这样的礼乐形式来上溯到天，这就能觉发、发觉我们伦理天性的本有，能领悟、觉知仁义礼智之类的善或德，所以这个理路就是感知，在这样那样的环境下我们才能感知。光从概念上讲"性善"，让我明白性善，让我懂得性善，可是没有打动他，他没有这个感知，那就没办法，因为这未必是一个纯粹逻辑的问题，未必是一个学理是非真伪的问题。为什么是个哲学演绎、观念演绎之类的问题？我们首先要感悟感知，我想这个出土简帛文献说得很清楚了，我们儒家的这些文献说得很清楚了，《中庸》说得很清楚了，我们要这样的环境来感悟，这样可能就会比较容易接受"性善"论，而不是拿逻辑或学理来证明或牵引别人来信奉"性善"论，这叫"牵强"于哲学信念或宗教观念，这是孟子说的"戕贼仁义—穿凿智慧"了（性善论实可哲学演绎及解释，而未能逻辑及实验证明）。

另外，不赞同"性善"论也无妨，只要你认为善良、仁义的东西是我们的，是人为的，是文明的积累，是我们的有所作为，所以我们有先知先觉者，所以荀子讲需要先觉之圣王等，这都无妨啊！某人不赞同"性善"论，难道道统、仁义就灭绝了？难道就反对道义了，难道人类就是放弃大本或希望了？不是这回事，不要如美国科学家波利亚说的把个人"深怕失去这种信念后会扰乱我们感情上的平衡"的忧虑心理或恐怕立场当作真与善的信念来源，这才是精神脆弱与智力可怕的！我觉得对于人性本源，说是善的、恶的、朴素的等，这只是一种观念的叙述，一种思想的概括，有分歧并不要紧也无所谓，这个很正常，我觉得有差异其实很正常。

总而言之，应该通过环境、浸染、体悟、感知来接受性本善论，这本是思孟的精华或精神；那么接受荀子说善是积累，是文明的积累，是先知先觉的作为，我觉得也可以。从乎荀子，文明还是没有断，人类依然有希望和信心，甚至更寄希望于众人拾柴、奋发有为；那种认为唯有讲孟子式的"性善"论，文明与信心才得以维系，世界才有光明，人类才有希望，人心才有动力，认为这才是人群中、地球上、宇宙中唯一正确的人性论，这肯定是不成立的，或者说这是一种固执可爱的"信念"真理或"成见"学说，是一种"浩然之气，天命在我"的可贵自大。

当然，如果认为人性是恶的，那当然人就绝望了。性是恶的，性从天来，性与天生，天也是恶；天是恶的，性也是恶的，那么天人皆是恶的。如此，人类也绝望了，没希望了。我想世界上没有哪一个人会那么愚蠢，会形而上学地、哲学地、宗教地得出这样一个绝望"性恶"结论。我一再强调荀子不是"性恶"论，是性资朴论，是材性资朴论，我有我的文本根据，也有对荀子思想与人格的基本判断，这里我不再展开。

这个问题日本的学者也讲过，甚至专门讨论过《荀子》"离朴离资"这些章句讲原点是朴素的问题。荀子的思想体系有他"材朴"以自圆其说，孟子的思想体系有他"性善"以自圆其说，我想我们在学问上要懂得这个道理，孟荀都不是傻子，都不是人格低下，只是他们思维方式或关注切入点不一样而已。

思孟学派更多的是一种天人之间的沟通、打通，涵养我们的心来通达、上通下达。你说是宗教也好，你说是内在超越也好，或者是徐梵澄大师说的"精神哲学"也好，都可以，从大处看孟子精神气象、学说理论就是这样的。公孙丑说孟子"五行"为核心的天道论、性善论是"道则高矣，美矣，宜若登天然，似不可及也，何不使彼为可几及而日孳孳也"，而弓荀学派，我一再强调的弓荀学派正是不"宜若登天然"而"彼为可几及而日孳孳也"，弓荀学派讲阴阳天道下人人有七情六欲，我们人们除了自身的修身、省悟、觉悟、反省等，我们常人更应加上礼义良规的规范约束，所以我们要自我约束、自我克修，另外也要人为约束、人为克约，所以就是荀子反复强调的"礼法之化，礼义之导"的治世路径了。

以出发点或关注点的差异而论，思孟学派会走向精神的建构、心性的建构、修养的建构，而弓荀学派会走向社会秩序的建构、礼法的建构、制度的建构，这是顺理成章的事。所以思孟学派和弓荀学派各有所长，这个就类似康有为所说的佛陀之后的马鸣、龙树一样，马鸣、龙树各有所长。思孟、弓荀两派我们都要，儒家这两大分支两大气象我们要统合，这个统合不是拿谁来反对谁，就是都吸取它的精华。心性精神建构的道路，社会秩序建构的道路，都是先秦儒家所长，都要重视继承吸收。所以应该这样，不是拿荀子来一味反对孟子，也不是拿孟子来一味反对荀子，孟荀各有所长，此乃儒门之大气象，我们要到位地判断他们的精髓与差异，立场要大气，立论要公允，可以相互批判，理应彼此综合。

好，今天就交流到这里，谢谢主持人，谢谢各位贤达。本人说话粗糙，率意以词，请大家听得大意即可，不以辞害意，不纠缠或执辩个别措辞或口误字句等，谢谢大家，大家受累了，晚安！

【向昊秋】林老师连续讲座两个小时，已经十分辛苦，让我们再次以热烈的掌声感谢林老师的倾情讲演与悉心解答，同时也感谢各位师友的积极参与与互动！

【林桂榛】谢谢主持人鼓励，也请大家商榷、补充、赐教。

【向昊秋】"做学问要尖锐，做人要厚道"，这是今晚林老师带给我们最珍贵的礼物！感谢林老师，您辛苦了！大家晚安！

作者简介：林桂榛，哲学博士，山东曲阜师范大学副教授，主要从事儒家经典的考释。

人何以构建理念世界

蔡恒进

内容提要：物质世界与意识世界如何相互作用一直都是哲学的核心问题。哲学史上有先验直观、直觉主义、感应论、一元论和二元论等不同理论尝试解释这一问题。作者认为，并不需要借助于上帝或神的存在，也不需要引入还原主义，而只需在承认"我"之实存的基础上，认识到由"我"开显与炼化的认知坎陷构成了良知等理念世界的内容，就可以比较好地推进对这一难题的解释。今后人工智能（AI）的研发也需要围绕机器如何开显认知坎陷而展开，并且应当要求机器以人类的认知坎陷或意识片段为基础，再开显新的认知坎陷。至此，就得以将"构建"与"感应"同构起来，为阳明学注入新活力。

关键词：理念世界；开显；认知坎陷；智能；多样性

一、物质和意识世界的沟通

柏拉图哲学中构建的理念世界概念贯穿了整个人类哲学发展史。在不同人的观点中理念世界的表现形式可能不一样，比如在康德的思想里理念世界可能就表现为物自体①。在阳明学中"良知"也可以看作是理念世界的内容，"感应"则可以与"构建"互通。1529 年，王阳明先生辞世，西方则开启了近五百年快速的发展。实际上，自然科学的发展跟理念世界等哲学观念也有很大关系，数学和物理学都明显受到了柏拉图主义②的影响。爱因斯坦相信存在一个大统一理论，也就是数学可以把整个物理世界给统一起来，背后也不无柏拉图主义的影响。到了人工智能（AI）时代，我们也不能忽视理念世界已经产生的影响。现在的计算机是从图灵机③发展而来，而图灵机

---

① 参见叶秀山：《哲学还会有什么新问题》，《哲学研究》2000 年第 9 期。
② 柏拉图主义的基本观点是：数学的对象就是数、量、函数等数学概念，而数学概念作为抽象一般或"共相"是客观存在的。
③ 1936 年，英国数学家阿兰·麦席森·图灵（Alan M. Turing）提出了一种抽象的计算模型——图灵机（Turing machine），又称图灵计算机，可将人们使用纸笔进行数学运算的过程进行抽象，由一个虚拟的机器替代人类进行数学运算。

的原理归根结底来自于数学思想。那我们是不是可以沿用这种理念世界的思想来分析 AI 的问题，并且能够走通这条路呢？这是第一个我们要思考的问题。

第二个问题是，我们怎么知道有理念世界的存在呢？在柏拉图的理论中，我们首先可以假定灵魂的存在，假定我们（前世）曾经到过理念世界，因而（现世）能有一部分关于理念世界的记忆[1]。康德则是用先验直观来对这个问题进行探讨，即若要沟通现实世界和物自体[2]世界，必须假定上帝存在或者能够证明上帝的存在。特别谈到"福德一致"时，必须要假定上帝存在才能解释得通[3]。在中国历史上也有类似的问题，例如王阳明晚年研究的感应论，"生而知之，学而知之"的说法，以及程朱理学和陆王心学的不同侧重，也都是该问题的体现。如何确定理念世界的存在，这个问题本质上是意识世界和物质世界的沟通问题。究竟物质是第一性还是意识是第一性？假如说物质和意识是两个完全不同的内容，彼此之间又怎么起作用？

这两个问题并不容易回答，但现在 AI 的快速发展，迫使我们要回答这些问题：物质结构跟意识之间的关系到底是什么？机器有没有可能发展出意识，甚至说机器能不能有自我意识？人类跟机器到底有什么本质差别？这些问题也是我们从十多年前开始研究 AI 的出发点和切入点。

二、良缘主义中的开显过程

要讨论意识世界与物质世界的沟通问题，应该要把直觉主义和先验直观放在一起探讨。西方哲学有"构建"，佛学里有"顿悟"的说法，王阳明晚年也在思考"感应"的问题[4]，这些就是在试图回答怎么沟通这两个世界的问题。我们选择用"开显"（eriginate）这个词来解释认知坎陷[5]的生成问题。在几年前我们在写文章[6]讨论触觉大脑假说的时候，一开始想的题目是"原直观"（meta-intuition），想表达这是我们的直觉或者直观的最初来源。开显比直观和直觉或感应更进一层，其背后是良缘主义（serendipitism）[7]。

具体来说，对于我们个人，物理条件的内外使得我们能够辨别出"我"和"外界"，这是最本源最直观的建模，可以认为这就是一对最早开显的认知坎陷或范畴。只有在这个意义上进行理解，我们才能解释清楚两个世界的沟通问题。意识世界是从"我"生发而来，如果没有对自我的

---

[1] 参见陈俊伟等主编：《灵魂面面观》，中国社会科学出版社 2006 年版。
[2] 物自体是德国古典哲学家康德提出的一个基本哲学概念，它指认识之外的，又绝对不可认识的存在之物。
[3] 参见邓晓芒：《康德对道德神学的论证》，《哲学研究》2008 年第 9 期。
[4] 参见陈来：《王阳明晚年思想的感应论》，《深圳社会科学》2020 年第 2 期。
[5] 参见蔡恒进：《认知坎陷作为无执的存有》，《求索》2017 年第 2 期。认知坎陷（cognitive attractors）是指对于认知主体具有一致性，在认知主体之间可用来交流的一个结构体。
[6] 参见蔡恒进：《触觉大脑假说、原意识和认知膜》，《科学技术哲学研究》2017 年第 6 期。
[7] 参见蔡恒进、汪恺：《AI 时代的人文价值——对强计算主义的反驳》，《人文杂志》2020 年第 1 期。良缘主义代表了一种正面的、积极的且偶然的相遇，既能够解释物理世界中不可计算的断裂现象，又能够充分重视人文价值在引导人类世界走向上的重要作用。

观念，或者说如果没有"我"这个认知坎陷，那么我们就不可能理解所有其他相关的意识片段、认知坎陷等一系列模型。对比其他学者认识世界的模型，柏拉图需要引进灵魂，康德可能需要引进上帝，但通过认知坎陷，我们只需要假定人是存在的，或者说"我"是存在的而且是不可以被化约掉的。通过触觉大脑假说和认知坎陷，我们可以从进化论的角度去解释"良知"的起源，"良知"的发端不是一种"天赐"或者"天然"，它甚至根本不是人的成长起点。小孩在5岁之前，经过"轮回染习"①，已经接受了很多内容，"良知"或"本心"并不空，即自我意识与认知形成过程才是人的成长起点。"轮回染习"便是这"根源所在"，而认知坎陷则取代了具有太强超验性因而神秘化的"智的直觉"。

"我"本身不是绝对不变的，它的内容在不停变化，它的边界也在不停变化。这和以前对存在绝对性的灵魂或者上帝的假定不一样，"我"虽然就存在意义上来讲是绝对的，但是它的内容本身是变化的，这是最本质的差异，这个差异也会反映在我们对智能②的理解上。物理主义还原论、强计算主义等思想，也是受到绝对性的、不变性的影响，这与我们对"自我"的理解是有很大分野的，某种程度上这也可以看作是东西方思维方式的一个重大分野。以前讲 being 和 becoming，becoming 当然是在变的，being 是绝对不变的。相比较而言，我们的想法在根基上与东方的思维共振共鸣多一些，我们也相信如果按照西方还原主义的思路去理解人工智能以及我们人类未来的过程，这必将会遇到根本的困难。我们会发现在 AI 中，自我意识很难安放，自由意志也无法安放，很难说机器什么时候会出现自由，因为按照还原论，所有反应都是给定物理条件就会必然发生的对应的结果。

从触觉大脑假说的意义上来讲，不管生命一开始多么微弱，即使一直追溯到单细胞生物，自我的存在便伴随有自由意志的存在。虽然在生命早期，很多时候都受限于物理条件，来之不易的自由是那么微弱，那么微不足道，但是随着进化不停加强加深，生命体发展到了智人水平，自由就变得非常深厚与广阔。随着我们对物理世界和物理规律的理解不断增强，我们现在的自由实际上是不是变得越来越多？这是一个值得思考的问题。

我们最近提出了良缘主义。与还原论、计算主义有很大不同，良缘主义强调事物不是先天就有或者是后天学会的，而是来自于一种相遇，而且甚至可以说是小概率的相遇。因为认知主体有自我意识的存在，有做选择的自由，那么我们就相对会得到一个比较信任的、比较好的结果，我们把这个过程叫良缘主义。良缘看起来与机缘有关系，但是缘分是先定的概念，而良缘主义是有随机成分但又不完全随机，因为有自我的参与，有主体性的选择，就使得小概率事件会被记忆、放大，甚至变成未来的主流。我们这个世界并不是决定论的，不是由命运排布好的，是有我

---

① 神经心理学的研究表明，人自出生起，大脑里就有数量惊人的神经元，0—5 岁期间人的脑重不断快速增加，这一增加到 5 岁基本停止。在这个过程中，神经元之间的联络在不停地改变和加强。正是在这一阶段，儿童的大脑快速对世界进行认知坎陷的构建，受到"善"的影响最大，为人的一生奠定了认知基础。我们用"轮回染习"（recursive acquisition）来概括这个过程。

② 蔡恒进、洪成晨、蔡天琪：《人工智能与人类未来》，《伦理学术》2020 年第 3 期。我们将智能定义为开显、加工和运用认知坎陷的能力。

们所具有的主动性在其中的。良缘主义和东方的思想比较相融。当然西方也有自由意志这一派，但是现代科学的发展，实际上越来越压缩了自由意志，甚至是人文学科的空间。良缘主义中存在的主体性或能动性具有显著的重要性，我们用"开显"这个"开"字（一心"开"二门），就是代表我们在这个世界里不停地要开显新的认知坎陷出来，开显新的内容出来，而这个过程是无止境的。开显这个词借用了乔伊斯的说法，他曾经用过 eriginate 一词，该词是从 originate 演化而来，origin 是缘起，动词 originate 显得更中性，而 eriginate 更有主动性，因为这里强调了自我主体性在这里的作用，所以把第一个字母 o 改成了 e。

我们可以通过一个形象的例子来体会什么是开显。比如说人工饲养鸡，如果好多代一直处于被饲养的状态，它们从来没飞过，也不知道是什么是飞。但是假如突然有一天，一条狗进来追逐它们，那么鸡就会快速地跑，就会用翅膀来辅助。那么它可能在这个时候，就发现自己能飞起来了。在这个例子中，明显可见前提条件是鸡的身体条件具备了飞的功能。虽然它从来没飞过，也没有见过其他同类飞行，但是在这种比较极端的条件下，一旦有狗来追逐，那么它为了生存，就被激发出来这种飞的功能。在这里，它的飞行本领不是后天学的，反而可能来自于先天，即使几代都没有这种被追逐的情况。当然，它现在的飞跟多少代之前的飞可能还是不一样。可能飞得更笨拙了，可能飞不了很远。但因为它本身有这种潜力，即使这个潜力是从来没被发现的，却因为这种相遇，这种极端条件的场景发生，所以把它飞的能力给激发、开显了出来。

三、开显、加工与运用认知坎陷

理解了开显的过程，我们就更容易理解一些现象，比如神童出现的原因。莫扎特显然是音乐神童，我们现在听他音乐还觉得非常好。那么他的神奇能力来自于哪里？一种说法是遗传来的，一种说法是后天习得的，比如老师教的，但显然这两个解释都不够准确，因为没听说他父母比他能力更强，也没有听说他的老师比他更强，那么莫扎特为什么能达到他的父母和老师都达不到的境界？详细去梳理人类的个体发展，会发现对普通人来讲，大多是通过语言来认知这个世界的。特别是从 0 岁到 5 岁这个阶段，大脑快速发育，对普通小孩来讲，一开始这个世界对他是混沌的，但是父母会教他分辨环境与事物，那么他突然会发现世界原来那么简单，而且每个东西都有名字，这个过程实际上是非常快的。小孩到三岁的时候，已经能像大人一样打电话，完整地讲故事甚至编故事，对比看我们学外语，费了那么长时间，可能还讲不清楚，但是小孩子就不经意地学会这么多东西，这是很神奇的事。回到莫扎特这个例子，可以设想，莫扎特在小时候大脑快速发育的阶段，很可能因为某种机缘而能够通过声音来认知世界。对他而言，椅子与桌子的声音不同，爸爸与妈妈的声音不同，所以这个世界对他来讲，有与常人不同的在丰富声音中展开的面向。因此他就会自然而然可以比他的父母，比他的老师，对声音更敏感，在这个视域里，他就能写出更多更优秀的"声音"作品来。这也是一种相遇，因为当初那种分叉，他在关键时刻，关键的阶段，不只通过语言而更通过声音来认知这个世界，使得他比别人更敏感，这个相遇也造就了他。

除了个人的发展，我们同样可以通过开显来理解群体或社会的发展，例如唐诗宋词的繁荣现象。在唐朝的时候，大家很多时候是以诗这种方式来描述世界的，而且也能被大众所认可。在唐朝它发展到一个非常高的程度，以至于后人难以望其项背。那么到了宋朝，我们在另外的场景下，词的发展变得更重要，更受追捧，那么词的成就就达到一个新高峰。当然在音乐领域也是一样的。从古典音乐到爵士乐再到重金属，每个种类刚发展的时候，总会有人觉得它庸俗，好像比不上原来的音乐，但到后来，它也变成了经典。人的意识世界就是这样创造的，而不是先定的。虽然有这种潜力，有这种可能性，但是需要场景，比如社会条件或者物理条件的发生，而开显出来这些很了不起的、很优秀的东西。

可以认为认知坎陷是对真实客观世界的扰动和误解，但是这种扰动、误解甚至是幻觉，后来变成了我们的意识中很深刻的部分，而且它是一直跟随着我们，影响了我们对这个世界的看法。因此认知坎陷的开显与出现，也可以成为一个客观的存在。虽然它是主观里开显出来的，它对后人来讲，甚至可以是比物质世界更真实的存在。有时候我们可能还意识不到，还感受不到一些物质的存在，比如说一块石头的影响还远远比不上诗词歌赋对我们的影响。我们对外界的反应并不总是简单的物理反应，而是一种构建。我们不是被动适应环境，而是很主动地、以我们选择得方式来跟这个世界相遇，这种相遇本身是有冲突的，但是这种冲突最终会导致一个和谐的结果，这个结果可以具有很强的生命力，就是能够创造出这种认知坎陷来。

最早的认知坎陷就是我和外界。从物理意义上来讲很难说内外有差异，只有生命才能有这种内外差异。在单细胞细胞膜的时候，细胞膜是有某种形式的认知功能的，在一定条件下它能分得清楚营养和非营养的东西。假如说外界给它的压力太大，它会崩溃掉，但是在一定条件下它的生命能够进行。在能活下来的条件下，它有认知功能，能分析出内外，但生命一旦消失，那么这个内外就没有差别了。

我们的想法跟道金斯[①]等人的想法有细微差别。差别在于，在他们的想法中基因是根本的，生命过程来自于基因扩展势力范围和存在性的需要。所以，他还是站在接近柏拉图的意义上去思考，关注的是基因的不变性。但是在我们的思想中，更多强调的是生命过程本身。生命过程的本身有目的性，也就是他要活下来。但是基因是上一代传给下一代的，它只是一个过渡。这里可以把基因看作是一个意识片段的物质化，生命过程是很复杂的，是要生存，是要把意识片段凝聚在基因中然后传给下一代。而且假如基因没有适当的条件，它是不能变成生命本身的，在这里也需要一个相遇，要有一个适当的调整，它才能变成生命。我们现在面临新冠病毒，病毒本身它还不算一个生命，只是一个片段、RNA序列，当它影响到细胞之后，才能变成活的，然后才能复制

---

① 参见〔英〕理查德·道金斯：《自私的基因》，卢允中等译，中信出版社2012年版。英文版 *The Selfish Gene* 首版于1976年，道金斯认为基因为达到生存目的会不择手段，由于基因掌握着生物的"遗传密码"，所以一切生命的繁殖演化和进化的关键最终都归结于基因的"自私"。

变成下一代，也是要相遇到这种环境才行，不然的话就是一个死东西。而且这种意识片段或者认知坎陷是功能性的，实际上，我们可以把它理解成功能主义的意识跟物质的关系。可能功能主义说物质本身就有结构，但是意识是结构的一个功能，功能也是可以独立于结构本身的。实际上，不同的结构可以实现同样的功能，物质更多的是功能导向的，而不是结构导向的。

有一个例子就是钟表。钟表要完成报时的功能，需要有周期性的运动。比如说钟摆，需要有能量的维持，需要发条加能量，也要把这些连接在一起的螺丝之类。这是它的结构性要求，用于产生功能。但是我们还可以用电能替代发条，周期运动可以是晶体的震荡，然后螺丝可以被电焊焊接替换，只需要这种片段性的东西，再重新结合在一起，也能制造出电子表，也能够报时。意识片段要借助于物质结构来展示自己，来进化，但是它不是结构本身。钟表的例子说明不同的物质结构能反映同样的功能和意识片段。同样的一条信息，可以写在磁盘上，也可以用光刻，也可以是墨水写在纸上。它表达的信息本身和承载它的媒介，例如用什么来写，用什么来展示，是没有关系的。那我们的意识也是如此，意识是独立于物质的结构本身的，我们理解了这些，就能理解这两个世界是怎么沟通，即意识世界和物质世界的沟通。

四、由认知坎陷开显进化而来的意识世界

意识世界从何而来？它不是上帝给的，也不是泛灵主义的（有灵魂一直贯穿其中的），而是在进化过程中，在宇宙的展开过程中，产生的生命现象。生命在结构复杂化之后产生了某种功能，而且这种功能又变得能够独立于结构本身，然后自己借助于物质世界以及物质本身的结构来进化、来改变，意识世界便是如此进化而来。这里有一个最关键的点就是"自我"这个意识片段，对生命来讲是不能约化掉的，它有本体意义上的存在意义。而且自我参与到整个宇宙的进化过程，因为自我的主体性，因为自我绝非完美的特性，物质世界就具有了一种特殊的"随机性"。虽然很多情况下可以预计，但是某些特殊点、关键时刻是不可预计的，而且是可以有偏向性的。那么"自我"会参与整个宇宙的进化过程，所以他本体的意义上来讲是独立的，他可以是原因本身，就像灵魂或者上帝一样的，"自我"的整体的地位就是这样。

意识世界进化的过程本身并不神秘而是可以理解和追溯的。虽然追溯这种展开不是唯一的路径，但是我们对认知坎陷的开显最终要回到对自我的认知问题中，包括生命进化本身也是这样。例如我们眼睛的结构很复杂，很微妙，但是世界上那么多动物，那么多生命，眼睛的种类仍然是有限的，而非五花八门。这只有在我们新的框架下才能够理解透彻。比如，神创论一直攻击进化论的一点，就在于如果按照理论进化，完全是随机的物理演进过程，那么进化的时间根本不够，并且生命的出现和状态将是更加随机的才对。

这种攻击在当代表现为智慧设计运动对演化论的挑战。智慧设计运动是一个在当代美国的知识分子圈里曾经闹出过很大动静的"准群众运动"，因此很有必要对其社会背景做一番简要的

介绍。① 该运动的主将有研究数学出身的邓博斯基（William A. Dembski, 1960— ）和研究分子生物学出身的贝希（Michael J. Behe, 1952— ），而其较早的精神领袖还有菲利普·约翰逊（Phillip E. Johnson, 1940— ），一位加州大学伯克利分校的前法律教授。他们的基本论点是：既然演化论已然假定自然选择的机制是盲目的、无预先目的的，那么这种演化机制到底又是如何造就生命组织所往往具有的高度复杂性的呢？具体而言，邓博斯基试图从概率统计的角度证明的是，达尔文（及其追随者们）所描述的演化机制能够催生现有的生物多样性的概率是很低的；贝希则试图证明，即使是微观的分子生物学结构，也很难从纯粹的无机世界中纯粹自然地演化而来。他们的正面论点则是：我们必须假设宇宙存在着一个设计者，这个设计者运用其智慧设计了各种生命组织。而面对这种挑战，一旦我们在生命过程和功能性中考虑这种认知坎陷，就能比较好地解释进化过程中的这种"神奇"现象。

认知坎陷并非承认所有的可能性，而是说它只是选择其中最可能的，容易被大家接受的可能。生命进化过程它是收敛的，不会完全散开，而且目的性相当强，所以需要的时间就短得多。只有这个意义上，才能真正回答上述神创论对进化论的质疑。在物理世界中，方向可以说是没有目的性的。但是人不停产生各种良缘的相遇与开显。我们的生命进化下来，到现在一直是极小概率事件，我们作为幸存者，有很强烈的偏向性和目的性。这个目的性在先贤那里就是至善，实际上不同的思想体系在本质上都会指向那里，即我们总结认知坎陷第三定律所说的我们是走向至善。从基督教讲就是人是可救赎的，在佛教那里是人皆可成佛，然后在东方，在中国这里，人人皆可成尧舜，可以成为君子，成为圣人。这个目的性是最神奇的、最极致的一个进化结果。

司马贺②曾经回答这个问题，他认为我们是按照部件进化、分别进化，然后这些部件再结合起来，就像钟表一样。这个回答也有问题，因为没有一个设计者把这几个东西放在一起组装，把它装配在一起才是进化的关键。如果我们把发条、齿轮、钟摆等零件扔在海滩上，它们会自己变成一个钟表吗？当然是不可能的。一定要有一个设计者主动地把它们放在一起。但是我们在生命进化中是没有的，所以不能这样来回答。在结构和功能之间，用进化迭代来分析的话，应该认识到功能并不只是单纯随附于结构，而是因为某种需要，那么它的结构也会为实现这种功能而改变，这样进化的速度会快得多，而且它是收敛在某一点上，某一个结构上。

这是生命结构，身体结构这种层级的问题，可在另外一个层次，即在我们的观念世界里，或是理念世界里的，也是一样的要优化，这才是最早引进的坎陷，本文的目的主要是讲这一部分。认知坎陷不是随意的，就像李白、杜甫的诗，因为能够感动人，才更能激起共鸣。而一个蹩脚诗人写的东西，那就是不行，它没有生命力，就不会被流传。

① 参见徐英瑾：《演化、设计、心灵和道德——新达尔文主义哲学基础探微》，复旦大学出版社2013年版，第37—38页。
② Herbert Alexander Simon，中文名司马贺，研究工作涉及经济学、计算机科学、人工智能等众多领域，1978年获得诺贝尔经济学奖，1975年获得图灵奖，是符号主义的代表研究者，其著作《Science of Artificial》中提到人类进化是类似装配钟表的例子。

我们对认知坎陷最早的定义是说可以拿来交流的这种结构体，后来我们改成就是说有潜力成为共识的结构体。很重要的转变在于，因为开显过程本身是某一个主体的事情，不可能是一个集体的所有。但是某一个主体开显出来之后，其他主体很容易被唤醒。比如说梵·高的画，在他生前，能理解能欣赏他画的人实际上很有限，但是随着时间的推移，他的画的价值逐渐被发现，被更多人接受，在更高意义上形成共识，这个过程就是认知坎陷的开显，这个过程是一个渐进的过程，而且永远是从某一个主体开始。再比如一个宗教，或者是一个国家，它也是从某一个主体开始的。这个主体开始最初的设想，可能会变，可能会进化，但是它仍然有很强烈的原始特征，所以我们总是能找到创始者，最早的开显者。我们相信，中华文明无法回避孔子的影响，孔子的很多思想实际上就渗透到中华文明的各个层面，有深有浅，他的东西被继承，可以是顺位的继承、接续发展的继承，也可以是反着讲的继承，即被反叛的继承，这在文明史上也是很正常的。

大家讲轴心时代，像孔子更多的是顺着继承。比如说他想继承周代的一套东西，当然实际上大家也不可能真的回到周。在两河文明，从偶像崇拜到一神教的崇拜，这里就是一个反叛式的继承，反叛程度最强。印度文明则是介于两者之间。认知坎陷的开显很多时候是一对一对开显出来的，有正向的东西，就一定有人去讲反面的东西。那么在这个意义上，我们相信比如说康德的发现在很大程度上就受到中国思想的启发，虽然它是扎根于希腊，而完全从另外的角度来讲的。

比如尼采说康德是托尼斯堡的中国人，这个论断不仅仅是从浅的意义上讲，而是揭示了更深的意义，就是讲康德思想的本底是跟中国脱不掉关系的。这一点也可以从另外视角看，就是康德十年沉潜，写的东西从来不提跟中国的关系，从来不评价中国思想，这本身也说明问题。意识世界与物质世界间的沟通机制，阳明晚年给的答案是"感应"，难道康德的"先验直观"未受此影响？康德的思想体现的也是一种相遇，一个方向是从两河文明过来，另一个方向是中华文明通过传教士传进去，才有一套开创性的理论诞生。中国人能对康德的思想更为敏感，也是因为有这个因素在。

五、从意识世界炼化为理念世界

认知坎陷虽然有选择性，能够把有生命力的留下来，把没生命力的淘汰掉，但是它们还不属于理念世界。认知坎陷再进一步精炼，遇到像伏羲、孔子、柏拉图和康德这样的人，再把它们提炼、纯化，那么认知坎陷就变成了理念世界的东西（例如孔子的"仁"），这就能解释为什么我们能够达到理念世界。

康德开显出来的理念世界跟别人开显出来的理念世界是不一样的，可以有很多分支，但是每一个分支，每一个理念世界都不会是对我们真实世界的完整表达，它还是一个认知坎陷，在本质上还是要被超越、要被批判的。理念世界的东西需要逻辑自洽，需要简化，实际上丢失了很多内容，它是一个极端理想的情况下的东西，也就有它的适用范围。在这个意义上来讲，理念世界的内容跟科学没有差别。

举一个简单的例子就是芝诺悖论，阿基里斯永远追不上乌龟，从逻辑上讲是没有任何问题的。因为在阿基里斯跑到乌龟出发地的时间里，乌龟也走了一段距离，阿基里斯再赶上另外一个距离，那么乌龟又向前走了，所以阿基里斯永远追不上。这实际上可以看作是一个理念世界，一个理想化的世界，理想化的世界实际上是一个时间和空间都是局限的世界，它作为理念世界是成立的，但它不是现实世界。

那么我们人类能不能完美的掌握现实世界？柏拉图主义认为是可以的，爱因斯坦也相信是可以的，但是我们最近思考发现实际上是不可以的。目前描述世界最完善的、最先进的学科就是物理学，而物理学实际上也不能真正还原现实世界。大家有点回避的事实是，不管是牛顿方程还是量子力学方程，在时间上都是可逆的，但是到了宏观世界，热力学中时间就不可逆，熵永远是增加的，这之间就互相矛盾，也就是说描述微观世界的规律跟描述宏观世界的规律具有某种不对称性。虽然我们可以说，宏观世界要显现微观世界里的规律，也许只要时间足够长，就会各态历经，总是能够弥补这个鸿沟。但实际上，一个时间可逆，另一个时间不可逆，其中的空缺永远不能把它填上。且不说，我们对电子的描述，一开始是粒子，是质点，是空间定域来描述的，但是实际上，它空间又是非定域的，具有波动性，这本质上是互相冲突的。我们很难说清根本，只不过是被迫接受它们是可以互补或者共存。我相信，总有场景会变得不可预测。虽然我们还没有找到这种场景，那也只是因为我们现在还没有到这个地步。

追寻科学的这几百年间，我们自认为可以发现宇宙或者人类行为最根本的规律，但这是个不可能实现的梦想。也正因为它不能实现，我们也有了更多可能的发展方向，因为世界是开放的，对未来的路径也是开放的，所以人类的作用可能会变得越来越重要，未来世界乃至宇宙的走向很可能就取决于我们此时此刻的抉择。

很多人都相信宇宙中有很多类似太阳系的环境，就有很多像地球一样的行星，那么肯定有很多生命甚至高级生命。在我们现在的思考中，这个就不是确定的，概率可能比我们原来想象的要小得多得多。在这么一个小小的蓝色星球上，人类有可能是为数不多的、甚至是唯一的高级生命。我们很可能是在我们可观测的宇宙里独一份，这至少是一种可能性。因为我们到现在为止，没有任何的提示显示外星生命存在（费米悖论①）。而所有我们觉得奇迹性的东西，我们认为都能解答，很多奇迹是我们在地球上的生命构建出来的。

六、人工智能发展的多样性

现在新冠疫情导致很多局势撕裂，但是在人类心底里，未来还是希望有这么一个至善的状

---

① 费米悖论由诺贝尔奖得主、物理学家费米 1951 年提出，阐述的是对地外文明存在的过高估计和缺少相关证据之间的矛盾。

态存在，追求至善。虽然大家对至善是什么可能会有意见分歧，但是我们有强烈目的性在这里，这就是人类了不起之处。相对地，物质世界的进化本身并没有目的性，那么我们现在生产的机器或 AI，会不会有这种至善的追求呢？我们认为将会很难实现。至少现在的机器更像是理念世界的东西，往好处想是很了不起、很理想的创造，但是往坏处思考，机器有很强的局限性。人没有这种局限性，人的"自我"具有统摄性，试图经天纬地，试图理解所有发生的事情，希望统摄所有可能的未来。人类虽然可以对机器编程，但一旦编程之后，它就是变成了某种理念的东西，即使要求机器模仿人类，但如果没有在认知坎陷的层面上相互融合，这种模仿也会有问题。人类是血肉之躯由碳基组成，而机器是硅基构成，即使未来把它们变成碳基，但是机器毕竟不是像人类这样自然生物进化而来。机器的身体条件跟人的身体条件不一样，即使我们未来可能赋予机器触觉、视觉、听觉等所有的感觉系统，但由于进化过程不一样，所以人机还是不同，而且是很大程度上的不同。

了解到人机之间的不同我们就更明白，假如机器未来的发展完全脱缰，走向另外一个方向，与人类相差太远，那风险将会非常大。人机之间不同的认知坎陷容易相互冲突，而且通过 AI 会急剧放大，稍有不慎就会毁掉人类未来①。因此人工智能未来的发展需要利用技术让人机之间的约束关系变得更强，而不让机器成为完全脱缰的野马。

虽然我们面临的危险很大，而且比很多人想象的会快很多，但是我们还是要有信心找到良缘的相遇，找到一个好的出路。作为机器，他们可以有自己的认知坎陷和意识形态，就像我们和动物的差别。比如狗的视觉比人差很多，但是嗅觉比人强很多，所以它们的坎陷世界是跟人不一样的，但我们还是碳基的，在进化的本原上还是类似的方式过来的，因此我们还是能和狗相处。但由于我们和机器在根本组成上就不一样，因此如果想让机器的认知坎陷与人类的意识世界相融，就必须赋予机器以人类的认知坎陷作为机器意识世界的本底或基础，在此基础上再开显新的认知坎陷。

地球作为一个小概率事件，人类生命甚至是独一无二的极小概率事件都坚持走到了现在，我们要有信心也要怀有敬畏之心，就有大概率能继续走下去。人类能够造出智能芯片并应用于世界的改造，这就体现出人类具有高级智能，我们创造的芯片可能在宇宙其他任何地方都没有，这个创造是如此独特，是人类一步一步地从简单的算术、几何，走到图灵机，再到冯·诺依曼体系结构②，然后把设计制造出来，这是很神奇的过程，从这个角度来看，我们必须珍惜眼前的所有。未来人类不仅要继续走向至善，还需要肩负起引导机器的责任，让机器以人类的认知坎陷或意识片段为基础，开显、加工和运用新的认知坎陷。

---

① 参见蔡恒进：《人工智能的挑战：误区与急所》，《国家治理》2019 年第 7 期。
② 美籍匈牙利数学家冯·诺依曼（John Von Neumann）1946 年提出存储程序原理，把程序本身当作数据来对待，程序和该程序处理的数据用同样的方式储存。冯·诺依曼体系结构冯·诺依曼理论的要点是计算机的数制采用二进制，计算机应该按照程序顺序执行。我们普遍认为，电子计算机的问世，奠基人是艾伦·麦席森·图灵和冯·诺依曼，图灵的贡献是建立了图灵机的理论模型，奠定了人工智能的基础，而冯·诺依曼则首先提出计算机体系结构的设想。

人类的意识世界和智能具有多样性的特点。例如"孔子之后儒分八脉"，以及阳明学派在大陆分化为浙中王学、江右王学、南中王学、楚中王学、闽粤王学、北方王学和泰州王学等七派，到海外演化为日本阳明学派乡学等等，说明了人类智能从同一根本可以发展出不同的具体形式，彼此和而不同。相应地，我们完全可以设想以人类认知坎陷为基础的 AI 开显发展而来的认知坎陷和智能也会呈现多样性的特点。不同的人类主体教育、训练形成的机器将具有不同的智能特点，开显形成不同的坎陷世界或意识世界，感应良知等不同的理念，构建不同的理念世界，在不同专业领域发挥专长，而且不同（人、机）认知主体之间都以人类进化而来的意识世界为本底，进行认知坎陷的开显、加工与运用，彼此之间可以共存、相互交流甚至形成共识。

（本文根据 2020 年 4 月 25 日珞珈山空中杏坛第 145 讲的分享内容整理而成。）

《阳明学研究》征稿

　　《阳明学研究》是由武汉大学国学院与贵阳孔学堂文化传播中心联合主办的学术性研究期刊，每年两期。由武汉大学资深中国哲学史专家、武汉大学国学院院长郭齐勇教授担任主编。本期刊秉持自强不息、厚德载物的精神，客观理性、开拓创新，系统研究以王阳明思想为中心的中国传统心学，深入挖掘王阳明以及阳明后学的思想资源和当代价值，立足经典，面向现实，密切关注世界各地相关的研究成果，充分展示当代学人的思想智慧，努力打造国内阳明学研究的高端平台。欢迎您踊跃投稿。请您仔细阅读我们的征稿启事，严格按照我们的格式排版，然后再投稿。

一、本刊栏目

　　1.心学源流；2.朱陆异同；3.程朱理学；4.阳明心学；5.阳明后学；6.阳明与贵州；7.阳明与浙江；8.阳明与楚中；9.阳明与江西；10.阳明兵学思想；11.阳明学与道家；12.阳明学与禅宗；13.东亚阳明学；14.西方阳明学；15.阳明学文献与版本。

二、本刊选题

　　1.先秦儒家心性学研究；2.先秦道家心性学研究；3.心性学在中国思想史上的发展；4.心性学在现实中的作用；5.心性学与事功学的关系；6.陆九渊心学研究；7.北宋五子研究；8.朱熹与陆九渊的异同；9.陆王心学与程朱理学的关系；10.王阳明的心学思想；11.王阳明的教育思想；12.王阳明的兵学思想；13.王阳明思想的地缘研究；14.王阳明与道家、禅宗的关系；15.王阳明后学研究；16.东亚阳明学研究；17.西方阳明学研究；18.阳明学文献及版本研究。

三、特别启事

本刊根源性与多元性、学术性与思想性、理论性与现实性彼此融汇，数据的全面性、出处的准确性、理解的准确性与学术的规范性相得益彰，是严肃的学术性杂志，严禁投机取巧、凌空蹈虚之作。禁止剽窃抄袭。文责自负。

四、撰稿须知

1.文稿请提供文章篇名、作者姓名、关键词（4—5个）、摘要（300字左右）、作者简介、当页注释等。并请提供内容提要、关键词，若文章有课题（项目）背景，请标明课题（专案）名称及批准文号等。从第四辑开始，本刊采用简体字编辑出版。

2.请随文稿附上作者的相关信息：姓名、性别、出生年份、籍贯、学位、职务职称、专业及研究方向、工作单位、联系方式（电话、电子邮箱）及详细通信地址。

3.注释统一采用当页形式，每页重新编号。全文以①②③的形式连续编号。

4.参考文献用［1］［2］［3］标出，在文末按顺序排列。参考文献书写格式："［序号］主要责任者：文献题名，出版地：出版者（或者报刊名），出版年（报刊年出版日期），起止页码（当整体引用时不注）"。

5.文章5000字以上，12000字以内，优稿优酬。请勿一稿多投，凡投稿三个月后未收到刊用通知者，可自行处理稿件。

五、联系方式

地址：湖北省武汉市珞珈山武汉大学国学院

武汉大学《阳明学研究》杂志社　邮编：430072

电话：（027）—68761714　戴芳、肖航　邮箱：ymxyj_whu@163.com

六、编辑部成员

学术顾问（以拼音为序）：

成中英（夏威夷大学）、陈来（清华大学）、陈立胜（中山大学）、丁为祥（陕西师范大学）、董平（浙江大学）、杜维明（哈佛大学）、干春松（北京大学）、郭齐勇（武汉大学）、何俊（杭州师范大学）、蒋国保（苏州大学）、景海峰（深圳大学）、李维武（武汉大学）、彭国翔（浙江大学）、钱明（浙江省社会科学院）、王路平（贵州省社会科学院）、吴根友（武汉大学）、吴光（浙江省社会科学院）、吴震（复旦大学）、田文军（武汉大学）、许苏民（南京大学）、徐圻（贵州孔学堂）、徐水生（武汉大学）、颜炳罡（山东大学）、杨国荣（华东师范大学）、张立文（中国人民大学）、张新民（贵州大学）、张学智（北京大学）、左东岭（首都师范大学）、佐藤炼太郎（日本北海道大学）

《阳明学研究》编辑部成员：

主　　编：郭齐勇

执行主编：欧阳祯人

编辑部成员：陈晓杰、焦堃、连凡、刘乐恒、廖晓炜、廖璨璨、李健君、欧阳祯人、秦平、沈庭、孙劲松、王林伟、肖航、肖雄、谢远笋、张昭炜（以拼音为序）

武汉大学《阳明学研究》杂志社编辑部

2020 年 5 月 7 日

责任编辑：洪　琼

图书在版编目（CIP）数据

阳明学研究.第五辑／郭齐勇 主编；武汉大学阳明学研究中心，贵阳孔学堂文化传播中心
　编.—北京：人民出版社，2021.10
ISBN 978-7-01-023576-9

I.①阳…　Ⅱ.①郭…②武…③贵…　Ⅲ.①王守仁（1472—1528）-哲学思想-研究
　Ⅳ.① B248.25

中国版本图书馆 CIP 数据核字（2021）第 188371 号

阳明学研究

YANGMINGXUE YANJIU

（第五辑）

郭齐勇　主编

武汉大学阳明学研究中心　贵阳孔学堂文化传播中心　编

人 民 出 版 社 出版发行

（100706　北京市东城区隆福寺街 99 号）

北京中科印刷有限公司印刷　新华书店经销

2021 年 10 月第 1 版　2021 年 10 月北京第 1 次印刷

开本：889 毫米 × 1194 毫米 1/16　印张：17.5

字数：400 千字

ISBN 978-7-01-023576-9　定价：60.00 元

邮购地址 100706　北京市东城区隆福寺街 99 号

人民东方图书销售中心　电话（010）65250042　65289539